野外勘测

技术交底

铝合金车体

“中华之星”台架试验

高标准、高质量的路基工程

级配碎石拌和站

混凝土集中搅拌站

辽河特大桥跨径 32m 双线整孔简支箱梁预制节段

六股河特大桥桥墩

国产 JQ600（下导梁轮轨式）架桥机架设跨径 24m 双线整孔简支箱梁（额定起重量 600t）

辽河特大桥合龙

无砟轨道施工

秦沈客运专线轨道首次采用新线一次铺设跨区间超长度无缝线路

PC-NTC 型铺轨机作业图

38 号道岔

狗河特大桥（跨径 24m 双线孔简支箱梁）桥上板式轨道

综合试验桥上测点布置传感器

牵引变电所全景

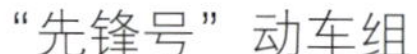

“先锋号”动车组

“中华之星”动车组

“中华之星”运行在秦沈客运专线上

CRH5 型动车组行驶在秦沈客运专线上（摄影：孙敢勋）

中国高铁零的突破

秦沈客运专线建设回顾

傅志寰　蔡庆华　主编

人民交通出版社股份有限公司

北京

内 容 提 要

本书是中国第一条高速铁路——秦皇岛至沈阳客运专线开通试运行20周年的建设回顾。全书共收录44篇文章，从不同角度回顾和总结了秦皇岛至沈阳客运专线的规划决策、科技攻关、勘测设计、施工建设、运营管理等方面的创新成果、经验和不足，歌颂了广大建设者奋勇直前的精神风貌。

本书可作为铁路规划、勘察设计、施工、运营等专业的技术人员和管理人员，以及高等院校铁路、城市轨道交通等相关专业师生的参考书，也可供广大铁路职工和铁路爱好者阅读使用。

图书在版编目(CIP)数据

中国高铁零的突破：秦沈客运专线建设回顾/傅志寰，蔡庆华主编.—北京：人民交通出版社股份有限公司，2023.7

ISBN 978-7-114-18881-7

Ⅰ.①中… Ⅱ.①傅…②蔡… Ⅲ.①高速铁路—铁路工程—概况—中国 Ⅳ.①U238

中国国家版本馆CIP数据核字(2023)第121023号

Zhongguo Gaotie Ling de Tupo——Qin-Shen Keyun Zhuanxian Jianshe Huigu

书　　名： 中国高铁零的突破——秦沈客运专线建设回顾
著 作 者： 傅志寰　蔡庆华
责任编辑： 杨丽改
责任校对： 赵媛媛
责任印制： 张　凯
出版发行： 人民交通出版社股份有限公司
地　　址： (100011)北京市朝阳区安定门外外馆斜街3号
网　　址： http://www.ccpcl.com.cn
销售电话： (010)59757973
总 经 销： 人民交通出版社股份有限公司发行部
经　　销： 各地新华书店
印　　刷： 北京印匠彩色印刷有限公司
开　　本： 787×1092　1/16
印　　张： 33
字　　数： 525千
版　　次： 2023年7月　第1版
印　　次： 2023年10月　第2次印刷
书　　号： ISBN 978-7-114-18881-7
定　　价： 136.00元

编 委 会

前 言
PREFACE

2023年是秦皇岛至沈阳客运专线（简称“秦沈客运专线”）开通运行20周年。秦沈客运专线投入运营以来对我国和地方经济发展的影响十分显著，然而这条铁路在中国高铁建设历史上的开创性价值和重要意义、当年数万名建设者自立自强、勇于创新的精神及其所做出的重大贡献却未得到广泛认知与充分肯定。有鉴于此，我们几个“老铁路”在中国铁道学会的支持下，邀请几十位秦沈客运专线的建设者以亲身经历撰写回顾性文章，意在深化人们对这段历史的全面了解，为后人留下可贵的资料。

本书共收录44篇文章，从不同角度回顾和总结了秦沈客运专线的规划决策、科技攻关、勘测设计、施工建设、运营管理等方面的创新成果和经验，歌颂广大建设者奋勇直前的精神风貌。

秦沈客运专线全长404.6km，1999年8月开工建设，2003年1月交付铁路局试运行。这条客运专线大大缩短了秦皇岛至沈阳间旅客列车的运行时间，彻底改变了进出关客货运输紧张的状况，为国家和沿线地区经济社会发展提供了有力支撑。

秦沈客运专线经历了十几年复杂而艰难的论证过程。规划方案多次变更，设计标准一再调整，直至采用客运专线方案。令人难忘的是，有些历史事件及相关变故对这条铁路的最终功能定位产生了重大影响。

1994年广深线通过技术改造建设成为准高速铁路，列车速度达到160km/h；1997年开始全国铁路大面积提速，提速线路列车速度达到140～160km/h。这些历史性的突破激发起中国铁路人建设高速铁路的强烈愿望。然而当时上马呼声很高的京沪高速铁路由于“轮轨方案”与“磁浮方案”技术制式之争，立项推迟。秦沈客运专线能否作为京沪高速铁路的替代者实现我国高速铁路零的突破，被人们普遍关注。面对这种态势，铁道部会商有关部门，本着尽快启动轮轨高速铁路建设的初衷，1998 年 10 月在上报秦沈客运专线可行性研究报告”（简称“可研报告”）时将设计速度作了“160km/h 以上”的弹性表述，意在留有进一步提速的空间。令人欣慰的是，1999 年 4 月国家计划委员会将《关于审批新建秦沈铁路可行性研究报告的请示的通知》印发铁道部，明确告知可研报告业经国务院批准。

在可研报告得到上级认同的前提下，为进一步增强工程设计的可操作性，2000 年 2 月铁道部在《关于秦皇岛至沈阳客运专线技术设计（站前工程）》的批复中，同意秦沈客运专线以近期开行 200km/h 旅客列车为目标开展下一阶段设计，确认全线线路平面曲线半径一般为 3500m，困难地段为 3000m。即最终建设方案为：线下速度为 250km/h、线上速度为 200km/h。此外，经铁道部研究决定在山海关至绥中北的 66.8km 建立速度为 300km/h 的综合试验段。

经过 3 年多建设，秦沈客运专线以前所未有的崭新面貌呈现在众人面前，成套新技术创造了我国铁路的众多“率先”和“第一”。路基率先作为“土工结构物”进行设计和施工，填料、压实、沉降控制实现质的升级；开发了新型钢轨、大号码道岔，并第一次在长大桥梁上成功试铺无砟轨道；率先在我国铁路建设中采用整孔预应力混凝土箱梁；接触网第一次在我国采用铜镁合金导线和适应高速条件下的简单链形悬挂；牵引变电所实现远动控制功能，做到了无人值守；信号系统以车载速度显示作为行车凭证，秦沈客运专线成为首条区间不设地面信号机的铁路。与此同时，工程管理水平也得到了显著提升。

在秦沈客运专线综合试验段，我国自主研发的“先锋号”和“中华之星”动车组试验速度分别达到 292km/h、321.5km/h，先后创造了当时我国铁路运行的最高速度。秦沈客运专线开通之初，“中华之星”“先锋号”动车组曾以 200km/h 速度试运行，2007 年 4 月全国铁路调整运行图，CRH5A 型动车组在秦沈客运专线图定运营速度为250km/h。

尽管秦沈客运专线实现了中国高铁零的突破，并列入了中国高速铁路线路统计清单，但多年来对其历史定位却有着不同认识。原因比较复杂，其中之一是高速铁路长时间缺乏严谨的标准。1964 年日本修建了东海道“新干线”，设计速度为200km/h，被公认为世界上第一条高速铁路。其后法、德等国也修建了高速铁路，但对高速铁路速度门槛值规定各不相同。国际铁路联盟（UIC）曾给出“允许速度至少达到250km/h 的客运专线或允许速度达到200km/h 的既有线就是高速铁路”的规定，然而人们发现 UIC 在对各国高速铁路的统计上却有例外，速度上降低了要求。在我国，2013 年铁道部发布了《铁路主要技术政策》，明确表述：“高速铁路为新建设计开行250km/h（含预留）及以上动车组列车，初期运营速度不小于200km/h 的客运专线铁路。”其后，在国务院发布的《铁路安全管理条例》中再次确认了铁道部关于高速铁路的定义。对照我国规定，秦沈客运专线符合高铁标准。曾多年分管铁路工作的吴邦国同志也认为秦沈客运专线是中国第一条高速铁路[1]。由此看来，一些公开出版物将秦沈客运专线称为“中国高铁试验田”“中国高铁开路先锋”“中国第一条高铁”，是有道理的。

作为兼任秦沈客运专线建设领导小组组长的我，多次去过建设工地，深深感到这条铁路是广大建设者汗水、心血和智慧的结晶。秦沈客运专线以铁道部工程管理中心为项目建设单位，并成立项目指挥部负责现场建设施工；由铁道部第三勘测设计院设计，中国铁路工程总公司和中国铁道建筑总公司所属工程局施工；由铁道部科学研究院，株洲电力机车研究所、四方车辆研究所、戚墅堰机车车辆工艺研究所，西南交通大学、北方交通大学、长沙铁道学院（中南大学）、上海铁道大学（同济大学），株洲、大同、四方、长春、浦镇等机车车辆厂，中国铁路通信信号总公司负责研究试验和制造相关装备。

历史不会忘记秦沈客运专线的广大建设者。是他们夜以继日地开展科技攻关，填补了我国客运专线建设技术的空白；是他们不惧酷暑严寒，精心勘

---

[1] 引自人民出版社出版的《岁月留痕——吴邦国工作纪事》“引领我国铁路迈进高铁时代”一篇：“秦沈客运专线西起秦皇岛，东至沈阳……这是我国第一条高速铁路，是我国铁路建设的标志性工程。”“秦沈客运专线的建成，标志着我国高铁从无到有的重大突破……”

测设计，精心组织施工；是他们为创精品，挥泪将瑕疵工程“推倒重来”；是他们不顾蚊虫叮咬，准确地测取试验数据；是他们为实现“速度”的突破，屡尝挫折的苦涩并承受心理重压；是他们饱含激情勇于担责，指挥若定。正是这样一批无私无畏的建设者，发扬自力更生、艰苦奋斗的精神，在世纪之交建成了中国第一条高速铁路。正是他们的执着坚守和忘我奉献，中国铁路才留下了这样浓墨重彩的一笔。

当然，由于历史条件的限制，秦沈客运专线在设计施工和装备制造上也出现了一些问题和不足。不过，无论是成功的经验还是挫折与失误，秦沈客运专线对我国高速铁路发展都发挥了重要借鉴作用。

不忘来时路，奋进新征程。秦沈客运专线揭开了我国高铁建设的序幕后，20年来我国高铁蓬勃发展，成为闪亮世界的名片。而如今，我国正在进入高质量发展的新时代，面对人民群众新的期望，铁路必须更上“一层楼”。在这里，我们编委会这些“老铁路”衷心祝愿中国铁路人在习近平新时代中国特色社会主义思想的指引下，踔厉奋发、勇毅前行，取得更辉煌的成就。

在本文落笔之际，我要衷心感谢本书的诸多作者和编委会成员。他们多为退休后的撰书“志愿者”，有的已进入耄耋之年，有的身体欠佳，尽管如此，仍笔耕不辍，将激情燃烧的岁月跃然纸上。感动之余，我向他们致以崇高的敬意！与此同时，也对大力支持本书编辑出版的中国铁道学会和人民交通出版社表示衷心的谢意！

中国工程院院士
原铁道部部长

2023年6月

目录

CONTENTS

01

CHAPTER

建设秦沈客运专线的重大意义和作用

蔡庆华

时任铁道部副部长

秦沈客运专线建设领导小组副组长

京沪高速铁路建设领导小组办公室副主任

京沪高速铁路有限责任公司首任董事长

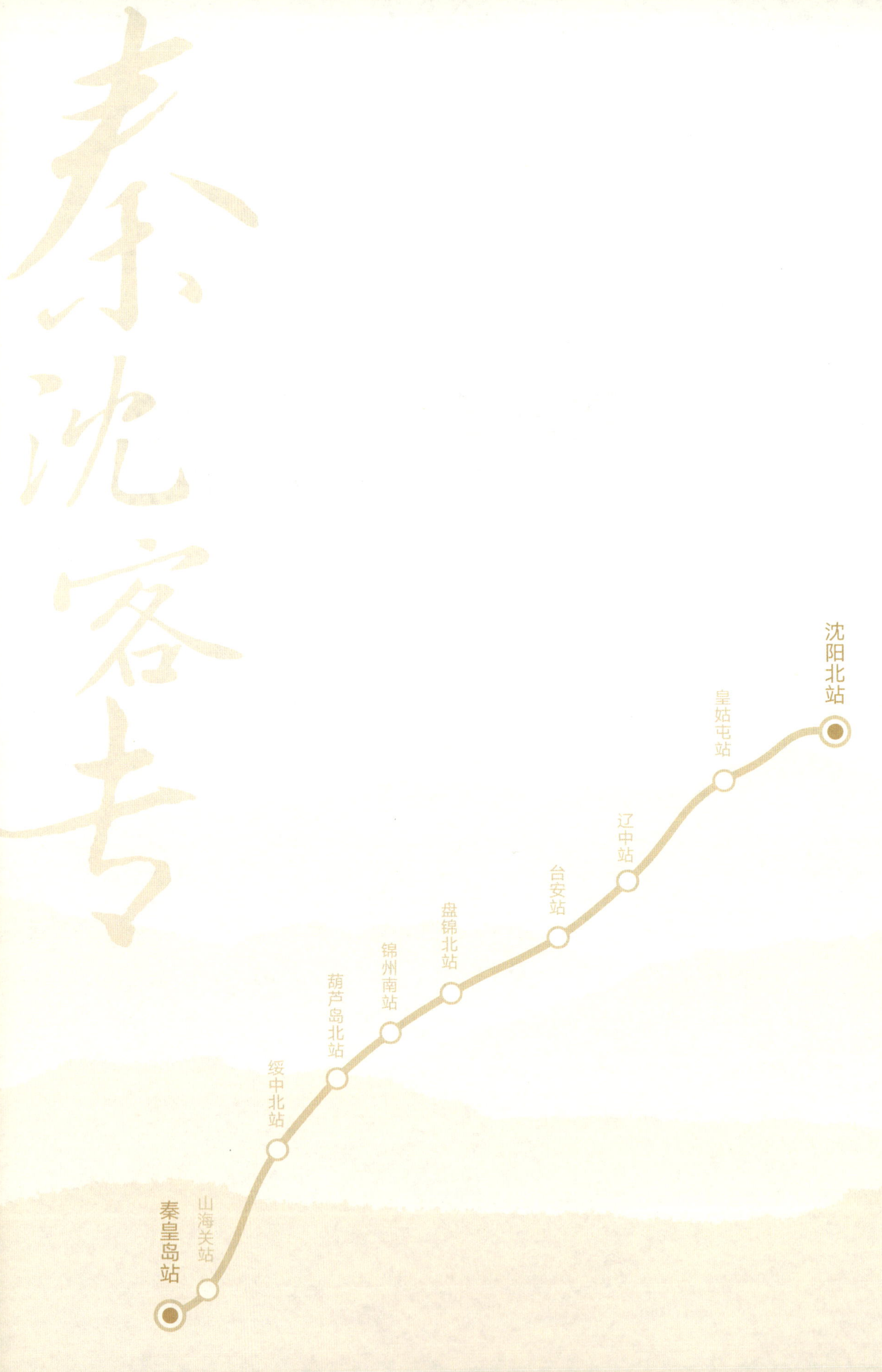

秦沈客专
沈阳北站
皇姑屯站
辽中站
台安站
盘锦北站
锦州南站
葫芦岛北站
绥中北站
山海关站
秦皇岛站

一切向前走，都不能忘记走过的路；走得再远、走到再光辉的未来，也不能忘记走过的过去，不能忘记为什么出发[1]。

秦沈客运专线（以下简称“秦沈客专”）西起河北省秦皇岛市，东出山海关，穿越辽河平原，终至辽宁省省会沈阳市，全长404.6km。这是我国第一条自行设计施工，设计速度为200km/h（线下预留250km/h）的客运专线。全线于1999年8月正式开工建设，2002年6月16日全线铺通。2002年12月全线建成并经初验委员会验收合格，于2003年1月1日交付沈阳铁路局、北京铁路局试运行。

2023年是秦沈客运专线建成20周年。这20年，中国高速铁路（简称“高铁”）从无到有、从起步跟跑到超越领跑。截至2022年底，中国高速铁路营业里程已突破4.2万km，居世界第一。中国自行研制的“中华之星”动车组曾在秦沈客运专线创造了试验速度321.5km/h的纪录，而今完全自主知识产权的“复兴号”已经奔驰在祖国大地上，运营速度达到350km/h。

回看来时路，行向更远方。回顾秦沈客运专线建设的历程，认真总结其建设的经验和技术创新成果，对我国高速铁路的发展大有裨益。

一、修建秦沈客运专线的必要性

改革开放后，中国经济发展驶入快车道。铁路作为国民经济和社会发展的基础设施和民生工程，运输能力越来越紧张，尤其是主要干线运量需求和运能供给的矛盾更加凸显，京沪、京广和进出山海关（简称“进出关”）通道尤为严重。铁道部先后在主要干线上建设双线、实施电气化改造，但仍然不能满足经济社会发展的需要。所以在主要干线进行过修建三、四线和客货分线的研究。借鉴国外高速铁路发展的经验，从20世纪90年代初，铁道部就启动了高速铁路的科学研究和修建京沪高铁的技术论证工作。

进出关通道是全路运能紧张的主要通道之一。虽然进出关通道上有集通、京通、京承、沈山4条铁路，但集通铁路为单线地方铁路，其地理位置偏北，以蒙西煤炭出关为主，分流的货流有限；京通铁路原为战备而建，运输能力低，且已近饱和；京承铁路是日本侵华时期建设的山区铁路，技术标准低、

[1] 引自《人民日报》（2016年07月02日01版）。

年运输能力只有300万t左右，主要为地方经济服务。总体而言，这3条铁路不但技术标准低，而且地处偏僻，吸引范围也有限。只有沈山铁路是东北地区沟通华北、华东、中南3个地区的合理线路，是进出关客货运量的主要承担者。

既有的沈山铁路，西端与京山、京秦、大秦铁路相通，东端与哈大、沈吉、沈丹等铁路相接，沿线还有沟海、锦承、魏塔、大郑、高新等干支线铁路接入，在铁路网中的地位非常重要。由于与关内有3条铁路相连，通关外的却仅有一条沈山铁路，所以它成为沟通关内外客货运输的限制区段。1996年期间，沈山铁路承担了进出关铁路货运总量的78%、客运量的91%。由于路网运能的极不匹配，严重影响了进出关客货运量的增长，也成为制约东北地区经济发展的“瓶颈”。因此，畅通进出关通道，及时修建秦沈铁路，分流沈山铁路的运量，对关内外经济社会持续、健康发展极为重要，一直受到国家、铁道部和沿线地方政府的高度关注。

二、秦沈客运专线建设标准的确定

单从扩大通道运输能力考虑，铁道部第三勘测设计院（简称“铁三院”）在1987年就曾编制了《秦皇岛至沈阳铁路扩大输送能力可行性研究报告》。铁道部就建设新线还是既有线电气化改造组织审查后，推荐采用修建I级铁路、单线预留复线条件、开行组合列车、分流沈山铁路货物列车的方案，并向国家计划委员会（简称“国家计委”）报送了《秦皇岛至沈阳新建铁路设计任务书》。1987年9月和1988年2月，中国国际咨询公司受国家计委委托，两次组织现场调查和专家评估论证，认为为确保沈山铁路的安全畅通，改变当前客货运输紧张局面，应下决心修建秦沈铁路。这一阶段的建设方案研究，除了对速度的认识不足外，还有沈山铁路货流性质是以通过流为主的原因。20世纪90年代，高速公路和航空运输迅猛发展，铁路运输能力不足、运行速度低的状况，不仅严重阻碍了铁路本身的发展，也制约了国民经济的发展。20世纪60年代日本新干线的建设，20世纪70—90年代法国、德国等国家高速铁路的开通，对我们是极大的启示，尤其是邓小平同志1978年10月访问日本，乘坐新干线高速列车时的谈话，一直激励着广大铁路科技工作者。20世纪90

年代初，铁道部除进行建设京沪高速铁路的科研论证和勘测设计工作外，还在 1991 年联合广东省对广深铁路进行了准高速的改扩建工程。1994 年广深铁路 160km/h 提速改扩建完成并成功运营，不但展现了我国的技术开发和建设能力，而且增强了全国铁路大规模提速改造的信心。1994 年 6 月铁道部新修订的《铁路主要技术政策》中明确“大力提高列车重量，积极增加行车密度，努力提高行车速度”。1995 年 6 月，铁道部党组作出将繁忙干线旅客列车速度提高到 140～160km/h、货运列车速度提高到 80～90km/h 的决定。

为扩大秦皇岛至沈阳的运输通道能力，根据铁道部计划司下达的《关于调整 1993 年铁路勘测设计计划的通知》，铁三院编制了《秦皇岛至沈阳进出关铁路客、货运大通道可行性研究报告》，提出 4 个方案：新建双线客运专线，高中速共线，最高设计速度为 300km/h；新建双线客货混运铁路，最高设计速度 230～250km/h；新建双线货运专线，最高设计速度 120km/h；新建I级铁路单线。1994 年 9 月，铁三院又作了补充方案报告。1994 年 7—10 月，按铁道部要求，计划司两次组织有关部门对铁三院编制的可行性研究报告和补充方案报告进行研讨；之后，又组织调查组赴沿线进行重点踏勘，并听取运营单位和地方政府意见。1994 年 12 月，铁道部计划司专门组织召开新建秦沈铁路建设方案论证会。与会人员一致认为，在“九五”期间应不失时机地建设秦沈铁路，按一次建成双线方案进行设计。

随着高速铁路的发展和技术研究，大家对客货分线解决干线运输能力和提高客运列车速度的认识越来越清晰，意见也越来越统一。1995 年 4 月，铁道部部长办公会议研究认为，秦沈线的建设是必要的，同意按客运专线建设，时速为 160km。铁道部于当年 6 月向国家计委报送了《新建秦沈铁路（客运专线）项目建议书》，推荐按客运专线方案修建，“主要技术标准近期按时速 160km 双线电气化设计，限制坡度 12‰，到发线有效长 650m，在增加投资不多的情况下，尽量采用较大的曲线半径，为进一步提速创造条件”。据此，1995—1996 年铁三院对秦沈线按准高速客运专线进行了初测和初步设计工作。

在广深准高速铁路改扩建工程成功的基础上，1997 年 4 月 1 日和 1998 年 10 月 1 日，中国铁路以京广、京沪、京哈三大干线为重点开展了主要干线的大面积提速。1997 年 4 月进行的第一次大面积提速，三大干线列车最高速度达到 140km/h，全国铁路旅客列车旅行速度由 1993 年的图定 48.1km/h，提高到了 54.9km/h，并首次开行了快速旅客列车和“夕发朝至”旅客列车。1998 年 10 月进行的第二次大面积提速，提速线路进一步延长，列车速度进一步提高，快速旅客列车最高运行速度达到了 160km/h，首次开行了旅游热线直达列车，为方便货主，“五定”班列[1]数量进一步增加。这两次主要干线的大面积提速在社会各界得到了良好反响，同时，铁路的基础设施得到了加强，也促进了铁路装备水平、技术水平和管理水平的提高。

与此同时，铁道部组织的京沪高速铁路科研攻关工作也取得了一系列成果，与日本、法国、德国等国家开展的高速铁路技术交流工作顺利进行。铁道部于 1996 年 4 月和 1997 年 4 月相继完成了《京沪高速铁路预可行性研究报告（送审稿）》和补充研究报告，同时铁道部部署编制了《京沪高速铁路线桥隧站设计暂行规定》。这些都为秦沈客运专线建设标准的确定提供了强有力的技术支撑。

1998 年 6 月，铁三院完成《秦沈客运专线可行性研究报告》，做了准高速（最小曲线半径一般 1500m）、预留高速（最小曲线半径 2500m）、预留高速平面（最小曲线半径 2500m）3 个建议方案。同年 8 月，铁道部对铁三院的《秦沈客运专线可行性研究报告》组织审查，基本同意最小曲线半径按不小于 2500m 设计，最高行车速度 160km/h 以上。之后，铁道部华茂崑总工程师又带队进行了现场调研。

1998 年 10 月，铁三院在 6 月完成的初步设计文件基础上又提交了补充材料，对最小曲线半径一般 2500m（v_{max}：200km/h）和 3500m（v_{max}：250km/h）两个方案进行了比较。铁道部在沈阳召开了初步设计审查会，同意曲线半径按不小于 3500m 设计，最高行车速度确定为 160km/h 以上。紧接着，铁道部向国家计委报送了《新建秦皇岛至沈阳铁路（客运专线）可行性研究报告》。

1999 年 2 月 12 日，国家计委印发经国务院批准的《关于审批新建秦沈铁路（客运专线）项目建议书的请示的通知》，同意按客运专线修建，近期设计速度为 160km/h 以上，基础部分预留高速铁路的条件。

---

[1] “五定”班列：指定点、定线路、定车次、定时、定价的货物列车。

在初步设计比选中，根据沿线地形条件，3500m 的最小曲线半径主要集中在绥中北至锦州的 160km 地段，其他约 240km 地段可采用 5500m 最小曲线半径。这也为秦沈客运专线进一步提高速度预留了条件。

1999 年 4 月 13 日，国家计委印发经国务院批准的《关于审批新建秦沈铁路（客运专线）可行性研究报告的请示的通知》，明确主要技术标准为：客运专线、双线行车速度 160km/h 以上，限制坡度 12‰，电力牵引，到发线有效长度 650m，自动闭塞。

鉴于京沪高速铁路迟迟未能得到批准立项，铁道部把秦沈客运专线作为京沪高速铁路的试验线。为使科研成果与工程实践密切结合，铁道部科教司会同部内有关部门召开研讨会，向部领导提出在秦沈客运专线建设综合试验段的建议，为今后建设高速铁路积累经验，做好准备。

根据国家计委对项目建议书和可行性研究报告的批复，从秦沈客专的地理条件和设计院提供的各项技术资料比较出发，铁道部对设计院的初步设计和技术设计进行了批复，秦沈客运专线的建设标准为：线下速度 250km/h，线上速度 160～200km/h，线路平面一般按最小曲线半径 3500m，困难区段（受地理条件或建设投资额度等限制的区段。）3000m，线间距 4.6m，DK24 + 000～DK77 + 800 和 DK227 + 800～DK405 + 000 段最小曲线半径不小于 5500m。根据铁道部科教司会同部有关司局呈送的《关于先期建设秦沈客运专线综合试验段的建议报告》，为给我国高速铁路的设计、施工和装备提供技术储备，铁道部决定在山海关（DK15 + 908）至绥中北（DK86 + 800）间修建 66.8km 的综合试验段，按 300km/h 速度进行设计和施工。

三、秦沈客运专线的建设施工

1999 年 8 月，国家计委印发《关于下达 1999 年第五批基本建设新开工大中型项目计划的通知》，批准秦沈客运专线开工建设，2000 年 4 月将其列入国家重点建设项目。铁道部工程管理中心作为建设单位，调配得力干部和工程技术人员组建工程建设指挥部，负责现场的建设管理工作。通过招投标程序，由中国铁路工程总公司和中国铁道建筑总公司的下属工程局分别承担工程施工任务。1999 年 8 月 16 日，铁道部在锦州召开了秦沈客运专线开工动员大会。

秦沈客运专线行经秦皇岛至凌海间，地形高差起伏变化较大；凌海至盘锦北间，地势开阔平坦，为辽河西部冲积平原；盘锦北至沈阳间，地形开阔，属剥蚀丘陵区、辽河下游的冲积平原区。线路跨越主要河流有小凌河、大凌河、月牙河、辽河等。全线设计路基土石方 4874 万 m^3；桥梁 212 座，总长 56.091km，其中特大、大、中桥 199 座，最长桥梁为 10.263km，桥梁最大跨径 80m；正线铺设跨区间无缝线路，铺轨 818km，站线铺轨 43.11km；新设中间站 6 座，改造中间站 6 座；设牵引变电所 7 座，架设接触网导线超过 1052km。

虽然从 1990 年开始，铁道部已经开始了高速铁路的科学研究和探索，也同国外开展了技术交流与合作，在 1994 年完成了广深准高速铁路的改造，1997、1998 年组织了两次主要干线的提速工程，但是国内并没有 200km/h 及以上相关新线建设的技术标准规范，也没有这方面的成熟工程实践，更没有高速动车组的制造、运用经验。

为此，在秦沈客运专线上报可行性研究报告时，铁道部成立了秦沈客运专线科技领导小组，组织全国铁路的科技优势力量，在“八五”“九五”期间国家和铁道部组织开展高速铁路科技攻关的基础上，以秦沈客运专线为依托，配套立项了一系列科研课题，对 200～250km/h 线下、线上工程组织科学研究攻关，同时吸收国外学习考察成果，借鉴当时正在编制的《京沪高速铁路线桥隧站设计暂行规定》的有关内容，1998 年制定发布了《时速 200 公里新建铁路线桥隧站设计暂行规定》，之后又制定发布了《秦沈客运专线站后工程设计暂行规定》。同时，组织有关部门编制了路基、桥梁、轨道、信号、信息、牵引供电等专业设计、施工的技术细则、质量检验和验收标准，逐步形成了秦沈客运专线工程建设的技术标准体系，为客运专线的设计、施工顺利进行提供了指导和依据。

各参建单位认真贯彻铁道部科技领导小组的意图，更新建设理念，落实“以人为本”和与时俱进的思想，充分认识客运专线与以往铁路建设的不同，积极学习研究铁道部制定颁发的有关客运专线的新规定、新标准，吸收先进经验，认真转化科研成果，在工程建设中，采用全新技术标准，使用了一批新材料，应用了一批新技术，研制了一批新装备，创新了一批新工艺、新工法，高质量实施了秦沈客运专线的建设。

第一是客运专线设计。针对运行速度高、行车安全性高、旅客舒适度要求高的特点，研究确定 200～250km/h 条件下，线路平面最小曲线半径及最大超高、欠超高允许值、过超高允许值，确定线路缓和曲线长度的欠超高时变率限值等设计参数。在现场测量中根据曲线半径大、缓和曲线长的特点，采用高等级控制测量技术，测量精度由原来的 1/2000 提高到 1/15000，从而提高了线路中线的精度。

第二是路基工程。完全改变了过去路基的设计和施工方法。先后进行了“软土地基路基施工后沉降控制”“路桥过渡段设置方式”“路基基床结构及动态试验”“土工合成材料加筋、加固计算技术应用研究”等一系列科研试验，在填筑材料、压实标准、变形和沉降控制、检测方法和检验标准等方面都制定了严格标准要求，形成了软弱地基路基沉降控制技术、路基强度控制技术和路桥（涵）过渡技术。如为保证地基强度和稳定，采用多达 6 种施工方法处理软土地基，进行试验比选；采用压实系数和密实度、孔隙率等指标作为填土的多重控制标准；强化基床结构，首次采用 60cm 厚的级配碎石作为基床表层；采用 K30 压实检测设备、地质雷达扫描、动力触探等手段，保证路基填筑质量，确保高速列车运行得平稳舒适。

第三是桥梁工程。在进行了车线桥耦合动力响应分析的基础上，第一次大量采用箱形梁新型结构。根据客运专线设计时速高和一次铺设跨区间无缝线路等对桥梁结构变形、变位和自振频率限值的要求，设计单位对常用桥跨结构形式进行了全面的综合技术经济比选，确定以 24m 跨径箱形梁作为主导梁型梁跨；施工单位以制梁场预制为主，实现工厂化生产；同时还进行了预应力混凝土箱形连续梁、钢混结合连续梁、小跨径钢筋混凝土刚构连续梁等梁型的试验研究。通过引进和自行研制并举，将运、架梁能力由 130t 提高到 600t。此外对 32m 双线箱梁还试验研制了桥位直接灌注的移动模架和移动支架等建桥设备。

第四是轨道工程。在国内首次实现一次铺设跨区间无缝线路，并将车站正线道岔全部与区间无缝线路焊接成无缝道岔，完善了我国无缝线路的设计理论。通过对梁轨相互作用原理的研究，成功地在大跨径连续梁跨中设置伸缩调节器，解决了桥上无缝线路设计、施工、维修的难题。在几座大桥上，通过研究比选，分别铺设了长枕埋入式和板式无砟轨道，初步掌握了桥上无砟轨道的设计原理和施工工艺，并研制出与之相配套的施工设备。秦沈客运专线车站铺设了我国自主设计制造的18号和38号大号码道岔，不但保证了列车直向过岔速度与区间相同，而且提高了侧向进站速度，并保证了旅客乘车的舒适度。

第五是牵引供电工程。为保证在列车高速运行条件下的安全性、抗干扰性和可靠性，对弓网关系、牵引供电能力等技术进行仿真研究，并组织开展“秦沈客运专线牵引变电所安全监控及综合自动化设备”和“接触网悬挂系统设计与设备”等关键技术与设备的科研攻关。在全线按不同速度段设计了不同技术参数的接触网；为进行接触网悬挂技术的比较，在综合试验段的上下行分别采用全补偿弹性链形悬挂和全补偿简单链形悬挂作监测对比，承力索采用铜合金绞线、接触网为镁铜合金接触线；线岔处是接触网的薄弱环节，在本线首次采用高速交叉式线岔，还采用了适用列车高速运行的自动过分相技术。采用自主开发的“弓网受流技术模拟软件”进行仿真计算，全线使用额定张力放线车，使接触网架设基本实现一次到位。自行研制了牵引变电所安全监测及综合自动化设备，实现了牵引变电所的无人值守、远程控制和自检自诊断功能。同时研制了一批秦沈客运专线需要的接触网器材、零部件和专业工具等，满足正线250km/h和综合试验段300km/h的行车需要。

第六是通信信号工程。以保障运输生产安全、提高运行效率为重点，通过综合系统研究试验，引进吸收国外先进技术，建立了秦沈客运专线新的通信信号制式。通信方面采用了成自愈环的光纤同步数字传输、无线列调和数字集群、光纤射频直放等技术，解决了调度集中指挥模式下调度员、车站值班员及机车司机间的通话问题，并可提供调度命令、报文短信等数据传输，全面提高了客运专线通信系统的可靠性。信号方面，采用了列控联锁一体化、列车运行指挥和信号集中监控技术，达到了远程集中控制、集中指挥、集中管理，实现了以车载速度显示作为行车凭证的技术跨越。在信息化方面，采用计算机网络技术、音视频编解码技术的准集成方案，构建了集中式客运管理信息系统平台，利于秦沈客运专线开通运营后管理和服务水平的提高。

2000 年 10 月，秦沈客运专线线下主体工程完工；2001 年 5 月 27 日、9 月 1 日、10 月 1 日分别从山海关、陈家屯、五七站铺轨基地开始铺轨，9 月四电工程（电气化、通信、信号、信息化）展开施工；2002 年 6 月 1 日全线正线铺轨完成，9 月底 10kV 电力贯通线全线带电运行，12 月完成全线牵引供电工程的送电工作。

四、动车组的研发和制造

1. 200km/h 动车组

为配合秦沈客运专线建设，铁道部科技司在 1996 年铁道部科技研究开发计划中，就设立了“动车组总体技术条件和关键部件”的前期研究工作项目。在《1997 年铁路科技研究开发计划》中正式列入“200km/h 电动车组研制”项目，确定南京浦镇车辆厂为第一承担单位。1997 年 4 月技术论证会确定了电动车组的基本技术方案及主要技术参数。之后全面展开了该电动车组的研制工作，确定试验速度为 250km/h。

1997 年 12 月，国家计委发文，将“200km/h 电动旅客列车和动力分散交流传动电动车组的研制”列入“九五”国家重点科技攻关计划。

1998 年 7—9 月，专题承担单位分别完成了 200km/h 电动车组总体方案设计。该动车组采用了自主研发的无摇枕转向架、微机控制网络系统及微机控制直通式制动技术，研制了密闭式真空集便装置、密接式车钩和密封风挡等设备，引进了交流传动变流机组。“先锋号”电动车组轴功率达 300kW、牵引总功率达 4800kW，列车定员 424 人，轴重小于或等于 15t，运营速度 200km/h。

2. 270km/h 高速列车

铁道部在京沪高速铁路前期论证期间就开始立项研究高速列车，在核心技术科研攻关中进行了技术储备。铁道部于 2000 年 3 月向国家计委报送了“250km/h 等级高速列车产业化项目”意见建议书，建议尽快立项。

2000 年 10 月，铁道部向国家计委提交《关于报送国家高科技产业化发展项目〈270km/h 高速列车产业化〉的可行性研究报告的函》，技术指标为最高运行速度 270km/h，最高试验速度 300km/h。

2000 年 12 月 30 日，国家计委对 270km/h 高速列车产业化项目的可行性研究报告予以批复。批复要求以京沈快速客运通道主型车为主要目标，完成高速列车的研制及线路考核，满足商业化运量要求；项目于 2002 年底前完成列车的研制、2003 年底前完成全部调试、试验工作；项目总投资 13000 万元，由中央财政预算、铁道部配套和项目承担单位共同负担。

铁道部根据国家计委的批复，2001 年 4 月 30 日，下达了《270km/h 高速列车设计任务书》。该项目由株洲机车工厂、大同机车厂、株洲电力机车研究所、长春客车厂和四方机车车辆厂共同研发生产。

列车采用了自主研发的交流传动技术、微机控制直通电空制动技术、高速转向架、车载分布式微机控制、诊断网络技术；部分车辆车体采用了国际先进的挤压成型中空铝合金焊接结构。2002 年 10 月，“270km/h 高速列车”在铁道部科学研究院东郊环行线进行调整试验；11 月 19 日，被命名为“中华之星”的高速列车在结束东郊环行线试验后，抵达山海关，参加秦沈客运专线第三次综合试验。“中华之星”牵引总功率达 9600kW，列车定员 772 人，轴重小于或等于 19.5t，运营速度为 270km/h。

五、秦沈客运专线的综合试验

为了检验秦沈客运专线的工程质量，并取得高速列车运行时线下工程的各种试验数据，为修正和完善《京沪高速铁路设计暂行规定》提供依据，同时也为检验 200km/h 电动车组和 270km/h 高速列车的动力学性能及与接触网之间的匹配，确保以车载信号为主体信号的列控系统的安全可靠性、探讨和确定设备的最佳构造和设计标准，铁道部于 2001 年 11 月至 2002 年 12 月在秦沈客运专线山海关至绥中北之间进行了 3 次综合试验，并在全线进行了拉通试验。

山海关至绥中北（简称“山绥”）间修建的 66.8km 试验段，最小曲线半径 5500m，设计时速可达 300km。在试验段还设计了不同类型的桥梁、桥上无砟轨道、不同填土厚度的涵洞、不同表层结构的路基和不同处理措施的路桥过渡段。试验段的上行线铺设了从法国进口的 60kg/m 高速钢轨，下行线铺设了国产 60kg/m PD3 钢轨。上下行接触网采用不同悬挂方式，并在上行线，有 24km 的接触网采用镁铜导线，全段按 300km/h 速度布置张力。

第一次综合试验于 2001 年 12 月在山绥段进行。试验采用国产“神州号”内燃动车组，2M + 4T（2 动 + 4 拖）编组，目的是检验综合试验段的工程质量，主要试验了 38 号道岔、桥上长枕埋入式无砟轨道、预应力混凝土双线箱梁和路基等动力性能。试验最高速度达到 210.7km/h。所测试的典型路基、桥梁、轨道和道岔都能满足 200km/h 列车运行的安全、平稳性要求。

第二次综合试验于 2002 年 9 月在山绥段进行。试验采用“先锋号”动力分散型电动车组，4M + 2T（4 动 + 2 拖）编组。试验分为 3 个阶段，分别进行了曲线、无砟轨道、道岔、桥梁、路基及路桥过渡段、噪声振动、安全退避距离、接触网支柱稳定性等地面测点试验；动车组的动力学性能、牵引、制动、列车交会、弓网受流、自动过分相等试验；车载 TVM430、列车超速防护、车次号传递、调度集中系统（Centralized Traffic Control，CTC）、光纤通信系统、射频直放、数字集群通信、无线列调数话同传等通信信号设备的调试、试验。试验从 160km/h 开始，逐步提速到 250km/h，每个速度挡进行上下行各 3 个往返，最高速度达到 292km/h。试验表明，在高速运行时，山绥段的线下设备各项实测最大值均优于规定的评价指标，符合设计要求；弓网受流性能良好，电动车组安全性、平稳性符合设计评估标准。

第三次综合试验于 2002 年 11 月至 12 月首先在山绥段进行。试验采用“中华之星”动力集中型电动车组，编组为 2M + 9T（2 动 + 9 拖）。试验从 180km/h 开始，逐步提升到 300km/h 及以上。对线下工程的有砟轨道、桥上板式无砟轨道、38 号道岔、箱梁、T 形梁桥、涵洞、路基及路桥过渡段等的动力性能和安全退避距离等进行试验测试；对高速列车的动车和拖车动力学性能，牵引、制动性能，列车交会，弓网关系，自动过分相及接触网支柱稳定性等进行了试验测试；对通信信号系统进行了系统试验、调试。“中华之星”全编组的最高试验速度达到 305.9km/h，2M + 3T（2 动 + 3 拖）编组时最高试验速度达到 321.5km/h。

在综合试验后，接着进行了绥中北至皇姑屯间的全线拉通试验，对全线桥梁动力性能、跨区间无缝线路、噪声振动、路桥过渡段、东段改良土路基等进行了试验、测试。绥中北至皇姑屯 325km 线路，运行时间 1h31min，平均速度为 213.8km/h。

试验结果表明，秦沈客运专线山绥综合试验段的线下线上工程完全能满足 300km/h 速度运行的安全性、平稳性要求；绥中北至皇姑屯段完全满足 200km/h 运行的安全性、平稳性要求。国产 PD3 钢轨，其力学性能达到了国外高速铁路同类钢轨的标准；38 号大号码道岔经工电联合测试，满足设计要求，直向过岔速度就是线路设计速度，侧向可达 140km/h，这些都为我国高速铁路建设提供了技术储备。牵引供电系统的接触网悬挂形式、供电方式和接触网悬挂张力等技术参数配置，为高速铁路设计提供了借鉴。通信信号系统的各子系统的功能及相互间数据交换的安全性、可靠性得以验证，均能满足 200km/h 及以上列车安全运行的要求。山绥试验段的 3 次综合试验和全线拉通试验，证明秦沈客运专线的建设达到了预期目标。电动车组，无论是“先锋号”还是“中华之星”，其运行的安全性各项参数（脱轨系数、轮重减载率、轮轴横向力、转向架构架横向制动加速度等）、动车组运行平稳性各项参数（车体垂向横向平稳性指标）和牵引制动性能都满足当时部颁评定标准要求，达到了设计目标。两种动车组样车的研制和试验，提高了我国机车车辆的设计、制造水平，也为我国高速列车技术的引进和国产化提供了有力的技术支持和谈判条件。

2002 年 12 月 19 日，时任中共中央政治局委员、国家计委主任曾培炎同志到秦沈客运专线检查，听取了建设和综合试验情况的汇报及“中华之星”高速列车情况的介绍。曾培炎同志登乘“中华之星”列车，并亲自到驾驶室察看动车组运行情况。按照他的要求，“中华之星”从山海关出发，一路加速，最高时速达到 300km。曾培炎同志对工程建设和动车组制造都给予了肯定。

六、秦沈客运专线在运输组织中发挥了重要作用

秦沈客运专线的建设改变了我国铁路传统的扩能模式和观念，是我国铁路向现代化迈进的开创性实践，它对我国铁路建设事业发展和运输组织的改革都带来重大影响。

1. 秦沈通道实现了客货分线运输

秦沈客运专线是我国第一条新建客运专线，首次采用客货分线运输方式

解决运输大通道能力不足问题。

多年来，我国铁路一直是客货共线运输，不论是繁忙干线还是其他线路，不论是老线还是建设新线，都是不同等级的列车混跑，既开行客车也开行货车，几乎所有车站既办货运也办客运。由于不同列车的速差大，不能按平行运行图行车，线路运输能力受到折损。秦沈客运专线的建设，使客货运分线运输，改变了传统的运输组织模式和铁路扩能方式，不但大大提高了线路的运输能力，也为我国大规模的客运专线（高速铁路）规划和建设开创了新路。

2. 秦沈客运专线建设促进了京秦沈客运通道的形成

在秦沈客运专线建设中，为贯通京秦沈间的客运能力，充分发挥秦沈客运专线的作用，彻底解决旅客进出关的制约，铁道部研究，将北京至秦皇岛间既有大秦、京秦和京山 3 条铁路线在路网中的作用重新进行分工：原来由京秦线承担的直通货流改由大秦线和京山线的北京至狼窝铺段线路承担，京秦线的京狼段和京山线的狼秦段贯通后主要承担旅客运输业务，形成京秦间的快速客运通道。在秦沈线建设期间，决定同步对京秦线的北京至狼窝铺段、京山线的狼窝铺至秦皇岛段实施配套提速改造，在狼窝铺站的京秦线与京山线间换铺 38 号大号码道岔，贯通北京至狼窝铺至秦皇岛速度 160～200km/h 以客运为主的提速通道。

这样，经过提速改造后的京秦铁路京狼段、京山铁路狼秦段与秦沈客运专线构成了北京至秦皇岛至沈阳间 720km 的快速客运通道，使北京至沈阳的旅行时间缩短到 4.5h 左右，北京至哈尔滨的旅行时间也缩短到 8h 左右。不但扩大了进出关的旅客运输能力，也大大提高了铁路客运的市场竞争力。

3. 有效地缓解了进出关运能紧张状况

秦沈客运专线开通前，进出关通道线路能力利用率已经达到 85%～100%。尤其是京山线能力已经饱和，客车 56 对、货物运输能力 5000 万 t，通过能力利用率已达 100%。秦沈客运专线开通后，不但通道内的客车对数大量增加，沈山线客车转到秦沈客运专线后，其进出关的货运量实现了较快、较大增长。

据沈阳铁路局提供的资料显示，经秦沈客运专线进出关的客运量 2003 年分别为 97.8 万人和 180.2 万人；2005 年为 616.1 万人和 526 万人，分别是

2003年的6.3倍和2.9倍；2019年进出关客运量分别为2404万人和2359万人，分别是2005年的3.9倍和4.5倍。

秦沈客运专线的开通，大大释放了沈山线的货运能力，其货物运输送能力达到8000万t。在2002年秦沈客运专线开通前，山海关分界站日均交出的货车为48列，接入的货车为50列。至2021年，山海关口日均交出货车64列，接入货车为64.2列，分别增长了33.3%和28.4%。

秦沈客运专线的开通实现了山海关至沈阳客货的分线运输，不但大大缓解了出入关限制口的压力，而且开启了铁路运输组织的新形式。

七、秦沈客运专线建设带动了沿线经济的发展

秦沈客运专线出关后，进入辽宁省葫芦岛市、锦州市、盘锦市盘山县和鞍山市台安县，经大成站引入沈阳枢纽。秦沈客运专线的开通结束了辽中（现沈阳市辽中区）、台安两县不通铁路的历史，也使沿线的葫芦岛市、锦州市迈入了快速客运时代。这两市是辽宁沿海经济带环渤海上的两个重要节点，两市区位优势独特，工业基础好，秦沈客运专线在葫芦岛市境内约有160km，在锦州市境内约有95km，秦沈客运专线的开通拉近了两市与沈阳以及北京、天津、北戴河的时空距离，进一步方便了两市与外界的沟通和交流。

秦沈客运专线上的锦州南站，站点周边30km范围内覆盖8个县区、31个乡镇，客运专线促进了锦州市的产业发展和升级，直接带动了高新技术产业和现代化服务业的发展。在秦沈客运专线周边还建有开发区、工业园区，形成了新的产业集群。同时锦州南站地区的商贸开发随客运专线开通逐步展开，已成为锦州新城区的核心区域。

葫芦岛市由于秦沈客运专线的建成，到沈阳的时间缩短为2h左右；京秦沈快速通道的开通，到北京的时间缩短为2.5h左右，使其区域内的人流、信息流更加活跃。“十二五”期间，葫芦岛市着力打造的13个重点园区，其中9个在秦沈客运专线沿线。同时，其旅游、文化创意产业更是得益于秦沈客运专线提供的便利条件，接待的国内外旅游人数和旅游收入迅猛增长。

秦沈客运专线开通后，最直接的影响是沿线乘客的出行更加方便和快捷，客货运量的大幅增加，沿线城市间时空距离的缩短。由此带来的经济发展机

遇和成本节约，都为其更好地发展奠定了基础、提供了条件。

八、秦沈客运专线建设在中国高速铁路发展中的地位和作用

秦沈客运专线 2003 年 1 月交付沈阳铁路局、北京铁路局试运行，2003 年 10 月沈阳铁路局按 160km/h 开通运营，2007 年 4 月调图后，动车组提升到 250km/h 运营，2011 年 8 月降速至 200km/h。20 年来，其各项设备总体处于稳定状态。同时，随着科技的进步和管理水平的提高，沈阳铁路局在运营管理及设备维护过程中，对部分固定设备逐步进行了完善和升级改造，更好地发挥了客运专线的功能，尤其是随着京津城际、京沪高铁、哈大高铁的建成投产，中国高速铁路网逐步织密，秦沈客运专线已成为东北地区连接京津冀、华东地区的主要快速通道，成为全国高速铁路网“八纵八横”中沿海通道的重要组成部分。

1. 为京沪高速铁路技术标准和技术体系的建立提供了实践基础

秦沈客运专线是我国第一条客货分线铁路，为建设秦沈客运专线制定的相关设计规定，以及相应的施工技术细则、质量检验评定标准等，不但为秦沈客运专线的建设提供了依据和保证，这些建设实践和综合试验，也为京沪高速铁路技术标准和技术体系的建立奠定了基础。

结合秦沈客运专线建设和综合试验，铁道部组织有关部门及时总结设计、施工和综合试验段实施过程中的经验和问题，对《京沪高速铁路线桥隧站设计暂行规定》进行修改和完善，在 2003 年初秦沈客运专线交付试运行之时，修订颁发了《京沪高速铁路设计暂行规定》（300km/h 版），并依据此暂行规定修改完善了京沪高速铁路的初步设计文件。

秦沈客运专线投入运营后，铁道部高速铁路建设领导小组办公室（简称“铁道部高速办”）于 2003 年 7 月开始组织了《京沪高速铁路设计暂行规定》和部分重点工程初设文件的国际咨询工作。借鉴国外高速铁路建设的经验教训，从我国实际情况出发，充分发挥我们的专业优势，铁道部高速办制定了京沪高速铁路建设的技术路线：在基础设施设计和施工方面，总结经验，坚持自主创新，建立自己的标准和规范；在牵引供电和通信信号方面，坚持以我为主、博采众长、择优吸纳国外先进成熟技术，通过系统集成，形成自己

的技术制式和标准；在动车组制造方面，坚持“引进国外技术，打造中国品牌”，以国内制造为基础，通过引进消化吸收再创新，形成中国高速动车组的标准体系。依据这个路线和要求，铁道部高速办总结制定了“京沪高速铁路技术体系”。

通过秦沈客运专线的运营实践、《京沪高速铁路设计暂规》及重点工程初步设计文件的国际咨询，铁道部组织有关部门和专家于2004年12月重新修订了《京沪高速铁路设计暂行规定》(350km/h版)。2003年和2004年这两个版本的《京沪高速铁路设计暂行规定》就是京津城际、武广、石太、郑西等客运专线(高速铁路)的设计依据。

2. 为研制高速动车组提供了试验平台

中国新型机车车辆和“神州号”“先锋号”，包括“中华之星”动车组下线后都是在北京东郊环行线进行试验。由于环行线条件制约，所有试验都受到速度的限制。

秦沈客运专线建设为我国高速铁路动车组的试验提供了平台。在秦沈客运专线建设中，“神州号”内燃动车组、“先锋号”电力动车组、“中华之星”在山绥试验段的综合试验中跑出了自己的速度，检验了设计的各项参数。在秦沈客专开通后，还先后进行了CRH5、CRH2、CRH1系列动车组的综合性能及牵引制动等各种型式试验，成为研制高速动车组的运行试验平台。

3. 为高速铁路修建做了多方面的技术储备

针对秦沈客运专线的特点，建设指挥部与施工单位认真研究其“三高三新”的特点，为保证我国首条客运专线以设计速度开通、实现其高安全性、高平稳性和列车高舒适性，全线采用了一大批新材料、新设备，创新了一批施工的新技术、新工法和新工艺，研制或引进了一批新的施工装备。

如在路基施工中总结出“四区段、八流程”的施工工艺，探索出基床处理、本体填筑和表层施工新的工法，采用新的密实度检测标准和方法；在桥梁施工中，尤其是整孔箱梁的制造技术、运输和架设一体化设备创新；在轨道工程中采用一次性铺设跨区间无缝线路机械化作业技术和铺轨机、无砟轨道施工技术；在电气化工程中，试验段上下行分别采用全补偿简单链形悬挂和全补偿弹性链形悬挂的技术比较，高速交叉式线岔技术等。这些不但填补了我国施工技术和装备的空白，也为高速铁路工程建设做了必要的技术准备和储备。

4. 为高速铁路修建锻炼和培养了一大批技术和管理人才

秦沈客运专线建设，铁道部确定了数十个科技攻关项目，路内外科研、设计、施工、运营单位和高等院校有 20 多个单位承担或参与了相关科研项目的攻关。如整孔箱梁的制运架技术攻关，有 3 家科研单位和院校研发计算机动力仿真计算软件，实现了铁路桥梁设计仅由静力检算到静动力检算的变化；组织大跨箱梁制造和静载破坏试验，为大规模生产箱梁提供了工艺和控制参数；组织多家单位研发 600t 级运梁车和架桥机的生产制造，为高速铁路大跨箱梁的制运架做了人才、技术和设备的准备。

秦沈客运专线开通后，由铁道部批准，工程管理中心和秦沈客运专线建设指挥部组织先后举办了 4 期高速铁路技术培训班，把秦沈客运专线设计、施工及综合试验段的经验作为教材，由科研、设计、高校的专家老师主讲，培训了近千名相关单位及施工企业、设计单位、监理公司的技术人员。这批技术人员之后都参与了各客运专线和高速铁路、城际铁路的设计与施工管理工作。

秦沈客运专线开通运行已经 20 年。在工程建设和后来的运营中发现，其在设计和施工中还存在不少缺陷，诸如为节省投资，设计的坡段偏短、变坡点多；涵洞设计相邻间距较近；因高速动车组没有定型，车站站台高度还是按普通列车设计等。这些都已作为后来客运专线和高速铁路设计的教训予以纠正。

秦沈客运专线的建设在中国铁路发展史上是具有里程碑意义的，它开启了中国铁路建设的新模式，是我国第一条设计时速就是开通时速的客运专线。

根据国际铁路联盟（UIC）下的定义，允许速度至少达到 250km/h 的客运专线或允许速度达到 200km/h 的既有线就是高速铁路。那么，依据秦沈客运专线的建设标准：线下速度 250km/h、线上速度 160～200km/h（线路平面一般按最小曲线半径 3500m）；在山海关至绥中北 66.8km 间按 300km/h 进行设计。第三次综合试验时，“中华之星”全编组速度达到 305.9km/h，沈阳铁路局在接管后，于 2007 年 4 月提速到 250km/h 运行。据此，秦沈客运专线是我国的第一条高速铁路。

中国的高速铁路是 20 世纪 90 年代初从京沪高速铁路研究论证开始的，可以说京沪高速铁路是中国高速铁路的发端。由于京沪高速铁路迟迟未能被批准立项，使得秦沈客运专线拔得头筹。秦沈客运专线开工于 1999 年，2003 年 1 月 1 日建成通车，由铁路局组织调试试运行，并于当年正式运营。按 2013 年铁道部发布的《铁路主要技术政策》中规定“高速铁路为新建设计开行 250km/h 及以上动车组，初期运营速度不小于 200km/h 的客运专线铁路”的定义，秦沈客运专线也应是我国第一条高速铁路。

秦沈客运专线是我国第一条高速铁路

华茂崑
时任铁道部总工程师

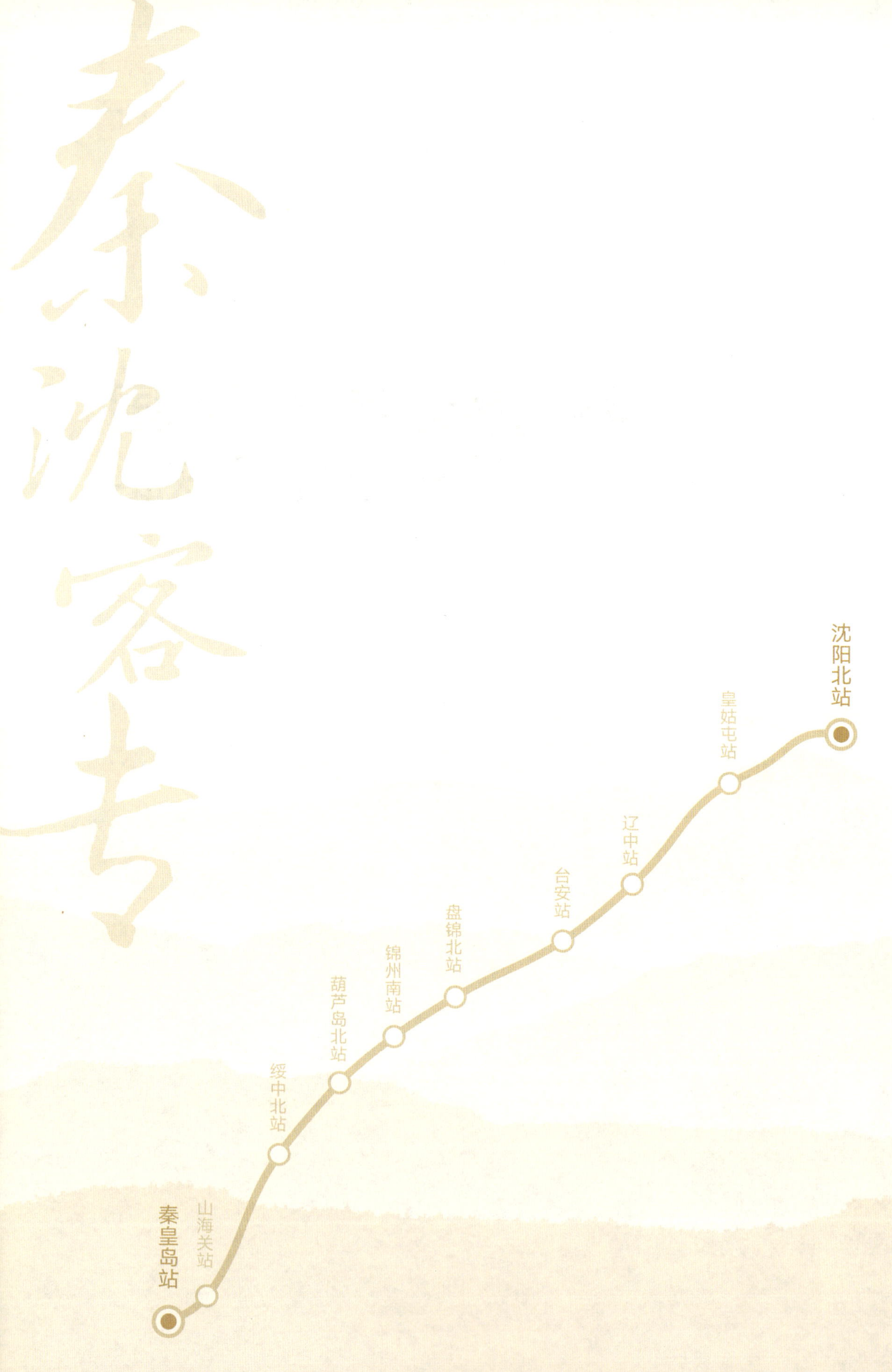
秦沈客专
秦皇岛站
山海关站
绥中北站
葫芦岛北站
锦州南站
盘锦北站
台安站
辽中站
皇姑屯站
沈阳北站

2022 年，我国高铁营运里程突破 4.2 万 km，遥遥领先于其他国家。我国已经成为高铁技术集成能力最强、运营里程最长、运营速度最快的国家。我国高铁不但为我国各族人民所赞叹，还向世界展示了响当当的中国名片。人们不禁要问，我国高铁是如何起步的？哪一条铁路是中国的第一条高速铁路？

静静地回想一下我国高铁走过的建设历程，我认为应该是秦沈客运专线。秦沈客运专线设计速度为 200km/h，线下预留 250km/h 的条件，其中在 66.8km 地形较为平坦、地质条件较好线路段，按 300km/h 的速度建设综合试验段，符合我国铁道部发布的《铁路主要技术政策》第五条规定，即“高速铁路为新建设计开行 250km/h（含预留）及以上动车组列车，初期运营速度不小于 200km/h 的客运专线铁路。”

秦沈客运专线是我国第一条自主设计、自行建成的客运专线，创造了当时我国旅客列车试验速度、运行速度的最高纪录。与一般铁路不同，其设计和建设过程呈现出如下鲜明的特点。

一、适应形势发展，不断提高建设标准

随着改革开放的逐步深入，国民经济在不断发展，人民生活水平在不断提高，对铁路运输提出了更高要求，为此铁道部根据社会发展需要，安排设计院不断修改完善秦皇岛到沈阳铁路的建设方案。

1986 年铁道部下达《秦皇岛到沈阳铁路扩大运输能力可行性研究》招标书，铁三院中标。铁三院编制了《秦皇岛至沈阳铁路扩大输送能力可行性研究报告》。报告提出了修建新线、既有线电化、并行修建三线、局部新线、增建三线等方案，重点对新线与既有线电气化改造两个方案进行了比较，最后推荐了秦皇岛至沈阳间建设新线方案。

1993 年根据铁道部的新要求，铁三院编制了《秦皇岛至沈阳进出关铁路客、货运大通道可行性研究报告》，又提出了 4 个方案：①新建客运专线双线。高中速共线，最高速度 300km/h，最小曲线半径 4000m，最大坡度 12‰。②新建客货混运方案。最高速度 230～250km/h，最小曲线半径 4000m，限制坡度 4‰～9‰。③新建货运专线双线。最高速度 120km/h，最小曲线半径一般 1000m，困难地段（指受地理条件或建设投资额度等限制的区段。）400m，

限制坡度4‰。④新建I级单线铁路，开行组合列车，分流沈山线货运列车，最小曲线半径一般1000m，困难地段400m，限制坡度4‰。

1994年12月，铁道部召开了“新建秦沈线铁路方案”论证会，多数与会者倾向一次建成双线客运专线。1995年6月，铁道部以铁计函〔1995〕339号文向国家计委报送了《新建秦沈铁路（客运专线）项目建议书》。

1995年6月，铁三院完成《秦沈铁路预可行性研究报告》。

1998年6月，铁三院根据铁道部要求，完成了《秦皇岛至沈阳客运专线可行性研究报告》。8月，铁道部组织审查，明确秦沈线主要建设标准、建设规模、最高行车速度为160km/h以上。10月，铁道部向国家计委报送了《秦皇岛至沈阳客运专线可行性研究报告》。

1999年4月，国家计委印发《关于审批新建秦沈铁路可行性研究报告的请示的通知》，确定秦沈铁路按时速160km以上设计。秦沈客运专线项目正式立项。与此同时，铁道部审查了《秦沈专线站前工程设计》。

其后，根据铁道部的要求，铁三院在“线下200km/h、线上160km/h”方案的基础上又对最小曲线半径2500m（最高速度200km/h）和3500m（最高速度250km/h）两个方案进行了比较。最后铁道部审查同意“平面按不小于3500m设计”。故秦沈客运专线的建设方案最终为线下最高速度250km/h，线上最高速度200km/h，平面预留提速至250km/h的条件。其中在DK24＋000～DK77＋800、DK227＋800～DK405＋000段地区地形较为平坦，地貌条件较好，最小曲线半径采用了5500m，平面预留了提速至300km/h的条件。

由此可以看出，为了适应国民经济不断发展，秦沈铁路设计标准一提再提，最后确定为建设客运专线，具备列车速度达到200km/h以上的条件。

二、瞄准高速，锲而不舍

速度是铁路发展的重要条件，也是世界衡量运输质量的重要标准。我国自1876年有铁路以来，行车速度维持在较低水平。由于铁路运输处于效率低、速度慢的状况，满足不了广大群众出行需要，适应不了国民经济快速发展的要求。

经济在发展，世界在进步，一些经济发达国家为适应经济发展需要，对传统铁路运输业进行了创新。1964 年日本东海道新干线问世，这条运行速度 200km/h 的新干线被公认为世界第一条高速铁路。1990 年 5 月 18 日法国 TGV 大西洋线创下了试验速度 515.3km/h 的纪录。后来，德国、西班牙、瑞典、韩国都相继修建了高速铁路。

中国铁路人心中一直惦记着高速铁路。外国能修建高速铁路，我们中国也一定能够做到。中国幅员辽阔，人口众多，人流、货流充足，运输极为繁忙，而铁路运能相对短缺，限制了国民经济发展，因此迫切需要修建高速铁路。为此，多年来中国铁路人做了大量开拓性工作。

1994 年 12 月 22 日，广州—深圳间我国第一条长度为 147km 的准高速铁路开通，最高运营速度为 160km/h（其中 26km 设置为 200km/h 的试验段）。运营后效果良好。广深线的改扩建，在牵引动力、线路桥梁、通信信号、运营管理等方面，为全国铁路大提速做了很好的准备。

1996 年 6 月 28 日，铁道部成立提速领导小组，着手对繁忙干线提高列车速度，几年间取得了显著成效。尽管既有铁路提速最高只能达到 140～160km/h，然而却为中国修建高速铁路进行了可喜的探索。中国铁路人并未满足于广深准高速铁路建设和铁路大提速，强烈希望自行设计、自行施工修建高速铁路。这也是为什么秦沈线的建设标准一变再变的“动因”所在。其结果是，速度目标值由最初的 120km/h 提升为 200km/h 以上。简而言之，秦沈铁路之所以能够从最初设计为I级普速铁路，到最终升级为客运专线，成为高速铁路，是铁路人锲而不舍、知难而进的结果。

三、不断开拓，勇于创新

秦沈客运专线于 1999 年 8 月 16 日开工，2003 年 1 月 1 日开始试运行，2003 年 10 月 12 日开始正式运营。所有参与设计、施工、管理的建设者们，用从来没有过的修建标准、技术工艺，精雕细琢地进行施工，确保线路、桥涵、机车车辆、通信信号、牵引供电达到高质量、高标准，可想而知困难重重。技术、工艺、标准……不懂不会的东西相继而来，广大建设者靠技术创新来解决问题，不达目的决不罢休。

在路基建设中，路基表层首次采用了级配碎石材料，总结了一套完整的施工工艺，尤其是严格控制路基沉降，为之后高速铁路施工积累了经验。路基工程作为关键技术之一，在设计、施工中，通过科学实验，对沉降控制应力分布以及长期稳定性都取得了科学依据。线路平面预留最高行车速度达到250km/h 和 300km/h，一次铺设区间无缝线路，这些都是过去从来没有过的。

在桥梁建设上，采用双线整孔预应力混凝土箱梁，其中设计活载图式、桥梁、桥墩刚度、结构耐久性等方面的新规定，反映了我国现代桥梁研究的新成果。工程试验促进了高速铁路车、线、桥耦合振动理论，桥梁与轨道系统纵向力传递，无砟轨道以及结构耐久性等问题的深化研究。在秦沈客运专线上第一次以双线及单线整孔预应力混凝土箱形梁作为铁路的主导梁型。自行研制了 JQ600 型重型架桥机，使架设梁重由 130t 提高到 600t。

在秦沈客运专线上道岔的线形和结构设计，以列车高速运行时旅客舒适度为重要指标，采用道岔动力仿真计算软件模拟评估其安全性和舒适度。秦沈客运专线道岔设计技术达到国际高速道岔的先进水平，道岔直线设计速度为 250km/h，侧向速度 18 号道岔和 38 号道岔分别为 80km/h 和 140km/h。

秦沈客运专线为国内第一条 200km/h 以上的客运专线，牵引变电所安全监控及综合自动化设施采用国内最先进技术。接触网悬挂系统攻克了200km/h 以上技术难点。综上，秦沈客运专线建设达到了国内领先水平，部分技术达到了国际先进水平。

四、成效显著，达到预期

秦沈客运专线开通之初，曾以 200km/h 速度试运行，2003 年 10 月沈阳铁路局按 160km/h 运营，2007 年 4 月按 250km/h 运营。实践表明，线路运行稳定，设备质量良好，符合预期目标。秦沈客运专线自开通运营以来，20 年的使用经验证明其建设质量良好，各项设备经得起考验，推动了中国铁路运输组织、建设施工和相关技术的进步，为中国高速铁路发展探索了宝贵的经验。

秦沈客运专线的建成，是国家发展和科学技术进步的重大成就。秦沈客专在世人面前显示了它的优越性：

全天候，优于其他运输方式，受严寒、风雪、雨雾等气候影响较小。

速度快，运行速度在各种传统交通工具中仅低于飞机。

安全性好，20 年来运输安全持续稳定。

运能大，同时改变了中国铁路客货混跑的历史。

节能环保，节约土地，二氧化碳排放少。

方便群众，不但解决了出行难的问题，且为广大旅客提供了舒适、方便的乘车、候车环境。

秦沈客运专线已经在中国大地上诞生 20 年了，显示了它的优越性、方向性，也为我国大规模高速铁路建设奠定了基础。

秦沈客运专线决策历程及设计创新

刘为群
时任铁道第三勘察设计院副院长
后任中国铁路设计集团有限公司董事长

齐春雨
时任铁道第三勘察设计院线路处轨道所所长
现任中国铁路设计集团有限公司工程实验室副主任

秦沈客专

秦沈客运专线是中国高铁的发轫之作，是中国铁路迈向现代化进程中浓墨重彩的一笔。铁三院作为设计单位全过程亲历了它的立项、设计、建设、综合试验，并持续关注着其服役状态。在秦沈客运专线建成20年之际，重温其决策建设历程，回眸我们锐意进取的设计创新，倍感建设意义重大、启示弥足珍贵。

一、决策历程

秦沈客运专线从1986年开始研究，到1999年开工建设，2003年建成通车，历时17年，经历了从单纯满足运输能力到提高运输质量，从以货运为主到客运专线，从准高速到高铁综合试验的递进演变。

（一）研究解决秦沈铁路通道能力阶段

我国铁路基础设施及技术装备比较落后，多年来运输模式一直是客货共线模式，以货运为主，铁路运量大于运能，成为国民经济发展的瓶颈产业。

秦沈铁路通道与全国铁路一样，在20世纪90年代初期，也面临着运能紧张的状况——它以1条沈山双线铁路在西端对接关内京秦、京山、大秦3条双线铁路，在东端对接关外哈大、沈吉、沈丹等干线，路网运能严重不匹配，成为进出关客货运输的限制区段。

1986年，铁道部组织秦皇岛至沈阳铁路扩大输送能力可行性研究招标，铁三院中标，开始了该项目的勘察设计工作。

1987年，铁三院编制了《秦皇岛至沈阳铁路扩大输送能力可行性研究报告》。技术标准采用新建I级铁路、单线预留复线条件，开行组合列车、分流沈山线的货物列车，最小曲线半径一般1000m、困难地段400m，限制坡度4‰。

1988年6月，中国国际工程咨询公司向国家计划委员会报送了《秦皇岛至沈阳铁路可行性研究评估报告》，建议为改变目前客货运输紧张、欠账多的被动局面，应下决心修建秦沈铁路。国家计划委员会未批复设计任务书。

1988年11月，铁三院完成秦沈线初步设计，1992年12月，完成秦沈线修改初步设计。铁道部均未组织审查。

（二）论证修建秦沈客运专线阶段

进入 20 世纪 90 年代，高速公路和航空运输迅猛发展，呈现出交通运输多元化竞争模式，铁路运输由于能力不足、设施设备落后、运行速度低，竞争中逐步趋于劣势，铁路提速势在必行。

1994 年 6 月，《铁路主要技术政策》把 1988 年版“大力提高列车重量，积极增加行车密度，适当提高行车速度”，改为“大力提高列车重量，积极增加行车密度，努力提高行车速度”，从此拉开了中国铁路大提速的序幕。

国际上，日本于 1964 年建成世界第一条高铁东海道新干线，法国于 1981 年建成欧洲第一条高速铁路——TGV 东南线。高速铁路以其安全、快速、准时、舒适、运输能力大、环境污染轻、节约能源及土地资源等一系列技术经济优势，在日本和法国取得了成功，博得了各国政府和公众的信赖。我国追踪世界高速铁路技术，也从 20 世纪 90 年代初正式启动了京沪高速铁路的科研和论证工作。

随着铁路提速和国内外高速铁路的研究和发展，采用客货分线解决繁忙干线运输能力和运输质量问题已成共识，秦沈新建客运专线方案应运而生。

1993 年，铁三院编制了《秦皇岛至沈阳进出关铁路客、货运大通道可行性研究报告》。报告研究了 4 个方案：新建客运专线、新建客货混运铁路、新建货运专线、新建I级铁路。

1995 年 4 月，铁道部部长办公会议同意按客运专线建设，时速为 160km。同年 6 月，铁道部向国家计委报送《新建秦沈铁路（客运专线）项目建议书》。

（三）确定建设标准阶段

1997 年 4 月 1 日和 1998 年 10 月 1 日，中国铁路进行了两次提速，特别是京广、京沪、京哈三大干线提速在社会各界反响良好。在既有线提速中进行了多次综合试验，验证了线路状态、机车车辆性能、列控系统、无线通信、调度集中、运输组织等，增强了建设更高速度铁路的底气。

京沪高速铁路的研究也取得了一系列成果，国家“八五”“九五”高速铁路科技攻关取得了大量的阶段成果；与高速铁路发达国家开展了广泛的技术交流与合作；1993 年 7 月，铁道部印发了《京沪高速铁路线路主要技术条件》；1996 年 4 月，完成《京沪高速铁路预可行性研究报告（送审稿）》，1997 年 4 月，完成《京沪高速铁路预可行性研究报告补充研究报告》；1999 年 1 月，铁道部印发《京沪高速铁路线桥隧站设计暂行规定》。

既有线路提速的成功实践、京沪高速铁路的研究及技术规范的编制，为秦沈客运专线建设标准的确定提供了强有力的技术支持。

1998 年 6 月，铁三院完成《秦皇岛至沈阳客运专线可行性研究报告》，做了准高速（最小曲线半径一般 1500m）、预留高速（最小曲线半径 2500m）、预留高速平面（最小曲线半径 2500m）3 个建设方案。8 月，铁道部对可行性研究报告进行了审查，同意最小曲线半径按不小于 2500m 设计，最高行车速度为 160km/h 以上。

1998 年 6 月，铁三院完成了初步设计文件。

1999 年 2 月，铁道部批复初步设计，同意速度目标值为 160km/h 以上。2000 年 2 月，铁道部在《关于秦皇岛至沈阳客运专线技术设计（站前工程）的批复》（铁鉴函〔2000〕64 号文）中，同意秦沈客运专线近期开行 200km/h 旅客列车，以开展下一阶段设计。山海关至盘锦北段最小曲线半径按 3500m 设计，DK24 + 000～DK77 + 000 及 DK227 + 800～DK405 + 000 段最小曲线半径按不小于 5500m 设计。

为使秦沈客运专线建设中使用有关新材料、新工艺、新技术和新装备，促使科技和工程密切结合，铁道部科教司会同部内有关司局于 1998 年 11 月召开研讨会，1999 年 1 月向部领导呈送了《关于先期建设秦沈客运专线综合试验段的建议报告》，并于 1999 年 10 月下发了《关于秦沈客运专线综合试验科技攻关工作的通知》（铁科教〔1999〕135 号）。明确修建综合试验段，目的是：①把秦沈客运专线各项科研专题与线桥工程、供电、弓网系统、信号设备的设计、施工、监理和测试等密切结合起来，并在综合试验段建成后，结合国产 200km/h 的等级机车车辆进行逐挡提速的综合性试验，确保全线开通时运营速度达到 160km/h 以上。②在部分区段内进行更高试验速度的综合试验，测试在列车动载作用下线桥工程、供电、弓网系统、信号设备和机车车辆的各项动力学参数，为今后建设高速铁路积累资料，做好准备工作。综合试验段选定在山海关站至绥中北站间，长 66.8km，设计速度 300km/h。

（四）建设实施和试运行阶段

1999 年 2 月，国务院批准秦沈客运专线立项；同年 7 月批准开工，计划工期 4 年，同年被列为国家重点建设项目。1999 年 8 月 16 日全线正式开工建设。2000 年，线下主体工程全部完成。2001 年 5 月 27 日、9 月 1 日、10 月 1 日分别从山海关、陈家屯、五七站铺轨基地开始铺轨，9 月，“四电工程”开始展开施工。2002 年 6 月 16 日全线铺通，9 月底，10kV 电力贯通线全部带电运行。

2001 年 12 月至 2002 年 11 月，我国自行设计研制的内燃、电力动车组分别在秦沈客运专线山海关至绥中北区间 66.8km 综合试验段上进行了 3 次综合试验。2001 年 12 月第一次综合试验，“神州号”内燃动车组最高时速 210km。2002 年 9 月第二次综合试验，“先锋号”电力动车组最高时速 292km。2002 年 11 月第三次综合试验，“中华之星”电力动车组创造最高时速 321.5km 的中华第一速；随后又以 200～250km/h 的速度进行了山海关至沈阳的全程拉通试验。

三次综合试验的结果证明，秦沈客运专线的工程质量达到了设计要求，完全能够保证时速 200km 及以上列车安全、平稳运行。

2003 年 1 月 1 日至 3 月底为秦沈客运专线试运行期，采用“先锋号”和“中华之星”动车组，开行试运行列车。

2003 年 7 月 1 日起，秦沈客运专线全线试运营，实现秦沈客运专线和沈山线的客货分流。

2003 年 10 月 12 日，秦沈客运专线正式开通运营。

二、设计技术创新

作为中国第一条客运专线，秦沈客运专线在设计理念、标准、规范、原则、方法、工具等方面，完全突破了既有的标准、规范，是一次巨大的跨越。铁三院举全院之力，派出精兵强将，厉兵秣马，枕戈待旦，积极主持或参与相关课题研发、试验，成功实现系统创新和专业技术创新。在运量预测、运输组织、测量技术、线路技术、站场技术、桥梁技术、路基技术、轨道技术、通信信号技术、电力电气化技术、站房技术、运维模式及设施设备配套等方面，实现多项技术突破，很多方面颠覆了传统的设计理念和方法，制定了秦沈客运专线系列暂行规定或技术条件。主要创新成果包括：

（1）线形控制技术：研究确定了时速 200～250km 条件下，线路平面圆曲线最小半径的最大超高、欠超高允许值、过超高允许值和确定线路缓和曲线长度的欠超高时变率限值、过超高时变率限值等设计参数。

（2）跨区间无缝线路技术：首次实现新线一次铺设跨区间无缝线路，彻底变革了多年沿用的“先铺短轨，运营一段时间换铺无缝线路”的传统模式，研究制定《秦沈客运专线跨区间无缝线路设计暂行规定》。

（3）无砟轨道技术：在沙河、狗河和双河大桥分别铺设板式无砟轨道和长枕式无砟轨道，发展了轨道结构的新形式，研究制定《秦沈客运专线综合试验段沙河和狗河特大桥无砟轨道设计技术条件》《秦沈客运专线双河特大桥无砟轨道设计技术条件》。

（4）大号码道岔技术：成功探索了时速 250km 38 号大号码道岔的设计和研制，验证了道岔的设计标准、计算理论、制造方法，发现了道岔铸造、安装方面的问题并予以解决，见图 3-1、图 3-2。

图 3-1　道岔应力放散

图 3-2　放散锁定后的 38 号道岔

（5）整孔简支箱梁技术：突破了 600t 级整孔简支箱梁设计、制造、运输、架设成套技术，包括车线桥耦合动力响应分析方法，整孔简支箱梁移动模架和满堂支架、节段拼装设计建造技术，特殊结构桥梁设计建造技术等，见图 3-3。

图 3-3　脱模后的 24m 双线箱梁

（6）路基结构及沉降控制技术：首次将路基作为土工结构物来设计施工，采用了新型路基结构断面和基床表层材料，采用物理和力学双指标控制填筑质量，突破了软弱地基路基沉降控制技术、路基强度控制技术和路桥（涵）过渡技术。

（7）数字移动通信技术：建立了高可靠多业务光传送平台、基于数字移动通信系统构建的新型区间公务通信系统。

（8）列车运行控制技术：信号系统实现了由地面信号显示为行车凭证向以车载速度显示为行车凭证的技术跨越。

（9）牵引供电自动化技术：牵引供电外部电源采用 220kV、牵引变电所采用单相技术和带安全监控的综合自动化系统，接触网采用全补偿简单直链形悬挂和全补偿弹性直链形悬挂，提高了牵引供电的安全可靠性。

以下，重点以路基和轨道专业为例，介绍两个领域的设计技术创新。

（一）路基技术

路基必须为轨道提供强度高、刚度大且均匀的基础。秦沈客运专线首次把路基作为结构物进行设计和施工。

1. 采用了基床表层为级配碎石的强化路基结构

秦沈客运专线路基基床表层厚度 0.6m，底层厚度 1.9m，总厚度 2.5m，基床表层采用级配碎石填筑，基床底层采用 A、B 组土填筑，路堤下部采用

A、B、C 组土填筑，各部分填料要求及填筑标准均较普速铁路标准高。

通过大量的室内外试验，经过反复试验对比、分析，选定了较为合适的级配碎石（砂砾）配比，实行专业化、工厂化生产，确保了级配碎石（砂砾）的质量，填筑质量采用物理和力学指标“双控”，摸索出一套完整的基床表层级配碎石施工工艺和质量控制、检测程序。

2. 开展了软土和松软土地基工后沉降控制动态设计

控制地基沉降变形是秦沈客运专线路基设计的关键。秦沈客运专线对软土、松软土地基均进行了沉降分析，对薄层软土、松软土地基主要采用地表铺设砂垫层处理，对厚层软土、松软土地基主要采用以排水固结法为主，复合地基为辅的处理措施。

鉴于理论分析不能反映影响地基沉降的所有因素，为保证工后沉降满足高标准的沉降控制要求，秦沈客运专线首次在路基设计中引入了“基于现场观测—分析推算—调整修改设计—指导施工”的动态设计理念和方法，指导了全线软土及松软土地基地段路基的设计与施工，保证了沉降控制目标值的实现。

3. 设置了三种形式的路基与桥、涵过渡段

轨道基础的刚度均匀性、连续性是影响列车高速运行平稳与安全的重要因素。为保持轨道刚度的均匀过渡，秦沈客运专线首次设置了路桥过渡段、路涵过渡段、堤堑过渡段。施工采用了 3 种方式：大部分为级配碎石填筑，部分为土工格栅加筋，在软土地段设置钢筋混凝土搭板，见图 3-4。

a) 路桥过渡段（铺轨后）

b) 路涵过渡段

图 3-4　过渡段

综合试验及运营实践表明，秦沈客运专线路桥（涵）过渡平稳，动力性能良好，动应力、动位移、加速度纵向变化趋势平缓，过渡段设置效果显著。

（二）轨道技术

秦沈客运专线开工建设前，我国铁路均先铺设25m长的短轨，每隔25m一处钢轨接头，待运营几年后再换铺无缝线路，尚没有新建铁路一次铺设跨区间无缝线路的工程先例；以前的铁路主要采用有砟轨道结构，仅在少量隧道内应用了整体道床，这些整体道床标准低、施工精度差，仅适应于低等级铁路。客运专线速度高，钢轨接头处的轮轨动力冲击会大幅提升，带来巨大的振动、噪声，增加线路养护维修量，缩短轮轨的寿命，即使后来换铺成无缝线路，接头处的“记忆效应”仍会有很严重的后遗症，所以，客运专线必须采用没有钢轨接头的无缝线路技术。随着列车运行速度的提高，特别是速度达到300km/h以上，碎石道床会发生飞砟等影响动车组使用寿命乃至影响行车安全的风险，同时，即便投入大量的维修力量，仍难以保持线路的高平顺，影响旅客乘坐舒适度。因此，高速客运专线必须采用无砟轨道结构。作为中国高铁的综合试验段，秦沈客运专线必须开展这两方面的试验。铁三院专门成立了轨道技术研究设计所，负责轨道技术创新及秦沈客运专线轨道设计。

1. 一次铺设跨区间无缝线路

铁三院主持，联合铁路高校及铁道部科学研究院（简称“铁科院”）等单位，研究编制并由铁道部发布了《客运专线一次铺设跨区间无缝线路设计暂行规定》，从轨道结构形式、重要参数、设计方法、验收标准等方面进行了系统、明确的规定，为设计提供了重要遵循。通过新建客运专线一次铺设跨区间无缝线路研究，突破我国铁路采用标准钢轨过渡、换铺无缝线路的传统模式，在国内首次实现新建客运专线一次铺设跨区间无缝线路，长轨条总长达375.6km。

此前，岔区是行业公认的无缝线路“禁区”。在国内缺乏统一、规范性的无缝道岔设计理论和相关参数的情况下，大胆创新，成功突破了18号和38号大号码道岔及道岔群无缝线路设计的技术难题，实现了“跨区间”无缝线路。也就是说，在秦沈客运专线上，一次性实现了从短轨到区间无缝线路，以及从区间无缝线路到跨区间无缝线路的两阶飞跃。

2. 桥上铺设无砟轨道

铁三院主持，联合铁科院、专业设计院、铁道部第三工程局等，在理论分析、部件研制及室内试验基础上，研究编制并由铁道部发布了《客运专线桥上长枕埋入式和板式无砟轨道设计技术条件》，确定了无砟轨道结构形式、设计荷载、轨道板形式尺寸和截面弯矩、扣件间距与扣压力、过渡段处理措施、铺设精度标准等。通过研究比选，选择了基础条件较好的沙河、狗河及跨双河公路特大桥 3 座桥采用桥上长枕埋入式和板式无砟轨道，其中沙河桥为长枕埋入式，狗河和双河桥为板式无砟轨道，见图 3-5、图 3-6。此外，无砟轨道设计过程中，我们敏锐意识到无砟轨道是个系统工程，桥梁的徐变上拱控制也是无砟轨道成败的关键，创造性地提出了桥梁残余徐变上拱不大于 10mm 的规定。综合试验表明，秦沈客运专线桥上无砟轨道减载率、脱轨系数等关键行车指标良好，是一次成功的突破。

图 3-5　双河桥板式无砟轨道

图 3-6　双河特大桥曲线板式无砟轨道

三、建设意义启示

（一）秦沈客运专线的意义

秦沈客运专线的建设除了构成了京秦沈快速客运通道、解决了进出关客货运输紧张状况、促进沿线经济发展以外，其对于中国铁路更大的意义在于以下几方面：

（1）研究试验了我国高速铁路建设的一系列关键技术。依托该线建设，铁道部组织开展了时速 200～250km 客运专线系统技术的系列科技攻关，仅在综合试验段就安排了 24 项试验项目，取得一系列关键技术成果，为秦沈客运专线的建设和后来大规模高速铁路建设提供了强有力的技术借鉴。

（2）初步建立了客运专线的技术标准体系。结合秦沈客运专线建设，研究编制了设计、施工、检验与验收、部件和设备等一系列规范、细则、技术条件等成套技术标准，初步建立了客运专线的技术标准体系，为我国高速铁路技术标准体系的建立打下扎实根基。

（3）培养了我国高速铁路的第一批建设人才。参加过秦沈客运专线建设的人才，成为随后我国高铁建设的中坚力量，“干过秦沈客运专线”成了早期承揽高铁任务的重要入场券。

（4）提供了研制国产高速铁路动车组的运行试验平台。秦沈客运专线作为我国高速铁路动车组的重要试验线，发挥了不可替代的作用。秦沈客运专线正式开通前，“神州号”内燃动车组、“先锋号”电力动车组、“中华之星”电力动车组进行了综合试验；开通后，进行了 CRH5、CRH2、CRH1 系列动车组的综合性能及牵引制动等各种型式试验 10 余次，成为研制国产高速铁路动车组的运行试验平台。

（二）启示

在秦沈客运专线开通 20 周年的今天，回顾其立项建设过程，对我国高铁当前和未来发展有如下启示：

（1）自主创新是我国永续发展的不竭动力。事实一再证明先进技术是求不来、买不来的。中国铁路人在秦沈客运专线建设前和过程中，超前部署安排了大量的科研、试验课题，一大批科研人员投身一线、攻坚克难，才实现了秦沈客运专线系列技术的大规模、系列化、跨越式突破，彰显了“自力更生、敢于突破、系统谋划、团结协作”的良好精神风貌和创新能力。在积极引进、消化吸收国外先进技术的同时，始终坚持基于国情的再创新和原始创新。正是高标准、严要求的自主可控技术，保证了秦沈客运专线的巨大成功，也是后来我国高铁大发展的最大底气。

（2）举国体制是中国高铁快速发展的最大优势。秦沈客运专线的科研和建设推行的是由铁道部统一领导，来自全国四面八方涵盖高校、铁科院、设计院、制造厂家、施工单位、建设管理单位的全产业链联合作战与科技创新。

全国优势资源一呼百应、分工协作，保证了技术创新的系统性、协调性和高水平，科技成果转化顺畅高效，是集中社会各方力量办大事的成功案例，也是举国体制优势的一次集中彰显。

（3）综合试验是中国高铁安全发展的扎实保障。建立综合试验段，在实际工程建设过程中对各项创新成果开展试验验证，并在综合试验段建成后，开展国产机车车辆的逐挡提速试验，测试在各种时速的列车动载作用下线桥工程、供电、弓网系统、信号设备和机车车辆的各项动力学响应，在确认铁路的整体安全性、舒适性的同时，为今后建设更高速度的铁路积累了大量的第一手数据。

（4）标准先行是中国高铁全面发展的制胜法宝。面对众多首次运用的技术，注重先研究编制标准，颁布实施后使得设计、制造、施工均有法可依，保证了工程建设的各环节、各专业的规范性、系统性、协调性。建成后根据实测与运营反馈，不断修订完善标准，使之更好地指导以后的高铁建设，这也是我国成功实施大规模、高标准高铁建设的关键一招。

20 年弹指一挥间，中国高铁已建成 4.2 万 km，高铁技术已达到世界领先水平，“复兴号”高速列车迈出从追赶到领跑的关键一步。此时此刻，越发体会到建设秦沈客运专线的正确性和前瞻性，我们坚信发轫自秦沈客运专线的“中国高铁”这张靓丽名片一定会乘风破浪、领跑世界。

CHAPTER

从验收报告结论看秦沈客运专线建设

蔡申夫

时任铁道部工程设计鉴定中心主任

秦沈客专

秦皇岛站
山海关站
绥中北站
葫芦岛北站
锦州南站
盘锦北站
台安站
辽中站
皇姑屯站
沈阳北站

2002年12月21日，铁道部验收委员会通过了《秦沈铁路客运专线工程初验收报告》，验收委员会认为，“本次验收范围内各项工程符合设计文件和工程质量，经评定验收标准，同意验收。”“秦沈客运专线已经具备试运行条件，同意2002年12月31日18点[1]交付沈阳铁路局和北京铁路局试运行，2003年4月1日开始试运营，7月1日开始临管运营。”

秦沈客运专线1999年8月开建，2003年1月1日，交付沈阳铁路局和北京铁路局试运行，迄今已20年。回首往事，难忘铁路科研、建设、运营、工业等各大系统的同志，为这条集聚了诸多“第一”的铁路，付出的心血、流出的汗水；难忘中国铁路人在党中央和国务院的领导下，自力更生、奋发图强，合力打赢的这场攻坚战。回望过去，结合亲身经历谈谈秦沈客运专线，重点是阐述它在中国高铁征途上的里程碑意义及其发挥的推动作用。

一、项目的由来

秦沈客运专线是我国建设的第一条客运专线，也是中国铁路走进高速领域，在神州大地上修建的第一条时速达到200km以上的铁路。

20世纪80年代，改革开放中的中国加大了发展步伐，不断上扬的运输需求，迫切需要铁路扩大规模、提高运能、释放运输压力。1986年，为了解决进出山海关通道能力严重不足的问题，铁道部组织了秦沈铁路扩大输送能力可行性研究招标，铁三院（现为中国铁设集团公司。）中标。1987年，铁三院完成《秦沈间铁路扩大输送能力可行性研究报告》。在那个年代，可供选择的扩能措施只能是普速铁路范畴内的方案。铁道部组织审查、研讨后，按新建I级铁路，单线预留复线条件，开行组合列车，分流沈山线货物列车的方案，向国家计委报送《秦皇岛至沈阳新建铁路设计任务书》。国家计委委托中国国际工程咨询公司（简称“中咨公司”）进行了评估，但未批复。1988年11月，铁三院完成秦沈铁路初步设计。1992年12月，完成修改初步设计。铁道部均未组织审查。

[1] 18点是铁路统计分析工作的一个重要时间点。按这个时间点，当日18点之前统计为当日，18点之后被统计为第二日。据此，秦沈客运专线开通交付时间2002年12月31日18点是被统计为次日的，即2023年1月1日。

在国外，1964 年日本新干线开通，1981 年法国 TGV 东南线开始运营，1992 年德国高速铁路开始运营，国外高速铁路的迅猛发展影响着中国铁路的科技人员和设计人员。1989 年铁道部科学研究院和广州铁路局联合专家组对广深铁路进行提速改造研究，10 月完成广深准高速铁路立项；1991 年开工建设，到 1994 年竣工投产。开通运营后，最高运行速度达到 160km/h，实现了由普速到准高速的跨越。

在北京，1991 年启动的高铁科技攻关正在稳步推进，争取京沪高速铁路立项的活动也在进行。1994 年 6 月，铁道部颁布了新版《铁路主要技术政策》，其中有“大力提高列车重量，积极增加行车密度，努力提高行车速度”的原则要求。1995 年 6 月，铁道部作出了将繁忙干线旅客列车速度提高到 140～160km/h、货物列车速度提高到 80～90km/h 的决定。

在这样的大背景下，铁三院的研究工作理所当然地瞄准了现代铁路的发展方向。于是，新建秦沈客运专线的方案应运而生。在编制的《秦皇岛至沈阳进出关铁路客、货运大通道可行性研究报告》中，铁三院研究了 4 个方案：一是新建客运专线方案，双线，高中速共线，最高设计速度 300km/h；二是新建客货混运铁路方案，双线，最高设计速度 230～250km/h；三是新建货运专线方案，双线，最高设计速度 120km/h；四是新建I级铁路方案，单线，开行组合列车分流沈山线货运量，远期修建双线客运专线。1995 年 4 月，铁道部部长办公会议研究认为，秦沈线的建设是必要的，同意按客运专线建设。1995 年 6 月，铁道部向国家计委报送《新建秦沈铁路（客运专线）项目建议书》，主要技术标准按 160km/h 双线电气化铁路设计。同年 9 月，受国家计委委托，中咨公司进行了评估，认为秦沈客运专线的建设是必要的，在技术上是可行的。1998 年 10 月，铁道部向国家计委报送《新建秦皇岛至沈阳客运专线可行性研究报告》，建议设计速度为 160km/h 以上。1999 年 2 月，国务院批准秦沈客运专线立项，近期设计速度为 160km/h 以上，基础部分预留高速铁路条件。同年 4 月，国家计委将《关于审批新建秦沈铁路可行性研究报告的请示的通知》印发铁道部，《新建秦皇岛至沈阳客运专线可行性研究报告》业经国务院批准。

二、铁路人的高铁梦

在国家批复文件中，明确给定了秦沈客运专线的定位：客运专线，设计速度 160km/h 以上。这个定位意味着，即将出现的是一条国内最高等级的现代铁路，是一条能够赶在京沪高铁之前，首先向高速铁路发起冲击的铁路。

说到高速铁路、客运专线，人们会首先想到 1964 年日本东京奥运会开幕前夕通车的东海道新干线。那是世界第一条高速铁路。该线由东京经名古屋到大阪，连通了日本三大都市圈，全长 515.4km，设计速度 200km/h，最高运行速度 210km/h，为高速客运专线。新干线的成功，向世界展示了高速铁路的风采，指明了现代客运铁路的发展方向。让很多铁路人萌生了建设高铁的梦想。

1964 年，也是我走出校门到铁道部第一勘测设计院（简称“铁一院”）参加工作的那年。我乘坐由上海到兰州的 52 次直快列车去铁一院报到，行程 2100km，历时 55h，旅行速度 38.2km/h，途中最高运行速度不足 100km/h，与新干线的 210km/h 无法相比。次年 7 月，我在昆仑山上参加青藏铁路高原冻土研究，收到老师寄来的日本新干线资料和他写的文章，拜读后深感震撼，又有点迷茫，不知道什么时候我们也能拥有高速铁路。漫长的等待延续了很多年。铁道部在“铁路大提速”期间公布的资料显示，1993 年我国铁路客车平均旅行速度为 48.1km/h，最高运行速度 120km/h。可是，那时的日本东海道新干线已提速到 286km/h。法国 1990 年建成开通的大西洋线巴黎至图尔段，TGV 高速列车运行速度更是高达 300km/h。

1994 年，是我在铁一院工作的第 30 年。这 30 年中，我参与过青藏、南疆、侯月、宝中、兰新二线等铁路干线的勘察设计。在这些项目中，牵引动力已由蒸汽机车发展为内燃机车、电力机车，通信信号、电气化等方面的技术水准和装备水平也有明显进步。在我们的日常工作中，航测、遥感、电子计算机等现代技术手段，已进入工作流程。但是，设计对象的基本面貌一直未变，依然是客货共线的普速铁路，设计速度还是 120km/h。之所以如此，与当时国家的经济实力和科技实力有关，长期坚持“固本简末、先通后备”“精打细算、压缩投资”等原则，习惯性地把“压缩投资”的要求摆在“达速、提速”要求之前。对货运能力和工程投资看得很重，对运行速度考虑得较少，在那样的基础上要实现高铁零的突破绝非易事。要想取得成功，必须有科技水平和技术能力的飞跃、经济实力的支撑，同时也要有价值取向、指导思想、发展理念方面的突破。

我到铁道部科技司工作后，得到了学习高铁知识和参与高铁研究的机会。在组织和管理高铁土建工程研究课题以及在参加学术交流、课题评审等活动的过程中，了解到我国高铁研究的基本情况，加深了对高速铁路的认识，也促使自己深化了对高铁问题的思考。在国外考察时，听取过对方主管部门和高铁专家的介绍，考察过高铁设计单位和施工现场，乘坐过 TGV 和 ICE 高速列车，也加深了对高铁的直观印象和基本认识。在此期间，曾根据自己在铁一院工作的经验，建议并组织了《京沪高速铁路线桥隧站设计暂行规定》的编制工作。在国外考察时有一个印象深刻的感受，凡涉及关键技术时，外方是守口如瓶的。例如，有位专家给我们介绍高铁工程时，每讲到要害处总是“对不起，只能讲到这里，下面的内容没有得到授权”。另一位桥梁专家，原计划是介绍桥梁的动力响应问题，结果是推辞不露面。显然，要想把握关键技术，就得靠自力更生、奋发图强。

经过那几年的学习和工作，让我明白了高速铁路与普速铁路的主要区别，知道了高铁技术的难度和深度。认识到在世界高铁界，日本、法国、德国的高铁技术以及西班牙发展高铁的做法，很有研究价值和参考意义。认识到我国的国情路况与国外不同，在中国发展高铁，必须立足于中国的现实情况和国家需求，既要博采众长，消化吸收国外技术，更要自力更生，奋发图强，努力发展有中国特色的高铁事业。领悟到我国发展高铁的核心是，必须有能力自主制造构造速度很高的高速列车，有能力自主解决高速列车的行车控制问题，有能力自主修建与高速列车匹配的基础设施。但遗憾的是，盼望中的京沪高铁因旷日持久的论争被耽误，人们的高铁梦迟迟圆不了。

1998 年，我从铁道部科技司调到工程设计鉴定中心工作。此时，铁三院已完成秦沈客运专线初步设计。工程设计鉴定中心也在为初步设计鉴定进行准备。新的工作岗位给我提供了与铁三院等参建单位一起，直接介入秦沈客运专线项目建设的机遇。让我能更深入地了解秦沈客运专线的内在特征，以及它对中国高铁发展的推动作用。

关于高速铁路，世界各国的定义不尽相同，设定的“门槛”高低不一。当时日本将旅客列车能以 200km/h 及以上速度，在主要区段运行的干线铁路称为高速铁路。在世界上颇有影响力的国际铁路联盟（UIC），对高速铁路的定义为：高速铁路是一个由基础设施、高速动车组和运营条件等众多子系统构成的大系统。明确规定，高速铁路的新线设计速度为 250km/h 以上，提速线路速度为 200km/h。对照国内外的相关规定，秦沈客运专线的设计速度定位在 160km/h 以上，已经到了新建高铁的“家门口”，所以我特别高兴，中国的高铁时代要来了。

三、秦沈客运专线在中国高铁征程上的位置和任务

国家批准立项的秦沈客运专线有 5 个主要标志，一是线路类别为客运专线；二是设计速度 160km/h 以上，基础部分预留高速铁路的条件；三是建设范围由秦皇岛站（不含）至沈阳北站（含），包括引入沈阳枢纽客运相关工程，线路全长 404.6km，其中，新建区段长度 371km，改建秦山地区既有线约 20km、沈阳枢纽内既有线约 14km；四是投资规模 147.8 亿元；五是工期 4 年。

这些标志的含义很清晰，必须作为秦沈客运专线的主要设计依据，全面落实在项目建设中。在贯彻过程中遇到三个问题，需要进一步明确。第一个问题涉及客运专线运输职能的定位。当时，铁路沿线的台安县和辽中县请求，秦沈客运专线兼办货运业务，以解决他们的运输问题；第二个问题涉及新建段的设计速度，需要明确“时速 160km 以上”的上限怎么把握；第三个问题涉及秦沈客运专线的任务内容，需要明确在项目中要纳入哪些研究内容、以什么方式纳入。

铁道部部长办公会议研究认为，秦沈客运专线是我国修建的第一条客运专线，必须合理把握基础设施的设计标准，既不能定位太低，给今后提速造成困难，也不能定位太高，导致本期工程造价失控。该线新建段应满足 200km/h 客车的行车要求，并在不过多增加投资的前提下，对难以改造的线下工程留有提速至 250km/h 的发展余地。但是，凡能分期建设或可在今后合理改造的部分，本期建设只考虑近期要求。站前工程按《京沪高速铁路线桥

隧站设计暂行规定》设计，站后工程参照广深准高速铁路设计。在新线验交时，必须达到设计速度要求的营业线轨道状态标准。为给我国高铁的设计、施工及技术装备选型提供技术依据，决定在山海关站至绥中北站间，修建全长 66.8km 的综合试验段。试验段的线路条件，应满足 300km/h 运行的要求。关于是否开行货物列车问题，应以不影响客运专线的正常运营为前提，对能否开行轻快货运列车进行可行性研究后确定。

在后来的设计文件和鉴定意见中，全面贯彻了上述原则。以设计速度为例，秦沈客运专线全线分为两大段：首尾两端为改建既有线区段，其中秦山地区长约 20km、沈阳枢纽内长约 14km，为避免大拆大改执行普速铁路标准。新建区段全长 371km，设计速度 200km/h，平面预留 250km/h 条件。其中的山绥综合试验段（全长 66.8km）内，设计速度为 300km/h。全线线上工程的设计速度按 160～200km/h 执行。电气化工程中的接触网设计，高速试验段按 300km/h 设计，其他新建段按 200km/h 设计。

在全线设计中很好地贯彻了高速铁路设计理念，反映了客运专线的特点。在选线设计方面是：线路顺直，全线采用全封闭、全立交。大区间，平均间距 40km，最大间距 60km。结合地形条件尽量采用大半径曲线，在新建段中有两大段最小曲线半径$R \geqslant 5500$m，连续长度分别为约为 50km 和 170km；有一大段最小曲线半径$R \geqslant 3500$m，连续长度为 150km。同时在缓和曲线长度、最小坡段长、竖曲线设计、正线线间距等方面也相应提高，为今后提速提供条件。在轨道设计方面：全线采用一次性铺设跨区间无缝线路，最长的一根轨条长达 200.9km。车站采用了 38 号无缝道岔。在路基设计方面：强化了基床结构，提高了工后沉降量控制标准，要求一般地段不大于 15cm，年沉降率不大于 4cm/年。在路基与涵洞、路基与桥梁、路堤与路堑交界处设置过渡段，以保证轨下基床刚度不发生突变。在桥梁设计方面：为满足高速行车条件下的安全性要求和旅客舒适性要求，把桥梁结构的刚度问题上升到重要位置，通过建立空间模型进行车桥耦合动力响应仿真分析后，大量采用了预应力混凝土箱形简支梁。在通信设计方面：利用同步数字传输及接入系统，解决了红外轴温监测、信号列控监测、电力远动、牵引变电所远动等系统的组网通道。采用了数字集群移动通信系统、无线列调通信系统，客运管理信息系统。

在信号设计方面：大量采用数字化、网络化、遥控遥信技术，形成了集行车指挥、列控联锁一体化、信号集中监测、车站信号设备局域网等各种信号设备的综合系统，不设地面信号。在电气化工程设计方面：采用单工频交流制，直供带回流线供电方式，全线按远动化设计，实现遥控、遥测、遥信、遥视自动化功能。

上述情况表明，秦沈客运专线的设计理念、设计标准、技术层次和科技含量，已全面超越了以广深准高速铁路为代表的准高速层面，进入了高速铁路层面。

从我国发展高铁的全局高度看，1991 年开始的高铁技术攻关，到秦沈客运专线开工时已经持续 8 年了。在此期间，铁路领域列入“八五”“九五”国家科技攻关计划的课题就有 297 项。如此规模的研究和开发，大大提升了中国铁路对高铁的认识水平和技术能力，为秦沈客运专线建设的顺利进行发挥了保驾护航作用。然而，由于京沪高铁建设项目的大幅度推迟，导致不少课题失去依托，难以结合中国高铁的实际进行现场实测、建立模型、完善理论，无法在应用中继续深化。在建设秦沈客运专线之前，我们在消化吸收日本、法国、德国高铁技术时，只知道他们在有些方面的思路、做法各不相同，各有特色。但由于当时我们没有高铁，缺乏实践经验，很难结合我们的国情进行抉择。但是，既要建高铁，就不能不做出选择。譬如高速列车是采用动力集中方式，还是动力分散方式；轨道结构是选择无砟轨道还是有砟轨道；运输组织方式是采用客运专线还是兼顾货运；高速列车要不要下线运行；跨线高等级客车能不能上线运行；适用于高速铁路的桥梁结构形式很多，哪种类型最适合我们；已经制定和正在编制的各种规范、规程、暂行规定的条文，是不是合适，如何修订……这些问题摆在那里，只能由我们自己解决。在策划京沪高铁时，曾准备选择一段先期开工，作为研究解决这些问题的先行段。可是，京沪高铁推迟了，秦沈客运专线得到了首先向高铁冲刺的机会。显然，原先京沪高铁先行段的位置和任务，理所应当地要由秦沈客运专线来替代。

四、在秦沈客运专线综合试验中取得的成果

秦沈客运专线的设计理念新，应用的新材料、新技术、新结构、新装备、

新工艺多，对设计和施工的要求高，国内没有先例可循。因此，需要研究、测试、观察的对象很多。据统计，在综合试验段中安排的研究课题达到24项，其中站前19项，涉及轨道、路基、桥梁专业。站后5项，涉及通信、信号、电气化专业。对于这些项目，除需研究本专业常规的设计、施工问题外，更重要的是要研究高速列车运行条件下的动力学问题。具体做法是，在分布有很多研究课题的综合试验段上，采用国产200km/h等级的机车车辆，进行从120km/h起步逐挡提速开行，直至250km/h以上，期间实时量测行车时轨道、路基、桥梁、涵洞及机车车辆的各种有关数据，并依据规范要求进行分析、评价。试验的目的是确保全线开通时运营速度达到设计速度，并为日后的中国高铁积累资料，提供支持。

这种把机车车辆试运行与测试线桥工程、牵引供电、弓网系统、通信信号设备密切结合的综合试验，在2001年12月至2002年12月共进行过3次。第一次在2001年12月，“神州号”双层内燃动车组的最高速度达到210km/h。该车为动力集中式动车组，设计运营速度180km/h；第二次综合试验在2002年9月，“先锋号”电力动车组的最高速度达到292km/h。该车为动力分散式动车组，设计运营速度200km/h；第三次综合试验在2002年11月至12月，“中华之星”电力动车组（简编2M + 3T）的最高速度达到321.5km/h。该车为动力集中式动车组，设计运营速度 270km/h。那天我在车上，时速超过300km/h时，在车厢过道里仍可自如行走，感觉比法国TGV、德国UIC好。前几年，乘他们的高速列车时，坐在座位上没问题，在过道里走动不能不扶座椅背。本次试验后，“中华之星”以200～250km/h的速度，进行了山海关至沈阳的全程贯通试验。

3次综合试验的结果表明，3列动车组的最高试验速度都在200km/h以上，“中华之星”最高，创造了当时国产机车车辆的最高纪录。线路、路基、道岔、桥梁、接触网等工程的动力学性能完全符合安全评判标准，达到了设计要求。检测单位根据3次综合试验数据分析，建议全线新线段开通速度以200～220km/h为宜，其中山绥段可按250km/h运行。

五、秦沈客运专线的里程碑意义和对发展高铁的推动作用

秦沈客运专线是中国铁路由普速到高速发展历程中具有里程碑意义的工程。

广深准高速铁路（简称“广深铁路”）位于广州至深圳区段。1991 年 12 月，广深铁路新建第三线和对既有双线进行准高速改造工程开工。1994 年 12 月工程竣工，构成三线并行格局，为一条 120km/h 的单线普速铁路与一条 160km/h 的双线准高速铁路。这是中国铁路高铁征程上的第一个里程碑，是中国铁路由普速进入准高速的标志。

从 1997 年起，铁道部组织实施了既有线的提速工程。提速对象是路网中的既有繁忙干线，均为客货混运普速铁路。至 2001 年 10 月之前，前四次提速的目标是将部分大干线的客车最高运行时速提高到 140～160km，在繁忙干线上的有些区段，客车时速进入准高速层次，提速总里程延至 13000km，覆盖了全国大部分省区。

秦沈客运专线是新建铁路，是我国应用高速铁路设计理念，根据高速铁路设计要求，自主研究、自主建设、自主运营的第一条设计速度达到 200km/h（预留提速到 250km/h 条件）的客运专线。2007 年 4 月，秦沈客专每天开行 10 对动车组列车，最高时速 250km。可以说，秦沈客运专线是中国铁路由准高速进入高速的新的里程碑。它的意义在于：中国铁路人用事实证明，在党和政府的领导下，立足国情条件和国家需求，在博采众长的同时充分发挥自力更生、奋发图强精神，尊重科学规律，鼓励开拓进取，就一定能掌握高铁技术，一定能自主建成中国自己的高速铁路。

在运输组织成效方面：秦沈客运专线经过多年艰苦奋斗，给国家奉献了一条高水平、高质量的铁路。这条新建铁路以速度快、能力大的优势，大幅度增加了进出关通道上的客运能力，提升了服务水平，释放了沈山线的货运压力，满足了预期的运输需求，达到了国家修建秦沈客运专线的目的。

在取得的科技成果方面：在修建秦沈客运专线的过程中，通过课题研究和综合试验，取得了很多成果，积累了大量第一手资料，为今后高铁建设中的方案选择、动力学分析、专业设计等夯实了基础，解决了不少以往难以解决的问题。例如，解决了立足中国高铁条件建立空间模型，进行车桥耦合动力响应仿真分析的问题，以及高铁接触网弓网关系研究的问题。在桥梁工程方面，本线安排和进行了箱形简支梁桥、T 形简支梁桥、钢混结合连续梁桥、刚构连续梁桥等多种桥梁的实测比较，为今后高铁建设时选定梁型提供了依据。在规程、规范方面，铁道部建设司及时发布了《时速200公里新建铁路线桥隧站设计暂行规定》《秦沈客运专线站后工程设计暂行规定》。有关部门、单位还针对设计、施工、监理、运营的需要，编制了大量规程、规范、规定，提供了工作依据。在培养人才、壮大骨干队伍方面，由于承担设计、研究任务的铁三院、专业设计院、铁科院和高等学校等单位，以及承担站前工程施工的15个工程局，承担站后工程施工的11个单位，承担监理任务的10个单位等，出于对工程建设的责任心，以及为今后承担高铁任务积累资本的需要，派出的人员都是精兵强将，经过几年的现场锻炼后，更加增添了实力。据说，后来在京沪高铁建设队伍中，80%～90%的骨干都参加过秦沈客运专线建设。在创建适用先进的管理模式方面，秦沈客运专线首次引入了信息化管理方式。在技术设计鉴定意见中，首次规定在施工总工期中有6个月是设备调试和整道时间，以保证竣工时按设计时速达速验交。秦沈客运专线的上述举措，为我国提升高铁建设能力，修建更多、更好的高速铁路奠定了基础，提供了经验。

秦沈客运专线竣工后，铁道部初验委员会于2002年7月至12月，对全线工程进行初验。初验委员会成员乘坐“中华之星”动车组，对沿线进行全面检查，“中华之星”全编组动车组的最高运行时速达到305.9km。

初验委员会在初验结论中写道：“秦沈客运专线项目决策正确，填补了我国客运专线建设技术的一系列空白，代表着当前我国铁路建设的最高水平，是世纪之交中国铁路建设的一个标志性工程，是我国第一条按设计速度开通的线路。”在纪念秦沈客运专线竣工开通20周年的时候，我们这些往日的建设者最为欣慰的是，在这20年中，在国家主导下，中国高铁风生水起、突飞猛进。截至2021年底，我国铁路营业里程已突破15万km，其中高铁超过4万km，占世界高铁总里程的2/3以上。现在的中国高铁已成为一张流动的国家名片，成为显示国家实力的标志之一。

如今，分布在祖国大地上的那张高铁网，不仅规模庞大，而且还在继续扩大，继续加密。在这张网上，有第一个进入高铁领域的秦沈客运专线（秦皇岛至沈阳），有第一个以350km时速运营的京津城际铁路（北京至天津），有客流量最大、运输最繁忙、运营时速最快的京沪高铁（北京至上海），有沟通南北的京广高铁（北京至广州），有途经 6 座省会城市与直辖市、里程长达 2252km 的沪昆高铁（上海至昆明），有在黄土高原上飞驰的银西高铁（银川至西安），有位于寒冷地区的哈齐高铁（哈尔滨至齐齐哈尔），有纵贯秦岭的西成高铁（西安至成都），有全程风景如画的海南环岛高铁，有位居大西北连接甘肃、青海、新疆的兰新高铁（兰州至乌鲁木齐），有智能环保的京张高铁（北京至张家口）等等。

仅仅 20 年，中国铁路人在各种不同的自然环境中建设了那么多高铁，条条一次成功，条条安全舒适。光辉的业绩让中国高铁从“追赶者”变成了“领先者”。这也表现在国际铁路联盟（UIC）会发布实施了由我国主持制定的多项标准。仅仅 20 年，从零起步的中国高速铁路，已经用一张世界最大的高铁网，圆了中国人的高铁梦。

05 CHAPTER

我国铁路高速化的起点

邓继伟

时任沈阳铁路局党委办公室副主任

后任中国铁路沈阳局集团有限公司党委宣传部部长

刘　磊

中国铁路沈阳局集团有限公司党委宣传部部员

秦沈客专

秦皇岛站

山海关站

绥中北站

葫芦岛北站

锦州南站

盘锦北站

台安站

辽中站

皇姑屯站

沈阳北站

秦皇岛至沈阳的铁路客运专线，是我国自行设计、建设和运营的第一条双线电气化客运专线。2003 年 1 月 1 日秦沈客运专线建成交付沈阳铁路局、北京铁路局，2003 年 1 月 1 日开始试运行；2003 年 10 月 12 日零时起正式开通运营；2005 年 8 月 1 日，由我国自主设计的当时时速最高的交流传动动力集中型动车组“中华之星”，在秦沈客运专线投入运营；2007 年 4 月 18 日，秦沈客专与提速改造后的京秦铁路贯通起来，北京至沈阳的旅行时间由原来特快列车的 9h10min，缩短为 4.5h……

这些载入历史的一幕幕，标志着中国铁路高速化由此起步。

20 年弹指一挥间，秦沈客专运营管理历经艰辛探索和成功实践，无论运输安全、经济效益，还是社会效益，都取得了令人瞩目的斐然业绩，为中国高铁的发展做出了基础性贡献，为区域经济社会发展提供了重要支撑。

一、秦沈客运专线运营管理的探索创新

秦沈客运专线作为我国第一条客运专线，无论运输指挥、移动装备、固定设备，还是生产组织、运维管理、专业管理等等，对沈阳铁路局（简称“沈阳局”）乃至中国铁路而言，面临的都是全新的考验与挑战。沈阳局作为第一个“吃螃蟹的人”，坚持在实践中探索、在探索中创新，成功地走出了一条自主运营管理之路。

（一）大力培养新型专业人才

（1）实行专业技术岗位准入制度。与秦沈客运专线开通同步，对高速铁路关键专业技术岗位人员推行资格准入制度，对相关专业技术人员进行补强培训。一是根据秦沈客运专线新设备、新技术的需要，在 2003 年分别选送 21 名青年科技骨干，参加了铁道科学研究院举办的“雷电对信号设备的危害”“网络维护管理与网页安全防范”等培训班，进一步提高了科技骨干掌握新理论、新技术、新设备的能力。二是随着后续高铁线路的不断开通，通过理论培训和实践培训结合方式，先后有 120 名专业技术人员取得高铁接触网检修、高铁变电远动、高铁信号联锁、高铁列控设备技术、动车组车辆检修、机械、电气及车辆运用技术专职资格。

（2）超前储备专业力量。2007 年，沈阳局组织集中编印了《动车组行车组织》《秦沈客专信号新技术》等培训教材 5300 多册。2009 年，围绕当时在建的 7 条客运专线（含京沈、哈大 2 条直通客运专线）、2 条城际高铁、5 条快速铁路的未来人才需求，通过专业理论考试、考核和面试，选拔确定了 407 名客运专线专业技术预备人员。参照秦沈客运专线的运营管理模式和铁道部人事司 6 种培养模块，采取专业理论培训、岗位培养、提前介入、参与联调联试和试运行等措施进行培养。

（3）培养专业领军人才。秦沈客运专线运营造就了中国第一批高速铁路人，沈阳局从中培养选拔优秀的专业带头人，有效发挥了示范和领军作用。20 年来，培养了以“最美铁路人”唐云鹏为代表的百余名技术状元，先后有 6 人获省部级及以上科技奖励或荣誉称号，其中享受国务院政府特殊津贴 1 人、詹天佑铁道科学技术奖（贡献奖）1 人、茅以升铁道工程师奖 4 人。2017 年，实施“百千万人才”工程以来，负责秦沈客运专线运维相关单位中共有 115 人当选，其中专业带头人 3 人、专业拔尖人才 27 人，沈阳局优秀青年技术人才 85 人。

（二）稳步推进运营管理

（1）合理设站。秦沈客专开通初期设 6 个车站，分别为绥中北站、葫芦岛北站、锦州南站、盘锦北站、台安站、辽中站。2007 年 4 月，盘锦北站衔接的盘五联络线开通。2013 年 9 月 1 日，盘锦北站衔接的盘营高速线开通。2013 年 9 月 25 日，新建东戴河站开通。2021 年 5 月 27 日，新建兴城西站、高桥北站、凌海南站、高升北站开通。2021 年 8 月 31 日，凌海南站衔接的朝凌高铁开通。

（2）科学运维。秦沈客运专线开行初期，配属动车组 6 组，由沈阳车辆段承担运用检修工作。初期配有 4 条检修线，2009 年增设 2 条。随着高铁事业发展，2011 年，成立沈阳动车段，最大一级检修能力达到 149 组，最大存车能力达到 297 组。

动车组检修经历了依靠主机厂检修到全面自主检修的过程。秦沈客运专线开通初期，“中华之星”“长白山”动车组主要由主机厂进行检修维护。2006

年“和谐号”动车组配属后，沈阳局克服重重困难，选配精兵强将，从零起步，攻克动车组自主检修技术难关，全面掌握了技术标准，并取得了 6 种型号动车组三级修检修资质。

担当秦沈客运专线旅客列车牵引任务的沈阳机务段，经历了电务设备改进、机车功率提升、速度等级变化等考验。其中，线路使用的机车必须安装 TVM430 监控设备，2009 年对监控装置进行优化，改为通用的 LKJ2000 型监控设备，从而使各型机车都可在秦沈客运专线运行。

秦沈客运专线开通之初，“中华之星”与“先锋号”动车组曾以 200km/h 速度试运行。SS9 电力机车牵引的列车以 160km/h 速度运行，共计开行列车 13 对。

2007 年 4 月 18 日，秦沈客运专线首次开行“和谐号”动车组，使用 CRH5A 型动车组开行沈阳、长春至北京动车组列车，列车最高运行速度 250km/h。

2009 年 5 月到 2011 年 3 月，使用 CRH2A 型动车组开行沈阳至上海动车组列车，列车最高运行速度 250km/h。

2011 年 8 月，按照全路降速运行的统一规定，列车最高运行速度调整到 200km/h。

（3）调度系统升级提效。秦沈客运专线开通时行车指挥采用 TMIS 调度系统，2005 年升级为 2.0 版本，同年铁道部推广调度系统 3.0 版本，2006 年行车调度系统由 TDCS 系统替代，2010 年起 TDMS 调度系统升级为 4.0 版本，由 TDCS/CTC 提供列车运行实时数据。同时，沈阳局自行研制开发了动车调度系统，2014 年成功试点“计划牵动、一项计划一条线”新模式，TDMS 系统升级至 5.0 版本。

（4）客票系统更新换代。秦沈客运专线运营之初，山海关站至辽中站中间各站开通联网售票，统一使用 PMIS3.0 客票系统；2004 年升级为 4.18 版本，2007 年升级为 5.0 版本，2018 年实施客票安全系统新加密改造，2020 年实行电子客票。

（5）客车运用维修信息化。秦沈客运专线开通前，客车车载安防设备仅有轴温报警器，地面设备仅有红外线轴温探测系统（Trace Hotbox Detection

System，THDS）。开通后，客车车载设备陆续增加了客车运行安全监控系统（Train Coach Running Diagnosis System，TCDS）、DC600V 供电客车干线在线绝缘监测装置、旅客列车尾部安全防护装置、烟火报警系统、DC110V 绝缘监测等，地面设备陆续增加了车辆运行品质轨边动态监测系统（Truck Performance Detection System，TPDS）、车辆滚动轴承故障轨边声学诊断系统（Trackside Acoustic Detector System，TADS）、客车运行故障动态图像检测系统（Train Coach Machine Vision Detection System，TVDS）等，实现了多形式、全方位、全天候动态监控信息化，旅客列车安全得到可靠保障。

（6）机车运用维修信息化。秦沈客运专线运行以来，担当旅客列车牵引任务机车的检修模式，从最初按公里、按状态、按交路等的故障修、计划修，逐步转变为利用数据化手段的预防修、提前修。一是利用检修数据趋势化分析，提早预判故障。对机车潜在故障隐患提前发现、提早施修，对存在故障隐患的部件提早更换。二是利用“安全关键风险点防控体系”卡死质量关键。细化 99 项质量安全关键点，严格按照标准卡死关键作业环节，并对动过的关键部件执行“双确认”制度。三是利用远程监控数据实现故障预防修。利用“和谐号”机车 CMD 远程故障诊断及监测系统对线上运用的机车进行远程监测，针对问题提早介入、提前处置。四是利用日常故障数据积累实现定向诊断、靶向治疗。通过梳理每台辅修机车的历史信息，建立每台检修机车的体检报告，在检修过程中有针对性地逐项检查确认，起到靶向治疗的效果。

（7）牵引供电系统自主维管。秦沈客运专线开通之初，牵引供电系统沈阳局委托中铁电气化局负责维护管理，是国内第一条委托专业公司维管的电气化铁路。沈阳局管内营业里程 387.393km，接触网 932.272 条 km，建有牵引座变电所 7 座，分区所 7 座。2014 年 6 月 30 日，锦州供电段全面接管秦沈客运专线，取消原有维管模式，沿线设立绥中北、葫芦岛北、锦州南、盘锦北、辽中等 5 个供电车间。2022 年取消了葫芦岛北供电车间。

（三）运营生产组织不断优化

（1）管理机构动态调整。2002 年 3 月 4 日，成立沈阳局秦沈客运专线领导小组，下设运营筹备处。

2003 年 6 月 16 日，成立沈阳局秦沈铁路管理处，同时撤销秦沈客运专线运营筹备处。

2003 年 7 月 30 日，撤销秦沈铁路管理处。2003 年 7 月 31 日 18 时起，原锦州、沈阳局对秦沈客运专线正式实施管理。

2003 年 8 月 14 日，原锦州铁路局成立秦沈客运专线管理中心。

2005 年 6 月 8 日，撤销秦沈客运专线管理中心，将其管理的车站及工务、电务设备分别划归属地站段管理。其中，沿线各站划归锦州车务段；工务设备 K312km + 498m 之前划归北京铁路局（简称“北京局”）秦皇岛工务段；K312km + 498m 至 K690km + 128m 划归沈阳局山海关工务段；K690km + 128m 至沈阳划归沈阳工务段；电务设备划归锦州电务段；动车检修运营所划归沈阳车辆段。2011 年 11 月 30 日，以动车检修运营所为基础，成立沈阳动车段，并于 2015 年建成动车组三级修基地。

（2）首创高速铁路行车组织办法。秦沈客运专线运营初期，沈阳局经过多轮运行调试和现场调研，探索制定了一系列行车组织办法。2003 年 5 月 16 日，制定了我国铁路第一个客运专线行车组织办法——《秦沈客运专线新建干线区段行车组织办法（试行）》，这是秦沈客运专线运营后的首部基本规章。

2004 年，沈阳局组织制定了《关于印发“中华之星”“先锋号”动车组在秦沈客运专线新建干线区段试验运行行车补充规定的通和》，成为我国铁路客运专线较为成熟的行车办法。

（3）完善高速铁路运行管理规章制度。秦沈客运专线运营以来，沈阳局认真贯彻落实铁道部、铁路总公司的技术政策要求，不断适应运营安全的需要和技术设备的发展变化，对有关规章制度进行了多次修改完善。2006 年，以补充完善非正常处置为重点，修订下发了《秦沈客运专线新建干线区段行车组织办法》。2007 年，依据新《铁路技术管理规程》和《铁路 200km/h 既有线技术管理暂行办法》，围绕全路第六次提速调图和动车组列车的大面积开行，重新制定了《京哈线调度集中区段技术管理办法》，并结合新运行图的实施情况，修改下发《沈阳铁路局京哈线调度集中区段行车组织办法》。2010 年，依据铁道部颁布的《铁路 200～250km/h 既有线技术管理办法》和《铁路客运专线技术管理办法》，结合生产力布局调整，先后两次对《沈阳铁路局京哈线调度集中区段行车组织办法》进行了修订完善。同时，按照铁道部决定将秦沈客运专线原有的 TVM430 列控系统改造为 CTCS-2 级列控系统的部署，在整合秦沈客运专线各站《车站行车工作细则》的同时，重新制定并下发《沈阳铁路局京哈线 CTCS-2 级区段行车组织细则》，2011 年和 2013 年又分别对《沈阳铁路局京哈线 CTCS-2 级区段行车组织细则》进行了修订完善。

（四）确保秦沈客运专线安全运营

为把秦沈客运专线打造成一条高速、舒适的动车通道，沈阳局不断更新维修理念、探索维修方式，坚持源头整治、系列整治、标准整治，采取天窗修、集中修、单元修、机械修、专业修等多种维修方式，确保了动车的舒适度和线路设备质量的持续安全稳定。

（1）提高职工业务能力。2015 年建立了山海关、锦州实训基地，室外有 S700K 道岔，室内有 ZPW2000、列控、通信练功室，配备了防灾练功设备。扎实开展“敬畏规章、执行标准、夯实基础”专项教育，常态化开展事故案例警示教育。结合标准化、规范化建设，以机车乘务员、列车调度员、车站值班员等主要行车工种为重点，不断完善各工种岗位作业指导书，常态化开展接触网挂异物、动车组故障等应急演练，保证职工技术业务能力适应现场需求，达到岗位标准。

（2）提高列车操纵水平。针对秦沈客运专线的线路条件，机务部门积极摸索列车操纵规律，归纳制定了“保压开车、全程带电、带闸过分相、三定停车”的操纵办法。保压开车，即启动列车时，先缓小闸、再缓大闸，逐级提升机车牵引力；全程带电，即列车运行中保持全程带电操纵，避免在变坡点处使闸；带闸过分相，即列车运行中分相区变坡点超过 3‰时，带闸过分相；“三定”停车，即列车进站定使闸地点、定速度、定减压量。从而，彻底解决了曾一度发生的列车冲动问题。

（3）提升设备保障能力。坚持移动设备以动客车走行部、制动系统、车顶高压设备、直供电等为重点，固定设备以防胀轨、防断轨、防弓网等为重点，充分利用春秋检、源头质量攻关、专项排查整治、升级改造等方式，不断消除设备隐患，确保高铁和客车运行的绝对安全。2015 年完成精测网的布置，为线路养护提供了可靠的控制基准，提高了设备养护维修的精度。

（4）提升安全保障能力。始终抓住高铁和客车安全不松懈，对动车组运行出现的问题，全面研判风险，绝不放过任何薄弱点，不断增强设备质量可靠性、技术标准合法性、人员素质适应性、专业规章严谨性、应急处置规范性。探索建立人防、物防、技防体系，深化“一点不差，差一点也不行”的“小东精神”传承教育，全面强化安全关键管控。

（5）整治外部环境隐患。认真贯彻落实中央有关要求，持续开展高铁外部环境综合治理。严格落实高速铁路安全防护管理办法，充分发挥“双段长”机制作用，秦沈客运专线外部环境整治取得明显成效。

（6）提升应急处置水平。针对雨、雪、风、雾恶劣天气，设备故障影响秩序，突发事故救援等情况，分专业、分工种优化应急预案，常态化开展模拟演练和实战演习，使应急处置进入程序化、模式化的有序组织状态，做到反应迅速、判断准确、处置得当。

（五）在实践检验中完善创新

秦沈客运专线作为中国铁路第一条高速客运专线，运营20年，经历了设备迭代、路网扩张、施工改造、人员交替等诸多考验，在运营实践中不断地发现问题、提出问题、研究解决问题，积累了大量开创性、指导性的宝贵经验，为中国铁路创新发展发挥了重要的基础性作用。

（1）修补道岔设计、制造的短板。沈阳局针对高速道岔设计、制造上暴露的缺陷，联合山海关桥梁厂开展科技攻关。更换了心轨跟端间隔铁，增强心轨与基本轨的锁定能力；研制分动式顶杆装置，消除了尖轨侧弯和位移不足；采取释放局部应力、反向调直的方式，消除了心轨侧弯。自行研制了道岔转辙部拨道器、尖轨侧弯直轨卡具等专用工具，解决了道岔反位拨道难、线上尖轨调直难的问题。特别是这些创新，对我国自行研制的38号高速道岔的完善补强起到了重要作用。

（2）改造站台。在秦沈客运专线设计之初，由于动车组车型没有确定下来，站台设计成了普通的低站台，并预留了改造高站台的条件。随着动车组的开行，沈阳局在2008年初对秦沈客运专线6个车站适时进行了高站台改造，其中锦州南站修建了 3 座高站台，其他 5 个车站修建了 2 座高站台，站台长 550m，宽 6.5m，适应了“和谐号”动车组停靠和开行的标准要求。

（3）改造列控系统。2010 年 12 月，实施了 CTCS-2 级列车运行控制系统的改造，取消了原有 TVM430 列控联锁一体化信号系统，地面采用 UM2000 数字编码轨道系统，实现了各型动车组和机车在秦沈客运专线运行的互联互通。

（4）改造轨道电路设备制式。秦沈客运专线 CTCS-2 级列控系统的主要设备，全部改造成双机热备冗余方式，大大增强了行车设备的抗干扰能力。

（5）改造动力环境监控系统。2010 年，沈阳局对全线通信机房动力环境监控系统进行了升级改造，开通了 2M 通道，增加了视频监控功能，增强了对通信电源、蓄电池组、UPS 设备以及温湿度、烟雾、水浸等环境量的“遥测”功能，实现了通信机房无人值守。

二、秦沈客运专线运营效益和发展效应

秦沈客运专线运营 20 年，已成为全国高速铁路“八纵八横”沿海通道的重要组成部分，它西接京山、京秦、大秦等铁路，东与沈哈、沈大、沈吉、沈丹等铁路相贯通，全线与沈山线毗邻并在沈阳铁路枢纽内交会，中部衔接沟海线，是连通关内外铁路的快捷运输大通道；它承担京津冀、华中、东部沿海地区与东北地区的长途跨线客流和城际客流；它结束了辽中、台安县不通铁路的历史，也使沿线的沈阳、盘锦、锦州、葫芦岛、秦皇岛等市率先迈入高铁时代。秦沈客运专线的运营实现了秦沈线、沈山线客货分线运输，改变了我国铁路客货混运的运输模式，既大大增强了进出关的客运能力，又充分释放了沈山线的货运潜在能力，实现了进出关客货运输的畅通。

（一）客货服务水平得到明显提升

秦沈客运专线运营 20 年来，沈阳局不断强化安全管理、优化产品供给、创新运营模式，客货服务品质跃上一个新台阶，创造了可观的经济效益。

（1）客运产品供给持续增加。运营初期，从沈山线分流客车 13 对/日，2004 年 4 月 18 日调图后，分流客车增至 18 对/日，后调增至 21 对/日，并增

加行包邮专列 1 对/日。2015 年山海关至沈阳北间图定开行客车上行 90 列/日，下行 89 列/日。目前，开行动车 63.5 对，普速客车 40.5 对，能力利用率达 94.9%。

自 2003 年 10 月 6 日锦州南站售出第一张客票起，到年末，盘锦北、锦州南、葫芦岛北等中间站发送旅客 1.6 万人。2004 年全线中间站陆续开办客运业务，全年旅客发送量 10.8 万人，2005 年 14.5 万人，2008 年 75.6 万人，2013 年 301.5 万人，2015 年 620.5 万人，2019 年已达 857.7 万人；经秦沈客运专线进、出关的旅客发送量，2003 年分别为 97.8 万人和 180.2 万人，2005 年分别为 616.1 万人和 526 万人，2019 年分别达到 2404 万人和 2359 万人，呈现逐年快速递增的良好局势。

（2）客运服务持续提质。随着秦沈客运专线的开通运营，相继推行了网络购票、电子客票、在线选座、高铁外卖等一系列便捷、高效的服务新举措。同时，加大站车服务设施的改造力度，完善车站“四区一室”建设，打造“三专一便捷”服务，为重点旅客提供专项服务，并推广“高铁极速达”“高铁顺手寄”“顺手取”便民产品，全面升级客运服务引导系统，2021 年秦沈客运专线通过能力加强工程对凌海南、兴城西、高桥北、高升北等站的客运服务信息系统进行了改造，让旅客出行更方便、更舒适。

（3）服务品牌创建成效显著。从“中华之星”到“和谐号”“复兴号”动车组的广泛运营，沈阳局大力开展客运服务品牌创建，打造了一大批精品列车、特色服务、文明窗口等优质品牌，产生了良好的示范效应，社会美誉度越来越高。

（4）沈山线货运能力得到明显提升。在秦沈客运专线开通前的 2002 年，山海关分界站日均交出/接入货车为 48 列和 50 列；2021 年山海关分界站日均交出/接入货车 64 列和 64.2 列，分别增长 33.3%和 28.4%，山海关分界口的“瓶颈”状况得到明显改善。同时，这些增长的数据中还包含着列车牵引总重的大幅增加，实现了运输效率历史性的突破。

（二）为中国铁路科技创新提供了“试验田”

高铁是高科技产物，秦沈客运专线作为中国铁路高速化的起点，催化铁路发展进入科技创新的时代。

（1）催化高铁技术装备不断提升。秦沈客运专线作为我国第一条客运专线，前期承担了大量的新型移动装备试验任务，为后续高铁大面积运营提供了技术支撑，特别是为“复兴号奔驰在祖国广袤的大地上[1]”做出了基础性贡献。

秦沈客运专线作为全路动车组的试验基地，多年来，先后承担了 CRH 各系列、城际动车组和中国标准动车组的型式试验。

2009 年 3 月 28—30 日，4 月 13—18 日，在皇姑屯至山海关间进行正线综合性能试验、在皇姑屯至锦州南间进行了牵引、制动试验。

2010 年 9 月 10—12 日、10 月 31—11 月 4 日，圆满完成了对 CRH1 型 081 号、CRH5 型 085A 号动车组进行 200～275km/h 的速度动力学、噪声测量、弓网受流性能的试验。

2011 年 9 月 26—28 日，对 CRH5-111A 动车组进行了新齿轮传动比试验。

2011 年 10 月 16—20 日，完成了 CRH5-085A 型动车组正线型式试验，以及对 CRH5-085A 号动车组的动态限界试验、重联弓网试验。

2012 年 10 月，对青岛四方庞巴迪 CRH1076B 动车组进行了型式试验。

2014 年 1 月，对青岛四方庞巴迪 CRH1A-1169、CRH1A-1170 动车组进行了型式试验。

2014 年 3 月，对长春客车厂 CJ-1001 进行了型式试验。

2014 年 7 月，对唐山机车车辆工厂 CJ2-0303 动车组进行了型式试验。

2015 年 6 月，对青岛四方庞巴迪 CRH1A 型铝合金动车组进行了型式试验。

2016 年 11 月，对长春客客车厂 CRH3A-5218 进行了型式试验。

（2）催化了中国高铁技术标准体系的建设。依托秦沈客运专线的建设和运营，在高铁建设、装备制造、运营维护、基础规章制度及技术体系建设等方面，进行了大量创新性的实践探索，取得了大量管理经验和科技成果。特别是通过不断的总结提炼和优化提升，形成了涵盖高铁建设、运维和管理各方面、各领域的一系列技术标准。

---

[1] 引自《人民日报》（2018 年 01 月 01 日 01 版）。

如，为京沪高速 300～350km/h 设计暂行规定及其技术体系的构建提供了基础数据及实际运营经验，该体系支撑了京津城际、武广、郑西等高铁建设。

（3）催化了一批科技创新成果。20 年来，沈阳局以秦沈客运专线运营安全、设备质量为重点，积极组织开展科技创新攻关，先后确立了 40 余项科研计划开发课题。

在运输安全方面，组织开展了客运专线轨道状态确认车信息传输、客运专线红外线轴温探测设备维修复示管理、风力监测、自轮运转设备区间封锁防撞控制等科研课题的研究。

在工电设备质量方面，组织开展了车载动态轨道检测装置、接触网开关控制站遥信故障、TSDC-1 型提速道岔除雪装置、电动液压转辙机监测系统、轨道静态检测智能化及其数据管理系统、道岔外锁闭装置自动加油系统等科研课题的研究。

在动车组运用检修方面，组织开展了动车组检修及运用体制研究、动车所管理信息系统、动车组入库信号监控联锁、CRH5 型动车组教学、客运专线（250km/h）振动及噪声和风压对车站环境的影响及对策、CRH5 型动车组蓄电池二级修工艺改进等科研课题的研究。

在线路质量方面，组织开展了可调式弹条扣件、38 号可动心轨道岔病害整治及养护方法、提速道岔滑床板及垫板强化改制、III型弹条扣压力补偿及弹条防串、高速长波幅值激光检测仪、月牙河桥线路振动试验分析、38 号道岔尖轨侧弯评定及加固技术、200～250km/h 速度区段线路设备维修技术、冻害区弹条扣应力检测、道岔电热融雪装置在高速铁路上应用及工艺装备、客运专线有砟轨道地段成段更换长钢轨施工技术标准、无砟轨道改进型扣件、冻害微型盾构换填治理工艺试验、道砟飞溅防治技术、新型 60kg/m 钢轨现场绝缘胶接接头、38 号道岔病害整治技术与标准、小型液压道岔拨道器、无缝线路钢轨温度力实时监测系统等科研课题的研究。

上述 4 个方面的所有课题研究，全部通过了技术评审。其中，电热融雪道岔全部铺设、道岔外锁闭装置自动加油系统在 7 个站安装使用，尤其是客运专线有砟轨道地段成段更换长钢轨施工技术标准获得中国铁道学会科学技术奖二等奖。

三、秦沈客运专线的社会效益和重要影响

秦沈客运专线运营20年来，为区域经济社会发展注入了新的活力，产生了广泛的影响。

（一）为东北地区全面振兴、全方位振兴提供了重要交通支撑

东北地区是我国重要的农业基地和重工业基地，其经济特点决定了进出关运输通道的客货需求量大、运输密度高。秦沈客运专线运营以前，沈山线是东北三省唯一进出关的铁路运输咽喉要道，难以适应经济社会迅猛增长的运输需求，成为制约关内外铁路运输的“瓶颈”。秦沈客运专线的运营，在全国率先实现了客货分线运输，既大大增强了进出关客运能力，又充分释放了货运能力，改变了存续已久的“瓶颈”状况。秦沈客运专线运营后，旅客列车日通过能力为100对以上，双向输送能力达到1.2亿人次，为2002年铁路进出关客运量的3.4倍。充沛的通过能力和输送能力给区域国民经济持续发展带来了良机，为东北地区全面振兴全方位振兴提供了交通支撑。根据辽宁省历年《国民经济和社会发展统计公报》数据，2003年铁路客货运量分别为8706万人、13205万t，2019年分别为15137万人、21184万t，分别增长73.87%、60.42%。

（二）为服务辽宁沿海经济带建设、更好地融入京津冀协同发展提供了有力支撑

经过2007年的第六次大提速，秦沈客运专线与京秦铁路相贯通，形成了京秦沈快速客运通道，使沿线城市率先进入了高铁时代。这不仅为辽宁沿海经济带建设起到了其他交通方式不可比拟的纽带作用，而且大大压缩了辽宁与京津冀的时空距离，为辽宁沿海经济带发展与京津冀协同发展更好融合起到助推作用。以旅游业为例，沿线有许多闻名全国乃至世界的名胜古迹和著名的风景区、疗养地等，秦沈客运专线促进了各大城市之间的旅游业快速发展。锦州市的旅游资源比较多，但过去受铁路运能不足影响，旅游业发展较慢。秦沈客运专线的运营改变了这一状况，促进其旅游业迅猛发展。锦州市

2003 年旅游总收入 18 亿元，接待旅游者 308.47 万人次。到 2013 年旅游总收入达 332.8 亿元，10 年增长了 18.5 倍；接待旅游者 3245.4 万人次，10 年增长了 10.5 倍。

（三）促进了沿线及区域间经济一体化和产业结构优化

秦沈客运专线开通运营以来，沿线城市和区域间的经济合作更加紧密。诸如，以秦沈客运专线为轴线，锦州、盘锦、葫芦岛市共建辽河三角洲发展试验区、辽蒙合作先导区，优化了重化、商贸、旅游、物流、新能源等资源配置，促进了经济一体化发展。同时，由于列车运行速度的提高，让旅客大大节约了旅行时间，为消费者提供了更多的工作、休息和娱乐时间，为第三产业的发展、优化区域经济产业结构创造了有利条件。以盘锦市为例，第三产业增加值 2003 年为 65 亿元，2013 年增至 325.2 亿元，增长了 5 倍。

（四）形成了全国首个依托高铁的城市圈

秦沈客运专线大大提高了辽宁西南部城市之间的可通达性，特别是打破了关内、关外地区之间的空间壁垒，基本实现城市之间半小时左右快速通达，从而，弱化了城市的行政边界，释放了劳动力资源，形成了全国第一个以城际高铁为依托的城市圈，促进了城市投资环境的改善和招商引资能力的提升，为沿线的城镇化奠定了重要基础。同时，也促进和拉动了沿线城市城镇化率的提升。根据全国第五次、第七次人口普查数据，锦州、盘锦、葫芦岛市城镇化率 2000 年分别为 44.18%、58.22%、49.96%，到 2020 年分别为 59.67%、77.4%、57.53%，分别增长 15.5、19.2、7.6 个百分点。

20 年风雨兼程。秦沈客运专线一步步艰辛而豪迈的足迹，深深镌刻在新中国铁路特别是高铁发展的历程上。放眼未来，雄关漫道。在中国铁路高质量发展的新征程上，沈阳局锚定勇当服务和支撑中国式现代化建设“火车头”的目标任务，继续努力把秦沈客运专线打造得更加坚实，乘势笃行，再续辉煌！

06

CHAPTER

秦沈客运专线勘察设计回顾与感悟

仇　湘

时任铁道第三勘察设计院项目总工室总工程师

现任中国铁建国际集团有限公司专职外部董事

BREAKTHROUGH OF
CHINA'S HIGH-SPEED RAIL

REVIEW OF QINHUANGDAO-SHENYANG PASSENGER RAILWAY CONSTRUCTION

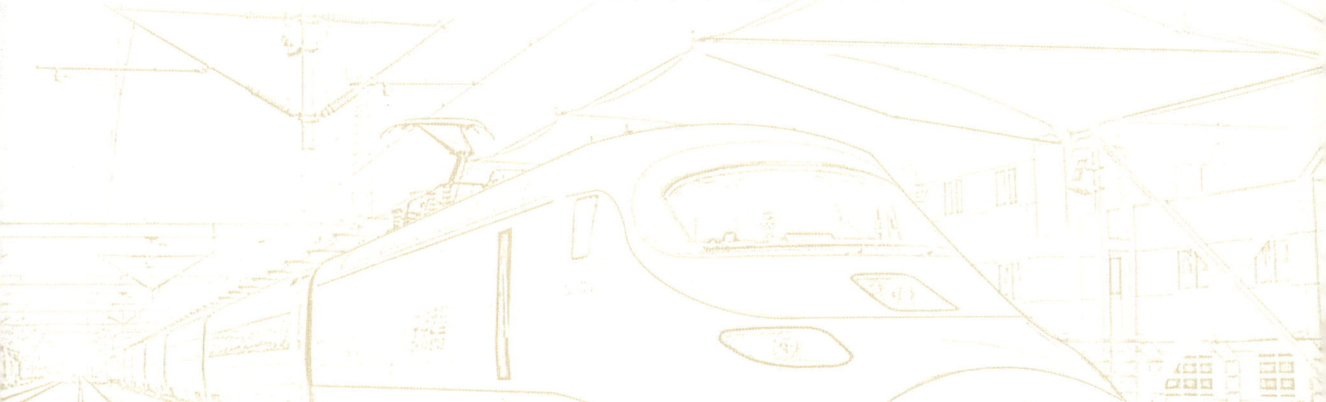

秦沈客专

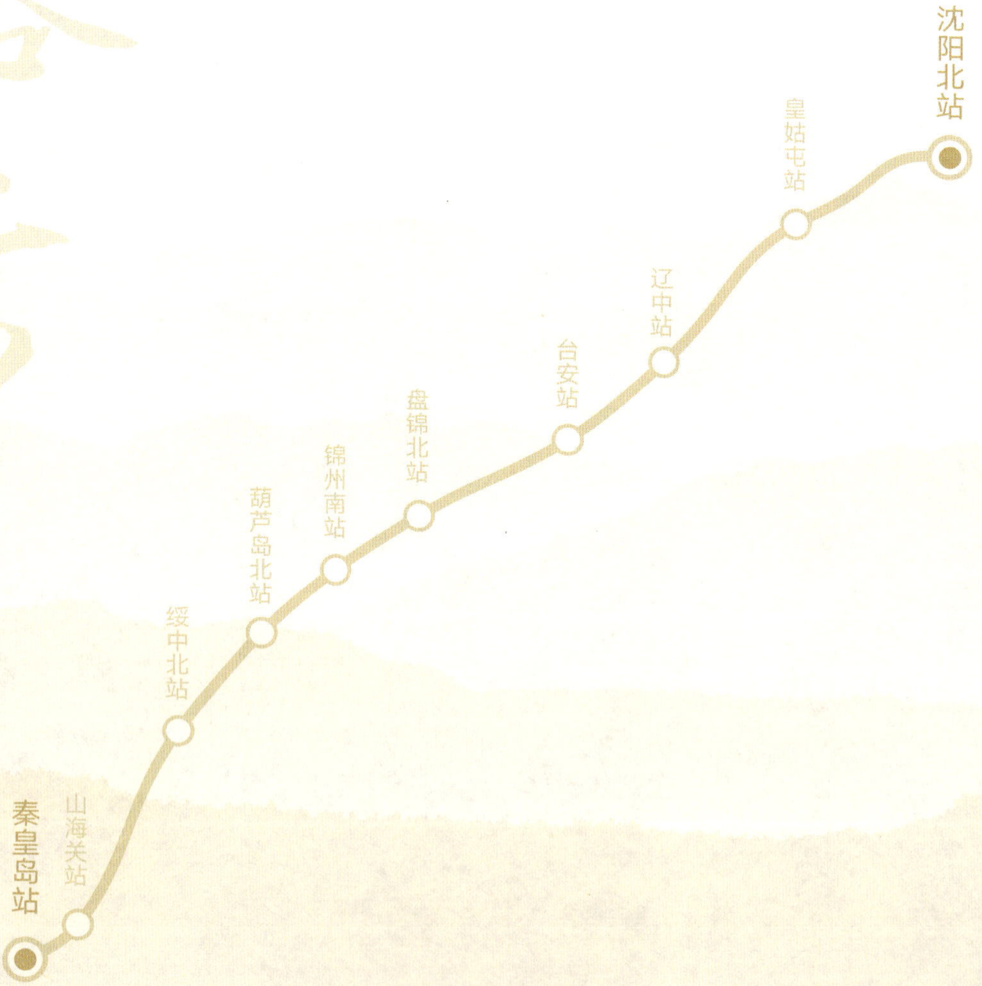

沈阳北站

皇姑屯站

辽中站

台安站

盘锦北站

锦州南站

葫芦岛北站

绥中北站

山海关站

秦皇岛站

2022 年 7 月的一天，我在大兴机场刚登上飞往杭州的飞机，就收到了秦沈客运专线原总指挥长郭守忠的微信，他说："20 年前的此刻，我并没有意识到，我们在干一件大事。那时我只知道，自己面临的挑战巨大，但终将会取得成功。"我略作思考回复道："您说得真好！秦沈客运专线建设者开创性的业绩已经成为中国高铁历史性成就的一部分，我们该为此而自豪和骄傲！"

秦沈客运专线建成通车整整 20 年了，作为秦沈客运专线的主要设计者和建设者，我亲历了秦沈客运专线建设的全过程。回望那时激情燃烧的岁月，今天我依然心潮澎湃，久久难以平静。

秦沈客运专线是我国第一条高速铁路客运专线。1986 年申报立项，1999 年开工，至 2002 年 12 月 31 日建成交付试运行。其中在山海关至绥中北间进行了 3 次综合试验，瞬间最高运行速度分别达到 210km/h、292.2km/h、321.5km/h。关键节点、历史时刻、激动人心的场面，到今天依然历历在目，令人难以忘怀。

秦沈客运专线的建设，使中国铁路在建设理念、技术水平、施工管理、运营养护等方面得到了一次全面的提升，取得了一批技术成果，为我国高铁建设积累了实践经验，作了很好的技术储备，是一次铁路修建技术突破性的重大实践，也由此拉开了全面建设中国高铁史诗般的序幕。

一、勘察设计，与时俱进

秦沈客运专线项目最终决策，是经历了从I级单线铁路、到时速 160km 准高速铁路、最终定格为 200km/h 以上客运专线，前后历经 10 余年的时间。

（一）初按 I 级单线铁路标准

1986—1992 年，秦沈线围绕I级单线铁路标准开展勘察设计工作。

1986 年，铁道部组织秦皇岛至沈阳铁路扩大输送能力可行性研究招标，铁三院中标开始了该项目的勘察设计工作。

1987 年，铁三院根据铁道部计划要求编制了《秦皇岛至沈阳铁路扩大输送能力可行性研究报告》。铁道部组织了审查，结论是秦沈线按新建I级铁路、单线，开行组合列车、分流沈山线货物列车，最小曲线半径一般 1000m、困难地段（困难地段即受地理条件或建设投资额度等限制的区段。）400m，限制坡度 4‰设计。

1987—1988 年，铁三院开展了初测工作，编制完成了秦皇岛至沈阳铁路扩大输送能力初步设计文件。

1989 年，铁三院安排了约 60km 线路定测，项目后续相关工作因外部原因并未开展。

1992 年，铁三院完成了修改初步设计，考虑大秦铁路二期完成、绥中电厂专用线建成，线路起点修改至东山线路所。以上所开展的勘察设计工作，均采用I级铁路标准，尚未提出客运专线的建设思路。

（二）改按时速 160km 准高速铁路标准

1993—1998 年，秦沈线开始围绕时速 160km 准高速铁路标准开展相关工作。

1993 年，根据铁道部计划司《关于调整 1993 年铁路勘测设计计划的通知》（计新〔1993〕121 号）的要求，铁三院编制了《秦皇岛至沈阳进出关客货运大通道可行性研究报告》，开始了秦沈客运专线的建设方案研究工作。该报告共研究了 4 个方案：①新建客运专线，双线、高中速共线，最高设计速度 300km/h，最小曲线半径 4000m，最大坡度 12‰；②新建客货混运铁路方案，双线，最高设计速度 230～250km/h，最小曲线半径 4000m，限制坡度 4‰～9‰；③新建货运专线，双线，最高设计速度 120km/h，最小曲线半径一般 1000m、困难地段 400m，限制坡度 4‰；④新建I级铁路、单线，开行组合列车、分流沈山线货物列车，最小曲线半径一般 1000m、困难地段 400m，限制坡度 4‰，远期修建双线客运专线。

1994 年 9 月，铁三院完成了《秦沈客运专线补充方案报告》和《秦沈客运专线两端延伸规划报告》。

1994 年 7 月和 10 月，铁道部计划司两次组织对上述报告的研讨会，并组织现场调研组，沿线重点踏勘、听取运营单位和地方政府对新建秦沈线各方案的意见。

1994 年 12 月，铁道部属有关司、局、公司、设计院有关领导、专家举行了“新建秦沈线铁路方案”论证会，设计单位进一步完善补充了方案，于1995年6月编制完成了《秦皇岛至沈阳线预可行性研究报告》。1995年9月，中国国际咨询公司对项目建议书进行了评估。

1995—1996年，铁三院按照准高速客运专线进行初测、初步设计。设计标准为新建客运专线，双线，最高速度160km/h，最小曲线半径一般1500m、困难地段1200m，最大坡度12‰。

（三）终定时速200km以上客运专线标准

1998—1999年，秦沈线最终确定为时速200km以上客运专线标准。

1998年4月3日，铁道部计划司、鉴定中心及其他有关司局在北京听取了铁三院关于准高速客运专线初步设计情况汇报之后，下达了《关于调整一九九八年铁路勘测设计计划的通知》。根据该通知要求，铁三院于1998年6月编制完成了《秦皇岛至沈阳客运专线可行性研究报告》，共研究了7个建设方案。

1998年6月，铁三院完成秦皇岛至沈阳客运专线初步设计文件，做了准高速（最小曲线半径一般1500m、困难地段1200m）、预留高速（最小曲线半径一般2500m、困难地段2000m）、预留高速平面（最小曲线半径一般2500m、困难地段2000m）3个设计方案。

1998年8月4日，铁道部计划司在北京组织对《秦沈客运专线可行性研究报告》进行了审查，明确了秦沈客运专线的主要建设标准、建设规模等问题，基本同意最小曲线半径按不小于2500m设计，最高速度200km/h。

1998年8月18日—20日，铁道部计划司、鉴定中心有关领导进行了现场踏勘调研，进一步明确了有关技术标准，并要求铁三院开展山海关引入方案初测工作。

1998年10月，铁三院完成了初步设计补充资料，对最小曲线半径一般2500m（最高速度200km/h）和3500m（最高速度250km/h）两个方案作补充比较。铁道部审查同意按不小于3500m设计。之后，铁道部以铁计函〔1998〕296号文上报了《秦沈客运专线可行性研究报告》，秦沈客运专线160km/h以上（实为200km/h以上），项目动态投资147.8亿元。

1998年12月，铁三院完成秦沈客运专线技术设计，标准采用《时速200公里新建铁路线桥隧站设计暂行规定》。

1999年2月10日—12日，铁道部对秦沈客运专线站前工程技术设计审查，同意山海关至DK227＋800段最小曲线半径按不小于3500m设计，DK24＋000～DK77＋800段、DK227＋800～DK405＋000段最小曲线半径按不小于5500m设计。

1999年4月13日，国务院批准了国家发展计划委员会《国家计委关于审批新建秦沈铁路（客运专线）可行性研究报告的请示》（基础〔1999〕399号），秦沈客运专线建设开始正式启动。

2000年2月28日，铁道部在《关于秦皇岛至沈阳客运专线技术设计（站前工程）的批复》（铁鉴函〔2000〕64号）中同意秦沈客运专线近期开行200km/h旅客列车，按8对开展下一阶段设计。

二、勘察设计，绘制蓝图

（一）面临难题前所未有

勘察设计发挥龙头作用，为秦沈客运专线绘就精彩蓝图。秦沈客运专线运行时速250km，山海关至绥中北间设有时速300km的试验段。线路科技含量高，技术标准新，在勘测设计过程中设计者面临着许多需要解决的难题。

一是既有的技术标准不能满足客运专线的技术要求，在定测前还没有现成的规范和规定。1998年10月，由铁科院主持、铁三院参与编制了《时速200公里新建铁路线桥隧站设计暂行规定》，虽然吸收了京沪高速前期研究的部分成果，但路基填筑材料及压实标准、桥梁梁部及墩台结构、跨区间一次铺设无缝线路等很多技术难题仍需要设计者不断地学习、研究和解决。

二是秦沈客运专线快速、舒适、安全的功能要求，决定了工程必须高标准、高质量，工艺要求十分严格，传统的设计思路设计方法，工程施工方法、工艺以及运营方法，已不适应秦沈客运专线工程质量的要求。

三是囿于当时技术人员对国外高速铁路技术的了解还很不全面，有的关键技术尚未掌握，增加了设计难度。

四是工期紧，工作量大，而技术标准在设计过程中在不断修正、完善，给工作开展带来很大难度。

（二）知难而进攻坚克难

为了确保秦沈客运专线工程质量、投资、工期目标的实现，设计者们在勘测设计及配合施工工作中采取了一系列措施，并付出了辛勤的汗水。

1. 围绕关键技术，开展科技攻关

开展科研工作是正确确定技术标准、高质量建设秦沈客专的先导。为此，铁三院针对设计中的关键技术开展了科技攻关，在吸收京沪高速前期部分研究成果的同时，加大科研工作投入，加强组织管理。由铁三院承担的部级科研课题、试验项目和结合项目自行开发研究的专题共 27 项，投入研发费用 726 万元。科研课题分为两大类，一类是为保证正常设计而制定的相应技术标准，另一类是关键技术攻关。

由铁三院组织研究的技术标准与课题主要包括《秦沈客运专线线路、路基及轨道初步设计技术标准的研究》《秦沈客运专线一次铺设跨区间无缝线路技术设计暂行规定》《秦沈客运专线桥上无砟轨道技术设计暂行规定》《秦沈客运专线路基技术设计暂行规定》《秦沈客运专线站后设计暂行规定》等 10 多项；由铁科院主持、铁三院参与编制了《时速 200 公里新建铁路线桥隧站设计暂行规定》《秦沈客运专线铁路路基施工技术细则》和其他专业勘测设计细则等。这些规定和细则的及时编制，为设计和施工提供了依据和质量标准。

秦沈客运专线需要研究的关键技术可以归纳为 4 个主要方面。一是 200km/h 以上速度的线路、轨道、路基、桥涵、路桥过渡段等土建基础工程设计技术；二是牵引供电系统安全监控及综合自动化成套技术；三是通信信号关键技术；四是动车组研制及其养护维修技术。这些课题经过艰辛的努力攻关，均取得了显著成果，为设计提供了技术支持和技术保证，为今后高速铁路设计储备了设计建造技术和技术管理人才。

2. 精心勘测，确保外业基础资料满足设计要求

一是制定了《秦沈客运专线外业勘测工作标准和资料验收标准》《铁路建设高潮中勘测设计质量保证措施》《勘测资料设计文件质量抽查办法》《院勘

测（探）质量随机检查办法》《加强基平工作质量责任制措施有关规定》等技术管理规章制度。

二是采用先进的测绘技术。参照国内外高速铁路有关精度要求，为消除投影变形对施工、运营的影响，全线采用 1.5° 带的投影带宽，使投影变形由 1/20000 达到 1/40000；全线采用 GPS 四等控制网进行平面控制测量，克服了国家三角点年代久远、精度不一、距离过长等缺陷；全线采用统一布设精密一级导线，导线相对闭合精度由 1/15000 提高到 1/20000；中线测量采用高精度导线上任意点极坐标放样，确保误差不积累，使线路中线测量精度由 1/8000 提高到 1/10000。地形图测绘采用海拉瓦数字摄影测量工作站数字化成图，直接提供 DWG 格式地形图和地模（地形数据文件），对现有地形图采用计算机进行矢量化扫描，提高了成图精度和工作效率。

三是合理运用综合勘探技术。利用航空照片初步确定不良地质的范围，用地球物理勘探配合钻探探明岩溶发育、基岩面、地下水位等地质情况，用钻探、静力触探及原位测试判定松软土等，以提高地质资料的准确性。

3. 更新设计理念，优化设计方案

随着科研和设计工作的深入开展，对秦沈客运专线技术标准的认识也在不断深化。在设计过程中，设计者首先是认真执行《时速 200 公里新建铁路线桥隧站设计暂行规定》，并将其细化和具体化，同时及时向铁道部有关部门反映其中存在的一些问题，不断地补充完善，以保证达到规定的设计深度，实现秦沈客运专线的功能要求。同时，对秦沈客运专线运营管理模式进行了深入研究探讨，参照国外先进的管理方式，提出了在锦州南设综合维修基地；客车开行方案是秦沈客运专线遇到的新课题，通过从路网构成、线路条件、机车车辆发展的趋势等多方面综合论证，提出的推荐方案得到各方的认可和好评；为了解决客运专线引入既有枢纽和地区与既有线交叉干扰的问题，实现客货列车分场分线运行，在设计中针对引入枢纽、地区的不同特点，分别采用集中立交疏解、疏解方案采用小角度设计、由一侧引入以及“不对称交叉渡线”等多种方案，完善了设计；秦沈客运专线是否设置区间渡线曾有不同意见和看法，根据秦沈客运专线运营特点，搜集、分析了国内外现有高速铁路的技术资料，提出的不设区间渡线方案论据充分、方案合理，为科学合理地确定设备规模提供了依据；高速试验段是我国铁路向更高建设水平冲击的起点，经多次研究、论证，提出了在秦沈客运专线进行综合试验的建议方案，得到各方面的认可，实践证明效果良好。

认识深化带来的是不断优化的设计。在勘测设计过程中，设计者认真进行方案比选，做了大量的工作，先后进行可研方案比较，累计长度 2500km；初测方案比较，累计长度 1400km；定测中又进行了优化。如台安、辽中部分地段取直方案，节省工程造价 3.2 亿元；杨士岗取直方案缩短线路长度 500m，节约投资 130 万元；秦山疏解区秦沈客运专线局部线位换侧方案避免侵占古城遗址，保护了文物，取得了显著的社会效益和经济效益。

4. 采用先进技术手段，提高设计质量

秦沈客运专线设计周期短、难度大，为了确保设计质量，为施工创造条件，形势迫使我们要不断地改进设计手段，提高工作效率。铁三院全院建立了局域网，在设计中全面运用计算机辅助设计，采用电子流程管理，对电子文件进行网上安全、便捷、等效数据传输，实现了专业间资源共享，对电子文件、图档的审查、浏览，实现了设计作业自动化。在秦沈客运专线设计中，这些先进技术和设备得到了广泛应用，CAD 出图率已经达到 94%，取得了明显成效。

秦沈客运专线设计中，因受技术标准与既有标准变化的影响，各专业设计计算的数字模型难以应用。为此，铁三院专门组织各专业部门进行新的设计计算程序软件开发。如桥梁专业双线耳台设计程序、单双线桥墩设计程序、曲线布置 CAD 程序、路基沉降检算程序等。另外，当时已有的设计标准图、通用图在秦沈客运专线设计中不再适用，我们组织力量专门编制了大量适用于秦沈客运专线专用的设计标准图和通用图，提高了设计质量和工作效率。

5. 加强施工配合，不断完善设计

在秦沈客专配合施工中，铁三院采取了超常规的措施，成立了以主管生产副院长为指挥长、院副总工程师、项目总工程师为副指挥长的现场指挥组，设立了现场设计组，先后派出 100 多名技术业务精、思想素质好的各专业设计人员配合施工，在现场完成II、III类变更设计。铁三院要求配合施工人员牢固树立“秦沈线上无小事”的观念，认真履行岗位职责，以对设计质量终身负责的精神做好本职工作。铁三院专门制定了《秦沈客运专线配合施工变更设计工作管理办法》《关于配合施工变更设计几个问题的补充规定》等管理规章制度，加强配合施工过程的管理。在秦沈客运专线施工期间，铁三院党政主要领导及分管生产和技术工作的领导，多次到现场办公，解决处理施工中有关设计的关键问题，并会同有关专业负责人多次进行设计回访，主动征求各单位对设计的意见和建议，协调解决了大量专业技术问题和设计变更问题。现场指挥组人员坚持深入现场，主动提供服务，有效地保证了施工的正常进行。

6. 积极参与综合试验测试工作，不断提高设计水平

在铁道部的统一组织下，铁三院积极参与 3 次综合试验工作，并承担 10 个试验课题的牵头工作。其中，环境工程 1 个——“噪声、振动及降噪措施的试验”；桥梁专业 1 个——“涵洞洞顶不同填土厚度试验”；路基专业 1 个——“路桥过渡段设置方法试验”；电气化工程 1 个——“高速机车负荷特性及对牵引供电系统的影响试验”及通信、信号工程 6 个。通过全过程参与综合试验，设计者能够进一步总结经验，提高设计水平，为后续项目完善设计提供了重要的支撑。

三、经验教训，宝贵财富

秦沈客运专线的经验和教训，都为我国高速铁路从小到大、从弱到强积累了宝贵的经验。秦沈客运专线开通运营已 20 年了，20 年来我国高速铁路建设取得了辉煌的成就，秦沈客运专线的有益实践所取得的经验教训为此做出了重大的贡献。

（1）高速铁路线路平剖面设计应以长坡段为宜，以旅客舒适度为本，并且成区段设置，这是从秦沈客运专线的经验教训中得来的。例如秦沈客运专线 DK39～DK41 之间连续 3 个坡段较碎，设计中重节省工程投资，忽视了旅客乘车体验，造成乘客舒适度较差，而且这个问题后期难以改变，成为设计的遗憾，这为后来高速铁路标准的进一步深化和提升提供了有益的借鉴。

（2）秦沈客运专线站台高度采用的是 500mm 低站台，没有按照《时速 200 公里新建铁路线桥隧站设计暂行规定》规定的高站台进行设计和建造。

主要受限于开工建设时动车组的车辆地板高度未形成统一标准，且无法明确秦沈客运专线车辆类型，出于控制投资的考虑采用了低站台，某种程度上影响了秦沈客运专线作用的发挥。

（3）秦沈客运专线路基填料工程实践，为高速铁路路基标准的提升提供了宝贵经验。秦沈客运专线东段凌海至沈阳间的 B 组细砂和 C 组粉黏土，在施工过程中发现其 K30 有相当一部分达不到要求，通过大量的室内外试验研究，对部分地段的 B 组细砂采用了掺角砾、圆砾进行改良，C 组粉黏土采用了掺中粗砂进行改良，满足了要求。

（4）“涵洞群”问题带来了高速铁路桥涵设计理念的转变。秦沈客运专线经过地区的道路、农田水网密布，经常会遇到乡村道路一侧或两侧伴有排灌沟渠，此时设桥跨越或分设涵洞均可通过。如设桥，需要根据秦沈客运专线梁跨特点设置，一般需要设中桥；如设涵洞，则有两个或三个涵洞相距较近。秦沈客运专线在设计中只是单一考虑降低工程投资，满足设计技术标准，而没有从施工方便、建筑美学等方面综合考虑，造成涵洞与涵洞相连的“涵洞群”现象。在后来的高速铁路设计中转变了设计理念，综合考虑投资、环保、美学等多方面因素选择更加科学合理的设计方案。

（5）全线地质勘察设计必须高度重视，应全线、全方位进行。在秦沈客运专线的勘测设计过程中，技术人员对丘陵地带松软地层的复杂性认识不足，重视不够，偏重了对东段平原区厚层松软土层的勘探、测试工作，而对西段丘陵区薄层松软土及夹层的重视不足，布置勘探点间距过大，有的段落仅进行了代表性勘探，致使部分地段和工点地质资料不准，基底出现松软土层。

（6）高速铁路车站位置选择及站房设计如何与地方规划紧密结合开始引起高度重视。高速铁路设计服务城市发展的理念已经深入人心。

（7）通信信号系统等“四电”系统设计与施工和路基桥梁等基础设施密切相关，需要统筹考虑系统设计。秦沈客运专线新线区段直接引进了法国 CSEE 公司的 UM2000 轨道电路设备，在轨枕间、道床边坡上设置了相当数量的轨道调谐单元（每 1.2km 设 1 个）、补偿调谐单元（每隔 60m 设 1 个）以及电缆线路等。由于法国高铁线采用双块式轨枕，轨道电路设备均安装在枕木的位置，而秦沈客运专线采用整体式轨枕，轨道电路设备安装在两轨枕间；法国高铁的轨道电路不安装保护盒等附属设备直接埋在道砟内，而我国出于设备保护等多方面原因，根据铁路行业标准须加装保护盒等，导致轨道电路设备影响线路大型机械作业。

（8）高速铁路施工组织设计需要系统考虑桥梁、路基合理工期与相关后续工程的关系。秦沈线东部软弱地基路基多采用排水固结并结合预压的处理措施，由于种种原因，预压工期与铺架之间在很多地段产生了矛盾。后期为解决此矛盾，有些地段调整了铺架工期，有些地段则增高了预压土高度，缩短了预压时间，最终解决了该问题。

（9）秦沈客运专线开启了高速铁路综合接地系统的实践。在秦沈客运专线之前，我国铁路没有综合接地系的要求，各专业规范中接地要求各不相同，各成系统，甚至规范之间相互矛盾，这种情况对电气化铁路上设备的正常工作和人员的安全防护均存在隐患。通过秦沈客运专线，我们认识到了应该学习国外高速铁路的做法，将信号、接触网、牵引变电、通信、房建等专业的接地综合考虑，形成立体的、网络化的，具有电磁兼容、雷电防护功能的综合接地系统。

（10）利用外资引进部分国外高铁先进技术装备，特别是电气化、通信信号、动车组运用养护维修、环境影响评价等的一系列技术引进交流、学习考察实践等，为设计人员了解国外高速铁路的诸多最新技术创造了很好的条件和机会，通过引进消化吸收国外的先进技术为我国高铁的发展所作的贡献不应忘记。

20年弹指一挥间，黄沙吹尽始见金。秦沈客运专线的建成和运营，不但开启了我国铁路建设蓬勃发展走向高铁新时代的伟大历史进程，也培育了一大批管理、科研、设计、施工、运维等人才，为我国高速铁路的建设积累了宝贵经验，做好了人才储备。尤其面临当前世界格局的跌宕起伏，让我们更加感到党中央关于“自主研发，重点跨越，支撑发展，引领未来”的科技方针无比正确！秦沈客运专线的设计者们完美地诠释了坚持科技创新、敢于勇立潮头、强化质量管理、不断提高勘测设计质量的工匠精神，我们有理由相信，秦沈客运专线的自力更生精神会成为一代又一代铁路设计工作者的历史文化被不断传承下去，永不泯灭，历久弥坚！

创新管理，优质高效建设秦沈客运专线

施德良

时任铁道部工程管理中心主任、党委书记

秦沈客专

沈阳北站

皇姑屯站

辽中站

台安站

盘锦北站

锦州南站

葫芦岛北站

绥中北站

山海关站

秦皇岛站

秦沈客运专线是采用我国自己标准建设的首条客运专线。当年，铁道部决定工程管理中心作为秦沈客运专线建设单位，负责项目的建设管理。铁道部建设司与工程管理中心签订了《秦沈客运专线投资包干责任书》，按铁道部批复技术设计总概算的静态投资和总工期要求，由工程管理中心包工期、包质量、包投资、包产出能力，实行投资包干责任制，全面对铁道部负责。

面对前所未有的高标准、大面积采用新技术和全新的工程管理，我们深感工程非凡、任务艰巨、责任重大、使命光荣。全新的标准、全新的技术，要有过硬的管理来保驾护航，这是一场严峻的考验。在铁道部领导下，我们深入总结普速铁路的建设管理经验教训，解放思想，大胆采用新思路、新措施，创新建设管理。

一、坚持工程管理中心统筹，分解落实管理责任

工程管理中心于 1999 年初成立秦沈客运专线建设筹备组，开启前期筹备工作。经铁道部批准，当年 8 月在锦州成立秦沈客运专线建设总指挥部（简称“总指挥部”），作为工程管理中心派出机构，按授权履行建设单位现场管理职责，协调与地方关系，负责工程统一组织指挥，在落实工期、保证质量和管控投资等方面承担相关管理责任。经工程管理中心提议和部领导协调，安排郭守忠、邢福海和肖颂新担任正、副指挥长，刘同良任总工程师。总指挥部以工程管理中心派遣的业务管理人员为骨干，以来自工程局和设计院借调人员作补充，组成合同、计划、质量、物资供应、环水保、征地拆迁、路地协调等管理工作专班，并在总指挥部试行指挥长负责制。

工程管理中心对秦沈客运专线的管理，集中于贯彻落实铁路建设方针政策和铁道部的决策指示，具体确定项目管理目标和主要原则及管理措施，统一组织施工和监理招标，签订施工、设计和监理合同，筹措和监管使用建设资金，组织科技攻关和推进技术进步，进行征地拆迁政策指导，帮助解决工程建设中的困难和问题，并负责对总指挥部现场管理工作的考核、奖惩等。工程管理中心与现场总指挥部，既有明确分工，又有紧密配合、相互联动，形成统一意志和管理合力，构成新型的秦沈客运专线建设管理机制。

在三年多的建设过程中，工程管理中心立足全局，统筹协调，管重点、

抓关键。总指挥部紧密结合现场实际，制定了一套管理制度和办法，全身心投入现场管理，超前谋划，周密组织，使得征地拆迁及时跟进，施工组织逐项落实，工程实体质量始终处于高标准受控状态，保证了秦沈客运专线朝着铁道部确定的建设管理目标稳步前行。

二、多举措激发内在动力，切实落实投资包干责任制

秦沈客运专线落实投资包干责任制，既没有依靠简单压减工程造价，也没有利用建设单位强势地位单方面卡压工程费用，而是立足于保证工期和工程质量必不可少的投入，设定合理造价范围进行投标报价竞争，树立实事求是和合理管控投资的指导思想。

秦沈客运专线借鉴国际通用的菲迪克条款[1]，工程招标采用单价承包方式，施工企业承担投标单价风险，设计单位承担工程量的风险，建设单位承担管理不善造成损失浪费的风险。招标明示和合同约定，在建设期内中标单价不得随意变更，按实际施工图数量验工计价，新增单价须经总指挥部核算报工程管理中心批准。施工企业不再承担工程量的风险，减轻不合理经济负担，防止因过低造价造成拖拉扯皮、弄虚作假、偷工减料、延误工期和埋下工程质量隐患。同时引导工程承包企业向加强施工管理要效益，确立正确的盈利观。对于大吨位箱梁制架和一次性铺设无缝线路，对工程总公司和建筑总公司实行施工总承包，发挥两大工程建设集团技术优势、装备优势和协调优势。

设计单位承担工程量差风险，主要措施为运用经济手段，把勘察设计费与设计质量捆绑挂钩考核，促进设计单位加强自身管理。勘察设计合同约定，除项目规模、标准变化、国家政策调整引起投资增减和因建设单位或施工承包企业原因引起费用增加不予计算外，技术设计和施工图设计两阶段产生的工程量差费用和一、二、三类变更设计费用全部纳入设计履约考核，量化增减比例，按档设定勘察设计费支付额度。同时推行施工图现场核对，减少差、

[1] 菲迪克（FIDIC）条款核心要义：建设工程项目实施按照一套标准的招标文件，通过公开招标选择承包商，通过监理工程师的监理进行控制，按照业主和承包商之间签订的合同进行施工。

错、碰、漏，有效促进设计质量提升。秦沈客运专线打破按时间拨付和不经考核全额支付设计费惯例，首开按施工组织要求供图和按设计质量有增有减结算设计费的先河。

建设单位是工程建设组织者和现场管理主导方，管理的好坏直接关系建设目标兑现和投资效果。建设管理单位自我加压，承担相关责任，倒逼自身增强责任感和压力感，自觉提高能力素质，培养精打细算、厉行节约和科学管理优良作风，正确处理工期、质量和投资关系，避免顾此失彼。如因管理不善或失职造成工期、质量失误和经济损失，按投资包干责任制规定接受处罚，首创先例。

由于秦沈客运专线工程概算和造价相对合理，又采取三方风险共担的过硬措施，工程建设取得了总工期提前半年，线下和“四电”工程质量全面优质，工程投资得到有效控制。铁道部批复清理总概算为 158.7992 亿元，竣工决算节约投资 8059 万元，每公里工程造价仅为 3925 万元，相较国家批复的可研概算 147.8 亿元仅增加 7.44%（超过 10%的项目需重新报批），投资包干责任制达到了预期效果。

三、科研先行示范引路，认真做好科研成果转化应用

秦沈客运专线最初按《时速 200 公里新建铁路线桥隧站设计暂行规定》和《秦沈客运专线站后工程设计暂行规定》进行设计。这两个暂行规定，吸取了国内高铁研究理论成果和当时国际高铁工程的经验教训，采用了一批新标准和新技术，但未经“实战”检验，必须经过工程试验方可投入使用。

铁道部安排了绥中、沟帮子和大凌河、辽河特大桥 4 个工程试验段，山海关至绥中 66.8km 设计为 300km/h 高铁试验段，集中全路科研力量组织了 24 项科技攻关。首次实行“双甲方”管理方式，由铁道部科技司和工程管理中心共同与课题第一承担单位签订科研合同。工程管理中心和总指挥部具体负责组织现场试验段施工、科研协调、成果转化和推广应用。这是工程管理中心首次深度介入科研与工程建设紧密结合。

为实现科研先行和试验段成果转化与后续施工协调推进，工程管理中心

对4个不同试验内容的工程试验段，在全线开工前半年先行专题招标，提前开工。工程管理中心牵头组织试验单位，以试验成果为基础，主持编制完成了《秦沈客运专线铁路路基施工技术细则》《秦沈客运专线铁路路基质量检验评定标准》《秦沈客运专线桥梁制造与架设施工技术细则》《秦沈客运专线桥梁工程质量检验评定标准》《秦沈客运专线有砟轨道施工技术细则》《秦沈客运专线有砟轨道工程质量检验评定标准》《秦沈客运专线电力牵引供电施工工艺暂行规定》《秦沈客运专线电力牵引供电工程质量检验评定及验收标准》《秦沈客运专线跨区间无缝线路施工测量细则》等多项工艺标准和技术细则，经铁道部建设司审查正式颁布施行，及时指导施工，成为秦沈客运专线技术体系重要组成部分，对建设秦沈客运专线和后续京沪等高速铁路发挥了重要指导作用。

四、全过程落实“六个到位”，全方位提升工程质量

在秦沈客运专线，工程管理中心明确提出并反复强调落实质量创优必须做到“六个到位”：学习和吃透新标准，领会设计意图到位；针对不同类别工程，选用好各种新工艺细则，技术措施到位；按照新工艺工法配置机具设备，严把原材料，分部分项验收关，施工实际操作到位；实行现场核对和优化完善设计，设计配合施工到位；重科学，重实践，严谨对待科研和工程试验，成果转化应用到位；签订岗位责任书，挂牌作业，档案记载，质量责任追溯到位。

客运专线路基工程是关键。工程管理中心和总指挥部组织引导参建单位，采取具体措施，认真落实“把路基当作土工结构物做”新理念。基底处理组织诸如插塑板、沙袋井、挤密桩、碎石桩、旋喷桩多种桩型试验，优选推荐最佳桩型。基床填筑严格采用“三阶段、四区段、八流程”全程机械化施工工艺。路基填料拌和采用工厂化，坚持部分B类和全部C类土采取物理或化学改良，路基表层和路桥过渡段需用级配碎石填筑。路基密实度采用K30和孔隙率“双控”检测。铺轨架梁前采用运梁车模拟加载和沉降观测、土压力测试、刚度检测，再次验证路基可靠性和稳定性。秦沈客运专线彻底摒弃“堆土为基”老习惯，把路基建成高标准的结构物，开启了土工建筑精细化施工

新时代。

桥梁工程大量应用预应力混凝土梁，施工中采取措施限制温差和混凝土徐变引起梁体变形和减小车桥动力响应，注重内在质量，在提高耐久性的同时，精准几何尺寸，体现“内实外美”，桥梁建造达到前所未有的高水平。铺轨工程，施工企业自行研制采用成套作业设备和先进的单枕连续铺设法，跨区间铺设超长无缝线路综合技术跻身国际先进水平。电气化工程质量同步取得长足的进步。

2000 年 10 月，铁道部在锦州召开全国铁路工程质量现场会，工程同行们认真听取工程管理中心和总指挥部关于推广新技术、新工艺和创新工程质量管理的情况介绍，现场观摩路基和桥涵工程实体质量，一致评价秦沈客运专线工程质量不是简单的进步与提升，而是思想理念的大转换，是铁路工程“质”的飞跃。

五、实施动态施工组织管理，创造条件提质增效

伴随秦沈客运专线开工，要求提前建成的呼声从铁路系统到地方接踵而至。而制约秦沈客运专线工期的关键环节是路基工程，因为客运专线路基沉降标准比普速铁路标准要求高得多，完全依靠自然沉降需要的时间长，而沉降不达标准不能铺轨，铺轨不完成又难以展开站后及“四电”施工，工期环环相扣。

为回应铁道部和社会的关切，把希望提前建成变成现实，工程管理中心和总指挥部几次分析研究，鉴于当时 4 个工程试验段已形成了初步成果，沟帮子路基加载预压试验效果开始显现，于是决定从调整和优化施工组织入手，拟订了 5 项新措施，加速路基沉降，缩短站后和“四电”施工期，力争总工期有所提前。

这 5 项措施具体包括：一是改变先施工桥涵后施工路基的传统顺序，优先安排路基施工，桥涵择机跟进，给路基预留尽可能多沉降时间。二是全面监测路基沉降速率，区别情况，安排不同强度加载预压，对软基区段必要时采取极限预压，加速路基沉降稳定。三是增加制梁台位，加快箱梁生产。同时组织大吨位运架设备研制和技术攻关，土洋结合增加运梁和架梁台车，先

架梁后铺轨，确保铺轨连续作业。四是增加接触网架线台车，多区段同步施工，加快电气化和通信信号工程进度。五是创造条件让联调联试早日进场，交叉平行作业，缩短联调联试周期。五项措施得到了铁道部的同意，并很快付诸实施。

在工程总公司、建筑总公司和各施工单位精心组织和参建单位共同努力下，调整后的各个节点工期得到落实，提前建成的条件日渐成熟。2002 年 6 月 16 日，铁道部在锦州召开秦沈客运专线铺通祝捷暨确保建设目标动员大会，正式决定总工期由原计划 4 年调减为 3 年半，提前半年于 2003 年 1 月 1 日交付沈阳和北京铁路局开通试运行。

六、监理人责权到位，确保工程质量

在秦沈客运专线明确定位监理人为建设单位驻现场代表，监理职能是建设单位管理职能的延伸。为此，对监理人素质、职责、授权和监理费用等进行了相应调整，为监理人认真履责、踏实工作、充分发挥监管把关作用创造必要条件。

监理招标首次实行总监理师实名制，考察其业绩、资格和实际能力；规定监理团队专业工程师比例，合同约定，对标上岗；监理主要职责与普速铁路基本保持一致以监控工程质量为主，但监理方式拓展至大密度巡查、平行抽检、关键部位旁站监理；监理内部建立例会制度，定期检讨监理行为，对弄虚作假、受贿作弊上升到法制高度认识和处理，提升监理人责任感和依法依规监理过程，依法依规约束监理人自身的监理行为。

建设单位充分尊重和维护监理为建设单位现场代表的权威性，开大会请监理人坐前排，现场工作检查先听监理意见，对施工单位履约情况交监理考核。明确授予监理人现场处置权：需停工整顿的发红牌，需返工整改的发黄牌，正常合格的绿灯放行。建设单位按合同监管监理人正常工作，杜绝不分场合随意指责批评，尊重监理人人格，真正把监理人当作自家人，让监理人成为真正说了算的现场监管的“主角”。

秦沈客运专线监理具有工作量大、素质要求高、人员数量多等特殊性，工程管理中心建议并经铁道部同意，将监理费由普速铁路 0.4%提高到 0.7%，提高监理人的薪酬待遇，让监理单位不再为费用不足发愁尴尬。同时，由建设单位筹资，为监理人购置了交通车辆，添加了部分新型检测设备，修建独立的工地试验室和生活房屋，使监理人摆脱工作和吃住行对施工单位的依赖，自立门户、独立工作、为公正监理创造必要的环境条件。

秦沈客运专线定位监理人为建设单位现场代表地位，适当提高监理费，改善其工作条件，有效地调动了监理单位和监理人的积极性。一批高素质和富有工程经验的技术人员也加入监理队伍行列，出现了一批忠于职守、不徇私情、不怕报复、勇于负责的“黑脸包公”，把住了工程质量关。高标准的秦沈客运专线顺利建成，监理人功在其中，他们也给建设单位怎样用好和发挥好监理作用以新的启示。

七、利用资源组织培训，为大规模高铁建设储备人才

秦沈客运专线建设期间，京沪高铁、京津城际、东部沿海甬台温、郑州至西安、武汉经合肥至南京等多条客运专线紧锣密鼓筹备，我国高速铁路建设蓄势待发。

为适应大规模高速铁路建设需要，工程管理中心提议，利用秦沈客运专线资源，在秦皇岛开办高铁技术培训班，以备不时之需。建议得到了铁道部建设司和部领导的赞赏和支持，并要求扩大培训规模。铁路建设系统表现出极大兴趣，纷纷派员参加。经工程管理中心研究，委派工程管理中心党委副书记谷新文和总指挥部指挥长郭守忠具体负责筹办。

培训班聘请铁科院、铁三院和参加秦沈客运专线建设的各方专家为教员，介绍世界各国高铁的发展趋势，以秦沈客运专线技术标准和工艺工法等为基本教材，结合日本、韩国和欧洲国家高铁建设工程案例，理论联系实际开展教学，帮助学员拓宽视野，增加高铁知识储备。培训班共举办 4 期，每期名额 120 人，期期超编，总共培训包括工程管理中心全部员工在内七八百人。这批学员后来在客运专线和高铁建设中成为管理和技术骨干。为此，有人把秦皇岛高铁培训班称之为高铁建设人才的“孵化器”和“播种机”。

秦沈客运专线开通运营后，工程管理中心又从参加过秦沈客运专线建设和参加过秦皇岛高铁培训班的青年技术干部中挑选 30 人，组成工程管理中

心高铁工程管理调研组，走出铁路圈子，用时3个月，考察走访包括三峡工程在内的国内知名工程和著名企业，向社会工程界学习取经，加深对工程管理规律性认识，广纳工程同行先进理念和管理经验。在结业之前，工程管理中心专门组织处级以上干部参加，进行专题调研成果讲评，未雨绸缪，勾绘未来铁路干线和高铁工程管理新蓝图。

八、借鉴秦沈客运专线管理经验，推动工程建设标准化、规范化

秦沈客运专线是工程管理中心成立后接手管理的第一个超大型、高标准新线铁路工程。当年举工程管理中心之全力，创新建设管理，不仅高质量、高效率完成了秦沈客运专线建设任务，而且为深化和发展标准化、规范化管理，在诸多方面积累了新鲜经验，产生了深远影响。突出体现在以下4个方面：

一是借鉴秦沈客运专线实行的工程管理中心与总指挥部明确分工、各负其责、协调联动的做法，加速构建工程管理中心建设管理全新机制。

在管理后续项目中，普遍实行工程管理中心领导协调和统筹总体把握、指挥部现场负责两级管理责任体系，稳定对指挥部委托授权和指挥长负责制，有效发挥了工程管理中心和现场管理机构的积极性，基本实现了建设管理职能全覆盖和建设管理的高效率。在同时管理多个工程项目情况下，工程管理中心较好完成了铁道部交给的建设管理任务，并且在探索铁路工程管理改革方面不断取得新成果。

二是全面落实“把路基当作土工结构物做”新理念，因线制宜，引导和推行路基、桥涵、隧道等土工结构物精细化施工，确立工程寿命期和质量耐久性概念，持续推动普速铁路提质提速。

在普速铁路建设中，普遍推行专业化、机械化作业，路基填料拌和工厂化，组合钢模大面积上桥，混凝土集中拌和，K30检测全面上路，大型机械养路成了必备手段。通过加强建设管理，弥补前期设计缺陷、不断提升线路品质，成为新的自觉。西安至合肥铁路主动“平改立”，将原143处平交道口调整为或上跨或下穿的130座桥涵，实现社会车辆、人员和铁路百分百立体交会。渝怀（重庆至怀化）铁路不仅平交道口“清零”，针对岩溶和山区线路

特点，对数十处线路下部结构物和上百处艰险工点实行工程补强，强本固基，提升工程抗御自然灾害能力。普速铁路长期存在的标准不高、工艺落后、管理不严、质量不过硬的“常见病、多发病”得到有效治理，工程实体质量稳步上升。西安至合肥、洛湛（洛阳至湛江）铁路、渝怀铁路开通提速至60～80km/h，新线初始速度很难逾越40km/h的魔咒被打破，一举达到设计目标值，实现了历史性跨越。

三是深化和规范对设计的管理，逐步实现与建筑市场接轨。

秦沈客运专线从把勘察设计费支付与设计质量挂钩考核入手，迈开了加强设计管理的新步伐。在随后开工建设的西安至合肥和洛湛铁路时，总结秦沈客运专线的做法，将技术设计工程量差设为X，施工图阶段变更设计量设为Y，两者分别计量，综合考核，深化考核内容，细化考核标准，规范为$X+Y$管理模式。铁路是线型工程，征地拆迁量大，地域跨度大，所占投资比例大，往往成为投资控制的“短板”。从渝怀铁路和宜万（宜昌至万州）铁路起，又将征地面积和拆迁量准确度设为Z，纳入设计考核范围，扩展形成$X+Y+Z$管理模式，基本做到了从技术设计到施工图设计两阶段设计质量考核全覆盖。2004年1月，工程管理中心邀请全国铁路勘察设计单位，以$X+Y+Z$考核模式为核心，组织制定勘察设计合同新版本，基本形成市场经济条件下工程管理中心特有的勘察设计管理新思路和新机制。

四是引入“动态管理”，不断优化工程建设资源配置和组织路径，提升工程管理的科学性。受秦沈客运专线施工组织“动态管理”启示，后来工程管理中心在渝怀铁路歌乐山隧道、园梁山隧道和兰武（兰州至武威）复线乌鞘岭特长隧道倡导施工图动态设计，大幅度提升了复杂地质和长大隧道工程设计质量。西安至合肥铁路原计划以南阳为界，西段工期五年，东段工期四年，同步开工、分两次开通。我们根据工程实际情况，优化调整施工组织设计，将西段工期提前一年半，东段工期提前半年，用三年半时间实现了全线同步竣工、同步验收，同步开通，提前形成西北通往华东、中南地区大能力运输通道。乌鞘岭特长隧道施工组织三次大调整，挖掘新增辅助坑道潜在功能，创造了7年工期40个月竣工的工程业绩，“动态管理”在其中所发挥的作用更为突显。多年工程实践使得“动态管理”成为一种新理念，其内涵日渐丰富，概念更为清新，施工组织动态调整、施工图动态设计、动态管理投资等管理方法和手段在工程管理中心得到推广应用，把最初的“动态管理”概念上升到提高工程管理效率和投资效益的新高度。

秦沈客运专线从设计到施工到运营，全链条采用了当时最先进的理念、建造及装备技术，举全路科技之力进行科技攻关，解决了一系列建造高等级铁路技术难题：第一次把路基作为土工结构物建造，第一次采用大吨位混凝土整体箱梁、连续梁新桥式结构，第一次铺设跨区间超长无缝线路和安装使用大号码高速道岔，第一次应用数字移动通信系统和网络化遥控信号系统，第一次使用“弓网受流技术模拟软件”和额定张力放线车进行施工作业，第一次上线试验运行高速动车组，充分展示秦沈客运专线“运行速度高、规程规范新；新技术含量高、设计标准新；质量标准高、施工工艺新”的工程特性。诸多“第一次”的成功，取得了许多具有自主知识产权原创技术成果，填补了我国高铁建造技术的众多空白。秦沈客运专线建设不但为京沪高铁和之后大规模高铁建设奠定了科学完整的技术标准体系基础，提供了丰富的技术储备和大量人才，也为在新技术、新工艺、新标准大量采用下高速铁路大规模建设的科学管理积累了宝贵的经验。

不可否认，在管理秦沈客运专线建设中，我们有成功也有失误。工程验收时暴露出个别区段线路变坡点多、坡段短、纵坡线型不够理想；中间站未采用高站台，不易于旅客乘降；涵洞毗邻设置密度过大，洞底高程偏低长年积水等问题。这些大都与从普速转向高速理念更新不到位、不彻底、处置不果断、经验不足有很大关系。教训比经验更宝贵，秦沈客运专线的管理是一面镜子，我们经常用来对照检查，扬长补短，促进管理工作与时俱进。

值此纪念秦沈客运专线开通运营二十周年之际，回顾当年工程管理实践，联想后续新一轮大规模铁路建设，越发体会秦沈客运专线修建的意义，越发体会秦沈客运专线建设提供的实践经验和不足难能可贵，越发体会当年铁道部领导要求转换传统观念、创新工程管理是何等的重要。我们始终为能参加秦沈客运专线建设而自豪，不会忘记我国高铁建设是从秦沈客运专线出发的历史记忆。

秦沈客运专线建设管理实践

郭守忠
时任秦沈客专建设总指挥部指挥长

邢福海
时任秦沈客专建设总指挥部副指挥长

肖颂新
时任秦沈客专建设总指挥部副指挥长
现任国铁集团国际公司印尼中国高速铁路公司董事

沈东升
时任秦沈客专建设总指挥部工程部部长
现任国铁集团工程管理中心副总工程师

秦沈客专

沈阳北站

皇姑屯站

辽中站

台安站

盘锦北站

锦州南站

葫芦岛北站

绥中北站

山海关站

秦皇岛站

截至 2022 年底，中国高铁运营里程超过 4 万 km，位居世界第一。回望中国高铁走过的路，那开端一定是秦沈客运专线。秦沈客运专线建设者的初心和使命就是要为中国高铁的修建奠定技术基础、锻炼培养人才。秦沈客运专线就像是小蜘蛛吐丝织网时的第一条丝线，在铁路建设者们的不懈地努力下，终于织成了壮观的高速铁路网。

秦沈客运专线开通到今年已经 20 年了，一幕幕，犹在眼前，惊回首，万千感慨！那 300m 长钢轨单枕连续铺轨机像钢铁巨龙在秦沈客专线路上不断前行，600t 级运架梁机负梁缓缓运梁架梁的壮丽画面，那像风一样飞驰而过的“中华之星”动车组行车试验的震撼……，令人难忘。曾经依托秦沈客运专线奏响的以创新为主旋律的恢宏乐章仍在心中激荡。职业担当使然，写了以下的文字，既是对中国高铁第一次付诸实践留下的管理心得，也是秦沈客运专线全体参建者的心愿。

一、积跬步，铁路开创新篇章

改革开放后，我国国民经济飞速发展，铁路运输特别是旅客运输已远远不能满足人民生活水平大幅提升后的出行需求。从“八五”开始，铁道部在国家国家科学技术委员会、国家计划委员会、国家经济贸易委员会和国家经济体制改革委员会的支持下，开展了高速铁路的前期研究工作。1994 年广深准高速铁路改扩建工程完成，开通前作了一系列的行车试验研究。在“九五”期间，实施了两次既有线提速工程，繁忙干线的旅客列车运行速度提高到 140～160km/h。在上述工作基础上，铁道部充分吸收国内外先进经验组织开展了高速铁路设计规范相关技术的立项研究，并于 1998 年 10 月组织编写完成了《时速 200 公里新建铁路线桥隧站设计暂行规定》。

点滴积累，终聚成流，大幕拉开，鉴于京沪高速铁路建与不建的争论不止，秦沈客运专线走到前台。

秦皇岛至沈阳铁路自 1986 年开始勘察设计前期工作，从扩大输送能力研究，到进出山海关客货运大通道研究；从客货混跑，至客运专线，目标和角色不断演进，至 1999 年 4 月，国家发展计划委员会以《关于审批新建秦沈铁路（客运专线）可行性研究报告的请示的通知》（计基础〔1999〕399

文）通知铁道部，《国家计委关于审批新建秦沈（客运专线）可行性研究报告的请示》业经国务院批准，秦沈客运专线建设开始正式启动。

秦沈客运专线全长 404.6km，设计时速 200km，线下工程预留了 250km/h 提速条件，同时在山海关至绥中北间建时速 300km 综合试验段。秦沈客运专线建成后进出关将实现客货分线，沈山线以货运为主、以客运为辅，秦沈客专全部开行客运列车。与此同时，铁道部安排京秦段既有铁路提速改造，与秦沈客专共同构成快速客运通道，实现北京至沈阳的高速客运列车 4h 通达。

二、大跨越，重重困难待攻克

高速铁路源起 20 世纪 60 年代的日本新干线，随后在欧洲经济发达国家法国、德国、意大利和西班牙等国不断发展。我国铁路行业发展在新中国成立后取得了辉煌的成就，进军高铁的梦想一直在铁路人心头萦绕。秦沈客专的开工建设，是一个难得的机会，可更多是技术难题的克服和攻坚。

火车以超过 250km/h 的速度安全运行，除了要有机车车辆性能的保障，更大的考验是铁路工程的设计和施工能力。

轨道的平顺度是第一大关，超大吨位的箱梁制、运、架是第二大关，接触网、列控、信号……关卡一道又一道，联调试验是建设成果的综合检验与考核。

时速 120km 的普速铁路工程项目建设，开通时速一般为 40km，在持续的轨道养护作业下，往往需要数年，火车的运行速度才能达到设计时速。一方面是因为由散体材料道砟和轨枕构成的道床，在无大型机械设备的情况下达到稳定状态，需要火车不断碾压，既要时间，又要通过的重量；另一方面路基、桥梁、涵洞等线下工程构筑物在建造完成后一般都会发生一定程度的沉降变形，这也会导致其上承载的轨道结构发生变形。

铁路桥梁通常采用标准化设计，普速铁路一般是厂制 T 形梁，每跨由两榀 T 形梁分别架设，然后加固连接成一体。设计时按承载力计算，不考虑梁体中部形变。而这种形变对高速行驶的列车来说，会产生垂向振动，降低旅客乘坐列车的舒适度，严重时会影响车辆的使用寿命，甚至有脱轨倾覆的可能。采用双线整体箱形梁设计，是大多数高铁国家的选择。但 24m 箱梁的重量超过 500t，面积比羽毛球场还大，制造、运输、架设都是从零起步。技术攻关的项目是一个接一个。

在广深准高速开通和既有线提速工程中，虽然积累了一定的经验，但在新线建设中开展大规模的运行检测试验却是第一次。桥梁、路基、涵洞、钢轨、扣件等动态参数测试，进行站台安全线处风压、车辆交会风压、接触网、支承结构的动态变形、车辆运行状态及安全参数据测试等，既检验技术标准，施工质量，也考验组织保障能力。只有通过大量的测试数据，才能逐级提高试验列车的时速。只有通过测试和数据分析，才能证明这是一条真正的高速铁路。

三、建机构，管理人才是重点

铁道部以《关于成立秦沈客运专线建设总指挥部的通知》（铁工程函〔1999〕273 号）文件明确：铁道部工程管理中心（简称“工管中心”）是秦沈客运专线的建设单位，并成立秦沈客运专线建设总指挥部。1999 年 8 月 16 日，秦沈客运专线建设总指挥部（简称“秦沈总指”）在辽宁省锦州市揭牌成立，按照高效、精干、有利工作的原则，设置了综合、工程技术、计划财务、工程监理、建设协调、物资设备 6 个部门。铁道部同意由郭守忠任指挥长、刑福海任副指挥长、刘同良任总工程师，2002 年选派肖颂新任副指挥长。总指挥部人员有来自部工管中心业务处室抽调的工程技术、合同、财务、质量、物资设备、对外协调等专业骨干，也有从有关设计、施工和监理单位调集的部分人员。这些懂业务会管理的精英，一上场就按照铁道部的建设管理文件和办法，依据工管中心签订的各类工程合同及相关要求，制定了各部门的工作职责，并建立了一系列管理制度和办法，为高效运行、快速响应、精准管控、和谐共建秦沈客专提供了基础保障。

四、高起点，职责分明是关键

秦沈总指是工管中心的派出机构，代表工管中心履行现场建设管理职责，负责与地方关系的协调，负责现场施工的统一组织指挥，在工程安全、工程质量、建设工期和授权范围内的投资控制等方面对工程管理中心负责。工管中心负责工程招投标及合同签订、资金筹措、投资监管、技术攻关、对项目工期和质量现场督查等。

在 3 年多的时间里，在建设管理第一线的秦沈总指坚定执行工管中心提出的建管理念和具体要求，及时反馈现场急需和困难；工管中心在建设管理业务上全方位指导，对现场反馈的重大困难和问题及时协调和组织各种资源，研究解决方案，或直接组织现场研讨会加以处置。两个机构分工明确，紧密配合，前后联动，合力推进项目建设。

五、谋全局，施工组织是核心

铁路工程建设管理的主线是施工组织，秦沈总指开办后的第一项工作就是组织设计、科研和相关施工单位，依据铁道部和设计鉴定批复意见，开展全线指导性施工组织设计，勾画重点、谋划策略，为掌控全局、按期保质建成秦沈客专做好开篇文章。

秦沈客专第一次将路基的设计、施工提升到土工建筑物的高标准全新概念去实施，并要求工后沉降达标；第一次在铁路上采用具有足够竖横向刚度和抗扭刚度的箱形梁，并首次大规模地实施箱梁现场制运架的浩大工程；第一次铺设跨区间无缝线路，并完成桥梁上无砟轨道的设计与施工；第一次铺设 38 号大号码可动心轨道岔。

围绕这些重难点工程，秦沈总指明确提出了施工组织设计的指导思想：精心组织，科学管理；优化设计，强化监控；硬化合同，规范施工；精雕细刻，路地共建；快速有序，优质高效；在向国家交付一条高质量的快速客运专线的同时，总结积累一套高速铁路建设技术和管理经验。

总体部署是：整体推进，全线展开；攻克重难，突出枢纽；线上线下，交叉并进；站前站后，统筹安排；科研试验，精施建功；奋战四年，全线建成。

工期控制经国家批准，总工期 4 年，力争 3 年半完成，即 1999 年 8 月 16 日开工，2003 年 2 月 15 日完工（调整施工组织设计要求 2002 年底全线基本建成，达到试运行程度），2003 年 8 月 15 日开通。

为确保总工期，按照先架后铺的施工顺序，秦沈总指对全线大型临时工程做出了“三铺八架二造四现浇”总体规划，即设山海关、陈家屯、五七站3个铺轨基地，2个造桥队，4个专业流动制梁队，现场制梁场由原设计的11个增至13个，利用8套架桥设备完成箱梁架设，3套铺轨设备分别从3个铺轨基地由西向东铺轨。

根据工程进展情况，2001年6月适时进行了站前工程施工组织调整，对站后工程作了具体安排；并于2001年3月和11月分别编制了2001年度和2002年度施工组织安排要点，对指导全线施工、确保完成建设任务发挥了重要作用。

六、立标准，探索高速未知区

秦沈客专依照《时速200公里新建铁路线桥隧站设计暂行规定》完成了技术设计，可如何将蓝图变成实体又成了工管中心和秦沈总指急需解决的问题。比如：路基结构的改变，对设计来说，只是图纸上多划几条线和标注，可路基本体的稳定、基底的处理对工后沉降控制保证轨道平顺、路基和桥涵过渡段的刚度平滑过渡，以及路基基床和基床表面的压实体和渗水、排水性能工程，都没有大规模的工程实践。又如：600t级整孔箱梁，后张法预制、架设更是未知区域，模具、提梁机、运梁车、架桥机，一系列的机械设备也只是听说过，没见过，更没用过。

在铁道部相关司局组织科研、设计、施工等单位在京沪高速关键技术研究中，所做的工程技术预研的基础上，工管中心和秦沈总指组织铁科院、铁三院及相关施工单位组团攻关，从标准编制入手，以线外工艺试验点验证标准可行性，以检验手段和数据为准绳，以满足指导施工和保证实体工程质量为原则，从1998年底组织编写《秦沈客专路基施工技术细则》开始，陆续完成了精密测量、桥梁预制及运架、有砟轨道、无砟轨道、钢轨焊接、轨道平顺度、牵引供电及接触网等近20个施工技术标准和质量评定验收标准。

制定标准难，执行标准更难。秦沈客专东段填料的变更设计就是一个特殊事例。施工单位依照设计在线位附近就近取土，遵循路基施工技术细则的要求，在线外展开一个多月的工艺试验，无一次达到验收要求。实验室分析土样为冲积相的粉细砂，粒径均匀，十分罕见。此后对这种特殊土进行改良，以期成为合格的填料。具体是，采用三种掺料（粉煤灰、生石灰、水泥）按不同比例进行了大量组合的工艺试验，又耗时一个多月，仍然无果。总指挥部当机立断，决定远运山坡土作为填料，在保证工期进度的前提下，路基本体的施工质量也得了保障。

秦沈客专建设从始至终，从铁道部领导到相关司局，再至各参建单位，心想一起，劲使一处，急工程之所急，解难题攻难点，以科研成果为引领，产学研全方位参与；以标准指导施工，施工过程中不断反馈新情况、新问题，及时研究处置，在中国高速铁路建设的未知区域作了全面的探索和实践，保障了秦沈客专工程建设的顺利进行。

七、树样板，协同共管创优质

秦沈总指在开工建设伊始，就确立了质量目标：依法管理，增强质量意识，强化创优观念，建立健全工程质量创优责任制和工程质量终身责任制，质量第一，全线创国优。

组织设计单位认真作好技术交底，让监理、施工单位完全了解设计意图；组织科研和标准编写单位宣贯标准，让监理和施工单位掌握施工工艺、工法和质量卡控要点、质量检验方法；组织各标段完成线位外工程试验，掌握工艺和检验方法后再进行线位正式工程的施工；每个施工阶段进行大规模施工前，在全线选评优质样板工程，组织全线施工、监理单位观摩交流；在大规模施工过程中，坚持“质量检测、数据说话”，并在全线建立了 4 个中心试验室，负责监理单位对质量的平行抽检、质量仲裁、总指委托的质量检查和随机的质量“飞行”检查工作。

秦沈总指始终在全线各单位中开展克服工程质量通病和管理通病的活动，编写了质量通病手册，使质量通病虽未完全杜绝，但得到了很好遏制。各施工单位建立“单位工程质量台账”和“质量责任分解表”，将质量责任落实到具体施工人员。秦沈总指推行“量化考核，绩效挂钩，奖优罚劣，科学管理”的质量管理方法，依据《质量综合考评及奖励办法》，全线共评优质工程 508 项。

依法管理、强化监理的质量管理要求在秦沈客专得到了很好体现。全线监理人员最多时达533人，都是各监理单位的骨干和中坚力量。在工作中开拓进取、大胆创新，建立了专业监理工作程序和方法、编制了监理工作台账、制定了多种行之有效的监理工作制度。这些创新和突破，推动了铁路监理工作的进一步规范和向国际惯例靠拢，很多举措和方法都在后来的高铁建设中被采纳推广。

八、硬合同，投资管控见成效

秦沈客专是全国修建的第一条高等级铁路。一方面，采用的新标准、新设备、新工艺多，另一方面，是在建设过程中根据现场情况，对标准、规范作适当的完善，对施工方案、工艺、工法作适当调整。这些都会对投资控制产生影响。就现场情况看，在施工队伍进场后，有的施工文件就发生了变化，修改后的投资较招标概算就有不少变化。

秦沈客专实行严格的综合单价包干、总价中标的承包方式，合同履行期间，建设单位向施工单位支付费用时原合同单价不变，概算指标升高的项目各施工单位要求调整，概算指标降低的项目则引起建设单位本身掌握费用的损失。建设过程中不断遇到的各类设计变更、费用索赔等都增加了投资控制的压力和难度。

为此，秦沈总指坚决贯彻工管中心确定的以合同为基准，硬化合同执行的指导原则。重点控制标准、方案引起的合同外费用，以及施工图量差，变更设计，征地、拆迁、三电拆迁，地方及行业收费等费用。

秦沈总指按照投资包干的要求，将使用招标降造和预备费的责任指标分解到施工图量差、变更设计、征地、构筑物拆迁、三电拆迁、改渠改路、监理费、建设单位管理费、科研费、地方及行业收费等项目上，将突破概算、投资失控的风险层层分解，把合同外费用的控制作为整个秦沈客专投资控制的重中之重，对合同外费用的验工计价严格按合同规定和程序办理，进行重点审查。

为控制施工图量差，秦沈总指在全路首次开展了设计咨询工作，委托铁道部第四勘测设计院工程咨询公司（简称“铁四院”）对站前技术设计和施工图设计进行咨询。施工期间还就路基、桥涵工程数量问题再次委托铁四院进行核查。设计咨询提高了设计质量，将施工图量差控制到了最低限度。施工图咨询随后在铁道部确定工程建设管理流程中成为必要程序和节点。

严格控制变更设计，认真进行设计优化工作。秦沈总指制定了变更设计暂行规定其中四方（设计、建设、监理、施工）会议被铁道部修改后的变更设计管理办法所采纳。施工单位和监理单位进场后的首要工作是现场核对和设计优化，秦沈总指的优化设计管理办法规定，节省资金的 50%用于奖励，以谁优化、谁受奖为原则。对不作核对和优化的单位进行处罚。全线优化设计 34 项，减少工程投资 491 万元。

2003 年竣工决算时，秦沈客专总投资为 158.7992 亿元，较铁道部批复设计概算节省 8059 万元，较国家可研批复投资增加了 7.44%。客观来说，在不利因素大于一般铁路工程项目的条件下，这样的成绩是来之不易的。

九、抓系统，综合试验达新速

经铁道部批准建设的秦沈客专综合试验段，进行路基、桥梁、轨道及站后四电工程试验，以验证设计和建造整体技术和标准的系统性和科学性。综合试验段起点为山海关站，终点为绥中北站外 2km 处，全长 66.8km。该段工程地质条件好，具备提前半年建成的条件；线路平面和工程构筑物也满足综合试验的各项条件。山海关至绥中北试验段不算长，但该段试验的时间长，其中大型试验 3 次，每次 10 多天。试验段工程和测试的成败，关系着中国高铁建设的成败。先建先试，压力可想而知！

秦沈总指在铁道部相关司局和工管中心的指导下，负责工程建设、协调外电建设和送电等试验前期工作。铁道部科技司和运输局筹划试验列车和试验项目组织工作。铁道部科技司 2000 年立项 24 个科研项目，与工管中心为双甲方，探索了工程与科研紧密结合，科研成果为工程实践提供指导、工程为科研提供资金支持的新道路。如桥梁工程中箱梁的制运架就是科研和工程实践紧密互动，先进行 1：20 模型梁预制，后完成 1：1 实体梁预制，再用实体梁进行技术指标测试；先组织多个厂商和科研机构进行运架机构的预研，再进行详细设计的审查，最后试制和出厂检验，科研机构和厂商的联合课题组保障运架作业直到完成。

从 2001 年 12 月至秦沈客专开通前，先后展开了 3 次大型综合试验，神州号内燃动车组最高试验速度 210.7km/h，先锋号电力动车组最高试验速度 292km/h，中华之星电力动车组最高试验速度 321.5km/h。

3 次综合试验历经寒暑，每次参试人员都达到六七百人，车辆、线下工务、信号通信、牵引供电接触网，各个专业都需要布设测点、沿线路段建立临时工作环境、保障用电用车、人员供给等等，那时秦沈总指的所有人员全部派驻到现场，配合各路测试人员完成准备工作，试验期间每天的测试总结会后还要连夜安排工作，以确保第二天试验的正常进行。可以说秦沈总指挥部的工作完全不同于以往的工程指挥部，它打破常规，既要组织建设，又要研究技术标准；既要执行标准，又要配合测试，并不断修改完成标准；既要建设一条高速铁路，又要培养一批高铁建设人才。

十、传技术，培养高铁后来人

2001 年，工管中心指导秦沈总指组织开展了秦沈客专技术总结工作，从科研、设计、施工全方位对站前站后各专业技术进行梳理、分析，总结经验教训并提出建议。

《秦沈客运专线技术总结》是对秦沈客专工程实践中形成的包括路基、轨道、桥梁、电气化等专业、具有我国自主知识产权的 200km/h 及以上铁路的设计、施工技术的全面归纳和总结，全面真实地记录了我国第一条高速铁路建设的实践过程，也对进一步完善和充实高速铁路相关规范、技术标准等提出了许多建议。2002 年 12 月，结集审核后印制成册。

秦沈客专初验后，铁道部批准了工管中心的建议，委托秦沈总指举办了 4 期高铁技术培训班，将初步总结的秦沈客专设计、施工及综合试验的经验教训作为培训教材，由科研、设计和院校的专家主讲，培训了铁路系统内相关单位、监理公司和施工企业近千名人员。人才是科技创新的第一资源，秦沈客专的建设，对于我国高速铁路技术确实起到了“孵化器”和“播种机”的作用，为高速铁路建设培养了一大批优秀后来人。

秦沈客专的建设解决了一系列技术难题，建设过程中自始至终贯穿技术创新，为大规模高速铁路建设提供了丰富的技术储备和建设管理经验。同时也存在许多遗憾：线路变坡点多，坡段短；中间站未采用高站台等等。人们常说，工程之美，包含了缺失和遗憾。看到不足，才会有后来的超越。瑕不掩瑜，秦沈客专的建成开通，是中国铁路建设历史性的变化，是第一次开通就达到设计时速的建设项目，是一次质的飞跃，标志着中国第一条高速铁路的诞生。

时光荏苒，20 年匆匆弹指间。秦沈客专的建设，是中国高速铁路工程的一个重要节点，它成就了中国高铁靓丽的名片，从“中华之星”到后来的“复兴号”，奔驰在中国广袤的大地上。如今，中国高铁走出国门，展现了中国高铁的良好形象，从打造国家名片迈向引领国际标准，中国高铁将不断扩大国际影响力。

今天，我们可以自豪地说：正是我们的双手，在山海关内外，在辽沈大地铸就了秦沈客专当年的辉煌！

高速电动车组研发纪实

刘友梅
中国工程院院士
时任株洲电力机车厂总工程师
“中华之星”高速动车组总设计师

秦沈客专

沈阳北站
皇姑屯站
辽中站
台安站
盘锦北站
锦州南站
葫芦岛北站
绥中北站
山海关站
秦皇岛站

新中国铁路牵引动力经历了蒸汽机车牵引、内燃机车牵引、电力机车牵引的进化，走上高科技征程。我国人口众多，经济快速发展对铁路运输形成重大压力，社会上尤其对提高列车速度呼声很高。多年来，中国铁路人通过研发、实践、创新、求变，实现了客运列车提速及高速列车技术的突破和快速发展。

秦沈客运专线是新中国第一条全线满足 200km/h 以上速度的电气化铁路。线路全长 404.6km，其中 66.8km 线路的设计速度为 300km/h。我国自主研制的“中华之星”（图 9-1）高速动车组最高试验速度达到 321.5km/h，创造了当时的“中华第一速”，同时还完成了秦沈客运专线全线 2h 运行的试验验证，这一切令人难忘。

图 9-1 “中华之星”高速动车组

“中华之星”高速动车组是秦沈客运专线的重要标志之一。很多人对其研制、试验过程及其创新价值并不了解，有必要作一番回顾。

一、动车组立项

动车组是自身具有动力，两端均可操控、双向开行的载客列车。高速动车组是铁路现代化的象征。回顾世界高速铁路发展史，起步于日本的东海道新干线首先使用了动力分散型动车组，设计速度为 200km/h。其后法国开发的 TGV 高速动车组、德国研制的 ICE 1 型高速动车组均为动力集中型，最高运营速度分别为 270km/h 和 250km/h。考虑到我国当时电力机车技术的成熟性，250km/h 等级的高速列车“中华之星”选择了动力集中型模式。2000 年铁道部向国家计划委员会申请立项研制高速列车并实现产业化。其后，国家计划委员会下达了《国家计委关于270公里/小时高速列车产业化项目可行性研究报告的批复》（计高技〔2000〕2458号），我国从此开始研制第一列具有自主知识产权的动力集中型高速动车组。

动车组由四厂（株洲电力机车厂、大同机车厂、长春客车厂、四方机车车辆厂）、四所（株洲电力机车研究所、四方车辆研究所、戚墅堰机车车辆工艺研究所、铁道部科学研究院机车车辆研究所）、二校（西南交通大学、中南大学）共同研发。

株洲电力机车厂和大同机车厂负责列车动力车，长春客车厂、四方机车车辆厂负责列车拖车，株洲电力机车研究所负责交流传动系统和网络微机控制系统，铁道部科学研究院机车车辆所负责制动系统，戚墅堰机车车辆工艺研究所负责牵引传动装置，西南交通大学和中南大学负责动力转向架和列车气动外形研究。

我国第一列动力集中型高速动车组——“中华之星”，由2辆动力车和9辆拖车组成，拖车包括2辆一等座车、6辆二等座车、1辆酒吧车。其设计总参数见表9-1，编组图如图9-2所示，牵引特性曲线和制动特性曲线如图9-3和图9-4。

“中华之星”高速动车组设计总参数 表9-1

指标项目	具体描述
用途	高速旅客运输
基本编组	Mc + 9T + Mc
编组定员	772
最高运营速度	270km/h
最高试验速度	>300km/h
轮轴牵引功率	2×4800kW（持续制）
电制动功率	2×4400kW（再生制动）
牵引恒功范围	110～284km/h（半磨耗轮）

续上表

指标项目	具体描述
最大电制动力	2×150kN
起动加速度	≥$0.44m/s^2$（0～110km/h）
电传动方式	交-直-交　VVVF 调速
列车控制方式	微机网络总线控制
WTB（列车级）	MVB（车辆级）
制动方式	再生电制动＋轴盘式电空制动
制动控制	列车空电联合制动＋制动防滑控制
转向架	动力车：半体悬双空心轴传动
	拖车：无摇枕空气弹簧支承式
主变压器	6452kVA　油冷　全去耦式
主变流器	3600kVA　水冷　GTO 器件
牵引电动机	1225kW　强迫风冷　三相异步牵引电机

图 9-2　“中华之星”高速动车组编组图

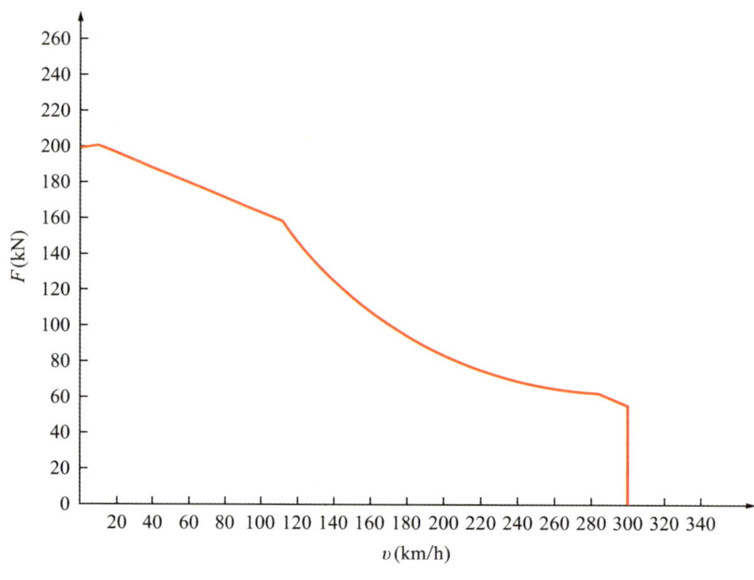

图 9-3 “中华之星”牵引特性曲线

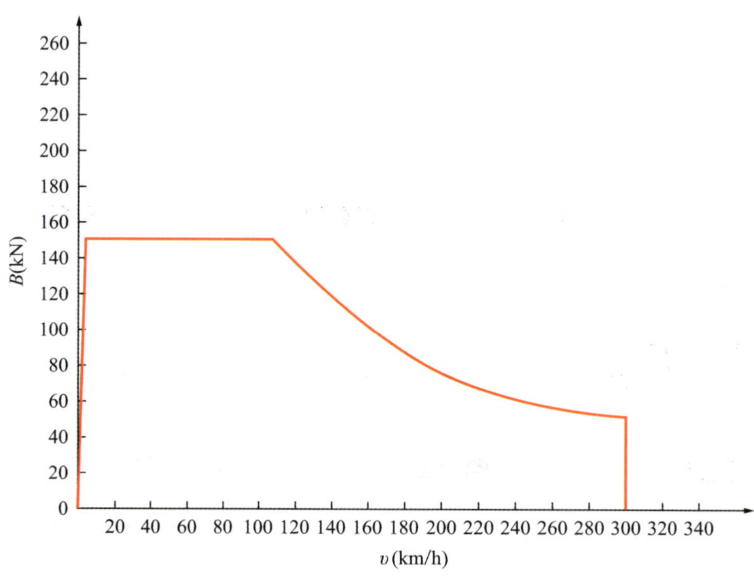

图 9-4 “中华之星”制动特性曲线

二、动车组的研制

2001 年 8 月中旬，铁道部科技司在株洲主持召开了“270km/h 高速列车技术设计审查会”。来自全路机车车辆行业不同专业的 21 位专家组成评审专家组。研制单位下列同志作了专题汇报（表 9-2）。

技术设计审查会确认“中华之星”高速动车组总参数符合下达的

《270km/h 高速列车设计任务书》。

专题汇报表 表 9-2

技术系统	汇报人
列车总体	刘友梅
动力车	唐飞龙
交流传动系统	金敬德
动力转向架	张红军
传动齿轮箱	周　平
制动系统	林祜亭
控制及网络系统	严云升
拖车网络	李国平
气动外形研究	田红旗
铝质拖车	张继文
钢质拖车	林　东
车电及部件	侯卫星

2001 年 9 月开始进行“中华之星”高速动车组施工设计，由株洲电力机车厂、大同机车厂、长春客车厂、四方机车车辆厂分别实施动力车和拖车新产品研制，并在 2001 年 11 月完成施工设计，铁道部科技司 12 月在北京组织施工设计内审会，通过了施工设计审查。

“中华之星”动车组自主开发以下核心技术：

（1）先进的交流传动技术。牵引功率大（2×4800kW），轴重较轻（19.5t），黏着利用高。“中华之星”采用交-直-交调频调压和三相异步传动电动机驱动、GTO 器件及水冷新技术。这些技术进入当时世界高速动车组牵引传动系统的前沿领域。

（2）性能良好的复合制动技术。高速动车组动能与速度平方成正比，故动车组制动功率是速度的三次函数，必须采用“电气动力制动＋空气制动”的空电联合复合制动技术。

（3）优化的列车空气动力学外形。减小了列车空气阻力、表面压力和交会压力，车头外形美观。

（4）优良的列车动力学性能。转向架设计保证了列车运行稳定性、平稳性，轮轨动力学性能优良。

（5）轻量化的车辆结构。轻量化设计降低了能耗，减小了对线路结构的损伤，提升了乘客舒适度。

（6）独特的列车控制网络系统。采用 WTB 列车级 + MVB 车辆级星形网络拓扑结构；应用牵引制动恒速定速控制，列车重联控制及故障诊断技术；通过超速防护、微机自动检测和诊断系统，保证了列车安全可靠运行，为司乘人员、维保人员提供技术支持。

2002 年 3 月至 2003 年 8 月，株洲电力机车厂与大同机车厂联合共同完成动力车设计。动力车设计实行产学研结合方式，包括株洲电力机车研究所、西南交通大学、铁道科学研究院机车车辆研究所、中南大学、戚墅堰机车车辆工艺研究所、四方车辆研究所共同攻关。分工见表 9-3。

动车组设计分工表 表 9-3

单位	设计分工
株洲电力机车厂与大同机车厂	动力车总体
株洲电力机车研究所	主变流器、微机控制、网络结构
铁道科学研究院机车车辆研究所	制动单元、空气制动
中南大学	气动性能及外形
西南交通大学	转向架设计、动力学优化
戚墅堰机车车辆工艺研究所	传动齿轮系统
四方车辆研究所	车钩、缓冲器及风挡

三、动车组试验

创新能力来自试验验证的支撑。我国铁路建有多项重要试验设施。1958 年建成北京环行铁道试验线，是世界规模最大的综合试验基地；1993 年在西南交通大学建成机车车辆滚动振动试验台，是当时世界上试验速度最高、功能最全的试验台；20 世纪 90 年代末在长沙铁道学院（中南大学）建设的列车空气动力学实验室，是我国首个高速列车气动特性动模型试验台。这些新型试验装备在铁路新产品研制中发挥了重要作用。

2002 年 9 月，“中华之星”在西南交通大学国家牵引动力实验室通过 400km/h 动力车滚动振动动力学模拟试验，如图 9-5 所示。

图 9-5 “中华之星”在西南交通大学滚动台试验

其后，“中华之星”在北京环行铁道基地集结，完成动车组编组，开始调试和性能试验。11 月，“中华之星”在北京环行铁道完成动车组整列调试和重联调试，完成主要整列性能试验，如图 9-6 所示。

图 9-6 “中华之星”动车组在环行铁道试验

2002 年 11 月中旬至 12 月底，“中华之星”在秦沈客运专线完成整列调试和性能试验。

“中华之星”在秦沈客运专线试验区段——山海关站至皇姑屯站，完成了动车组整列综合性能试验与运行试验，并在 2002 年 11 月 27 日冲速试验中创造了 321.5km/h 的中国铁路高速纪录。

2002 年 12 月，中央政治局委员曾培炎同志曾冒着严寒专程前往秦沈客运专线视察，登上“中华之星”，试运行最高速度达到 300km/h，并对试验给予高度评价。

2003 年 6 月，铁道科学研究院提出综合试验报告，在试验结论上写道：“环行线和秦沈线综合试验结果表明，270km/h 高速列车‘中华之星’总体达到设计要求”。从全部试验及运用考核结果来看，“中华之星”在设计上没有出现根本性问题。同其他新产品类似，在试运行中曾暴露出一些问题，有的部件设计有待改进优化。

四、动车组运行考核

2003 年 1 月起，“中华之星”开始在秦沈客运专线进行线路试验运行和运行考核。

2003 年 1 月 15 日至 1 月 26 日，“中华之星”进行 TVM430 信号系统静态调试试验和动态调试试验。

2003 年 2 月 11 日至 3 月 31 日，完成牵引主传动和微机网络联调试验。

2003 年 4 月 1 日至 6 月 30 日，“中华之星”在秦沈客运专线“山海关至皇姑屯”区段完成整列综合性能调试与维护。

2003 年 7 月 1 日至 12 月 15 日，“中华之星”在“秦沈客运专线”进行运行考核，完成 30.6 万 km，共计 168 天，往返运行 243 趟，上线率 100%，机破率 0，整列车性能稳定，运行状态正常。

2003 年 12 月 15 日至 2004 年 1 月 5 日，按修程要求，对“中华之星”进行 A1 修[1]，状态正常。

2004 年 2 月，铁道部科技司在沈阳主持召开专题会议，总结“中华之星”试验和运行考核工作，并形成会议纪要。随后，铁道部科技司以科技装函〔2004〕22 号文件下达“秦沈客运专线高速动车组运行考核工作会议纪要”，

[1] A1 修：铁路修程分为 5 级，A1 级为安全检修。运行 30 万 km 要进行安全检修。

肯定了“中华之星”在秦沈客运专线“山海关至皇姑屯”区段运行考核结果和A1修结果。

2004年2月20日至2004年4月12日，“中华之星”在秦沈客运专线正式投入运行考核，每日往返一趟。

2004年4月13日—20日、4月21日-24日分别补充进行动车组静态试验和动态试验，完成牵引特性、电制动特性、功率因数、主电路保护、电磁兼容性、列车噪声、辅助机组性能等试验科目。

2003年1月至2005年1月，“中华之星”在秦沈客运专线进行线路的试验、试运和运行考核，其中运行速度200km/h以上达21.5万km。

2005年1月，“中华之星”长距离运行考核后，做了“解体拆检”，整车和零部件状态基本良好。由于各种原因，设计速度270km/h的“中华之星”在试验总体满足设计任务书要求的情况下，运行速度最终被允许为160km/h。

2005年8月1日起，“中华之星”作为往返沈阳—山海关间的L517/L518次旅客列车，以最高速度不超过160km/h投入载客运营，直到2006年8月2日停运，运行里程超过29万km。

五、总结与思考

“中华之星”是中国自主创新的结晶，包括软件在内的核心技术均由我国自主研发。“中华之星”自主解决了高速动车组的核心技术开发和系统集成，系列试验结果说明动车组各项主要技术指标均达到设计任务书要求。“中华之星”研制过程中对高速铁路动车组核心技术的探索，对促进我国铁路创新人才的培养，提升我国自主创新的科技能力起到了重要的奠基性作用；同时也对引进国外动车组技术后缩短消化和吸收过程，实现再创新起到了关键作用。

“中华之星”2003年1月至2005年1月在秦沈客运专线进行的线路运行考核，累计完成了53.6万km，从2005年8月1日起又投入长达一年的商业载客运营，全部累计运行里程达84.2万km，最高冲刺速度达321.5km/h，这是当时中国铁路新型机车车辆试验运行考核里程最长、速度最高的纪录。

"中华之星"五年的研发、制造、试验、试运行是自主创新、自我完善的过程。"中华之星"积累了丰富的经验，也存在局部欠缺，这些都是前进中的"印记"，是自主研发迈向成功不可或缺的过程。

"中华之星"高速动车组研制的相关材料、机械、电气、计算机控制等技术都是当时国内最先进的；牵引传动系统、制动系统、控制系统、转向架、车体、辅助系统是安全的。"中华之星"高速动车组有较高的舒适度和高气密性，较小的轮轨作用力和阻力。

"中华之星"高速动车组的诞生，非一日之功，不是打"短平快"就能取得的结果，而是基于长期科研实践积累的历程。

1996 年 6 月，国家重点科技攻关项目，中国第一台大功率交流传动电力机车 AC4000 在株洲问世（图 9-7），实现了交流传动机车"零"的突破，是我国铁路牵引动力由"交-直"传动向"交-直-交"传动跨越的重要一大步，同时也为其后高速动车组研制创造了条件。

图 9-7　AC4000 大功率交流传动电力机车

中国高速动车组的开发也与既有电力机车的提速试验密切相关。1997 年 1-3 月，改进后的韶山 SS_8 型电力机车牵引 3 节试验车和客车，在铁道部科学研究院环行试验线的提速试验达到 212.6km/h，首次冲入高速铁路领域。1998 年 6 月，由韶山 SS_8 型电力机车牵引的试验列车，在许昌—小商桥铁路段最高试验速度达 240km/h。

2000 年 9 月 3 日，由株洲电力机车厂、株洲电力机车研究所、长春客车厂和广州铁路集团联合研制的新一代动车组“蓝箭”（DJJ1 型），成为我国铁路实现高速的开拓者（图 9-8）。“蓝箭”是动力集中型的交流传动动车组，设计速度 200km/h，采用交直交—VVVF 调速，被定型批量生产，在广深线投入商业运营，“蓝箭”成为“中华之星”高速动车组研制的重要借鉴。

图 9-8 “蓝箭”动车组

其后不久，2001 年 9 月，株洲电力机车厂、株洲电力机车研究所研制成功的“奥星”客运电力机车（DJ2），其最高速度为 200km/h，是我国交流传动技术又一次自主创新的成功实践。

上述系列研究试验成果，尤其是“奥星”客运电力机车及其主变流器、交流异步牵引电机、微机网络控制、全悬挂双空心轴转向架、流线型气动外形等技术，为“中华之星”开发提供了重要储备。因此可以说，“中华之星”高速动车组是多年技术自主创新积累的结晶。

弹指一挥间，转眼已经 20 年，中国铁路发展日新月异。令人欣喜的是，近年来铁路人不断总结经验，发扬艰苦奋斗的优良传统和自力更生精神，既积极吸收国外引进先进技术，更强调自主创新，尤其是集中力量组织了“中国标准动车组”（“复兴号”）及其系列产品的开发。“复兴号”动车组是我国科技创新又一重大成果（图 9-9），不但摆脱了核心技术受制于人的局面，同时还实现了产品的简统化及其零部件的标准化，可大幅度降低运用和维修成本。为此我由衷地感到欣慰和自豪。

图 9-9　CR400“复兴号”动车组

回顾过去是为了激励铁路科技人员创造更好的未来。科技发展不可阻挡，总是“向前、向前、再向前”。

未来轨道交通“高速”需多元化发展，需要更高速度的高速列车、智能列车、磁浮高速列车。

国家主席习近平 2018 年 5 月 28 日在召开的中国科学院、中国工程院院士大会上指出：“实践反复告诉我们，关键核心技术是要不来、买不来、讨不来的。只有把关键核心技术掌握在自己手中，才能从根本上保障国家经济安全、国防安全和其他安全。[1]”自主创新是“科技兴国”国策，没有“自主创新”“自主研发”“自主品牌”，就没有中国的真正工业化和国际竞争力。

今天我们纪念秦沈客运专线开通试运行 20 周年，纪念“中华之星”高速动车组在线试验 20 周年，是为了弘扬中国“自主创新”精神，弘扬中国铁路科技界“自强自立”精神。祝愿中国铁路科技界在中国共产党的领导下，为科技创新奋斗、奋斗、再奋斗！

[1] 引自《人民日报》(2018 年 05 月 29 日 02 版)。

高速铁路空气动力学助推秦沈客运专线建设

田红旗

中国工程院院士

时任长沙铁道学院高速列车研究中心主任

后任中国工程院副院长

中南大学校长

梁习锋

时任长沙铁道学院高速列车研究中心副教授

现任中南大学交通运输工程学院轨道交通安全教育部重点实验室主任（教授）

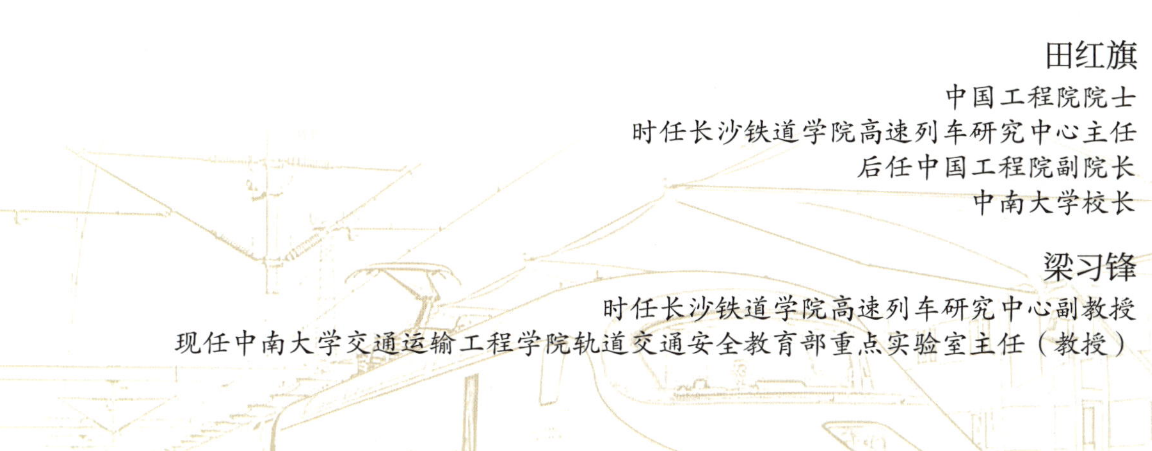

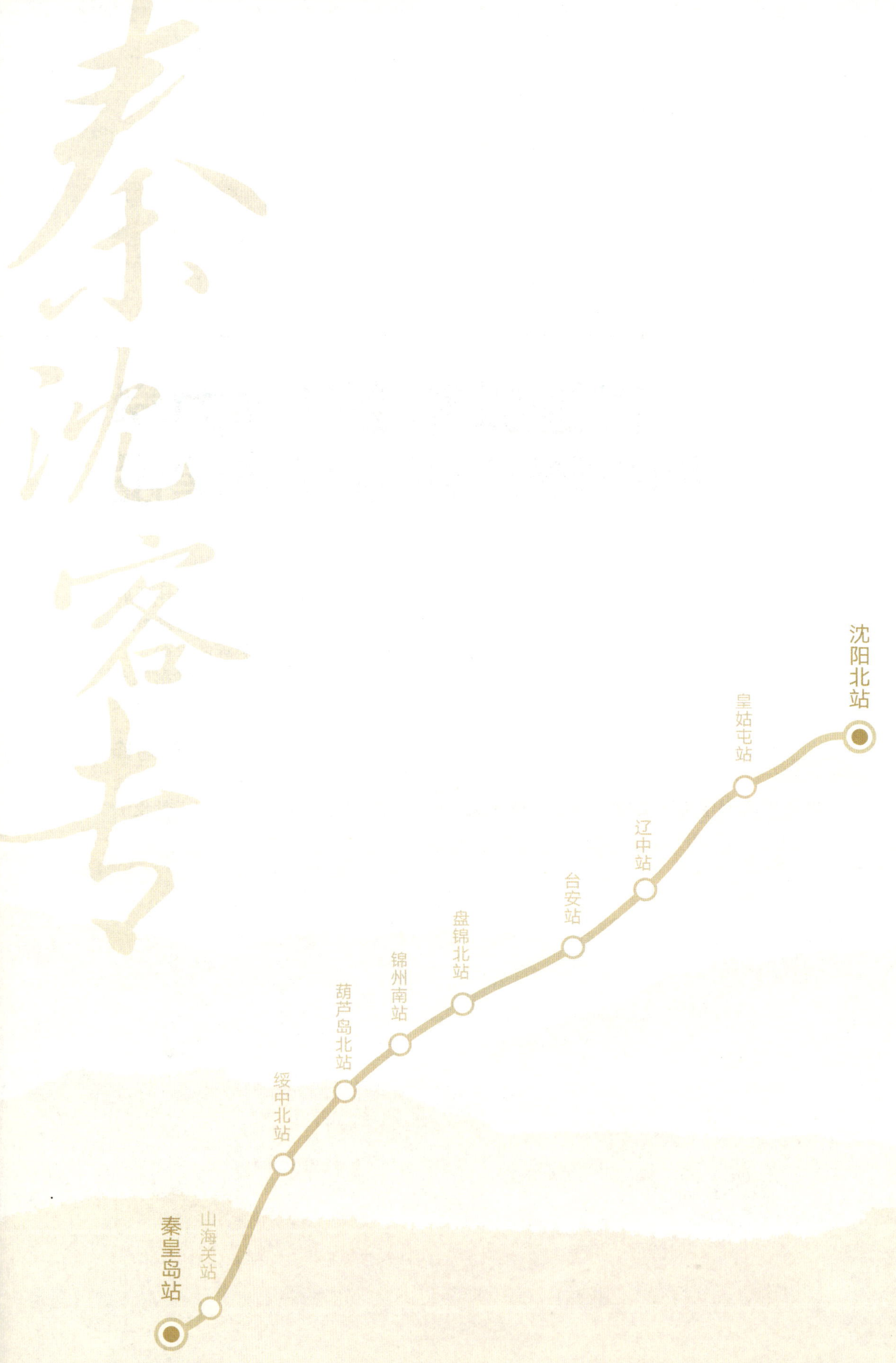
秦沈客专
沈阳北站
皇姑屯站
辽中站
台安站
盘锦北站
锦州南站
葫芦岛北站
绥中北站
山海关站
秦皇岛站

2002 年 10 月，我国自主研制的第一列动力分散型动车组“先锋号”在秦沈客运专线创出 292.0km/h 速度记录。紧接着 2002 年 11 月，我国自主研制的“中华之星”动车组在秦沈客运专线跑出当时的“中国铁路第一速”321.5km/h。这两款中国大地上驰骋的国产流线型列车外形与头部结构设计及气动性能研究都是由长沙铁道学院（中南大学）高速列车研究中心（简称“中心”）完成的。

“中心”秉承“科技报国、追求卓越”创新理念，发挥“特别能吃苦、特别能战斗、特别能奉献”的团队精神，主动对接秦沈客运专线建设重大需求，坚持自主创新，打破国外技术封锁和技术壁垒，解决了“先锋号”和“中华之星”高速铁路空气动力学理论、关键技术、试验和应用等系列重大难题，特别是攻克了列车外形如何从传统的钝形列车发展到流线型列车，即“头部外形”问题，实现了多项零的突破。

一、开创国内铁路空气动力学研究方向，下好“先手棋”

高速列车、工程建造、列车运行控制、牵引供电、运营管理、安全监控、系统集成等均涉及空气动力学问题。随着列车速度的提升，一系列危及行车安全、降低旅客舒适度、影响列车周围环境的问题进一步凸显。如：车速大幅提升，列车气动阻力急剧增大，导致能耗剧增；气动噪声激化，成为高速铁路系统的主噪声源；高速列车引发的“列车风”严重危及站台旅客等道旁人员人身安全；列车高速交会诱发的交会压力波剧增，导致“晃车”现象；列车通过隧道尤其隧道内交会产生的强瞬态冲击压力，加剧车体及隧道结构疲劳损伤，车外压力传至车内，导致乘客眩晕、耳鸣，甚至击坏人体耳膜；列车突入隧道引发的气压爆波，产生爆破音，对隧道周边环境产生较大影响。

高速铁路是国之重器，是国际科技创新的制高点。20 世纪 60 年代以来，日、法、德、英等高铁发达国家早已开展了高速铁路空气动力学研究，占据着技术先机和标准话语权。在我国高铁发展初期，国内高速铁路空气动力学研究几乎是一片空白，缺乏专业理论和试验平台，如何根据我国国情系统性地开展高速铁路空气动力学研究是当时面临的紧迫任务。

长沙铁道学院（中南大学）作为铁路行业专门院校，长期服务铁路的自主发展与创新。伴随着国家发展高速铁路的重大需求，自 20 世纪 80 年代末起，学校瞄准国际前沿，与航空航天科研机构全面合作，着手铁路空气动力学方面的研究和有关试验装备研发，开创了我国铁路空气动力学研究方向，并于 1994 年成立高速列车研究中心，2002 年该“中心”被铁道部科教司认定为我国“列车空气动力学”的研究基地。“中心”先后主持完成了国家重点科技攻关、国家“863”计划、国家高科技产业化、国家自然科学基金和铁道部科技计划项目，围绕列车空气阻力、列车交会压力波、道旁人体安全退避距离、车/隧耦合空气动力效应等开展数值仿真、风洞试验、动模型试验、现场实车试验，形成系统化的头部外形结构设计和试验验证方法，完成了韶山 SS_8 型电力机车、“春城号”“中原之星”等列车外形设计和试验验证工作。

二、创造多项技术突破，夯实“攀峰路”

1998 年至 2003 年，“中心”先后承担了“先锋号”（200km/h 动力分散型动车组）和“中华之星”（270km/h 动力集中型动车组）高速列车外形研制、气动性能评估等系列任务。然而，国内 200km/h 等级以上的高速铁路空气动力学数值仿真方法“极不完善”，列车动模型试验速度“尚未达速”，流线型列车外形结构设计软件“严重缺失”，高速列车交会实测系统功能“亟须提升”。“中心”克服当时基础薄弱、条件艰难、经费短缺等困难，在高速铁路空气动力学数值仿真方法和风洞试验、动模型试验及实车试验技术方面取得系列突破，自主创新建立了高速铁路空气动力学研究体系。

（一）自主研发数值仿真、外形设计方法和软件

“先锋号”和“中华之星”列车空气动力学研究的初期，主要采用数值仿真方法开展。当时，可依赖的仿真工具为面向飞行器、汽车、船舶等载运工具开发的流场计算商业软件 CFX。然而，高速铁路空气动力学有其特殊性，首先是，列车长细比大，列车与列车、列车与隧道、列车与地面相对运动导致的空气动力效应问题复杂；其二是，列车长编组形式将会导致网格规模的大幅提升，是飞行器、汽车和船舶网格的 10 倍以上；其三是，湍流模型、网格离散方法、计算过程设置等数值仿真方法的关键因素难以从既有公开文献

获取。高速铁路空气动力学的数值仿真研究在软硬件方面均遇到了瓶颈问题。

另一方面，列车外形设计需满足与列车运行速度相适应的空气动力性能要求，还必须考虑结构及制造工艺能否实现，同时要确保列车外形造型美观等，因而外形设计受到诸多因素的制约。

针对上述问题，“中心”主要取得两大突破：

一是构建高速铁路空气动力性能数值仿真方法。数值仿真方法构建难度大，工况复杂，仅湍流模型、网格规模、计算参数设置的排列组合多达上千种。经过艰苦摸索，解决了网格规模、模拟精度和模拟方法匹配等难题，提出了列车明线运行、列车交会和列车过隧道气动特性的数值仿真方法。不仅可以准确模拟列车气动性能，同时能够大幅降低网格规模，实现了基于当时计算机配置的高速铁路空气动力学数值仿真。提出的滑移网格法一直是研究列车交会、列车过隧道气动性能的主要仿真手段，沿用至今。

二是研发高速列车外形结构设计软件。多条件制约、多因素影响、多目标决策是列车外形结构设计的工程难题，在此之前设计方法均为手工完成，效率低、周期长、劳动强度大，为此，“中心”自主研发了一套“高速列车外形结构设计软件”，该软件能快速生成高速列车三维外形，并自动生成与三维曲面外形保持一致的三维立体骨架及所采用梁件截面形状，可直接导入数控设备，应用于系列流线型高速列车的流线型外形设计。

（二）建立列车空气动力性能风洞试验方法与技术

风洞试验是列车气动阻力、升力、侧向力、倾覆力矩、俯仰力矩、偏航力矩“三力三矩”的主要研究及验证手段。当时我国的风洞主要是针对飞行器或者汽车的专用风洞，亟须研发专门用于研究列车气动性能的风洞试验装置及试验技术。首先面临的是高速列车模型的安装问题：不同于飞机及汽车仅有一个整体，高速列车是由多节车编组而成，车与车、车与地之间的连接不能简单地处理成刚性连接；其次是风向模拟问题，如果每改变一个风向就重新安装一次列车模型，不仅增加试验周期和费用，更易导致列车姿态误差；最后是测试问题，如何通过天平及测压点的合理安装和布设准确测试列车模型受力受压状态，也是决定试验成功的关键。

针对上述问题，“中心”联合中国空气动力研究与发展中心，在 8m × 6m 风洞研建了列车模型承载系统，研发了涵盖路基、钢轨和轨枕模型的高速列车风洞试验专用转盘机构（图 10-1），通过转盘的转动，模拟不同风向对高速列车气动性能的影响；3 个测力天平分别安装在 3 节车的车厢内，并采用支架固定；车厢与车厢之间采用活动风挡进行连接，避免刚性连接影响测试结果的准确性。该方法与技术一直沿用至今。

图 10-1　高速列车风洞试验专用转盘

（三）创新了高速列车气动性能动模型试验技术

动模型试验是用模型列车高速运动的方法改变其周围流场而完成的空气动力学试验，它区别于风洞试验，可模拟列车与列车、列车与地面、列车与隧道、列车与周围环境之间的相对运动，再现列车的真实运动状态；同时可以对不同外形、不同运行速度列车，在不同线间距及隧道气动参数情况下开展重复性试验研究，优势独特，作用不可替代。当时，英国铁路 Derby 研究中心拥有世界上仅有的 1 套模型比例 1：25 的大型列车空气动力学专用动模型试验装置，高速列车空气动力学性能动模型试验的欧洲标准即源自该系统。

为了加快我国高速铁路空气动力学研究进程，追赶国际先进水平，解决我国面临的高速铁路空气动力学问题，必须研建中国自己的高速列车气动性能动模型试验系统。然而，当时可供参考的文献屈指可数，几乎没有现成的研建经验可以借鉴。尽管困难重重，在铁道部和学校的大力支持下，“中心”启动了动模型试验平台关键技术的攻关研究，通过自主创新，相继攻克了列车模型车速精准控制、列车及隧道表面压力测试、车地同步测试、列车制动等系列技术难题，于 1998 年建成模型比例 1：20、最高试验速度 200km/h 的列车气动特性动模型试验系统（图 10-2），该系统能够模拟 4.0～5.0m 的线间距，模型比例及试验速度均为世界第一。

图 10-2　高速列车气动性能动模型试验平台

为了满足“先锋号”“中华之星”等时速 200km 以上高速列车气动性能评估试验需求，必须对试验平台进行升级改造。首先，研发了多级提速系统，大幅提升了弹射系统的发射能力，将试验车速提升到了 350km/h。但由于加速段和制动段的距离没有发生变化，发射和制动加速度更大，容易损毁车载测试系统，并时常引发测试系统死机，导致实验失败。另外，车速过高，原有的拦阻制动及缓冲管道制动极易造成车体结构的破坏，导致试验成本及周期大幅提升，为了解决上述难题，发明了能够抗击 40g以上加速度的车载测试系统缓冲装置，构建了摩擦、拦阻、缓冲管道相结合的多级制动系统，保障了测试系统的安全、稳定、可靠，同时也确保了模型列车的无损制动。

（四）研发了高速列车气动性能实车试验技术

实车试验是列车气动性能研究过程中必不可少的环节，涵盖列车表面压力分布、交会压力波、列车风等系列参数的测量与分析。强磁场环境下测试装备的抗干扰、高速运行状态下测点的合理布设、海量数据的精确采集与分析处理是必须解决的系列难题。为此，“中心”自主研发了列车空气动力学专用的贴片式、高精度、高灵敏度传感器，以及32通道的数据实时采集系统和数据分析系统，搭建了我国首个实际线路旁模拟站台，可满足高速列车实车交会压力波特性、车/隧耦合空气动力学特性、站台人员与道旁设施空气动力学特性的实车试验测试。

三、攻克秦沈客运专线空气动力学难题，助推“技术跨越”

“中心”采用上述方法和关键技术，完成了“先锋号”和“中华之星”动车组气动性能仿真、动模型试验和风洞试验研究，揭示了列车周围流场流动的演变过程，首次探索了300km/h以上高速列车空气动力学规律，确定了“先锋号”和“中华之星”动车组的气动外形，得到了列车风对人体的影响规律。“中心”开展了秦沈客运专线空气动力学专项试验，验证了所提的空气动力学理论模型、仿真方法和模型试验技术的可靠性，得到了“先锋号”和“中华之星”实车交会压力波特性，为确定秦沈客运专线线间距及站台人员的安全退避距离提供了支撑。

（一）确定“先锋号”与“中华之星”列车气动外形

秦沈客运专线试验用主型车为200km/h动力分散型“先锋号”和270km/h动力集中型动车组“中华之星”，它们是当时我国具有代表性的国产动车组列车，也是我国列车由钝头头型向流线型头型转变的关键国产车型。针对“先锋号”和“中华之星”流线型外形气动参数优化设计需求，“中心”采用数值模拟计算与风洞试验方法探明了流线型主型线、曲面特征等头部关键几何参数对列车气动性能的影响，构建了流线型参数与列车气动性能的理论关系，在此基础上，根据“先锋号”和“中华之星”动车组运行速度提升和气动性能改善的综合需求，先后设计并制作了30余种流线型列车头型（图10-3），确定了动车组的初选方案组合，为“先锋号”和“中华之星”列车头型定型提供了重要的支撑。

图 10-3 “先锋号”和“中华之星”动车组头型初选方案

针对动车组外形满足制造工艺的需求，“中心”攻克了集动车组头部自由曲面自动生成、主型线参数设计、复杂曲面连接平顺化等设计难题，构建了我国首套列车外形设计软件，设计加工多种列车外形比选方案，并采用数值模拟及风洞试验相结合的方法，通过不同方案列车气动性能研究结果的比选，最终确定了“先锋号”和“中华之星”动车组的流线型头型。

（二）为确定秦沈客运专线线间距提供技术支撑

合理的线间距不仅能够满足列车交会安全需求，同时可节约高铁线路建设成本。线间距的确定不仅受铁路限界的约束，同时也受列车车速、车型等的影响，是系统性的复杂工程技术难题。秦沈客运专线列车运行时速大幅提升，交会压力波幅值剧增。线间距过小，极易引发行车安全问题，确定秦沈客运专线线间距是亟待解决的技术难题。

为此，首先开展了交会压力波理论研究。探索了“先锋号”“中华之星”动车组动静交会、等速交会、不等速交会的交会压力波特性，明确了交会压力波幅值与车型、车速的关系。基于上述理论基础，开展了秦沈客运专线线间距参数优化设计验证研究，探索了 4.0～5.0m 多种线间距对动车组交会压力波特性的影响规律，图 10-4 所示为线间距对动车组交会压力波影响的动模型试验。验证研究表明，当线间距为 4.6m，动车组以 250km/h 的车速交会时，交会压力波幅值低于广深线（广深线线间距 4.0m），综合考虑节约线路建设成本要求，为确定秦沈客运专线线间距为 4.6m，提供了试验支撑。2002 年 9 月秦沈客运专线山海关至绥中北试验充分验证了该线间距的合理性。

图 10-4　列车交会动模型试验

（三）开展秦沈客运专线空气动力学综合试验

2002 年 9 月 5 日至 9 月 9 日在秦沈客运专线山海关至绥中北试验段开展了列车空气动力性能专项试验，试验车型有“先锋号”（图 10-5）“中华之星”（图 10-6）和韶山 SS_9 型牵引的列车，线间距为 4.6m，“中华之星”列车与准高速列车交会最高相对速度为 420km/h，与“先锋号”列车交会最高相对速度为 500km/h，人体模型距站台边缘 1～3m。本次综合试验，积累了大量宝贵的试验数据，验证了“先锋号”“中华之星”动车组的各项参数性能，气动性能良好；验证了秦沈客运专线 4.6m 线间距满足旅客安全退避距离，能够确保动车组列车安全运行需求；验证了所提空气动力学理论模型、仿真方法和模型试验技术的科学性和可靠性，不仅为后续的合武线、石太线、京沪线实车试验研究奠定了坚实的技术基础，同时也为我国高速铁路设计规范的提出提供了重要依据。

图 10-5　“先锋号”试验列车

图 10-6　“中华之星”试验列车

四、结语

蓦然回首，当中国高速铁路实现从追赶到领跑，走出了一条以我为主、博采众长、持续创新的成功之路，成为一张靓丽名片的时候，更觉秦沈客运专线建成在我国高铁自主创新发展史上的重大意义，同时为长沙铁道学院（中南大学）技术创新和成果应用提供给了极为宝贵的平台。长沙铁道学院（中南大学）构建了从理论分析、数值仿真到风洞实验、动模型实验、实车实验等较为完善的高速铁路空气动力学研究体系，研发了第一款高速列车外形结构设计软件，研建了第一套350km/h高速列车气动特性动模型试验装置，提出了第一套高速列车空气动力性能实车试验评估体系，也为后续开展“复兴号”、CR450高速列车、600km/h等级高速磁浮列车的气动外形设计、气动特性研究与评估，支撑我国高铁走出去，实施交通强国战略，服务“一带一路”奠定了技术基础，做出了贡献，这段历史弥足珍贵。

我国高速列车技术的科技攻关

吴新民
时任铁道部科技教育司机车车辆处处长
后任铁道部咨询调研组副巡视员

秦沈客专

沈阳北站

皇姑屯站

辽中站

台安站

盘锦北站

锦州南站

葫芦岛北站

绥中北站

山海关站

秦皇岛站

2002 年 11 月 27 日，在秦沈客运专线进行的第三次综合试验中，我国自主研发的“中华之星”高速动车组以 2M + 3T 的编组进行高速运行，最高速度达到 321.5km/h，刷新了中国铁路列车运行速度纪录，这标志着我国在高速列车技术方面持续努力开展的科技攻关取得了成功。动力分散型动车组“先锋号”和动力集中型动车组“中华之星”是“八五”“九五”以来我国高速列车领域技术攻关成果的集成，从牵引交流传动系统到新型的微机控制直通式电空制动系统，从列车网络控制技术到车内旅客信息系统，从高速转向架到铝合金车体设计制造，从轮轨动力学、空气动力学到结构强度理论与应用……，100 多个科研课题被一个又一个地突破。高速动车组的研制成功标志着我国全面掌握了核心技术，中国铁路机车车辆工业实现了制造技术的新飞跃。

一、高速列车技术攻关

（一）高速列车攻关立项

1989 年，铁道部代表团考察了欧洲铁路，重点考察了法国铁路 TGV 高速列车及其运营状况。法国铁路于 1981 年开通了巴黎到里昂的东南线，运营速度达到 270km/h，试验速度达到 380km/h，由此引起了人们对铁路列车运行速度的关注。

此时我国铁路运输能力不足，旅客列车最高运行速度停留在 100km/h 左右。与世界先进水平的巨大差距迫使我们尽快开展对高速铁路的研究。为此，铁道部从 1991 年开始立项，与此同时积极争取有关部门支持，将高速铁路列入国家“八五”“九五”科技攻关计划。

1993 年在“八五”国家重点科技项目（攻关）计划中启动“高速铁路运输新技术研究”，在“高速铁路基础关键技术研究”课题中设有“高速列车牵引动力关键部件的研究”和“高速客车主要部件的研究”专题。其后，1995 年在国家“九五”科技攻关重点项目中安排了“高速列车技术条件的研究”课题，共包括 16 个子课题，涉及高速列车总体技术与外部应用环境条件的关系、列车核心部件及子系统之间的相互关系、设计与检验相关标准等各个方面，为高速列车的研制制定了技术条件。

国家“九五”科技攻关重点项目同时安排了更多高速列车核心技术的科研攻关，主要涉及高速万向轴式动力车转向架、高速列车旅客信息系统、高速列车制动系统关键部件、高速列车控制、诊断、监测系统、高速列车司机室及操纵台布置的研究、高速轮轨接触几何学及高速轮轨几何型面的优化、高速试验列车外形设计、三维流场计算及模型风洞等。与国家重点科技攻关项目配套，铁道部也制定了相应的科研计划。

（二）“八五”“九五”科研成果

“八五”“九五”科研项目支撑了高速列车关键技术的攻关，取得了一批成果。

1. 高速列车总体技术研究及总体方案设计

高速列车作为高速铁路系统的重要组成部分，其总体技术参数必须与高速铁路系统相匹配，铁科院在“八五”“九五”期间完成了《京沪高速铁路主要技术条件及成本效益分析》，提出了适合于我国高速铁路运输要求、与高速铁道线路及信号、控制系统相适应的高速列车顶层技术要求，完成了《高速试验列车技术条件》的编制，内容包括列车总体及各个子系统的技术条件、高速试验列车总体方案技术设计，成为高速列车研发和关键部件研制的基础及“中华之星”设计的依据。

2. 高速列车动力车转向架的研制与试验

从“八五”国家重点科技攻关开始，西南交通大学牵头开展了“高速列车动力车转向架研究”，借鉴国外经验，完成了牵引驱动装置及转向架方案设计（图 11-1），开展了大量台架试验及优化，试验最高速度达到 400km/h，为“中华之星”的研制奠定了基础。

3. 牵引动力高速大功率齿轮箱的研制

戚墅堰机车车辆工艺研究所在“八五”国家重点科技攻关中，首次研制出国内高强度铸造铝合金齿轮箱，重量轻、噪声低、密封好。这为“先锋号”“中华之星”提供了可靠的关键部件。

a) 动力分散式

b) 动力集中

图 11-1 动力分散和动力集中高速齿轮箱台架试验

图片来源：戚墅堰研究所。

4. 高速列车拖车转向架的研制与试验

长春客车厂在“八五”国家科技重点攻关中牵头开展了高速客车转向架的研制，在国内首次采用了无摇枕结构，构架通过了1000万次疲劳试验，一系采用钢簧、转臂式橡胶节点无磨耗定位轴箱，二系采用空气弹簧。转向架结构简单，自重轻，易维修，具有良好的动力学性能。通过在西南交通大学牵引动力国家重点实验室的滚动试验台上多次优化（图 11-2），纯滚动试验运行速度达到 400km/h，激振试验运行速度达到 350km/h，动力学性能达到优良级，满足了“中华之星”的要求。

图 11-2 “八五”期间高速客车转向架台架试验

图片来源：西南交大牵引动力实验室。

5. 高速列车铝合金车体的研制

长春客车厂承担了“八五”国家重点科技攻关项目“高速客车车体铝合

金结构的研制”专题，完成了铝合金材料选择及铝合金焊接性、车体焊接工艺研究，通过了相关标准的强度试验，最终研制出我国首个铝合金客车焊接车体（图 11-3），成为“中华之星”拖车鼓形 3300mm 宽车体铝合金客车的制造基础，开创了我国应用铝合金轨道车辆的先河。

a) 铝合金拖车

b) 车体强度试验

图 11-3　铝合金拖车及车体强度试验[1]

6. 牵引动力交流传动系统的研制

株洲电力机车研究所（简称“株洲所”）承担了“交直交电传动微机控制系统及其模块化研究”课题，在牵引控制理论及工程化方面的突破，打破了国外技术封锁，为“中华之星”采用 GTO 水冷变流器奠定了基础（图 11-4）。

图 11-4　牵引系统 GTO 水冷变流器机组[2]

❶ 图片来源：长春客车厂。
❷ 图片由吴新民拍摄。

7. 高速列车微机控制网络系统的研制

从“九五”国家项目开始对高速列车的车载网络控制系统进行攻关，株洲电力机车所牵头跟踪国际最新技术，确定了我国车载网络系统采用 TCN 模式，制定了“高速列车技术条件的研究-控制、监测、诊断系统技术条件”，并在“先锋号”研制中，完成了列车控制网络拓扑结构设计，形成了我国自主的车载网络系统。

8. 高速列车微机控制制动系统的研制

高速列车制动系统是运行安全的核心部件，上海铁道大学和铁科院机车车辆研究所通过“八五”“九五”国家重点科技项目攻关，首次完成了微机控制直通电空制动系统设计，攻克了软硬件的核心技术，在“先锋号”首次成功完成装车试验，继而在“中华之星”动车组的研发中又进行了优化。微机控制直通电空制动系统的成功打破了国外的垄断局面。

9. 列车空气动力学研究及外形设计

空气动力学研究在我国列车低速运行时期尚属空白，长沙铁道学院（中南大学）在“八五”国家重点科技攻关项目中开始对高速列车空气阻力特性进行了研究，完成了多方案模型高速风洞试验，分析了列车不同编组、横向风等因素对列车运行安全影响的规律。“九五”期间又承担了“高速列车交会及进入隧道模拟试验和数值模拟计算”“高速列车空气动力性能及外形、气动性能技术要求的研究”，开展了高速列车的外形设计、风洞试验、动模型试验、数值计算及气动性能评估，创建了我国高速铁路空气动力学的分析理论，支撑了“先锋号”“中华之星”列车外形的设计，并在秦沈客运专线综合试验中完成了列车高速实测检测。

10. 高速列车试验与评价体系的研发

在高速列车的科研攻关过程中，建立起完整的试验评价体系和专业检测队伍，制定检测标准和规范，确保了我国高速列车的研制和综合试验的圆满成功。

二、“中华之星”研制

（一）立项论证

“八五”“九五”科研攻关完成了高速列车各个核心部件研制并通过了相

关试验检验，项目取得了大批成果，铁道部组织完成了高速列车总体技术方案的设计，高速列车的研制已经具备了技术基础。2000 年铁道部向国家计委递交了《关于报送“250km/h 等级高速列车产业化”项目建议书的函》（铁科教函〔2000〕100 号），申请国家立项研制高速列车，并实现产业化。

2000 年 8 月国家计委发文《国家计委关于 250 公里/小时等级高速列车产业化项目建议书的批复》（计高技〔2000〕1147 号），“同意将 250 公里/小时等级高速列车产业化项目列入国家高技术产业发展项目计划”。根据国家计委的要求，项目目标定为 270km/h 高速列车产业化，铁道部完成了可行性报告的编写。报告指出，“我国花了近十年的时间开展了对高速铁路以及高速列车主要关键部件研究，取得了许多阶段性的成果，对高速列车也开展了技术条件、总体技术参数、技术方案等大量的前期研究工作。通过上述阶段成果的集成研制 270km/h 的高速列车是可行的。” 2000 年 12 月，国家计委下达了《国家计委关于 270 公里/小时高速列车产业化项目可行性研究报告的批复》（计高技〔2000〕2458 号），据此“中华之星”高速列车正式开始研制。

《270km/h 高速列车（中华之星）产业化》项目分工如表 11-1。

《270km/h 高速列车（中华之星）产业化》项目分工表 表 11-1

序号	课（专）题名称	起止年限	主持单位	参加单位
1	270km/h 高速列车总体设计及列车综合试验	2000—2003 年	中车南方公司、中车北方公司、铁科院	
1.1	270km/h 高速列车总体设计	2000—2002 年	中车南方、北方公司	项目所有参加单位
1.2	270km/h 高速列车环线及正线试验	2000—2003 年	铁科院	项目所有参加单位
2	270km/h 空心轴传动动力车的研制	2000—2003 年	株洲、大同厂	
2.1	270km/h 空心轴传动动力车的设计及制造	2000—2003 年	大同厂、株洲厂	各专题单位
2.2	高速列车空气动力学性能计算、试验及头车外形设计	2000—2003 年	长沙铁道学院	大同厂、株洲厂、长客厂、四方厂、29 基地
2.3	交流传动系统设计及部件研制	2000—2003 年	株洲所	大同厂、株洲厂、铁科院

续上表

序号	课（专）题名称	起止年限	主持单位	参加单位
2.4	空心轴传动高速动力转向架的设计及动力车、客车台架试验	2000—2003 年	西南交大	大同厂、株洲厂、长客厂、四方厂
2.5	高速牵引传动齿轮箱的设计及研制	2000—2003 年	戚所	西南交大、大同厂、株洲厂
2.6	270km/h 高速列车制动系统设计及研制	2000—2003 年	铁科院	大同厂、株洲厂、长客厂、四方厂
2.7	270km/h 高速列车微机控制及网络系统设计及研制	2000—2003 年	株洲所	大同厂、株洲厂、长客厂、四方厂
3	270km/h 高速列车客车的研制	2000—2003 年	长客厂、四方厂	
3.1	铝合金高速列车拖车设计及研制	2000—2003 年	长客厂	四方厂、西南铝厂、625 所、铁科院、四方所、北方交大
3.2	钢结构高速客车设计及研制	2000—2003 年	四方厂	长客厂、四方所、铁科院、中南大学、同济大学
3.3	高速客车供电系统及钩缓、风挡等部件设计、研制	2000—2003 年	四方所	长客厂、四方厂、株洲所

注：铁科院—铁道部科学研究院；株洲所—株洲电力机车研究所；戚所—戚墅堰机车车辆工艺研究所；四方所—四方车辆研究所；大同厂—大同机车工厂；长客厂—长春客车工厂；株洲厂—株洲机车车辆工厂；四方厂—四方机车车辆工厂。

（二）研制过程

2001 年 4 月铁道部下发了《关于下达〈270 公里/小时高速列车设计任务书〉的通知》。同年 8 月，270km/h 高速列车技术设计通过了铁道部组织的专家组审查。铁道部加强协调，组织成立了总体设计组，保证株洲、大同、四方、长客 4 个主机厂落实列车的系统性和统一标准的要求。

2002 年 8—9 月，4 个主机厂分别制造的动力车、拖车在西南交通大学滚动试验台上完成了动力学性能试验（图 11-5）。最高试验速度达到 400km/h，未出现蛇行失稳，满足设计要求。试验中还模拟悬挂部件故障工况，检验了列车运行的安全性。

图 11-5 “中华之星”台架试验❶

三、“中华之星”列车综合试验

2002 年 9 月，各厂车辆到达铁科院环行线，开始列车编组及联调，并进行 180km/h 以下速度的多项试验，由于受环行线线路条件限制，列车的部分型式试验项目留在秦沈客运专线综合试验后开展。

（一）整车试验准备

车辆动力学性能检测系统是列车高速运行试验重要的安全保障手段。为确保我国首次高速线路运行试验的科学性，降低试验风险，在秦沈客运专线综合试验前，铁科院检测科研团队根据铁道部科研计划项目“秦沈客运专线综合性能试验前期研究”的要求开展了检测技术的攻关。在监测数据量大增、数据处理实时性要求不断提高的状况下，试验检测团队在传感器和数据采集系统方面采用了最新的设备，优化了测试方法，研发了“制动数据采集处理系统及相应软件”“线路工况自动采集系统”，以及基于网络技术的“分散式测量系统及同步控制技术”，实现了分散采集和集中控制处理，满足了测点多、数据采集量大和实时性的要求。

大量最新科研成果和装备在高速列车上应用，动力集中和动力分散牵引模式高速列车的研发，需要科学的评价方法和检测装备的软硬件提升。综

❶ 图片由吴新民拍摄。

合性能试验涉及的专业领域多，包括了动力学与安全性能、轮轨关系、牵引与制动特性、阻力特性、弓网系统、供电、列车空气动力学、线路与桥梁响应等。检测团队提出的试验方法、评估标准和测试技术先进可靠，检测数据足以全面评价列车的各项性能指标，这样就为综合试验提供了良好的测试手段。

科学评价体系需要相应的规范和标准，我国铁路列车长期低速运行，既有的标准远远滞后于高速的需求。为此，科研团队在综合试验前认真研究世界各国铁路标准，根据中国实际状况以及科研攻关取得的成果，不断完善和优化相应的规范和标准，为运行试验的安全和后期评价提供了评判依据，试验取得的大量实测数据也成了中国高铁标准制定的依据。

（二）秦沈客运专线试验

“中华之星”动车组于 2002 年 11 月开始在秦沈客运专线进行综合试验（图 11-6），经过调试首先完成了 300km/h 以下动力学性能检测，11 月 26 日，动车组拆编为 2M + 3T，27 日在山绥段试验速度最高达到 321.5km/h，创造了当时中国铁路列车运行速度的新纪录。28 日动力车 B 轴承故障返厂检修，12 月 2 日至 6 日开展了秦沈客专全线拉通试验，在绥沈段列车最高速度达到 251.7km/h。12 月 8 日动力车 B 轴承修复后，动车组恢复 2M + 9T 编组，12 月 13 日山海关到葫芦岛北的最高试验速度达 300.2km/h，各路记者添乘并作了采访。12 月 19 日时任中央政治局委员、国家计委主任曾培炎及副主任张国宝等领导添乘视察，列车最高速度 300km/h。20 日列车在山海关到沈阳北全线运行试验，全路科技大会代表添乘视察，最高试验速度 305.9km/h。“中华之星”动车组在开展动力学试验的同时完成了高速弓网受流性能、列车交会空气动力学性能等试验检测，12 月 24—27 日，按计划完成了牵引及制动性能试验。“中华之星”动车组测试指标符合试验大纲的标准，列车性能总体达到设计任务书要求。

2003 年 1 月 12 日和 14 日，“中华之星”进行了北京到沈阳全线运行试验，全程运行 4h30min（中停山海关 9min），为秦沈客运专线全线开通运营提供了运行图编制的必要技术数据。

图 11-6 “中华之星”秦沈线综合试验[1]

（三）试验结果

高速列车的动力学性能是安全运行的最重要因素，在秦沈客运专线综合试验中，首先安排了 3 个阶段开展列车动力学性能试验检测。

“中华之星”动力学试验第一阶段在山海关铺轨基地（K21）到绥中北站（K88）之间进行，该区间包括线路的直线段、曲线段和道岔。在 K30 到 K75 区段最小曲线半径为 5500m，通过速度达 270km/h，K45 到 K60 区段速度大于 300km/h，最高速度 320km/h 持续运行 6.5km，在 38 号道岔区直向通过的最高速度达 250km/h。

1. 动力车动力学性能试验

第一阶段动力车直线段运行动力学性能见表 11-2。

动力车直线段运行动力学性能测试　　表 11-2

测试项目		限度值	实测最大值	速度（km/h）
脱轨系数Q/P		0.80	0.28	250
轮重减载率$\Delta P/P$		0.80	0.38	250
轮轴横向力（kN）		64.0	36.3	290
平稳性指标	横向	3.10	2.83	250
	垂向	3.10	2.65	250

[1] 图片由吴新民拍摄。

第一阶段动力车曲线段运行动力学性能见表 11-3。

动力车曲线段运行动力学性能测试 表 11-3

测试项目		限度值	实测最大值	速度（km/h）
脱轨系数Q/P		0.80	0.30	250
轮重减载率$\Delta P/P$		0.80	0.44	260
轮轴横向力（kN）		64.0	36.2	250
平稳性指标	横向	3.10	2.38	250
	垂向	3.10	2.57	270

第二阶段的试验在秦沈客运专线全程运行，在绥沈段的最高运行速度为 250km/h，试验全程检测的脱轨系数在 0.3～0.4 之间，减载率在 0.40～0.55 之间，受特定线路影响具有一定的波动。

第三阶段的试验从北京站到沈阳站，在京秦线按照 160km/h 运行，在秦沈客专山绥段速度超过 250km/h，其余区段速度为 220km/h。在秦沈客专区段的动力学性能检测参数优于京秦线。

“中华之星”在秦沈客专综合试验测试数据表明，动力车动力学性能优良，符合高速列车技术条件要求，满足 250km/h 运行安全需求。

2. 拖车动力学性能

拖车动力学性能见表 11-4。

拖车动力学性能测试 表 11-4

测试项目		限度值	实测最大值	速度（km/h）	线路状况
脱轨系数Q/P		0.80	0.62	270	R5500
轮重减载率$\Delta P/P$		0.80	0.80	260	R5500
轮轴横向力（kN）		43.0	52.9	290	R5500
平稳性指标	横向	3.0	3.24	270	R5500
	垂向	3.0	3.09	300	直道

从表 11-4 测试数据中看出，拖车的安全性指标——车辆的脱轨系数均小于 0.8 的安全限度；一些车辆的轮重减载率超过 0.8，但基本是单峰，没有出现连续两个超过 0.8 的峰值；一些车辆的轮轴横向力大于第一限值 43kN，但均小于 60kN 的限度，且这些个别大值与线路相关。一些拖车的平稳性指标

的个别最大值已经超过 3.0，平均值在 2.75 左右，问题重复出现在一些固定的区段，反映出列车的平稳性与线路状况有一定的关系。

3. 弓网受流性能

山海关至皇姑屯间接触网试验速度为 180～250km/h，弓网受流良好，除个别锚段外，硬点值均未超标，火花较小。个别锚段的硬点值偏大，未影响试验安全。高速试验段（K41～K63）的接触网为 300km/h 速度级，采用镁铜导线，最高试验速度为 321.5km/h。前期试验中火花普遍较大，受流状态不良，试验后期对其中 2 个锚段张力进行调整，调整后张力配置改为 25kN（接触导线）+ 15kN（承力索），受流性能良好。试验为我国 300km/h 等级高速铁路接触网结构形式及参数设计提供了依据。

4. 牵引及制动性能试验

动车组牵引及制动性能试验主要在山海关至绥中北区间进行。制动试验的列车初速度为 200km/h、250km/h、270km/h 各等级，根据制动性能测试结果，初速度 250km/h 时的备用紧急制动距离为 2450m，初速度 270km/h 时的紧急制动距离为 2800m，均优于原定设计值，见表 11-5。

动车组牵引及制动性能测试 表 11-5

初速度（km/h）	备用空气制动（m）		空电复合制动（m）	
	实测值	设计值	实测值	设计值
201	1629	2000	1290	1800
251	2463	—	2191	—
271	2868	3700	2680	3100

动车组技术条件要求列车起动加速度为 0.44m/s²（0～110km/h），实测起动加速度为 0.4528m/s²（0～110km/h），优于设计要求。实测各速度段的加速时间及距离见表 11-6。

各速度段的加速时间及距离 表 11-6

速度（km/h）	时间（s）	距离（m）
0～160	117	2766
0～200	161	4965
0～250	269	11847
0～270	308	14666

综上，动车组的制动性能及牵引特性都满足设计任务书要求。秦沈客运专线综合试验第一次测得我国高速列车牵引、制动的实际性能参数，对前期的理论研究、计算和设计进行了检测验证，也成为该领域技术进一步发展的依据。

5. 列车交会试验

在秦沈客运专线山海关至绥中北段段高速试验中，开展了“中华之星”动车组分别与“先锋号”动车组、SS9 型机车牵引 25 型旅客列车的交会试验，检测列车交会的空气动力学性能。

根据试验数据推算出秦沈客运专线运行中列车交会的速度限值，“中华之星”动车组以 250km/h 速度与 25 型旅客列车 160km/h 速度交会，25 型旅客列车承受的压力波幅值为 1250Pa（按 10 节编组推算）；“中华之星”动车组以 250km/h 速度与“先锋号”列车 250km/h 速度交会，“中华之星”列车和“先锋号”动车组感受的压力波幅值分别为 1478Pa 和 1210Pa。

根据各型客车车辆车窗结构承受空气压力波冲击能力计算，对秦沈客运专线开通运营后各型旅客列车车辆运行的气动安全性提出如下结论：①“先锋号”动车组与“中华之星”动车组同时以 250km/h 速度在秦沈客运专线上运行是安全的；②25K（G、Z）型车辆以 160km/h 速度与“中华之星”动车组以 250km/h 速度交会产生的压力波幅值在 25K 车辆可承受的安全范围之内；③22 型客车车窗强度不满足在秦沈客专与动车组高速交会运行的要求；④25B 型客车与“中华之星”动车组（250km/h）交会时，25B 型客车受到的交会压力波幅值与其车窗能够承受的最大压力波幅值（计算值）相近，应当考虑对 25B 型客车车窗的改造，提高强度。

秦沈客专试验第一次对实车高速交会的空气动力性能进行了检测，大量的实测数据为我国后期高速铁路的发展提供了可靠的依据。

6. 结构动应力检测

在秦沈客运专线综合试验中，完成了列车高速运行中转向架动应力的检测，根据检测数据给出了焊接构架疲劳寿命评定结果，SW—270 转向架焊接构架具有足够的疲劳寿命，可以满足 1200 万 km 安全运用要求。秦沈客运专线综合试验表明，“中华之星”动车组检测指标总体达到设计任务书要求。同时，也应看到存在的一些问题，如动力车和拖车动力学性能有待进一步优化，以提高在不同线路上的平稳性；牵引及电制动工况试验出现等效干扰电流和冲击电压超标现象，变流器控制箱未通过浪涌抗干扰度试验；一些零部件可靠性有待改进。

（四）应用考核

“中华之星”动车组完成了秦沈客运专线综合试验后，沈阳铁路局根据铁道部要求安排运行考核。沈阳铁路局的考核分为三个阶段，情况见表 11-7、表 11-8。

“中华之星”动车组各阶段运行情况汇总　　表 11-7

序号	时间	计划开行对数	实际开行对数	上线率
1	2003 年 1 月 10 日—6 月 30 日	171	166	97%
2	2003 年 7 月 1 日—12 月 15 日	243	243	100%
3	2004 年 2 月 20 日—12 月 23 日	305	301	99%

“中华之星”动车组运行故障情况　　表 11-8

序号	运行阶段	运行公里数（km）	动车故障件数	故障率（件/10 万 km）	机故件数	机故率（件/10 万 km）	拖车故障件数
1	联调试验	12.4 万	28	22.58	6	4.84	8
2	试运行考核	18.2 万	26	14.28	3	1.65	5
3	运行考核	23 万	11	4.78	1	0.43	5

应该指出，由于秦沈客运专线综合试验计划时间的需要，“中华之星”动车组提前出厂，在秦沈客运专线边开展综合试验边进行整列车的部分联调调试，尤其是列车微机控制网络系统及各子系统的软件调试不充分，导致在综合试验初期显示出较高的故障率。经过调整和改进，后期列车故障率大大降低，可以满足运营要求。

四、结语

从“七五”铁路提速机车车辆研制，到“八五”“九五”的高速列车科研攻关；从“先锋号”“中华之星”动车组的研制，到一个又一个高速列车核心技术的攻克和应用，最后孕育了“复兴号”的诞生。不平坦的技术攻关历程告诫我们，只有自主创新才能支撑我国高铁的发展，只有不懈奋斗才能成就几代铁路人的梦想。

“先锋号”动车组研制

吴新民
时任铁道部科技教育司机车车辆处处长
后任铁道部咨询调研组副巡视员

王维胜
时任南京浦镇车辆有限公司总工程师
后任中车南京浦镇车辆有限公司总工程师

秦沈客专

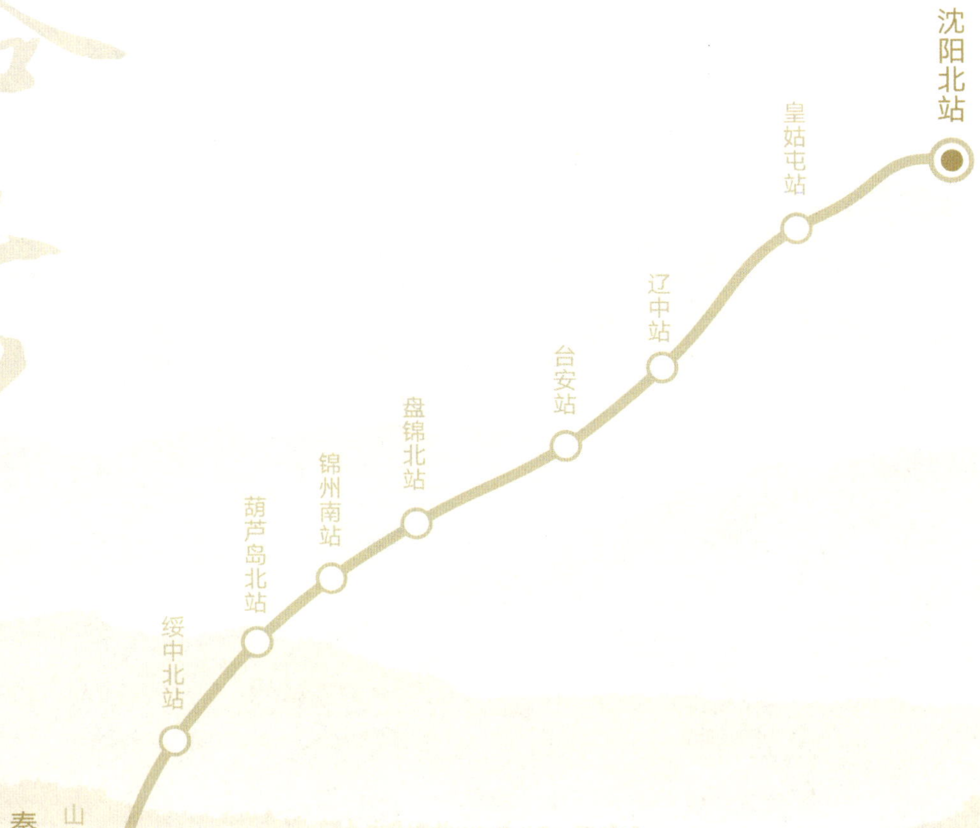

秦皇岛站
山海关站
绥中北站
葫芦岛北站
锦州南站
盘锦北站
台安站
辽中站
皇姑屯站
沈阳北站

2002 年 9 月 10 日，在秦沈客运专线第二次综合试验中，我国首列自主系统集成的动力分散交流传动动车组“先锋号”最高试验速度达到 292.0km/h，创造了我国铁路列车运行试验速度的新纪录。自主研发的“先锋号”动车组为我国高速列车采用动力分散牵引模式提供了技术依据，填补了空白，具有重要里程碑意义。

一、高速列车系统与动力分散模式论证

（一）高速列车系统

为加强高速列车研发的系统性，在“九五”国家重点科技攻关计划中安排了“高速试验列车技术条件的研究”（项目编号为 95-411-01-01），并由铁科院牵头主持开展高速列车相关的技术标准研究和顶层设计，结合京沪高铁的运输组织、运维体制、检修基地工艺和设备等方面的论证，对高速列车的运输目标、运用环境、载荷工况、与高铁各子系统的关系等多方面开展了深入的研究，提出了高速列车总体性能及关键技术要求，拟定了我国高速列车应执行的标准、规范以及技术条件，为我国高速列车的研发初步建立起标准框架体系。

（二）高速列车牵引模式

为把握好我国高速列车的发展方向，铁道部组织分析国外高速列车技术的发展趋势。根据我国人口众多、幅员辽阔的特点，研究了我国高速列车总体技术条件及牵引模式。

1. 国外高速列车牵引模式概况

高速铁路诞生以来，世界高速列车技术都是随着各国运输的需求和新技术而发展，列车牵引模式也是随着运输需求和技术进步的持续演变而发展。

日本自 1964 年建造新干线以来，高速列车一直采用动力分散模式，在大运量方面显示出明显的优势。

欧洲铁路列车在高速铁路发展初期，多数列车采用了动力集中牵引模式。欧洲高速列车编组短，定员普遍较小，也就是列车的总体质量较小，可以满

足 300km/h 的运营需求，为在合理的黏着利用条件下保证牵引功率的发挥，对于大编组列车则必须增加动力转向架才能达到 300km/h 的运营要求，但由此导致列车结构相对复杂。为此，法国和德国先后开发了动力分散高速列车 AGV 和 ICE3 列车（Velaro 系列），以满足 300km/h 速度运营的要求。

动力分散牵引模式的高速列车已经成为发展主流，各国高速铁路的发展为我国高速列车牵引模式的选择及顶层参数的制定提供了重要的借鉴。

2. 我国高速列车牵引模式的选择

研究证明，无论是动力集中，还是动力分散牵引模式各有各的优势。动力集中模式与铁路传统的机车牵引方式相近，在维修应用及管理方面可以利用既有的装备和经验，具有成本较低等优势，便于在我国应用发展，对于 200～250km/h 速度等级的列车是一个很好的选择。但这种模式的动力车轴重偏重，都在 17～21t，由此也对线路、桥梁等基础设施的结构提出了相对较高的要求。与此不同，动力分散模式轴重轻、功率大，特别对于 300km/h 以上的大编组列车（牵引总功率增加到 15000kW）时，更能显出其优势，但其缺点是造价和维护成本偏高。

鉴于我国幅员辽阔、发展不平衡、需求多样化，故高速列车牵引模式的选择，不宜单一。经过反复论证，我国高速列车既需要动力集中模式，也需要动力分散模式。由于对于后者我国缺乏足够的经验，尚存在许多空白，所以铁道部决定高速列车的攻关先从动力分散模式开始。

（三）国家重点科技攻关计划立项

1996 年 4 月，铁道部科技司在京召开了“200km/h 电动车组技术条件及关键部件预研究”协调会，要求集中精力开展动力分散列车总体技术和关键部件的攻关，列车的最高试验速度定为 250km/h，项目名称为“200km/h 动力分散电动车组的研制”。铁科院与浦镇车辆厂牵头，联合各关键部件研制单位共同制定总体技术条件，提出动力分散动车组的总体技术方案；铁科院与浦镇厂、长春客车工厂合作完成动力转向架方案设计和制造，其中包括戚墅堰机车车辆工艺研究所研制动力转向架牵引传动齿轮箱和联轴节；北方交通大学牵头与株洲电力机车研究所合作完成异步牵引电机研制；上海铁道大学

（同济大学）牵头与大同机车工厂合作完成主变压器研制，详细分工见表12-1。项目研发的目标是完成样机制造及相关试验，为开展动车组的研制提供技术和产品。

200km/h 动力分散交流传动电动车组的研制课题及分工　表 12-1

项目编号	项目名称	起止时间	组织部门
97-417—02	200km/h 动力分散交流传动电动车组的研制	1998—2000 年	铁道部
课题编号	课题名称	起止时间	主持单位
97-417—02—01	200km/h 电动车组总体技术条件研究	1998—1999 年	铁科院
97-417—02—02	200km/h 电动车组动力转向架的研制	1998—1999 年	铁科院
97-417—02—03	200km/h 电动车组异步牵引电机的研制	1998—1999 年	北方交大
97-417—02—04	200km/h 电动车组牵引变压器的研制	1998—1999 年	上海铁大
97-417—02—05	200km/h 电动车组总体研制	1998—1999 年	浦镇厂
97-417—02—06	200km/h 电动车组非动力转向架的研制	1998—1999 年	铁科院
97-417—02—07	200km/h 电动车组控制系统的研制	1998—1999 年	株洲所
97-417—02—08	200km/h 电动车组制动系统的研制	1998—1999 年	上海铁大
97-417—02—09	200km/h 电动车组交直交传动系统及其控制系统的研制	1998—1999 年	铁科院
97-417—02—10	200km/h 电动车组辅助系统的研制	1998—1999 年	永济厂
97-417—02—11	200km/h 电动车组主电路及其部件的研制	1998—1999 年	大同厂
97-417—02—12	动力分散电动车组试验	1999—2000 年	铁科院
增补	200km/h 电动车组 IPM 变流系统的研究	—	浦镇厂

注：铁科院—铁道部科学研究院；北方交大—北方交通大学；上海铁大—上海铁道大学；浦镇厂—浦镇车辆工厂；株洲所—株洲电力机车研究所；永济厂—永济电机厂；大同厂—大同机车工厂。

经过充分的前期论证和研究，1997 年 9 月，铁道部向国家计划委员会报送了“关于报送国家重点科技项目（攻关）计划《200km/h 电动旅客列车组的研制》及《200km/h 动力分散交流传动电动车组的研制》可行性研究报告的函”，1997 年 12 月，国家计划委员会批复：“同意你部报送的项目可行性研究报告，项目列入‘九五’国家重点科技攻关计划”，明确项目目标是：完成一列由两个单元（每个单元为动-拖-动 3 辆车）、全列共 6 辆车组成的交流传动电动车组的试制，2000 年完成列车运行试验。列车运营速度为 200km/h，最高试验速度达 250km/h。项目实际上按照列车运营速度为 250km/h 开展了设计。

动力分散交流传动高速动车组的研制在我国尚属首次，与我国铁路传统的机车牵引及动力集中动车组相比，对动力分散牵引模式从列车总体方案到关键零部件存在大量的认知盲点，因此需要集中力量开展联合攻关。鉴于当时国内开发的交直交传动技术水平未能达到装车的要求，于是研究团队按照“先锋号”动车组技术条件要求向日本三菱公司定制了采用 IPM 元件（3300V/1200A）的主变流器。

二、“先锋号”动车组的试验研究

2000 年 12 月，我国首列动力分散高速动车组于在浦镇工厂完成总装，开展了列车各系统的装车联调联试，经过半年的静态、动态调试，在动车组的安全性及各系统主要技术性能达到设计要求后，动车组送铁科院行形线开始进行列车运行综合性能试验。

（一）环行线综合研究试验

2001 年 7—9 月，“先锋号”动车组在铁科院环行线完成了的动车组牵引及制动性能、功率因数及谐波、列车控制系统及故障导向安全、动力学性能、弓网受流特性、牵引供电、噪声及车辆空调系统及性能等型式试验。

鉴于动力分散动车组的牵引系统具有更多的特殊性，为此，在环行线重点开展了一系列的专项试验，进行了牵引电机最大电流持续 12min 的检测，开展了牵引系统持续功率 2h 连续运行性能及温升检验，牵引系统各项指标满足设计任务书要求。综合试验大纲首次要求开展动车组牵引系统全动力、1/4 和 1/2 动力丧失工况下的起动加速度和系统牵引特性检测，为动车组的上线运营提供依据。综合试验大纲中此类的要求已经成为我国高速列车检测的必检项。

“先锋号”动车组的制动系统和列车控制系统设计遵循了故障导向安全的准则。为检验设计逻辑的准确性和系统可靠性，环行线综合试验首次规定了典型故障模拟检测项点。通过模拟列车总线、车辆总线、控制器总线断开故障，以及中央控制单元（Central Control Unit，CCU）、辅助系统控制单元（Auxiliary Control Unit，ACU）、制动控制单元（Brake Control Unit，BCU）等网络节点失电故障，检测网络系统的容错保护以及功能切换逻辑的准确性，确保系统安全。

“先锋号”动车组在环行线的综合试验不仅检验了动车组的性能，还开展动力分散动车组系统科学检验方法和评判标准的探索，为后续我国高速列车试验检验积累了经验。

（二）广深线试验及载客试运营

为了上运营线进行综合试验，“先锋号”动车组于2001年10月底到达广深线，进行了动车组牵引性能、动力学、列车制动性能和受流性能各项检验，检测了列车交会空气动力学状况。2001年11月11日的最高试验速度达到249.6km/h，各项指标达到设计任务书要求。

2001年12月21日，铁道部科技教育司会同铁道部安监司、运输局等单位在北京召开了200km/h动力分散型交流传动电动车组（“先锋号”）安全审查会议，“先锋号”动车组通过了安全评估。2002年3—6月，“先锋号”动车组在广深线进行了载客试运营。累计运营里程超过6万km，输送旅客约15万人。

（三）秦沈客运专线综合试验

为参加秦沈客运专线第二次综合试验，“先锋号”动车组于2002年6月调到北京，进行了高速试验的前期准备。2002年9月1—19日，在秦沈客运专线进行的第二次综合性能试验中，“先锋号”动车组完成了高速试验任务，见图12-1。此次试验开展了动车组动力学性能、弓网关系、牵引及制动性能、列车交会等试验，配合各专业进行了曲线运行性能、无砟轨道、道岔、桥梁、路基及路桥过渡段、噪声振动、安全退避距离、接触网支柱稳定性以及通信、信号和车载列控装置等试验，最高试验速度达292.0km/h。

图 12-1 “先锋号”动车组在秦沈客运专线[1]

通过秦沈客运专线的综合试验，对“先锋号”做出了以下结论：

1. 关于动力车的动力学性能

运行安全性：下行线以 270km/h 以下试验速度，上行线以 290km/h 以下试验速度在直线和曲线上运行，以 200km/h 以下试验速度通过正向道岔以及以 160km/h 以下试验速度通过侧线道岔，运行安全性各参数包括脱轨系数、轮重减载率、轮轴横向力、转向架构架横向振动加速度，满足试验大纲规定的要求。

运行平稳性：“先锋号”动力车下行线以 270km/h 以下试验速度，上行线以 290km/h 以下试验速度运行时，运行平稳性各参数包括车体垂向和横向平稳性满足综合试验大纲规定的要求。

2. 关于拖车的动力学性能测试

拖车动力学试验结果表明，能够满足试验大纲规定的运行安全性和运行平稳性要求，可以在秦沈客运专线上进行运用考验。

3. 关于牵引及制动性能测试

试验对动车组全功率及 3/4、1/2 功率情况下的牵引特性进行了测试（表 12-2、表 12-3），根据多次试验结果分析，动车组的制动性能及牵引特性都达到设计任务书要求。

---

[1] 图片由吴新民拍摄。

动车组各速度段的加速度 表 12-2

速度（km/h）	加速度（m/s²）		时间（s）	距离（m）
0～100	0.43（实测）	0.42（设计）	63	880
0～200	—		177	5887
0～250	—		314	14587

动车组制动试验结果 表 12-3

初速度（km/h）	复合制动（m）	纯空气制动		
		制动距离（m）		制动盘最高温度（℃）
160	787.7	773（实测）	1400（技规要求）	248
200	1279.6	1294（实测）	2000（设计要求）	356
220	1582.6	1850（实测）	—	—

为满足秦沈客运专线运营需要，按照铁道部提出的运输需求，项目组对“先锋号”动车组提出了扩编方案，扩编的列车以二动一拖为单元，12 辆编组，2003 年 3 月铁道部组织进行了扩编方案的评审，项目组根据会议要求完成了新方案的技术设计。

（四）应用考核

2004 年 2 月 20 日—12 月 30 日，“先锋号”动车组在秦沈客专皇姑屯至山海关间进行运行试验（不载客）考核。沈阳铁路局安排“先锋号”动车组每天 2 个往返，共运行 508 个往返，每个往返 771km，每日运行约 1600km。运行速度：皇姑屯至锦州南为 160km/h，锦州南至山海关为 200km/h，共安全运行 230 多天，累计运行 391668km，其中以 160km/h 速度运行 223210km，以 200km/h 速度运行 168458km，上线率 98.8%，总体安全可靠，具备投入运营的条件。2005 年 3 月“先锋号”回厂检修，累计运行 54 万 km。

三、结语

“先锋号”动力分散动车组的成功研制在我国首次实现了高速列车从无到有。其主要核心技术的突破，填补了我国在该领域的多项空白，为我国高速列车产业化奠定了基础。

（一）高速列车动力分散模式及多项核心技术在国内取得突破

（1）完成了我国首列高速动力分散交流传动动车组的研制，列车总体设计合理，性能优良，达到设计任务书要求，全面完成了国家重点科技攻关计划任务。

（2）新型高速转向架结构合理，一、二系悬挂结构简洁可靠，动力学性能优良，动力转向架的电机悬挂结构、空心车轴、铝合金齿轮箱、联轴器等成功研制和应用填补了国内的空白。

（3）成功研制了微机控制直通电空制动系统和基础制动装置，技术达到国际先进水平，填补了国内空白，在轨道交通领域打破了外商在该技术的垄断局面。

（4）微机控制的车载分布式网络系统首次装车成功应用，系统由列车控制级、车厢控制级和功能控制级三级组成，实现列车上的主控计算机对列车实施控制、监测、诊断，控制拓扑逻辑合理，系统可靠性高。

（5）自主研制的轻量化牵引变压器、高性能的交流传动牵引电机达到世界先进水平。

（6）车体轻量化达到国内先进水平，车体结构及新型侧门、车窗、风挡等部件确保列车的密封性能在国内首次达到高速列车密封技术要求，首次装车应用的密接式钩缓装置大大减小了列车的纵向冲动。

（二）为我国 300km/h 高速列车发展奠定基础

“先锋号”动力分散动车组的成功研制，让我国铁路对高速列车技术及其发展有了更加深刻的认识，2000 年的铁道部科技计划立项“高速列车选型及技术条件的制定”（2000J002），在铁道部高速办指导下，铁科院京沪高速铁路技术研究总体组分析比较了国内外高速铁路运输需求与技术发展，从列车牵引特性、加速能力、制动性能、舒适度、可靠性与可维修性多方面进行了研究，完成了《京沪高速铁路高速列车选型与技术方案》研究报告，提出：“建议京沪高速铁路招标引进的第一代速度 300km/h 高速列车为动力分散宽体客车方案”;“对于国内攻关研制的高速列车建议采用独立式动力分散方案。

3 动 1 拖或 2 动 2 拖一个牵引单元，每单元约 300 人，可根据运营需要按单元编组运行"；"可以通过增加轴功率或动轴数量来增加牵引动力，很方便地将运行速度提高到 350km/h"。报告还提出了高速列车总体技术参数，成为我国高速列车选型和研发的技术依据。

根据 2002 年铁道部科技研究开发计划项目"300km/h 动力分散交流传动电动车组总体技术的研究"的安排，铁科院、浦镇厂等单位在"先锋号"研制和试验的基础上，提出了我国发展 300km/h 高速列车的总体技术条件，"300km/h 动力分散交流传动电动车组总体技术的研究"是在"先锋号"动车组成功研制的基础上开展的，该项目提出的"300km/h 高速列车的总体技术条件"，为我国高速列车的发展制定了顶层技术要求，成为后续高速列车开展研制和选型的依据。经过反复论证和技术方案设计，铁道部就 300km/h 高速列车研制向国家发展和改革委员会作了汇报，国家发展和改革委员会同意将 300km/h 高速列车研制列入国家高技术产业计划。2003 年之后，由于各种原因中止了 300km/h 高速列车研制项目。

（三）为我国高速列车的产业化打下基础

在"先锋号"电动车组研制过程中，参与的产、学、研单位逐步形成了各有关产品的产业化和研究试验基地，为我国后续高速列车核心技术和产品的自主发展打下了基础，"先锋号"研发团队成员单位大多数成为中国标准动车组（CR400 复兴号）核心部件的研发和制造生产单位。

浦镇车辆厂在"先锋号"研制成功后，形成了自主开发和生产制造动力分散动车组的能力，成为我国新型地铁列车和城轨列车的重要设计制造基地。

株洲电力机车研究所与上海铁道大学研发的网络控制系统，首次在我国高速动车组上实现了采用国际标准 TCN 协议的列车分布式网络控制，"先锋号"动车组网络控制系统所运用的概念和原则在我国日后的高速动车组、地铁列车、电力机车上仍在沿用，并在"中华之星"动力集中型动车组的研制中进一步发展，为我国后来的各种动车组、地铁和机车的网络控制系统研制奠定了基础。

"先锋号"交流传动牵引系统在我国首次研制应用了自主设计制造的轻量

化变压器、200 级牵引电机，从理论计算、结构设计到制造工艺，取得了一整套成果，为产业化打下基础。

上海铁道大学与铁科院在“先锋号”成功研制的微机控制直通电空制动系统，为自主研制高速列车和城市轨道交通列车的制动系统提供了设计理念和制造能力，以此为基础，进一步完成了“中华之星”动车组的制动系统研制，形成了我国高速列车制动系统自主设计和制造能力，完成了包括“复兴号”动车组在内的各型高速列车制动系统的制造生产，打破了外商垄断的局面。

“先锋号”动车组齿轮箱的成功研制，为我国动力分散高速动车组的研发填补了一项空白，实现了自主设计和生产制造，在此基础上开发了“中华之星”高速动车组和国产地铁列车等不同类型的牵引传动齿轮箱系统，并对引进产品进行了国产化替代。在中国标准动车组的研发中，戚所成功研制了 350km/h 及“复兴号”系列动车组齿轮传动系统，投入批量生产和应用，并获得了中国工业大奖和国家科技进步二等奖等荣誉。通过该项目建立了我国齿轮传动系统产品标准和工艺标准，编制了铁道行业标准《机车、动车用驱动齿轮箱》(TB/T 3134—2006)，一系列成果为我国轨道列车的齿轮箱的自主研发、制造、应用和进一步发展打下坚实的基础。

南京康尼公司为“先锋号”配套研制的 MS800CP 自动外塞拉门是国内首创的高速动车组用塞拉门，以此为基础，为城市轨道交通自主研制了一系列的列车车门，也为中国标准动车组（复兴号）提供了高速列车侧门。

四方车辆研究所为“先锋号”动车组研制的密接式钩缓装置、空气簧首先推广到 25 型提速客车上，取得了良好的效果，形成产业规模，并在城市轨道交通领域得到推广，自主研发的密接式钩缓装置在中国标准动车组上得到进一步的优化。

“先锋号”动车组的成功研制，填补了动力分散高速列车多项核心技术设计和制造的空白，为我国动力分散高速列车的产业化奠定了良好的基础，是自主创新的成功典范。

13

CHAPTER

“中华之星”高速列车制动系统技术发展回顾

樊贵新

时任铁道部科学研究院机车车辆研究所助理研究员

现任北京纵横机电科技有限公司副总工程师

秦沈客专

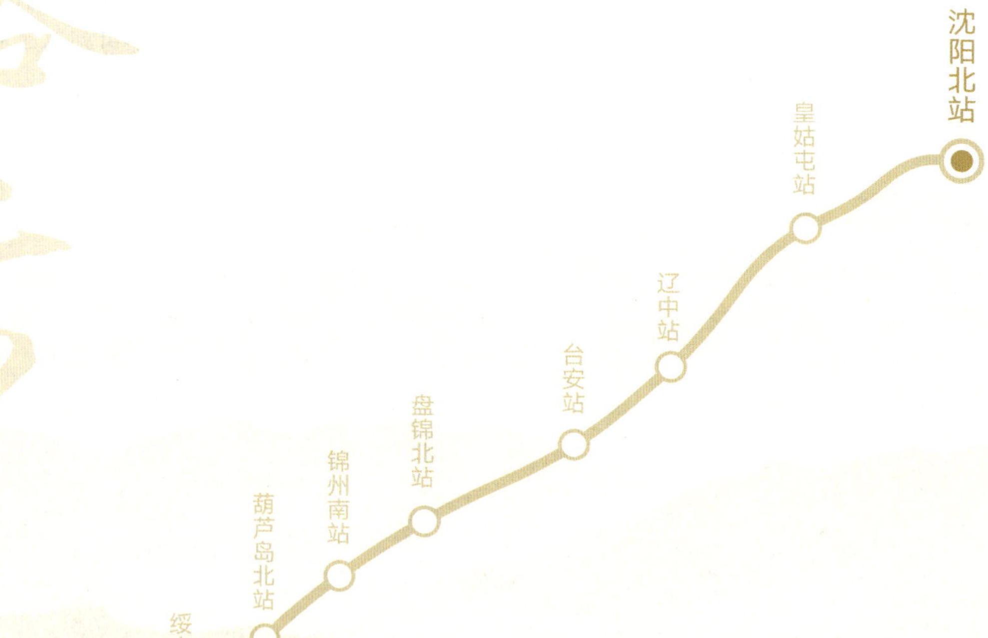

沈阳北站

皇姑屯站

辽中站

台安站

盘锦北站

锦州南站

葫芦岛北站

绥中北站

山海关站

秦皇岛站

2002 年 12 月，秦沈客运专线综合试验在有条不紊地进行。我国自主研制的“270km/h 高速列车”（“中华之星”）在进行列车制动装置传动效率、停放制动力、系统故障导向安全等静置试验，各项功能和性能达到设计要求后，开展了列车运行试验。紧急制动时初速度 273.8km/h，复合制动距离 2794.7m；初速度 271.2km/h，备用制动距离 2868.1m，测试指标都满足不大于 3100m 的设计要求，且制动盘和闸片的最高温度均未超过 500℃，系统稳定可靠。这标志着经过十多年的奋斗我国高速列车制动系统研发取得了成功。

一、厚积薄发十年磨一剑

20 世纪 90 年代，铁道部科学研究院机车车辆研究所（简称“铁科院机辆所”）研制的 104 型电空制动机、盘型制动装置、电子防滑器在准高速客车和提速客车上推广应用，并在我国铁路大提速中起到了关键的技术支撑作用，从中也积累了大量的技术储备和应用经验。1993 年国家重点科技项目（攻关）计划中启动“高速铁路运输新技术研究”，并基于“高速铁路基础关键技术研究”课题，铁科院机辆所完成了“高速列车牵引动力关键部件的研究”专题（编号：85—402—02—03）的动力转向架基础制动装置的研制；在“高速客车主要部件的研究”专题（编号：85—402—02—03）中，铁科院机辆所承担了“高速列车制动技术研究”，根据技术条件，列车初速度 250km/h 时在平直道上的紧急制动距离小于 2700m，并满足列车总重 800t、列车总长 380m 的要求。科研团队首次提出了符合我国高速列车制动技术要求的方案，开展了微机控制电空制动系统的研究，进行了微机控制电子防滑器研究，完成室内各项性能试验，完成了轻量化盘形制动装置、磁轨制动装置的研制。长春客车厂研制的高速客车转向架安装了新研制的基础制动装置，完成了动力学性能台架试验。铁科院机辆所科研团队在“九五”期间又完成了国家科技攻关重点项目“高速列车技术条件的研究”（编号：95—411—01—01）中的子项目“高速试验列车制动系统技术条件的研究”，编制了我国首个高速列车制动技术条件，为我国高速列车制动系统的研发和部件的研制提出了明确的顶层技术要求。

长期科研攻关取得的一系列成果，在我国高速列车的研制中得到应用。在“九五”国家重点科技攻关计划“200km/h 动力分散交流传动电动车组的研制”项目中，铁科院机辆所自主研制的合金锻钢制动盘和粉末冶金闸片等基础制动装置在 200km/h 动力分散交流传动电动车组（“先锋号”）上成功应用，通过了型式试验，这是国内首次研制成功的高速列车基础制动装置。

2000 年，国家计委批复将“270km/h 高速列车产业化”正式列入国家高技术产业化发展项目计划，列车被命名为“中华之星”，采用 2 动 9 拖交流传动牵引动力集中式动车组。铁道部科技司组织了铁路产、学、研各单位进行联合攻关，中车南方、北方公司下属 4 个主机厂——株洲电力机车厂、大同机车厂、长春客车厂、四方机车车辆厂以及各研究院所、高校等单位承担了各子课题。铁道科学研究院在该项目中承担列车制动系统设计及研制，团队按照系统安全可靠的理念，完成了“中华之星”动车组的制动系统设计。

二、星光灿烂制动毕其功

高速动车组不但要跑得快，而且能停得下，停得稳。“中华之星”动车组的制动系统设计是如何做到的呢？

“中华之星”动车组配置的新型制动系统是由微机控制直通电空制动系统、大功率盘形基础制动装置、高性能电子防滑器和备用空气制动装置组成，系统如图 13-1 所示。

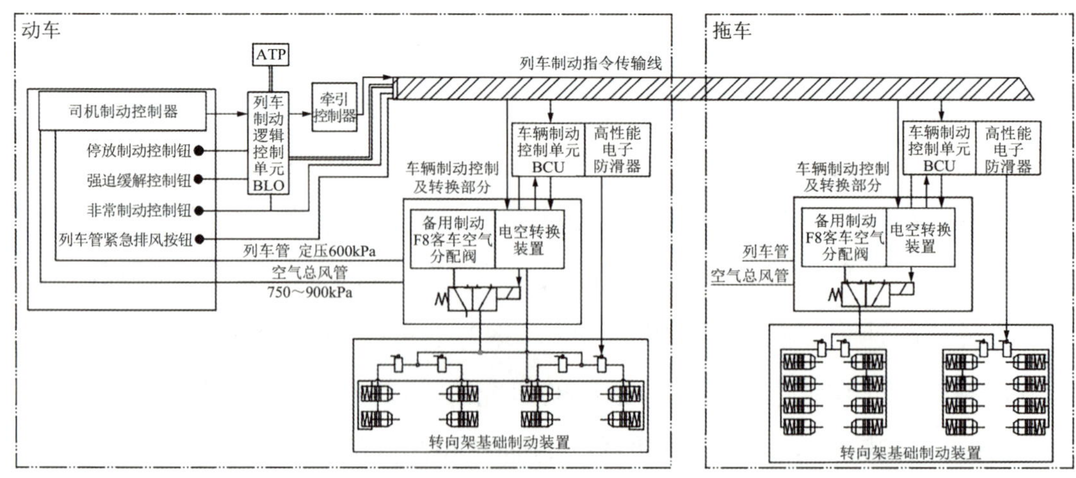

图 13-1　制动系统示意图

研究团队完成了制动逻辑控制单元（BLC）、制动控制单元（BCU）、电空转换集成板、电子防滑器（TFX2）等核心部件的研制和试验，并于2002年完成制动系统的研制和装车调试。

（1）“中华之星”动车组制动系统结合动力集中高速动车组的应用特点，从系统架构到关键部件完全秉承安全可靠的技术理念。

制动系统是高速列车运行安全的核心，系统自身的安全可靠是设计的第一原则。“中华之星”动车组制动系统采用铁科院自主研制的微机控制直通电空制动、自动式空气制动、电子防滑器、基础制动装置及制动逻辑控制装置等装备。首次创新采用了先进的微机控制直通电空制动机与自动式空气制动机冗余热备的方式，是最早在动力集中高速动车组上采用的制动系统架构。微机直通电空制动能够与自动式空气制动自动切换，当电空制动失效时，能自动热备装换到空气制动状态，实现高速动车组制动系统的安全性可靠冗余保障。

制动系统的功能级部件同样采用双冗余结构。基于JZ7制动阀的新型自主设计的机电一体化制动控制器，能够同步输出电气制动指令和气动制动指令，其中电气指令又进一步通过多级硬线编码指令和符合TCN的MVB网络指令，同时传递给每辆车的电空制动机，通过微机控制直接实现制动缸压力的控制，实现制动硬线指令与网络指令的冗余同步控制，并保证硬线指令和网络指令的独立性和完整性。另一方面，气动指令通过制动控制器制动阀的列车管减压量，控制各车的分配阀产生制动缸控制压力，又完全符合UIC标准的安全性要求。不仅如此，在电空制动机控制的实现上，同时采用两组开关充排风电磁阀的闭环控制，除具有冗余控制功能外，还能实现电磁阀组不同流量的压力的控制调节，确保不同制动级位具有准确稳定的制动压力和快速响应性，完全取代了动态响应较差、结构复杂的比例电磁阀，目前开关电磁阀由于结构简单可靠性高已成为高速动车组普遍采用的制动压力控制方式。

（2）“中华之星”动车组制动系统采用先进的微机控制技术和网络控制技术，实现制动系统的高性能。

“中华之星”动车组也是最早采用先进的WTB和MVB网络技术实现双

层网络控制架构，通过列车网络控制，制动系统实现与牵引系统、列车控制系统的网络化、一体化控制。各车的制动控制信息和状态信息实时通过网络系统进行交互，提升列车级的制动系统网络化控制和诊断能力，发挥网络控制信息传送能力强和传输实时性高的优势。微机控制直通电空制动具有实现列车制动的同步性、精准性和响应快速性的特点，微机控制技术的应用提升了制动系统的控制品质。微机控制的制动电子控制部分作为制动系统的核心技术之一，控制电路采用并行总线方式的模块化设计理念，实现了电子控制系统的硬件和软件自主化设计，并形成了一整套的控制策略和控制技术思想，成为后续高速动车组的电气平台架构形式的技术基础。

"中华之星"动车组是国内首个采用制动逻辑控制单元（BLC）控制的高速动车组。针对复杂要求和可靠性高的列车级制动逻辑控制，传统方法通常采用继电器来实施列车级制动控制及换端的联控等，继电器数量多，逻辑控制复杂，体积也太大。"中华之星"动车组采用制动逻辑控制 PLC 技术代替传统的继电器控制，实现无触点控制，提升了实时动态诊断功能，解决了列车级的制动联锁控制、微机电空与空气制动逻辑转换、制动指令编码解析等功能并取得了成功。

"中华之星"动车组为适应动车组高速黏着特性变化和快速响应特性要求，继承原来自主化防滑器的优势和特点，研制了新一代高性能微机控制制动防滑器。通过速度差、减速度、滑移率等防滑技术判据，成就了电子防滑器在高速动车组的成功应用，也成为目前轨道交通车辆普遍采用的防滑控制技术，打破了国外产品和技术的垄断，产生了显著的经济效益和社会效益。

（3）"中华之星"动车组综合实现了列车级制动力的管理、黏着控制及磨耗等系统间的优化匹配。

通过先进微机电空制动系统的应用，可解决列车级的制动力管理功能，保证目标制动力不变的前提下，优先并充分利用电制动力，以电空复合制动的方式实施列车制动力的优化匹配调整，降低空气制动力的负荷，以减轻摩擦制动力承担制动负荷过高的问题，这对降低动力车制动磨耗尤其重要，同时系统考虑电制动力的发挥与轮轨黏着相关性，基本实现制动恒减速度控制，提高了列车操纵平稳性和列车舒适性。

针对"中华之星"动车组制动的能量转移问题，研究团队进行了研究分析和技术论证，完成了基础制动装置技术攻关和产品研制及试验，结合高速动车组车辆轴重和空间制约，研制完成了综合制动缸直径、杠杆倍率、动作行程等相关技术制约的具有自动调整间隙的往复式活塞式制动缸，替代了技术应用受限的膜板制动缸，成为目前高速列车普遍采用的活塞式制动缸的重要基础。动力车采用直径 750mm 的轮状制动盘和 254mm 带弹簧储能停车制动的复合制动缸，拖车采用直径 640mm 轴状制动盘和 178mm 单元制动缸。摩擦副采用了适合列车高速特点的合金锻钢制动盘和粉末冶金闸片，经过多方案 1∶1 的台架试验，使制动盘抗热裂性、抗摩擦性能、抗热衰竭及耐磨性方面得到提高，满足列车高速运行制动的要求，从而奠定了高速动车组基础制动应用的技术基础，在秦沈线列车高速运行的制动试验中表现出良好的制动性能和可靠性。

（4）"中华之星"动车组制动系统的研制成功培育人才队伍并承载了制动装备技术、试验测试技术的传承。

以研制自主化中国高速动车组目标为导向，调动国内各方资源和力量，开展自主研发和技术创新，研制出具有自主知识产权并高度自主化的中国高速动车组的制动系统，实现了全过程系统设计，掌握了制动系统集成技术、关键技术、核心技术、试验验证技术。建立了实尺 1∶1 制动试验台，实现整车配置条件下的系统、部件和管路等测试和试验，为制动系统的功能、性能及接口验证提供了强有力的技术手段支撑。"中华之星"制动系统装备的研制，涉及网络控制、计算机、自动控制、电气电子、机械传动、材料科学、结构力学等多学科多专业的综合技术，培养并造就了国内一批基本功扎实、经验丰富、掌握制动系统集成技术和核心技术人才，成为轨道交通行业制动产业发展和应用的中坚力量，提升了国内轨道交通制动装备整体研发实力及技术创新能力。

三、自主创新迈出更大步伐

"中华之星"动车组装备的自主创新工作在铁道部科技司组织下，充分发挥国内科研院所及主机厂综合技术优势和人才优势，发扬科技工作者的探索拼搏、敢于创新的精神，在高速动车制动系统的系统架构、先进制动控制技术、安全可靠性技术、试验测试技术等技术体系方面，建立并完善了动车组制动系统核心技术体系，成为中国高速动车组制动系统技术的奠基石，为我国高速列车制动系统自主化和更高速度的发展奠定了坚实技术基础，在制动系统发展史上具有里程碑的意义。

以“中华之星”动车组制动系统技术为基础的微机控制直通制动系统技术在城市轨道交通列车上得到拓展和延伸，自主化微机控制直通制动系统首先在天津滨海线轨道交通列车投入运营，打破了外商垄断的局面，其成果在国内城轨和地铁列车得到广泛的推广应用。

“中华之星”动车组装备研制的成功，推动科技部和铁道部联合组织部署制定了《中国高速列车自主创新联合行动计划》，自主实施国家科技支撑计划项目《中国高速列车关键技术研究及装备研制》，开展科技部“十一五”科技支撑计划项目重点课题《350km/h 动车组制动系统技术研究、试制及试验》等一系列工作。

2014 年，中国标准动车组列入国家发展重点项目，当年参加“中华之星”动车组制动系统研制的团队成为中国标准动车组制动系统研制的主力军。2015 年12月，中国标准动车组在大西线开展型式试验和科学试验，列车350km/h 运行的常用制动、紧急制动各项指标优异，达到国际先进水平，高速列车制动领域几十年科研攻关迈出了更大的前进步伐。

高速列车牵引控制技术攻关

冯江华

时任株洲电力机车研究所副总工程师

现任中车株洲电力机车研究所有限公司总工程师

李江红

时任株洲电力机车研究所研发中心主任设计师

现任中车株洲电力机车研究所有限公司设计专家

秦沈客专
沈阳北站
皇姑屯站
辽中站
台安站
盘锦北站
锦州南站
葫芦岛北站
绥中北站
山海关站
秦皇岛站

2002年11月27日，一个历史性的时刻悄然而至。初冬的秦皇岛薄雪轻覆，随着一声发车令下，身披蓝白绿外衣，有着流线型身姿的“中华之星”动车组缓缓驶出，逐渐提速，从绥中北到山海关站，一路风驰电掣。速度显示仪上的数据不断跃动刷新：250、287、309……最高时速321.5km！速度定格的瞬间，新的中国铁路第一速诞生了。

“中华之星”动车组是我国高速列车自主创新的典型。然而它的问世并非一日之功。其核心技术的突破恰如“九层之台起于垒土”，是铁路众多科技人员不懈奋斗的结晶。这其中就包含株洲电力机车研究所（简称“株洲所”）牵引传动控制团队所作的贡献。株洲所在长期攻关取得的丰硕成果中，牵引控制技术是亮点之一。

一般来讲，列车速度越高，电力牵引及其控制技术发挥的作用越大。电力牵引技术的发展历程经历了两代，第一代是直流传动技术，第二代是20世纪70年代问世的交流传动技术。相比直流传动，交流传动在电机功率、体积、质量以及可维护性方面优势明显，逐渐成为高速、重载牵引的不二选择。

交流传动系统生成牵引动力的基本过程是：首先通过供电网-车载变压器-网侧变流器将单相交流电变成稳定的直流电，网侧变流控制实现能量双向流动，并且保证电网侧高功率因数和低谐波等的电能品质；继而牵引逆变器将直流电变换成三相交流电驱动电机运行，通过逆变器-电机一体化、高性能的控制技术，实现宽范围速度调节，以及高效率、高动态的机-电能量转换；牵引电机输出电磁转矩之后，通过齿轮传递到轮轨，需要采用高实时、高鲁棒的控制策略，在随机瞬变的轮轨关系下产生牵引/制动力（轮轨黏着力）。

要实现上述功能，必须研究掌握牵引控制系统的控制理论、应用算法、工作逻辑、系统保护、工程化等核心技术。而这些技术一直被少数几个国家掌控和垄断，并对我国实行严密的技术封锁。

锲而不舍、久久为功，为了追赶世界先进水平，株洲所在20世纪90年代初组建了一支年轻的研究团队，进军技术高地。这支团队有冯江华、刘可安、陈高华、李江红、黄松涛、谭雪谦等成员，在“交直交电传动微机控制系统及其模块化研究”等铁道部科技项目支持下，其研究成果终于在我国自主研制的“中华之星”动车组上装车应用，通过了试验验证、考核，无论是功能、性能指标，还是控制硬件的集成度，都接近当时的国际先进水平。

一、披荆斩棘，攀登异步传动控制高峰

20 世纪 90 年代中期，株洲所在国内率先完成兆瓦级异步交流传动系统的研发，并成功应用于 AC4000 原型车。该系统采用的滑差频率控制技术，相比西门子、阿尔斯通等国外先进的控制技术，存在很大的差距。其转矩响应速度慢，系统稳定性和适应性差，异步电机的性能很难充分发挥。为了向先进技术看齐，株洲所向高性能异步传动控制技术发起了攻坚。

轨道交通领域先进的异步交流传动控制理论主要有两种：矢量控制技术与直接转矩控制技术。两者相比，直接转矩控制未采用矢量控制中解耦的思路，不需要进行复杂的坐标变换，计算过程大为简化，具有转矩动态响应快、鲁棒性强等优点。经过反复分析研究，株洲所选择了直接转矩控制方案。然而这一技术的工程化和商业化难度很大，国际上仅有 Adtranz 等少数厂商掌握核心技术，且高度保密，故株洲所必须依靠自主攻关。

万事开头难。直接转矩控制的基本理论是在定子静止坐标系下，通过坐标等效变换将异步电机的数学模型简化，形成异步电机磁链和转矩直接控制的方法，但要建立一个合适的控制模型非常困难。异步电机是一个高阶非线性、多变量、强耦合的系统，在宽范围调速情况下电机参数会非线性变化，且逆变器的死区效应、电机电压无法采集等众多因素，均会对电机状态估算造成很大影响。

如何构建电机状态观测模型是第一步。根据宽范围调速的要求，分析不同速度段电机各参数的影响权重，研究人员建立了多模式电机磁链观测模型，即在低速段采用电流-转速模型、中高速段采用电压-电流模型，从而确定了传动控制的基石。由于大功率器件开关频率比较低，又要保证非常小的电机转矩脉动，因此，研究人员根据速度的不同采取了不同的控制策略，构建了异步传动的控制方案。

从控制方案进入到试验研究，问题接踵而至。稳定性是控制系统首先遇到并且要解决的基本问题。试验发现，当电机运行在个别速度点时，中间电压和电机电流总会出现异常波动。跳出控制本体，能否从系统能量流动的角

度去分析？沿着这个思路出发，研究人员终于找到了原因：由于电机与主回路的能量交互产生了同频共振，导致了电流波动，力矩不稳。经过多次尝试，最后找到了一种力矩与功率解耦的震荡抑制方法，显著抑制了电流震荡，问题顺利解决。值得一提的是，直至今天，这种震荡抑制算法仍然广泛应用在高速列车和电力机车上。

转矩控制精度是表征系统稳态性能的重要指标。要实现转矩精准控制，其前提是要测准电机实际转矩。可当时的试验条件非常有限，实验设备为一台 30kW 的异步交流电机加直流陪试电机。没有精准的扭矩仪，电机转矩无法准确测取。研究人员先基于能量守恒定律进行功率换算，通过直流陪试电机的输出电功率和速度，间接获取交流电机的稳态转矩。掌握了这种测试方法后，研究人员对异步传动系统的输出特性进行测试，完成了全速度范围控制模型参数的匹配和优化。

在后续的试验中，又先后突破了磁链轨迹优化、电压指令计算收敛方法、功率闭环快速动态弱磁控制等一系列技术，成功完成了直接转矩控制技术算法开发及实验验证，为后续大功率系统研究奠定了坚实基础。

20 世纪 90 年代末年，铁道部先后开启 DJ2（“奥星”）大功率交流传动电力机车和高速电力动车组“中华之星”的研制任务，异步交流传动控制的重任落在这支队伍的身上。

此前，直接转矩控制技术只在 30kW 的小功率电机上进行过验证，而“奥星”“中华之星”交流传动系统需要控制的是 1200kW 的大功率电机。功率提升，意味着电机参数、系统特性等指标都存在较大差异。为此，在地面系统试验中，研究团队在完成控制装置型式试验和系统综合试验的基础上，开展了大量的研究性试验。由于系统直流工作电压提升到 2800V，电机电流变化率较小功率系统有一个数量级提升，如果控制的实时性和准确性出现问题，都会导致系统的不稳定，严重时会引发震荡、过压等故障，影响可靠性和安全性。原先的电机控制算法不能直接采用，就连最基本的前置滤波都要重新优化。小功率系统的信号滤波时间常数可以很大，但如果在大功率系统采用这种方法，就会导致控制的严重失真。在这一过程中，仅滤波算法设计、模型与系统匹配、参数优化等攻关就开展了近半年的试验。

从试验站走向正式装车应用，还面临着复杂工况下的严格考验。2002 年 9 月，“中华之星”列车在北京环行线开展试验，在轮轨界面的洒水试验中，列车最前端轮对突然飞速空转，逆变器出现过流故障。这是湿滑轨面和更高速度耦合形成的特殊工况导致的，在过去的试验中没有遇到这种情况。研究团队重新优化了控制模型和相关的控制参数，并创新应用非正常参数设定方法，进一步提高了磁链和转矩观测模型的精度和收敛速度，增强了功率环调节响应速度以及转矩的快速跟随，使得电机控制的瞬态响应能力和系统的鲁棒性大幅提升，最终顺利通过了一系列试验考核。

自主研发的异步传动控制技术，在控制精度和动态响应等关键指标方面，达到与国外研究文献和同类产品性能的同等水平。

二、孜孜不倦，追求车网电能交互高品质

1972 年，德国学者首次提出了四象限变流器的拓扑，后来这种拓扑被广为人知，并很快发展为全世界轨道列车牵引变流器的标准电路。这种拓扑运用四象限变流器控制技术，将交流电变换为直流电，给逆变器提供稳定的直流电源。其性能优越，能量可双向流动、功率因数高、谐波电流小。为了追赶世界先进水平，1996 年株洲所决定研发采用基于数字信号处理器（DSP）为载体的先进算法。

在高压大功率牵引系统中，即使微秒级的控制误差，也可能造成较大的电流波动，严重时甚至会引发过流故障。DSP 芯片中的定时器，决定着数字运算的运算周期。如何既能保证所有程序执行完毕，又要确保足够的控制精度与调制精度？运算步长的选取至关重要。这项任务需要设计者对硬件、软件的各个环节都了如指掌，难度很大。研究团队查阅资料、编写代码、算法仿真、地面试验，经过近半年的不懈努力，最终完成了四象限变流 DSP 控制软件的编制工作，满足了各项基本功能要求。

在之后的地面组合试验过程中，电网电压的畸变严重及谐振过电压超标触发了高压设备故障。项目团队经过全面分析，确认网侧谐波含量过高是造成故障的原因，并研究出谐波治理的具体方案，分别从控制算法、控制参数、调制策略三个方面开展了优化改进。最终，网侧电流的高频谐波含量得到了

显著降低，谐振过电压也得到明显抑制。

2002 年 11 月，“中华之星”抵达秦沈客运专线，在试运过程中，研究团队又遇到了严峻考验——跳弓现象频繁发生，引发了交流过流，甚至列车冲动等。研究团队经过对数十起故障现象的深入分析，终于发现了跳弓故障的共性规律。根据这些规律，提出了在牵引时采取“跳弓检测-四象限控制暂停-电机线性减载-弓网恢复-四象限重投-电机升载”控制策略，制动时采取“跳弓检测-电机线性减载-四象限控制暂停-弓网恢复-四象限重投-电机升载”控制策略的系统解决方案。该方案解决了跳弓问题，大幅提升了控制系统对电网的适应性。

经过一系列技术迭代与改进，四象限变流器控制技术的关键试验指标，如网侧等效干扰电流、功率因数等，均达到同期国际先进水平。

三、攻坚克难，钻研黏着利用控制新方法

机车车辆轮、轨之间的黏着力是最终产生驱动列车运行的动力，黏着利用控制是一个轨道交通领域公认的技术难题。列车高速运行下，前方的轨面情况千变万化，一滴油、一滴水、甚至一片落叶，都会降低轮轨的摩擦系数。换言之，轨面状态的随机性太大，只能通过黏着利用控制技术解决这一难题。其功能就是根据轮轨之间的黏着状态，动态形成牵引电机的转矩指令，保证车轮在任何情况下都不发生恶劣空转或滑行，且能发挥最大的黏着力。

2000 年，研究团队开始钻研黏着利用控制技术。没有技术储备，一切从基础的轮轨摩擦学开始。一边恶补轮轨摩擦学，一边查阅文献。在当时庞大的 IEEE 数据库中，相关论文并不多。失望过后，研究人员决定从黏着利用控制的本质问题入手，自己找出解决方法。基于轮轨黏着特性曲线共性规律的研究，研究人员设计了通过间接调节蠕滑速度（车轮的滚动圆周速度与其轮心前进速度之差）搜索最大黏着系数的自适应控制思路，形成了多种应用场景的适应性解决方案。

2001 年 10 月，在北京环行线上，“奥星”机车进行了首次黏着试验。所谓的黏着试验，就是对轨道进行洒水以模拟恶劣天气，然后验证黏着利用控制软件能否满足控制要求。在轨道上首次洒水时，黏着利用控制软件能有效

地减载、加载，与仿真结果几乎一致。但随着后续洒水试验中施加的牵引力越来越大，轮对会发生迅猛的空转，黏着利用控制软件因无法及时减载而失效。经分析，在黏着条件突变下轮对仍然发生空转、滑行，这是难以避免的。研究人员通过设置不同的轮对加速度保护门槛值和不同的减载模型，增加了系统的适应性和鲁棒性，有针对性地解决了该问题。

在试验的过程中，研究人员主动创新，利用芯片空闲的通信接口，开发了一款实时监测软件，用以实时观察、记录黏着利用控制的实时数据，并且可以在计算机中存储、分析。基于这种方法，株洲所后续的牵引系统均保留了专门用于数据实时监测的通信接口，开发了功能更为全面的数据监测软件，极大地提升牵引控制系统开发效率。

在“中华之星”上得到淬炼的黏着利用控制技术，奠定了我国高性能黏着利用技术的基础。经不断改进提升后，被用到了机车、高速动车组、地铁列车上，有力地保障了列车的高效黏着利用。值得一提的是，该技术已应用于出口澳大利亚的 SDA1 型交流传动内燃机车，且在 2014 年仅 1 次就通过了客户号称“魔鬼弯道”的黏着测试，而此前 GE 公司的机车经过 6 次才通过该测试。

四、锲而不舍，编织系统可靠运行的保护网

牵引系统需要各部件的协同配合才能正常工作，而在高压、高温、复杂电磁环境下，各个零部件都存在失效、故障的可能性。这就需要设计一套逻辑控制与保护技术来保障牵引系统可靠工作。

逻辑控制是牵引系统正常工作的前置条件。由于涉及的工况较多，在高压大功率部件的有机聚合下，系统工作的逻辑既有顺序控制的要求，还有毫秒级时间控制的要求，更有一些安全互锁的要求。

牵引系统保护是列车可靠工作的重要防线。尽管逻辑控制和实时控制算法尽最大可能让牵引系统工作在安全可靠的状态，但由于瞬间的状态异常（包括信号失效、器件失效等等），会导致系统产生巨大的能量冲击。如果保护不及时，可能引发牵引系统故障扩大化甚至设备毁损。

20 世纪 90 年代，我国在这些方面处于起步阶段。研究团队首先开展理

论分析，确定典型工况的输入条件、输出要求以及关联部件和信息的基本关系。通过研究各种工况下牵引变流器正常工作的时序图，借助仿真分析手段进行逐一验证，再到并行剖析不完整的国外产品用户手册，佐证逻辑和保护的适用性，经过漫长的潜心研究，终于成功制订出牵引传动系统的初版逻辑控制与保护规范。

理论研究需要接受实践的检验。在一次地面大功率系统试验中，系统出现异常，将整个电源系统顶闸断电。为什么保护装置不起作用，这个问题不解决，系统的试验将无法再开展下去。研究团队仔细检查、分析每个信号的正确性，仔细测试每一个信号是否能正常作用。最终发现问题出在保护跳断路器的几十毫秒的延时上。研究团队对系统保护有了进一步的认识，不仅要保证信号的完整性和准确性，还要保证时序正确性和动作的快捷性。

在一次实验中，GTO 器件异常损坏。这是团队非常担忧和最不希望发生的一件事。为了找到损坏原因，团队从系统顶层到元器件，进行了逐一剖析。最后，团队达成共识，必须在器件脉冲分配端形成非常完善可靠的驱动功能和保护功能，对桥臂上下管 GTO 在工作时序上进行逻辑互锁，在任何干扰下既不会误触发，又不会误保护，这样才能正向保证器件应用的可靠性。

这套逐步完善的逻辑控制与保护技术应用到了“奥星”机车和“中华之星”高速动车上。在“中华之星”设计时，团队在以往工作的基础上，对所有故障及故障组合进行了分析，并根据故障的特点将其划分为在线自恢复、部分隔离、系统隔离三个等级，完善修订了保护规范。

通过不断的研究探索和迭代完善，株洲所逐步形成了一整套完备的、分层分类的牵引系统控制逻辑，包括启动自检逻辑、主控时序逻辑、安全互锁逻辑和故障降级逻辑等。同时根据故障影响程度，制定了分级分类的牵引系统保护策略，并且根据不同的运行工况，制定了不同的保护策略。

五、精雕细琢，打造数字化模块化控制平台

牵引传动控制单元（Drive Control Unit，DCU）必须具有功能强大的硬件平台，用于运行异步电机控制、四象限变流控制、黏着利用控制、逻辑控制与保护等软件。DCU 集成了 DSP、存储器等数字器件，满足交流传动高算力、

高精度、高实时的控制要求，是交流传动列车的标配。

全数字化 DCU 涉及数字高速处理、信号处理与接口通信、电磁热防护等多种关键技术，研发难度非常大。研究团队根据牵引传动系统的接口和控制算法的需求，首先采用模块化、平台化的思想，全新设计 DCU 的架构，将 DCU 划分为模拟采样插件、实时控制插件、系统管理插件、通信接口插件、脉冲转换插件等多个功能模块，并将各个插件集成在机箱内，同时兼顾了后续技术升级迭代的扩展性。

为了让各个插件高速互联，研究团队研究了当时主流的通信技术，如 RS485、IEEE488 总线、并行总线等，最终研发了一套自定义并行通信总线。它可以根据控制的需要，增加或减少控制板，而不用改动其他设计，达到灵活配置和平台化的目的。

高起点起步，后续任务更艰巨，各种问题接踵而至。例如，异步电机控制芯片的选择就是一个难题。为实现异步电机的高精度控制，必须在微秒级完成信号采样、模型求解以及控制脉冲的生成等功能，这对控制芯片提出了非常高的要求。当时用的是单片机，其计算资源有限，不能满足高实时、高算力、高精度的控制需求。通过充分的调研，研究团队最终采用了最新的数字信号处理芯片 TMS320C31，通过近一年的努力，成为国内较早全面掌握这款 32 位浮点数字芯片应用技术的团队；同时还攻克了高精度、高速采样电路技术，完成了实时控制板的设计，实现了复杂控制算法的指令周期在 40 纳秒以内。

但 DCU 在“中华之星”上的应用也充满了坎坷。一次在试验现场偶然出现了 DCU 的通信故障，直接导致列车一个牵引变流器不能正常工作。根据现场故障信息显示，这是 DCU 启动失败所致。研究团队进行反复人工断电重启，经过 3 万多次的反复实验，故障终于复现，被准确定位并顺利找出了故障原因。

经过原型样机、试验样机、工程化样机、装车样机的不断迭代，株洲所成功开发出国内首个 DCU 平台，它的架构、算力、体积均达到国外同类先进产品的水平。

六、结语

依托“中华之星”创新工程，我国异步交流传动控制技术得到了系统、深入的研究与应用，培养锻炼出了一批科技骨干，形成了具有自主知识产权的核心技术成果，为我国在该领域的持续发展奠定了坚实基础。我国出口至哈萨克斯坦的 KZ4A 型电力机车、6 轴 7200kW 电力机车（HXD1C 型），乃至“复兴号”动车组都得益于“中华之星”所开发出的交流传动及其控制系统。

15

CHAPTER

高速列车网络控制系统开发纪实

路向阳

时任株洲电力机车研究所研发中心副主任

后任中车株洲电力机车研究所有限公司正高级工程师

曾　嵘

时任株洲电力机车研究所研发中心网络控制部部长

现任株洲中车时代电气股份有限公司副总工程师

秦沈客专

秦皇岛站
山海关站
绥中北站
葫芦岛北站
锦州南站
盘锦北站
台安站
辽中站
皇姑屯站
沈阳北站

“先锋号”和“中华之星”是为秦沈客运专线研制的高速列车，其中的列车网络控制技术是关键核心技术。在我国，列车网络控制技术经历了漫长的借鉴国外先进技术自主研发的历程，即从最初的电子控制装置开始，到后来的微机控制系统，再到“复兴号”使用的列车网络控制系统。由于实现了列车控制、状态监视、故障诊断、运行维护等诸多功能，列车网络控制系统被誉为列车的“大脑”。

从20世纪70年代开始，列车控制技术迭代持续不断，形成了三个重要阶段。

1971年，以运算放大器为核心的电子控制装置在韶山SS_2型机车上装车，实现了整流器相控无级调压和机车无级调速。80年代，株洲电力机车研究所借助“技贸结合”方式，研制了以集成运算放大器和逻辑电路为核心的第一代电子控制装置，大批量应用在韶山SS_3型和韶山SS_4型机车上。

80年代末，株洲所研制了以微处理器为核心的第二代微机控制装置。采用微机控制技术的韶山SS_8型机车和韶山SS_9型机车是90年代我国干线铁路大提速的主力车型。

到了90年代，工业领域迎来计算机网络大发展，为动车组控制网络化提供了技术基础。在国家重点科技攻关项目“先锋号”“中华之星”动车组研制过程中，株洲所牵头完成了高速动车组的核心技术——列车网络控制系统的研制，填补了该技术领域的空白，打破了国外垄断的局面。

一、列车网络控制模式的探索与抉择

接到动车组“网络控制系统”课题后，首先面临的是列车网络控制模式的抉择。为此，课题组广泛搜集各发达国家的高速列车情况，列出当时国外主流的3种列车网络控制系统模式：

第一种是日本新干线上的列车网络控制系统。它是日本企业基于ARCNET网络进行的定制开发，通过制定特殊的网络通信协议，构建了一个环形拓扑结构。其优点是系统任何一个通信节点突然断开时，网络通信都不会受到影响，缺点则是由于采用光纤通信，维护和布置难度大，成本较高，且网络的开放性有限。

第二种是美国列车采用的控制模式。该模式将原先在楼宇网络控制中应用较多的 LonWorks 技术移植到列车网络控制系统中，定制化开发较少，芯片协议的可获得性较强，但缺点是由于脱胎于楼宇控制网络，网络带宽不高，传输速率较慢。

第三种是欧洲的 TCN 网络。它是西门子、ABB 等公司基于车辆控制的特点专门联合开发的现场总线，优点是协议开放性好、互操作性强、可靠性高，但其技术由西门子和 ABB 主导研制，未来能否打破它们的限制实现自主发展，还有待论证。

为了找到最优方案，课题组进行了大量调研和测试验证：株洲所联合上海铁道大学在实验室构建了基于 ARCNET 技术的网络通信系统，对 ARCNET 网络通信模式进行了测试、验证；株洲所的资深专家夏寅收集了大量关于 LonWorks 技术的资料，组织开发出基于该技术的列车网络控制系统，并应用在"新曙光"号、"神州"号等内燃动车组上，对这一网络控制系统的性能进行了现场应用验证；对于 TCN 技术，由于株洲所和 ABB 公司在直流机车方面有过合作，对其性能有所了解，同时还在实验室搭建了 TCN 网络通信系统，对其性能进行了测试验证。通过一步步地测试和比较，课题组成员认为 TCN 网络模式通信速率高，控制实时性好，应该作为首选方向。

为让比选结果更加科学严谨，课题组前往瑞士对列车网络控制系统进行技术交流和调研，收集现场数据，进行通信速率和控制性能的进一步对比。

在深入比较后，课题组认定欧洲的 TCN 网络控制模式更为先进，且今后能够实现自主开发，最终确定将该模式作为未来的发展方向。

时间是最好的证明，2000 年前后 TCN 网络成为国际上的主流标准，说明当初的决定是正确的。这次选择为我国制定自己的列车网络控制标准打下坚实基础。2015 年后我国成为国际列车网络控制标准的主导者之一。

二、开创我国列车网络控制系统先河

明确控制模式后，下一步是如何去实现这一模式。为此，"先锋号"网络控制课题组对各个单元进行了仔细地梳理，课题组组长牵头组织上海铁道大学、浦镇车辆厂等多个单位将系统架构设计出来，形成了一个网络拓扑结构（图 15-1）：系统分为列车控制级、车辆控制级和功能控制级三级，并通过两个网络（列车网、车辆网）连接组成树状系统，把分布在各车厢中的各个控制、监测车载设备联网，由列车上的中央控制单元对列车实施控制、监测、诊断。中央控制单元向全列车发出指令，协调全系统的工作，对分散在列车中各个动车上的牵引动力设备实现联合控制。

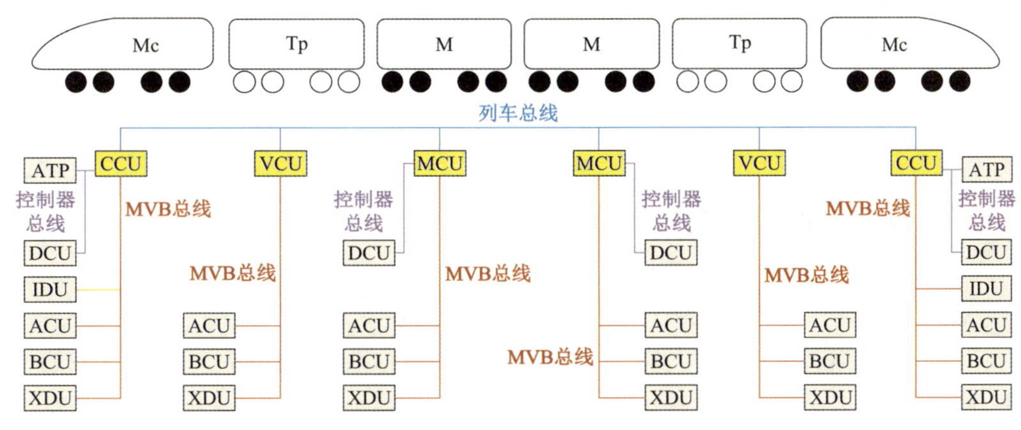

图 15-1 “先锋号”列车控制系统的网络拓扑结构

ACU-辅助系统控制单元；IDU-智能显示器；ATP-列车自动防护设备；MCU-动车控制单元；BCU-制动控制单元； CCU-中央控制单元；VCU-车辆控制单元；DCU-传动控制单元；XDU-轴温、车门和空调监视与控制单元

完成系统架构设计后，下一步就要开发出符合系统通信要求的软硬件。由于网络通信涉及的设备众多，且这些设备来自不同厂家，产品制式、性能不一，但都要联网通信。

为此，定制开发了 MVB 通信网卡，在网卡上通过双口 RAM 实现 MVB 通信数据与设备总线数据的交换，从而实现联网通信。设备软硬件开发过程也克服了许多技术难题。其中最典型的就是设备通信数据失真问题，发出的信号和收到的信号不一致。反复调试失败后，开发人员不得不对通信波形一帧帧去查，最终找到问题源头—通信电平的“毛刺”。

MVB 总线通信速率是 1.5MB/s，比原来 RS485 总线采用的 62.5KB/s 的通信速率，提高了不少，但其速率提升后在电磁干扰下容易造成电平畸变，产生了毛刺，造成了信号失真。找到原因后，开始制定解决方案，首先进行硬件设计优化，通过提高光耦隔离的强度，修正终端电阻的匹配阻值，并增加抗电磁干扰硬件电路，实现通信波形质量大幅改善。但即便如此，偶尔还是会有错误通信帧。后来又通过软件优化通信校验的方式，过滤错误的通信数据，问题终于得以解决。

凭着锲而不舍的精神，基于 TCN 技术的列车网络控制系统最终成功应用在“先锋号”上。这套列车网络控制系统把列车的各个子系统有机地连接起来，有效地实现了列车的控制、监视与诊断功能，开创了我国列车分布式网络控制系统的先河，引领了列车通信网络技术在国内轨道交通领域应用的潮流。

三、进入列车网络控制时代

尽管“先锋号”列车网络控制系统突破了很多 TCN 的关键技术，但“先锋号”列车网络控制系统仍然带有缺憾：列车总线采用的是基于模拟技术的 FSK 总线，带宽窄，传输速率低；与牵引变流器的通信，采用的是低速率的 RS485 总线通信。为了突破这些瓶颈，2000 年株洲所组织科研骨干又成立了网络基础平台课题组，其首要任务是突破列车总线通信技术，实现 TCN 技术的完全自主开发。

而先进的列车网络控制系统是各大公司的核心竞争领域之一。原本合作的瑞士公司不愿意将 WTB 技术教授于人，平台课题组只能另觅它径。

在 IECTC9 的一次国际会议中，平台课题组了解到有一家芬兰企业曾有过将 WTB 技术运用于客车监控系统的经历。在与对方交流研讨后，课题组认为可以在他们的产品上进行升级，最终将其应用至整个高速列车的控制上来。但新问题又来了，这家芬兰公司的 WTB 技术只是使用在客车监视过程中，虽然产品的通信性能能够满足要求，但控制性能不够。

为了提高产品的控制性能，满足列车控制的技术要求，平台课题组更换了原先的处理器，处理器的工作频率提升了 1.5 倍；后又优化升级了底层驱动软件 BSP 和实时操作系统，将软件处理的实时性提升了 10 倍。软硬件升级后的网络平台能够全面满足列车网络通信高速率和控制的高实时性要求。

正是由于网络基础平台的技术突破，在 2001 年“中华之星”列车网络控制系统立项之初，便提出要应用 WTB 列车总线进行通信，使得“中华之星”的列车总线通信速率比“先锋号”提升了 50 倍，让列车控制功能在“先锋号”

的基础上得到了进一步扩展和提升，其列车控制系统的网络拓扑结构见图 15-2。

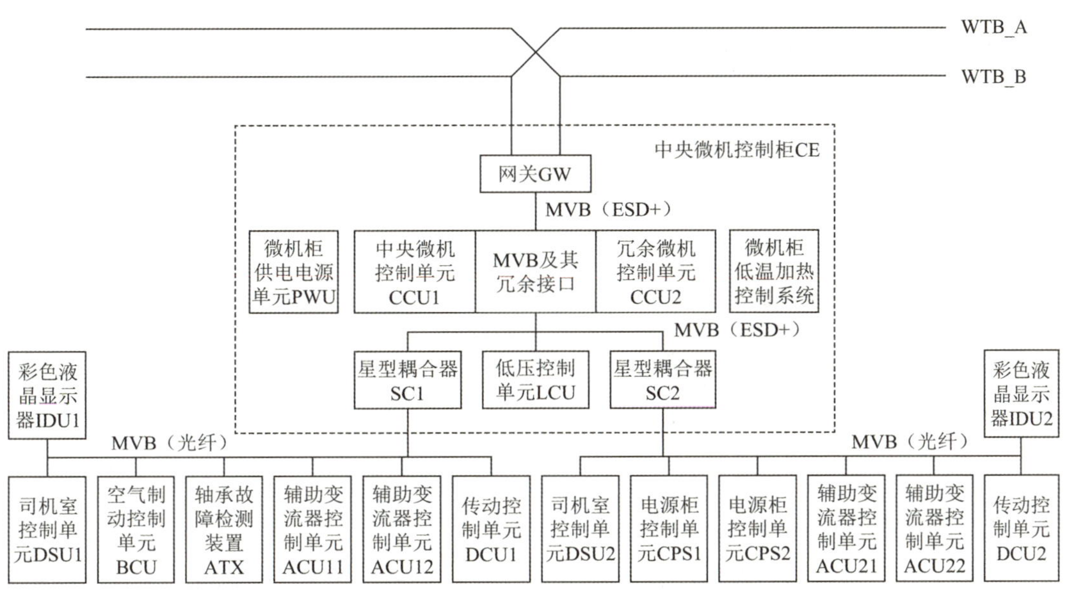

图 15-2 “中华之星”列车控制系统的网络拓扑结构

列车网络控制系统要实现整列车的控制，承担列车的“大脑”功能，为防止“大脑”死机的问题，采取了双“大脑”方案，即中央控制单元 CCU 实现双热备，当一个 CCU 故障时自动转到另一个 CCU，当两个 CCU 均有障时，只要 CCU1 及 CCU2 剩余插件能组合成一套 CCU 系统时，就能进行自动组合，而且控制功能不变。

“中华之星”列车网络控制系统课题立项后首先就要实现这个冗余热备功能。然而中央处理器 CCU 动态冗余带来的弊端是多头控制，如果没有一套合理的控制逻辑，“双大脑”很容易“乱套”。经过反复研究，课题组设计出一套令牌控制方法，通过采用随机函数的方式，成功解决了多头控制难题。不仅如此，还设定对重要 I/O 信号、车辆总线和列车总线进行冗余控制，让系统确保安全可靠。

“中华之星”在“先锋号”列车网络控制系统的基础上，还实现了中央控制单元 CCU 与牵引变流器 DCU 的 MVB 通信连接，至此，“中华之星”列车网络控制系统完全符合 TCN 标准规范，创建了标准的动态冗余列车控制网络系统。这套系统的成功应用，标志着我国对 TCN 技术的自主全面掌握，也标志着列车控制进入了网络控制时代。

四、列车控制与诊断功能创新

列车网络控制系统不仅需要高速率、高可靠的通信能力，也要能实现智能化、高精度的控制功能。就像一个聪明的“大脑”，不仅要敏捷地捕捉信息，也要能快速地思考、做出决策。

在上述两个网络控制技术课题中，课题组尝试突破定速控制、自动过分相等多个新的控制功能，并首次开发并应用了故障导向安全的诊断功能，建立了网络控制系统地面验证规范。

从功能设计，到找到解决方法，再到最终变为一个个简洁的控制按钮，每一次攻关对于课题组而言都是全新的挑战。

最终，在“先锋号”“中华之星”上实现了众多新技术新创造，这些都填补了国内技术空白。

（1）定速控制功能。当司机设定好列车行驶速度后，网络控制系统可快速精准地计算出列车所要发挥的牵引力，实时控制牵引动力系统进行牵引力调节，并且在电牵引和电制动两种工况间自动转换。这一功能使列车速度控制在设定速度±2km/h 范围内。

（2）自动过分相功能。当列车行驶到分相区前方时，司机只需按下“过分相”按钮，网络控制系统便能自动控制机车进行牵引力卸载、断开主断路器等操作，待检测到接触网网压变化及恢复正常后，自动控制机车闭合主断路器，并重新进行列车牵引。这一功能使得过分相这一烦琐的人工操作流程变为由系统全自动执行，降低了由于人工操作过分相带来列车降速的幅度，使列车运行更平稳。

（3）对列车进行故障诊断分级和安全导向控制。系统将列车的所有故障进行故障等级划分，针对不同级别的故障进行不同的安全导向控制，最大可能地保证列车的稳定运行。当动车组某一动力装置出现故障，牵引电机无法工作时，在其他牵引电机功率有富余的情况下，列车网络控制系统可将列车所需的动力均匀地分配到其他动力设备上，不会明显影响到列车诸如牵引加速、制动等动力性能，这项技术在国内系统上是首次运用。同时，由于列车故障信息通过 WTB 消息数据传送，此种方式不占用过程数据时段，加大了 WTB 网络资源的利用率。

此外，为确保列车网络控制系统的系统装车以及在后续商业运营中性能可靠，课题组对系统装车安装、布线等提出了技术要求，首次制定了列车网络控制系统装车布线技术规范，在规范的指导下确保电磁对列车网络通信的影响降到最低。同时课题组还制定了一套列车网络控制系统的地面测试和验证规范，通过 1∶1 地面验证系统，确保了系统装车、出厂试验、环形道试验以及后续商业运营中的性能可靠。更可贵的是，这些规范为我国自主研发网络控制系统提供了宝贵的经验，在后来的高速列车中得到推广。

五、走稳列车网络控制技术创新之路

第一次使用列车网络控制系统；第一次让整套列车控制网络系统从列车级到车辆级到部件完全符合 TCN 标准规范，且完全自主可控；第一次实现对列车进行故障诊断并且进行安全导向……在列车控制领域的发展历程中，诞生了多个“第一次”。

正是在“先锋号”和“中华之星”两个列车网络控制系统的技术开发和秦沈客运专线的应用经验之上，株洲所网络平台课题组持续攻关、砥砺前行，优化升级了列车网络控制系统平台，开发出分布式列车网络控制系统（DTECS）平台。该平台首先大批量应用在货运机车和城市轨道交通车辆上；随后经过优化和功能扩展，该列车网络控制系统平台批量应用于“复兴号”高速动车组上。由于自主掌握列车网络控制技术并大批量应用，让我国具有了制定标准的话语权，也成为列车通信网络国际标准制定的主导者。

更重要的是，这些宝贵的经历为我国轨道交通行业培养了一批专注于列车网络控制技术的专业团队和人才。这些人才在后来各种高速动车组、城市轨道交通和机车的网络控制系统研制项目中，以及列车网络控制领域的国家标准、国际标准制定中发挥了重要作用。如今团队的许多成员已经成为我国该领域的技术骨干，这些技术骨干还在持续发力，他们在高速列车实时以太网和最新的列车网络控制技术—时间敏感网络（TSN）技术上攻坚克难，确保我国下一代列车网络控制技术走在世界的前列。

星光不问赶路人，时光不负有心人。

“核心技术是要不来、买不来、讨不来的”“关键核心技术必须牢牢掌握在自己手里”“科技创新，一靠投入，二靠人才”，随着我国发展壮大，突破“卡脖子”关键核心技术刻不容缓，只有将钻研和创新精神发扬到底，踔厉奋发、奋起直追，加快实现科技自立自强，才能为我国铁路科技进步和经济社会发展做出更大贡献。

16

CHAPTER

“中华之星”牵引变流器开发纪实

何多昌

时任株洲电力机车研究所研发中心牵引变流器部部长

后任中车株洲电力机车研究所有限公司首席设计专家

杨文昭

时任株洲电力机车研究所研发中心牵引变流器部研发组长

现任中车株洲电力机车研究所有限公司设计专家

秦沈客专

沈阳北站
皇姑屯站
辽中站
台安站
盘锦北站
锦州南站
葫芦岛北站
绥中北站
山海关站
秦皇岛站

牵引变流器是高速列车的关键核心部件。“中华之星”采用的大功率门极可关断晶闸管（Gate-Turn-Off Thyristor，GTO）水冷牵引变流器经历了不寻常的攻关历程。

一、蹒跚起步掌握 GTO 应用技术

20 世纪 90 年代，为了支撑交流传动技术的研究，株洲电力机车研究所组织力量攻关基于 GTO 的变流系统。

为了追赶世界先进技术，铁道部立项进行“GTO 元件基础应用研究”，于 1996 年研制了 1000kW 油冷变流器原型样机。铁科院与株洲所联合进行了“高速试验列车 GTO 牵引变流器工程化研究”，于 1998 年开展了 GTO 油冷变流器试验样机研制。

当时国际上能生产满足轨道交通电力牵引需要的 3000A/4500V GTO 器件的厂家只有 ABB 半导体和三菱半导体。虽然我们从国外买到了 GTO 元件，但相关应用技术也相当复杂。

（1）可靠完成电气和机械连接是 GTO 应用的基础。GTO 芯片是由很多 GTO 梳条构成，为了保证每个梳条均能连接和有效工作，必须保证 GTO 器件压力均匀。研究团队经过多次试验，创造了特殊压紧结构，对于 3000A/4500V GTO 元件，在 4.5t 的压力下，保证晶圆芯片均匀受力，并且具有较宽的 GTO 器件温度变化的适应性。

（2）吸收电路技术是 GTO 应用的关键难题之一。GTO 是一种特殊的晶闸管，开通时电流不能被门极控制。而过大的电流来不及在晶圆上快速扩散，必然损坏 GTO 器件。其开通电流的上升率必须通过外置的电抗器抑制，其取值的大小影响开通速度、损耗、续流二极管是否能可靠工作。同时在 GTO 关断时，因线路上杂散电感的存在，会在 GTO 器件两端产生很高的过电压，必须设计一种高效的吸收回路来吸收这些过电压。

在攻关过程中，研究团队在对各种吸收电路进行了理论分析基础上，开展了大量的实验对比，选取了 Δ 型吸收电路。在研究初期，吸收二极管常发生失效，造成 GTO 元件被击穿大量损坏。经过深入分析，确诊为二

极管的 snapback 现象，随后通过修改吸收回路参数和结构，消除了这一危害。

在开展 GTO 组件的工程化设计阶段，为了保证 GTO 吸收回路杂散电感最小，最大程度降低 GTO 关断过电压，项目组又反复对各种结构相模块、各种电气连接方式进行 GTO 开通关断波形测试比较，最终研发出技术指标先进、性能可靠的相模块。在中间直流电压 2800V 时关断 3000A 电流，GTO 关断过电压远小于过电压限值，这个结果与国外研究报道基本一致。

（3）GTO 器件可靠的开通、关断是大功率变流的基础条件。GTO 是电流型全控器件，由门控单元控制其导通和关断，由于 GTO 门极控制的关断增益较低，要关断 GTO 导通 3000A 的工作电流，其门极需要在瞬间（微秒级）注入 800A 左右的关断电流，否则 GTO 芯片会因电流不能完全截止关断引起局部区域过流而损坏；同样，GTO 在开通时，也需要在瞬间注入约 80A 的开通电流，否则也会导致元件损坏，而且对开通关断的门极脉冲电流 di/dt 和关断后的门极反向偏置电压也有严格的要求。在实际应用中，GTO 每天 1000 多万次的开通和关断，更是对门控及其电源的可靠性提出了很高的要求。

为了掌握这种关键技术，研究团队组织力量进行攻关，提出了门控及其电源的系统解决方案。采用高频 DC-AC 变换方式，减小了整个门控及其电源的功耗及体积，节省了安装空间；采用全金属壳体屏蔽结构，有效地解决了电磁干扰问题。同时，还设计了比较完善的监视保护功能，如输入过压、欠压、过流和电源故障保护等，提高了可靠性。这些产品原计划逐步应用到“中华之星”，但由于历史原因被终止了，却也为大功率电力电子器件的控制电路研究积累了宝贵的经验。

芯片是一个国家工业发展的基石。当时，GTO 是电力牵引的主型器件，但被国际巨头企业垄断，一方面价格高，使我国应用成本高、无法形成竞争力；另一方面对我国形成时间差，使我国在诸多领域落后于人。株洲所主动担当，在 20 世纪 90 年代初，组织力量攻关 GTO 器件技术，先后完成了

2000A/2500V、2000A/4500V 等规格 GTO 的验证，部分产品应用于电力机车辅助变流器中。2003 年，株洲所成功研制了 3000A/4500V 的 GTO 器件。虽然在功率半导体技术快速发展的浪潮中，电力牵引领域用 IGBT 取代了 GTO，但在大、超大功率领域，GTO 及其升级产品 IGCT 获得了绝对的市场地位。时至今日，这些工作为株洲所形成 IGCT 产品线奠定了坚实基础，也填补了我国在大容量功率半导体技术和产品上的空白。

二、攻坚克难填补水冷技术空白

冷却技术是 GTO 变流器能输出大电流的保证。由此可见，GTO 器件及其变流系统的冷却技术是一项非常关键的技术。在 1998 年完成 2800kVA 油浸式 GTO 牵引变流器样机试验后，研制什么冷却方式的牵引变流器引发了激烈的讨论：是采用已有一定技术基础的油冷技术，还是世界上新的水冷技术。

当时国际上采用的冷却方式主要有浸渍式油冷、盒式油冷、沸腾浴冷却、绝缘式水冷和去离子水冷等技术，其中最新的去离子水冷的冷却效果最好，具有机组体积小、重量轻、维护方便、对环境影响小、不易燃烧的优点，但技术难度大。在欧洲，去离子水冷却技术已开始在电力机车、动车组的 GTO 牵引变流器上得到应用。

水冷却技术优势明显，代表着发展方向。要干，就要瞄准世界一流水平，研究团队提出了采用高纯水冷却方案。

为了研制变流器的冷却系统，准确计算出 GTO 及其吸收电路器件损耗非常重要。当时，计算机技术和仿真技术并不发达的，课题组经过理论计算和试验测试，攻克难关，为整个冷却部件和系统的研发奠定了坚实基础。

由于水冷却系统中的 GTO 器件及其散热器、电抗器、电阻器均处在不同的电位上，流经各部件的水必须是绝缘的，为此冷却水必须保持很低的金属离子。在实际应用中，必须使与水接触的部件具有抗离子溢出性能，这些器件包括 GTO/二极管散热器、电抗器、电阻器、水管、水-空气换热器等。另外还需解决冷却水流量分配、离子吸附技术、低温防结冰等技术。

攻克 GTO 器件散热器是关键。GTO 芯片是一个直径为 91mm 的圆盘，其发热量达到 2.5kW，相当于一个电炉，但芯片温度不能超过 125℃，需要高效冷却。相比油冷等其他冷却方式，水冷散热速度快，且对环境污染低，但国内还没有开展这一方面的研究。研究团队从零起步，设计了 GTO 器件水冷散热器的结构，既实现了小型化，又保证了散热功率。

与此同时，研究团队还成功开发了牵引变流器系统中水冷电阻和电抗器等器件。

通过上述技术攻关及应用，研制的水冷箱构件结构简洁，便于维护，总重量仅为 60kg，比原 125kg 的油冷箱构件重量大大减轻，如图 16-1 所示。

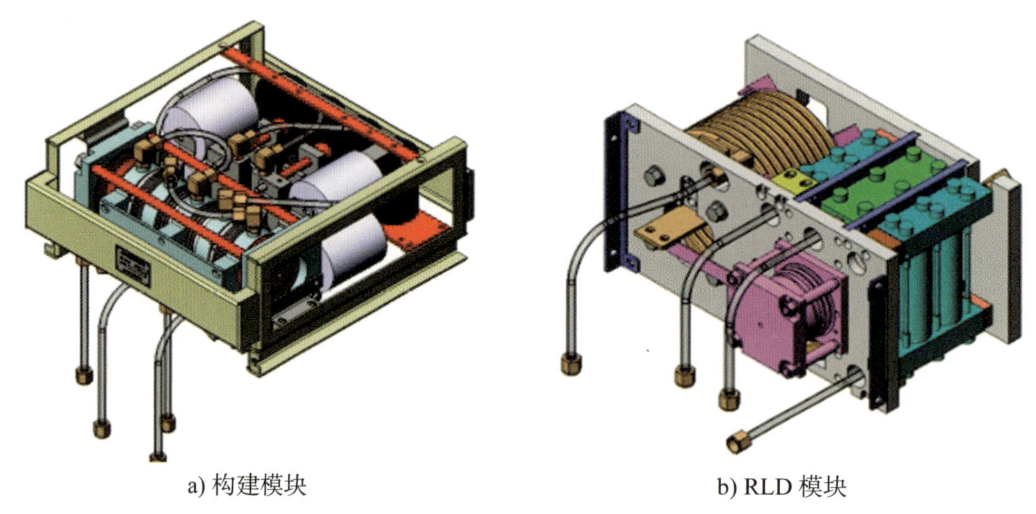

a) 构建模块　　b) RLD 模块

图 16-1　构件模块和 RLD（电阻-电感-二极管）模块

三、厚积薄发打造系统研发能力

在攻克了牵引变流器的各项技术难关的同时，根据《270km/h 高速列车设计任务书》中牵引系统的设计要求，株洲所全力打造包括牵引变流器在内的电气传动系统设计集成能力，提出了牵引系统的特性需求和技术条件，开始设计交流传动牵引传动系统及其部件，研究制定了网侧变流器系统参数、中间直流回路参数、逆变器参数，二次谐振回路参数，过压斩波回路参数等，在此基础上，完成了“中华之星”动力车牵引系统的设计方案，系统如图 16-2 所示。

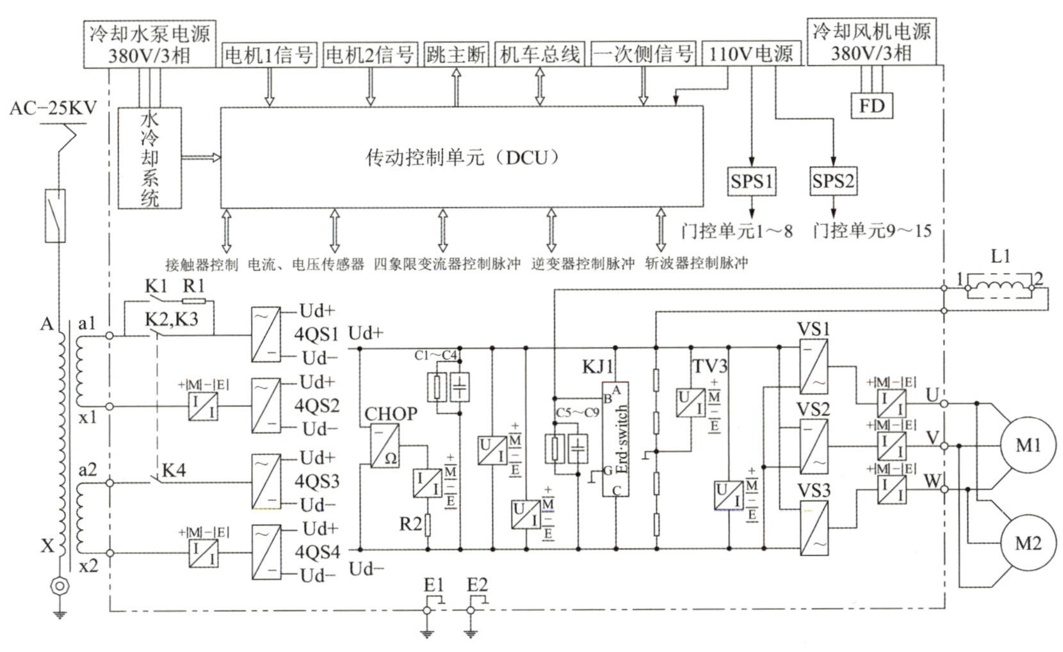

图 16-2　一个转向架的交流传动系统框图

在承担"中华之星"牵引系统研制任务的征程中，项目团队还大力研发建设系统试验能力。牵引交流传动试验系统是交流传动系统研发和验证的重要装备，株洲所跟随牵引交流传动技术的发展和需求，持续建设和更新交流传动试验系统，技术不断提高，功能日趋完善。

1994年株洲所研制和建设了二轴转向架滚动试验台，1995年在此基础上完成了4000kW交直交传动电力机车原型车电传动系统地面模拟试验。

1997年，株洲所在原有二轴转向架滚动试验台的基础上改造和扩建交流传动试验系统，由模拟供电网、主变流器、滚动负载试验台、异步牵引电动机试验台以及微机控制装置 5 部分组成试验系统，于 1999 年 3 月完成了能进行一个三轴转向架 300km/h 滚动试验的系统，达到了 20 世纪 90 年代的国际水平。在该试验系统上还完成了广深 200km/h 动车组、"奥星"电力机车、"中原之星"电动车组、"先锋号、"中华之星"电动车组等交流传动系统的试验。

牵引动力地面综合试验系统电气框架如图 16-3 所示。

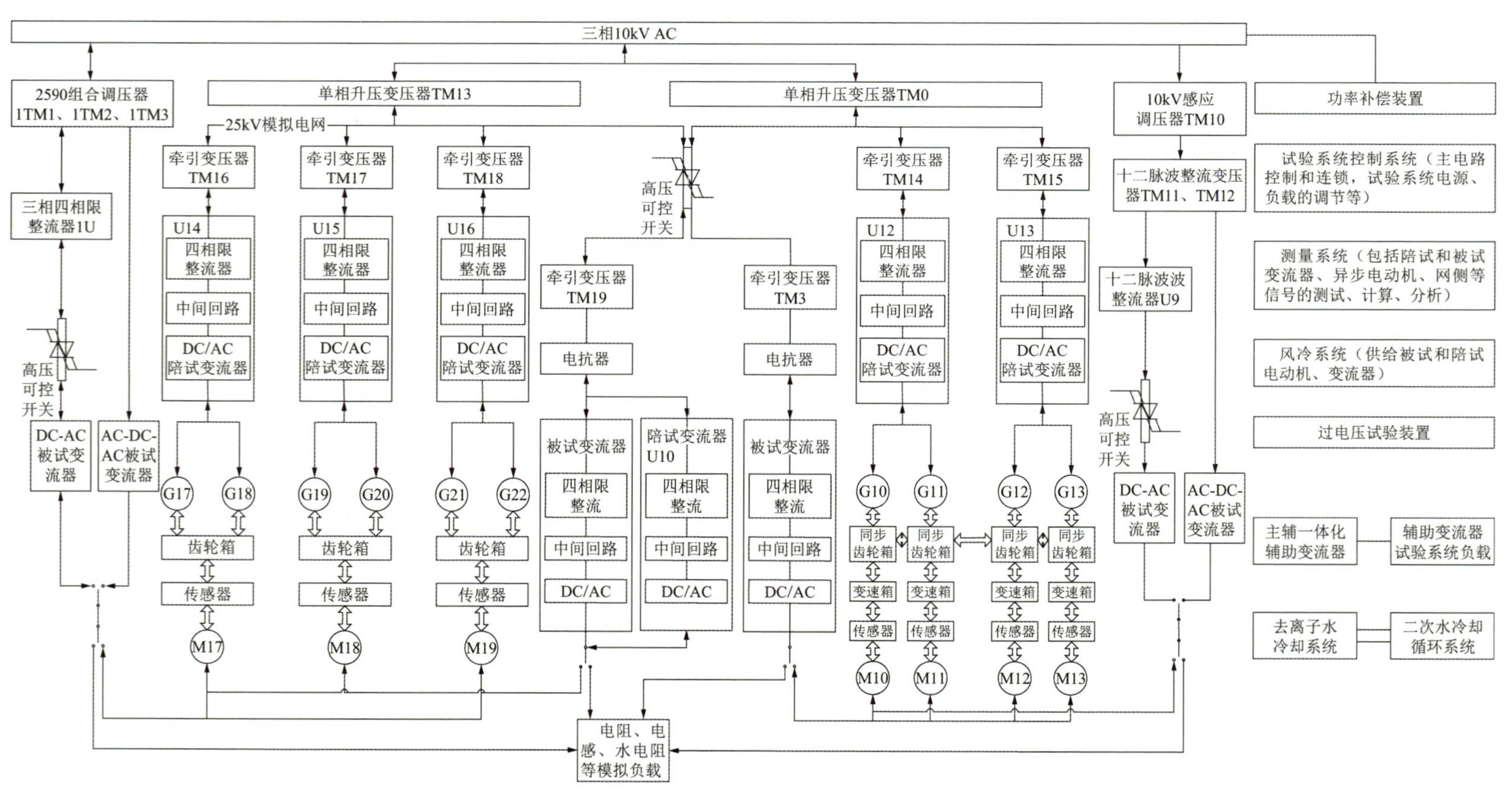

图16-3　牵引动力地面综合试验系统电气框图

厚积薄发，经过几代人的艰苦努力、技术的迭代升级，牵引变流技术在"中华之星"上创造了一个新的里程碑。2002 年 8 月，4 台 TEP28WG01 型牵引变流器在完成地面试验之后，在"中华之星"动力集中动车组上装车应用。该变流器设计容量为 3500kVA，可直接驱动 2 台 1200kW 的异步牵引电机，能满足 270km/h 高速列车运营需要，整个牵引变流器具有结构紧凑、简洁实用、安全可靠等优点。其性能参数与国外同类先进的 GTO 水冷牵引变流器相当。

四、结语

"中华之星"动车组运行考核和载客运营中，牵引变流器工作状态一直良好，各种试验和现场运行都说明牵引变流器不管在技术性能还是可靠性方面，都达到了预期目标。牵引变流器攻克的一系列关键技术，为我国后来的交流传动技术发展奠定了基础，使我国的交流传动技术向实用化和工程化迈进了坚实的一步。其直接产品已应用到走出国门的哈萨克斯坦电力机车上。其变流器设计技术也延伸到后来的一系列大功率 IGCT 和 IGBT 产品上。如今已广泛应用在了各种交流传动机车、动车、城市轨道交通牵引变流器、冶金轧钢主传动变流器、大功率风电变流器中。所研发的水冷技术也逐渐发展成熟，水冷 + 内循环风冷技术如今已成为牵引变流器散热设计的主流技术。

"中华之星"研发过程所取得的自主创新成果，使中国高速列车牵引动力系统技术登上了一个新台阶，从"中华之星"到"复兴号"，自主创新让我们不断跑出新的速度，铸就新的辉煌。

“中华之星”异步牵引电动机研制

李益丰
时任株洲电力机车研究所电机技术有限公司高级工程师
现任中车株洲电力机车研究所有限公司正高级工程师

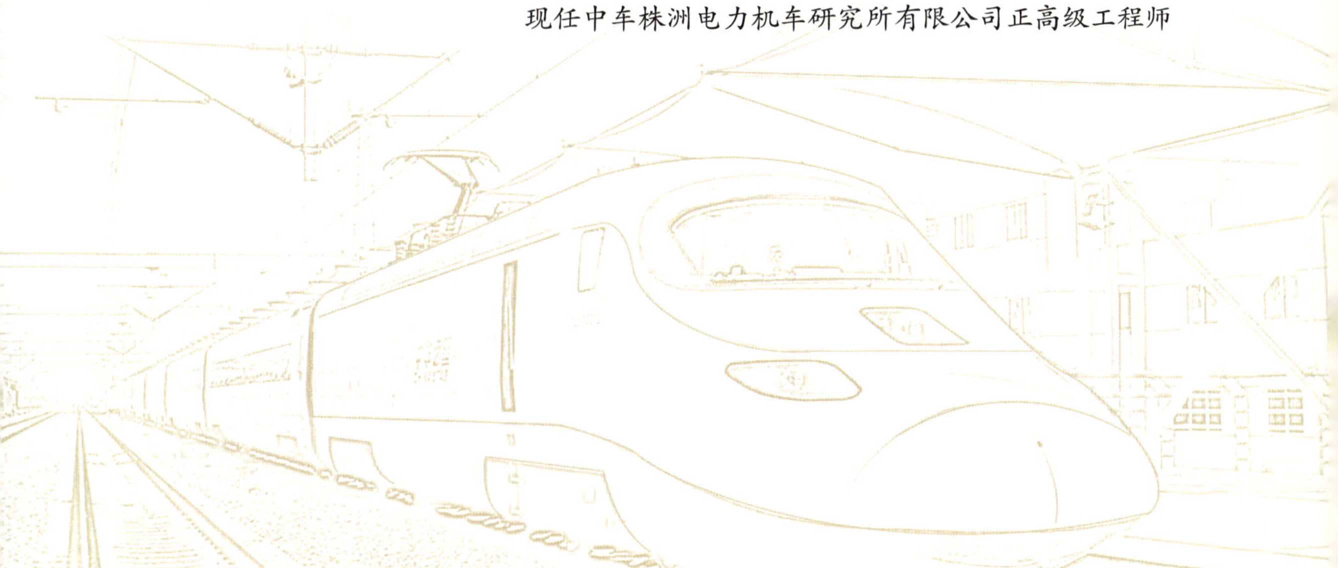

秦沈客专

秦皇岛站
山海关站
绥中北站
葫芦岛北站
锦州南站
盘锦北站
台安站
辽中站
皇姑屯站
沈阳北站

“中华之星”电动车组有一关键部件，它就是牵引电动机。牵引电动机可称为高速列车的“心脏”，它将电能转换成机械转矩，并通过齿轮箱传递到车轮，产生所需的牵引力，给高速运行的列车提供强劲的动力。

牵引电动机经历了三次技术迭代。第一代为直流牵引电动机；第二代为异步牵引电动机，也是目前列车电动机的主流选择；第三代则是永磁同步牵引电动机，代表着这一领域的发展方向。

第一代直流牵引电动机带换向器，存在可靠性差、维护工作大、功率密度较低的问题。20 世纪 70 年代起，以 BBC 公司和 Siemens 等公司为代表的国外企业，率先进行结构相对简单、可靠性高的异步牵引电动机的研究，并开发出了商业运行的电机。

尽管异步牵引电动机结构简单，工业上普遍应用的定速运行异步电动机设计理论也比较完善，但作为车载应用的由逆变器供电调速的异步牵引电动机却因具有很多特殊性而成为设计冷门。这些特殊性包括运行环境恶劣、振动冲击大，电动机功率大、功率密度更高、转速更高等，给异步牵引电动机的研究与设计带来诸多挑战。

多年前，国外企业对核心的、成体系的技术讳莫如深、秘而不宣。为了掌握异步牵引电动机的关键技术，我国从 20 世纪 80 年代初开始，两代研究人员进行了艰苦的探索，突破了异步牵引电动机一个又一个的技术难关。其中 2000—2002 年由株洲所主持开发的“中华之星”高速列车用 JD128 异步牵引电动机就是这一技术发展上的重要突破。

JD128 异步牵引电动机研制，是当时铁道部支持开发的科研项目之一。它的研制成功不仅仅是研究团队 3 年努力的结果，也是以株洲所以高培庆为代表的技术人员在异步牵引电动机研发领域近 20 年的技术攻关和长期积淀的结晶。

在 JD128 异步牵引电动机开发之前，株洲所前后开发了 21 款异步牵引电动机，包括试验用 300kW 异步牵引电动机，为西南交通大学承担的铁道部科研项目——空心轴式高速转向架研制所用 1225kW JD1s05 异步牵引电动机，为西南交通大学承担的铁道部科研项目——万向轴式高速转向架研制所用 1025kW JD106 异步牵引电动机，AC4000 交流电力传动机车用 1025kW JD103

异步牵引电动机，“先锋号”动车组用300kW JD116异步牵引电动机和“奥星”机车用JD121异步牵引电动机等。这些异步牵引电动机的研制为JD128异步牵引电动机的成功开发奠定了良好的基础。

图17-1　JD128异步牵引电动机

JD128异步牵引电动机的研制，凝聚着电机研究团队攻坚克难的心血。这段奋斗历程和关键技术攻关的艰辛，值得回忆和纪念。JD128异步牵引电动机式样见图17-1。

一、集腋成裘，摸索出牵引电机设计方法

以电磁计算程序和与牵引系统的匹配技术为基础的设计方法是开发异步牵引电动机的关键。

研究团队从1983年开始以开发的22kW变频异步电动机为研究载体开展基础理论研究。在编制异步牵引电动机的电磁计算程序以及探索异步牵引电动机的设计方法时，研究团队几乎是“白手起家”。没有系统的经验，也没有现成的商业软件。为了获取相关知识，研究团队成员利用当时株洲所图书资料较多和多语种翻译人员的优势，收集了大量英、德、日、法资料。搜集到这些碎片化的知识后，通过研究深化，大家梳理形成系统化的异步牵引电动机的知识体系。

为了验证计算程序的正确性，研究团队不放过每一次电机研制后的试验，深入试验现场，在测试条件不太完善的条件下，尽量获得一手数据。特别是为了测量逆变器供电异步牵引电动机各次谐波下的电流和损耗，1998年自主开发出ZPM100非正弦电量测试系统，并利用该测试系统采集了大量的数据进行分析研究。通过小功率37kW电机、中小功率300kW电机、大功率1025kW电机和1225kW电机等多款电机的试验验证、反复迭代，逐渐编制了功能完善、计算精度较高的电磁计算程序，为异步牵引电动机的研制奠定了坚实的基础。

针对异步牵引电动机的特殊性，研究团队紧盯每个技术细节，随时保持

技术的敏锐与思考。1994 年左右，研究团队在与 ABB 的技术交流会上，偶然获得一张国外的异步牵引电动机的外形图,研究发现了外形图中一个细节：在转矩基本相同的条件下，与齿轮匹配的轴伸长度和过盈量都大很多。可是当询问外国专家的原因时，对方则笑而不语。该问题一直萦绕脑海，却始终得不到很好的解答。为了解决某一个问题，研究团队系统学习了高景德院士 20 世纪 60 年代编制的《交流电机过渡过程和运行方式的分析》，并从该书的一段文字中找到了“灵感”，进一步推导出适合异步牵引电动机突然短路转矩公式。

株洲所基于自主开发的设计方法研制的异步牵引电动机，也应用在了外国公司主导的牵引系统上。比如在 DF8CJ 交流传动内燃机车采用的 Adtranz 公司牵引变流系统、NJ1 交流传动调车机车采用的三菱公司牵引变流系统中，所配套的牵引电动机，都是由株洲所开发的。由株洲所开发的这两款异步牵引电动机参数计算的准确度和牵引逆变器的良好匹配关系，得到了当时的 Adtranz 公司和三菱公司的高度认可和良好评价。

二、攻坚克难，破解特殊轴承技术关键

在 JD128 异步牵引电动机研发中，轴承技术的攻关也是一大关键。

轴承是牵引电动机最为娇贵的部件。当轴承发生故障时，轻则引起牵引电动机定转子损伤，重则引起牵引电动机轴承固死而发生机车车辆擦轮的严重故障。

与上一代的直流牵引电动机相比，异步牵引电动机为了降低电动机的体积、重量，故轴承转速较高。JD128 异步牵引电动机的最高转速接近 4000r/min，而电动机的功率达到 1225kW，高转速、高功率的设计要求给平衡转速和负荷的轴承选型、轴承润滑和密封带来巨大的挑战。

传动端轴承采用的是齿轮箱的润滑油润滑。油润滑轴承系统润滑油的选择、进油量和如何防止润滑油进入电机内部污染电机成为一个新的课题。为选择出既适合牵引电动机轴承润滑和冷却又适合齿轮箱润滑和冷却的润滑油，研究团队与齿轮箱研制单位—戚墅堰机车车辆工艺研究所齿轮箱开发团队联合攻关，经过大量的试验和比较，选择出热稳定性好、润滑性能良好的

优质润滑油。

为解决轴承密封问题，研究团队设计了 10 余种方案，以 JD128 异步牵引电动机样机为载体，反复试验和模拟，通过搭建“土台子”不断验证方案，在现场不分昼夜测试数据、作调整。一个方案不行，推翻重来，大家继续讨论。由于工作时的忘我投入，每当离开试验现场时，大家的手上、衣服上，甚至是脸上总会留下了斑斑的油污。

如此反复试验了大约 3 个月，终于摸索出适合该电机运行的进油量和密封结构。所取得的研究成果也为后续高速异步牵引电动机的轴承系统设计提供了第一手资料和经验。

三、迎难而上，突破焊接难题实现轻量化

研发 JD128 异步牵引电动机的另一大难点，还有“中华之星”对它提出的轻量化要求。

为实现良好散热和轻量化，就是采用无机壳定子铁心机构。当时，国外公司在异步牵引电机上已经应用了无机壳定子铁心结构，但国内没有相关工程实施经验，异步电机界也没有先例，尤其是如何降低焊接应力和焊接变形，不得而知。

当时株洲所缺乏焊接方面的专家，为了破解这个问题，研究团队走访了当时哈尔滨焊接研究所，那里的专家给出了宏观上的破解思路与方向。同时，研究团队也到上海电机厂专门调研无机座直流电机焊接工艺。回到株洲后，大家结合研发需要讨论方案。方案一出来，个个守在现场做测试，测试不行就重新再讨论新方案，新方案出来又赶去现场做试验。如此反复，不断用失败累积起成功的可能与胜算。通过尝试多种焊接工艺和焊接应力消除的方法，终于基本掌握无机壳定子铁心的结构设计原则和焊接方法。JD128 异步牵引电动机定子见图 17-2。

图 17-2　JD128 异步牵引电动机定子

四、潜心研发，材料工艺助力性能提升

早在 1997 年株洲所承担了铁道部科研项目“高速试验列车异步牵引电动机新材料及结构的研究”（97J02），开展牵引电机转子铜材和 200 级耐电绝缘结构新材料、新工艺的攻关，在“先锋号”动车组上用 300kW JD116 异步牵引电动机取得成功，为 JD128 异步牵引电动机的成功研制打下了良好基础。

绝缘系统是保证带电的电机导体与机座隔离的一系列绝缘材料的组合，直接决定牵引电机的性能和可靠性。20 世纪 90 年代，国外牵引电动机就采用了热分级为 200 的绝缘系统，而我国当时局限于绝缘材料，只有热分级为 180 的绝缘系统。较低热分级的绝缘系统影响了电机功率密度的提升。

当时，逆变器供电会对电机绝缘系统产生影响还没有引起足够重视，研究团队从一次会议上得出逆变器供电的电梯电机经常发生绝缘失效的现象，敏感地意识到逆变器供电会对异步牵引电动机绝缘产生损伤。而又从一次偶尔的交流中，获悉杜邦公司已开发出耐电晕聚酰亚胺薄膜。为此，研究团队联合杜邦公司、时代绝缘公司和相关电磁线生产厂家，在绝缘专家蔡彬芬的带领下结合异步牵引电动机的特点，围绕“提升绝缘系统热分级、提升耐电晕性能”开始进行异步牵引电动机绝缘系统的研制。经过 3 年努力，开发出具有当时国际水平的耐电晕匝间绝缘的电磁线、耐电晕云母带和浸渍漆 3 大绝缘制品，并建立了其相应的工艺体系，于 2000 年构建了具有自主知识产权的 200 级耐电晕绝缘系统。该绝缘系统也在 JD128 异步牵引电动机得到进一步实施。

200 级耐电晕绝缘结构的应用，使我国异步牵引电动机在这一领域的水平与先进国家相当，之后进一步解决了异步牵引电动机定子的发热与温升等一系列问题。

异步牵引电动机专用铜合金，或者说高强度铜合金及其转子焊接工艺，是新材料和工艺上的又一大突破。

采用鼠笼转子的异步牵引电动机具有结构简单的优点。在异步牵引电动机中，为获得较好的一致性和强度，一般采用铜排转子。尽管铜排转子在工业电机中得到应用，但与工业电机相比，异步牵引电动机具有更高的转速、

更高的温度，特别是当由逆变器供电时，会产生较大的脉动转动。因此，以转子断条为基本故障模式的故障极大影响异步牵引电动机的可靠性。

针对国外异步牵引电动机转子导条在运行中断条的惯性故障，研究团队开展了专用铜合金及其焊接工艺的研究和攻关。

当时国内的转子导条和端环材料只有电导率高但强度较低的 T2 铜，或者只有电导率低但强度较高的黄铜。以适当降低电导率而大幅度提升转子导条和端环的强度（尤其是高温强度）为出发点，研究团队联合当时的中南工业大学（现并入中南大学），首次在国内开发出高强度铜合金转子端环、转子导条和护环材料。基于该技术，编制了相应的国家标准。实践表明，专用铜合金不仅能解决转子导条的电阻率问题，更重要的是解决了导条在较高温度时的机械强度问题。在铜母材中添加多元微量元素来改进合金共溶体中的晶格结构与晶粒之间的引力，增强了合金在高温下抗软化的能力，能有效提升转子的可靠性。

为掌握异步牵引电动机高可靠性转子导条和转子端环的焊接工艺，研究团队也进行了艰苦却富有成效的研究探索工作。

尽管在 1992—1994 年，在研制 AC4000 用异步牵引电动机时，株洲所利用该电机在与上海电机厂试制中，在铜条转子焊接工艺取得了一些经验，但在株洲所自己进行转子焊接时遇到巨大的困难。没有中频感应焊机，就利用中频整体感应焊接能消除焊接应力的原理，自主开发了气体整体焊接的钎焊设备，并利用该土法设备，摸索出防止铜条和端环高温软化而降低强度的较低焊接温度的焊接工艺及焊接质量的初步评判方法。

图17-3　JD128 异步牵引电动机转子

JD128 异步牵引电动机转子见图 17-3。

五、结语

JD128 异步牵引电动机的开发成功是研究团队厚积薄发的结果，标志着我国基本掌握了中大功率异步牵引电动机设计、制造和试验的一整套技术，也再次证明，任何创新都离不开脚踏实地的实践和日积月累的技术沉淀。

通过自主掌握的设计制造等技术，我们研制出了性能优异的异步牵引电机。JD128 异步牵引电动机为 4 极强迫通风的铜条转子的牵引电机，其基本参数为：额定功率 1225kW，额定电压 2028V，额定转矩 7660N · m，最大转矩 10440N · m，最高转速 4000r/min，重量 2160kg。该电机于 2000 年开始研制，2002 年 1 月完成试制试验。试验结果完全满足预定指标和I《电力牵引铁路和公路车辆用旋转电机　第 2 部分：电子变流器供电的交流电动机》（EC 60349-2），总体技术水平达到当时的国际先进水平。

JD128 异步牵引电动机的成功研制和异步牵引电动机设计方法等关键技术的突破具有重要的意义和价值。其不但为"中华之星"提供了"心脏"，而且在攻克关键技术过程中，培养了一批研究设计异步牵引电动机的高级人才。攻关过程中所掌握的核心技术，为后来异步牵引电动机的引进消化和国产化奠定了坚实的技术基础。与此同时，还为第三代牵引电动机——永磁同步牵引电动机的开发创造了条件。

18

CHAPTER

记综合试验中的噪声振动试验

辜小安

时任铁道部科学研究院环控劳卫研究所副研究员

后任中国铁道科学研究院集团有限公司节能环保劳卫研究所研究员

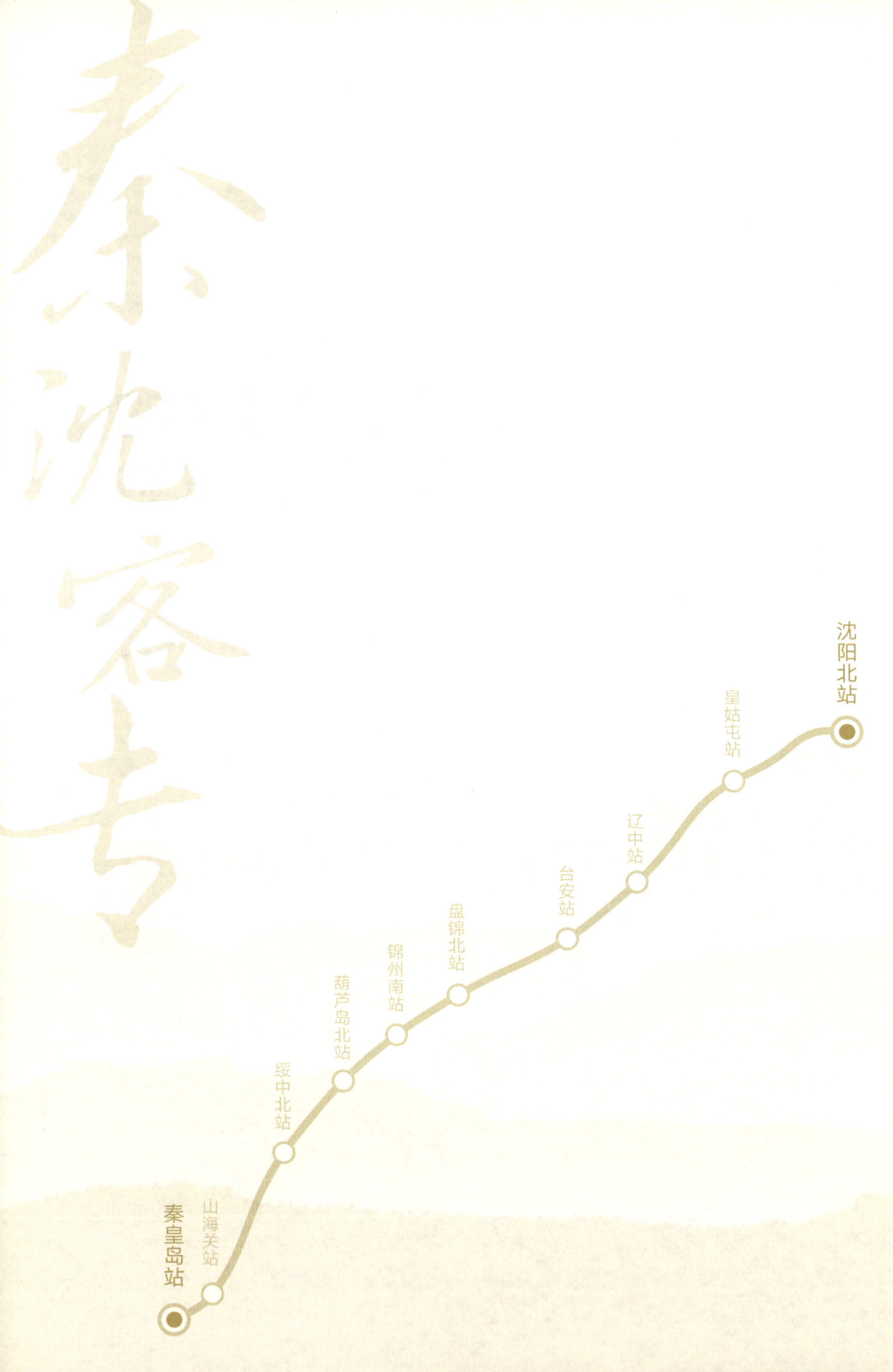
秦沈客专
沈阳北站
皇姑屯站
辽中站
台安站
盘锦北站
锦州南站
葫芦岛北站
绥中北站
山海关站
秦皇岛站

2022年夏日，当我站在中国铁道博物馆里陈列的“中华之星”高速动车组前，端详着这列20年前在秦沈客运专线试验中飞驰而过的，我国自主研制并拥有自主知识产权的第一列动力集中型高速电动车组时，一种亲切感、自豪感顿时涌上心头。20年前，为了解中国第一条设计时速200km以上客运专线噪声振动影响，验证秦沈客运专线上自主创新设计、建造的减振降噪措施及声屏障措施应用效果，我曾有幸作为秦沈客运专线综合试验组中的噪声振动专业负责人，登乘这列崭新的动车组，进行车内噪声振动试验，并率铁科院节能环保劳卫研究所（简称“环保所”）20余人的团队，在线路两侧开展车外不同线路、不同速度条件下的噪声振动源特性和传播规律试验。在秦沈客运专线上，留下了我青春的脚步，更留下了与铁科院试验团队并肩作战的美好回忆。能参与中国高速铁路首次综合试验，是我珍藏于心间最宝贵的精神财富。

2002年2月，在秦沈客运专线第二次综合试验前，我参加了由铁道科学研究院主持召开的试验前期启动会，会上王忠文副院长对本次试验的前期准备工作提出了各项具体要求。要求各所制定试验大纲、编制试验计划、调试试验设备、安排试验人员、做好后勤保证等各个环节，充分做好试验前的各项准备工作，确保各项试验工作能有序开展，以获得准确的试验数据，向铁道部提交一份合格的答卷。

在铁科院的统一领导下，环保所领导高度重视，所内组成了噪声振动试验团队，调配了国内当时最先进的噪声振动测试设备。20年前，高速铁路噪声影响问题对我国还是一个全新领域，对高速铁路噪声产生机理、影响特性、控制技术、危害程度几乎一无所知。尽管环保所科研工作者从文献资料上可查到少量有关国外高速铁路噪声相关的文献资料，并得知高速铁路噪声问题已成为高速铁路发展的制约因素，却无从了解国外相关的关键技术。由于无现成的评判标准、测量方法可遵循，因此在秦沈客运专线综合试验中，应该如何建立起一套完整的测试技术，才能准确掌握属于我国自主研制的高速铁路噪声特性，是摆在试验团队面前的首要问题。此外，还需要根据测试数据，回答高速铁路噪声影响是否可控、措施是否有效、是否会成为制约高速铁路速度提高的瓶颈等问题。试验团队深感责任重大。

由于高速铁路噪声涉及车辆、轨道、桥梁等多专业内容，试验团队在前期准备工作中，不仅要深入研究试验区段创新性的轨道、桥梁、动车组等相关设计资料，还要研究试验区段所采取的自主创新、设计、建造的轨道减振及声屏障工程参数。就这样，在探索中，通过前期技术研究及现场踏勘，试验团队最终确定了在石河2号特大桥、沙河特大桥区段设置噪声振动源强及传播规律测试断面，在穆家屯、万家屯设置桥梁路基声屏障测试断面，以了解秦沈客运专线动车组高速运行时噪声振动特性及所采取的减振降噪措施实际应用效果。

确定试验断面后，针对不同测试目的应采取怎样的试验方法，是我们在前期准备中更为重要的一环。20年前，我国只有针对既有普速铁路噪声振动测试的测试规范，对于高速铁路噪声振动测试方法尚属空白。由于高速列车试验通过测点位置仅持续2~3s的时间，如何准确捕捉到相应的噪声振动时域频域信号，准确反映高速铁路的噪声振动源强、传播特性、声屏障降噪效果，是我们在前期试验准备中最为关注的问题。我们查阅了当时所能查询到的国内外噪声振动文献资料，研究了声振信号处理中的关键参数，分析了当时既有的噪声振动测试仪器性能，最终研究确定了秦沈客运专线中高速铁路噪声振动测试方法。对于桥梁区段噪声测量如何将传声器升高到20m以上的高度，也是我们在前期准备过程中需要重点解决的难题之一。试验团队先期在铁科院院内空旷地上，试验了各种架杆及固定方式，最终找出最为快速、稳固的方式，该测试方法一直沿用至今，如图18-1所示。

图18-1　行车区段架杆进行噪声测量

2002年9月初，我和铁科院的技术人员提前到现场踏勘，确定具体测点布置方案。当我们来到石河2号特大桥断面时，只见拟测试断面两侧长满了茂盛的玉米和高粱，为了准确得到高速动车组运行时环境噪声源特性及传播规律，需要测点周围至少50m范围内没有任何障碍物的影响。

同来现场踏勘的铁建所两位研究员，主动出面联系农田的主人，协商通过补偿的方式，提前收割平整出 200m^2 的噪声测试场所，保证了环境噪声试验的环境条件。试验前，铁建所所长还协助解决了噪声测试仪器所需电源（发电设备）等问题，使噪声振动现场测试试验得以顺利开展。在铁科院统一调度指挥下，参与这次大型试验，让我们深刻感受到了团队协同作战的力量和铁科院大家庭的温暖。

忘不了，在秦沈客运专线试验中，还常因遇到各种技术难题而困惑。记得有一次我在试验动车组上进行车内噪声振动测试时（图 18-2），无法解释测得的某些数据，便向铁科院首席研究员黄强请教，他不仅就我所提的问题作出深入浅出的解答，还将相关问题一并作了说明，让我切身感受到了铁科院老专家深厚的技术功底和严谨的治学学风。

图 18-2 在试验动车组上进行车内噪声振动测试

试验期间的每个晚上，铁道部王麟书总工程师会主持现场会议，各参试单位代表参加。印象特别深刻的是，每当王总听完当日试验数据汇报，要决定后续试验内容前，总会先听取包括刘友梅院士在内的相关技术专家的意见，然后再综合判断决定，我被领导这种尊重科学、尊重人才的工作作风所感动。

当试验动车组按 160km/h，180km/h、200km/h、210km/h、220km/h、230km/h、240km/h、250km/h，260km/h、270km/h、280km/h、290km/h、300km/h，310km/h、320km/h 等速度档，逐级提速跑出 321.5km/h 时，我们和全体参试团队，在噪声振动测试试验的同时，也有幸在现场见证了中国铁

路历史上首次跑出 321.5km/h 最高试验速度。此刻大家觉得试验期间每天的早出晚归、每天的风吹日晒、每天的盒饭充饥、每天的熬夜数据处理等等辛劳都是值得的，大家为能见证中国铁路这一历史性的时刻而骄傲。

在秦沈客运专线综合试验噪声振动测试分析数据的基础上，我们首次掌握了我国自主创新的秦沈客运专线在试验速度最高为 321.5km/h 时的噪声振动影响特性，对秦沈客专采用的轨道减振、声屏障工程减振降噪效果取得了第一手资料，通过与国外高速铁路噪声振动数据对比分析，我们了解到了差距，在此基础上，我们除了完成《秦沈客运专线综合试验研究报告》中的噪声振动特性、传播特性、声屏障降噪效果等试验数据的统计分析结论外，还依托该次综合试验，完成了科研课题《提速与高速列车减振降噪技术应用研究》的研究报告，首次提出了高速列车减振降噪技术、线路及轨道减振降噪技术以及声屏障措施等噪声振动源控制思路建议。同时，为配合京沪高速铁路前期研究方案，提出了《京沪高速铁路环境噪声建议限值》等关于高速铁路环境噪声建议标准和需要进一步关注我国高速铁路噪声振动控制技术的结论和建议，这对后续我国高速铁路的可持续发展，都起到了积极的作用。

回首往事，深感自己是多么幸运。我们这些参与秦沈客运专线建设的铁路人，亲历了中国高速铁路的起步。因为有了“中华之星”动车组 321.5km/h 最高试验时速的噪声振动测试数据和所建立的试验方法，才有了后续的京津城际铁路、京沪高速铁路、武广高速铁路等历次高速铁路综合试验噪声振动专题试验的顺利实施。正是在秦沈客运专线试验中，环保所首次取得我国高速铁路试验噪声振动源强及传播特性大量的试验数据，奠定了坚实的基础，才有可能在 2004 年的《京沪高速、京津城际引入北京南站方案环境影响分析》中，定量分析四线、双线引入北京南站方案的环境影响程度，从噪声振动影响角度为铁道部决策京沪高速铁路、京津城际铁路东西双线引入北京南站方案提供技术依据。在秦沈客运专线试验数据的基础上，铁科院在 2006 年起草并由铁道部发布了《铁路建设项目环境影响评价噪声振动源强取值和治理原则指导意见》（铁计〔2006〕44 号），该文中有关高速铁路噪声振动源强数据的确定，为统一我国《中长期铁路网规划》中的建设项目环境影响评价工作，发挥了重要的指导作用。

19

CHAPTER

秦沈客运专线线下工程技术创新回顾

韩自力
时任铁道部科学研究院铁道建筑研究所副所长
现任中国铁道科学研究院集团有限公司铁道建筑研究所所长

秦　菊
中国铁道科学研究院集团有限公司铁道建筑研究所副研究员

王立军
中国铁道科学研究院集团有限公司铁道建筑研究所研究员

徐　旸
中国铁道科学研究院集团有限公司铁道建筑研究所副研究员

葛　凯
中国铁道科学研究院集团有限公司铁道建筑研究所研究员

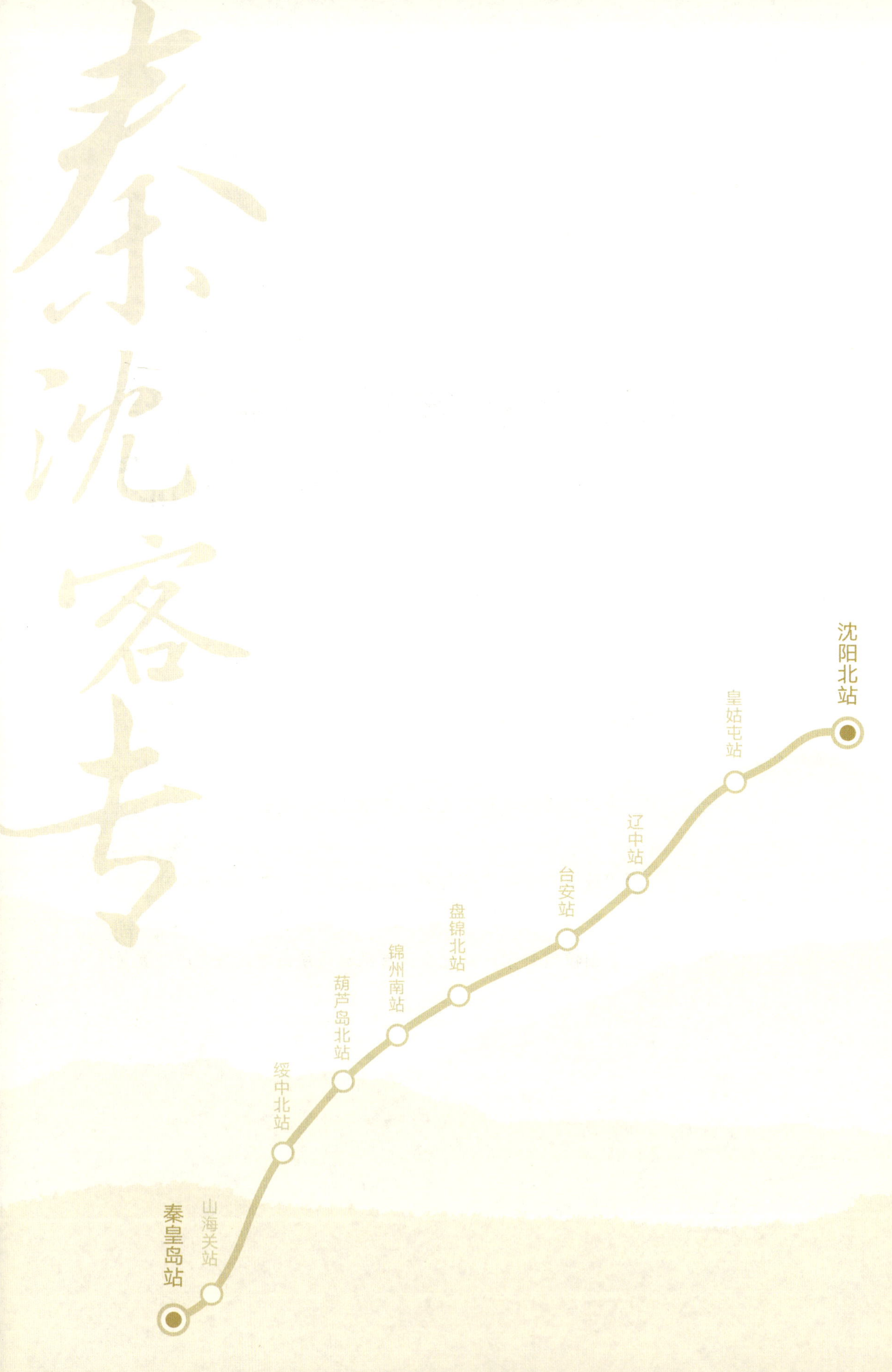
秦沈客专
沈阳北站
皇姑屯站
辽中站
台安站
盘锦北站
锦州南站
葫芦岛北站
绥中北站
山海关站
秦皇岛站

一、路基

（一）路基概述

秦沈客运专线是我国修建的第一条设计时速 200km 以上的客运专线，全长 404.6km，路基约占全线总长度的 60%，其中 66.8km 长的综合试验段设计时速为 300km。为了保证列车高速、舒适和安全运输旅客，路基必须具有足够的强度、刚度及稳定性。而 1985 年版《铁路路基设计规范》中的设计标准较低，且运营线路存在不同程度路基沉降，路基病害多，难以适应列车高速运行，需要在路基结构、过渡段结构、沉降控制、填料及压实标准等方面采用新的设计理念和标准。

为研究高速铁路路基技术，国家“八五”期间立项科技攻关项目“高速铁路路基技术条件研究”和“高速列车作用下地基弹塑性与刚度研究”，国家“九五”期间立项科技攻关项目“高速铁路软土地基工后沉降标准的研究”及“高速铁路路基稳定性及变形控制值的研究”“京沪高速铁路路基结构形式及填料改良优化”等，对高速铁路路基动力性能、基床结构、填料、地基处理、沉降控制等进行系统和深入的研究，并提出了相应的建议。

秦沈客运专线作为我国高速铁路路基技术的首次工程实践，采取强化路基基床结构；基床表层首次采用级配碎石，基床底层采用性能良好的 A、B 组填料，并确定相应的压实标准；对工后沉降标准提出具体限值，在施工过程中施行动态设计，并建立变形观测系统，动态监测、评估，确保路基工后沉降满足要求；对过渡段进行系统设计与试验，确保了过渡效果。

（二）关键技术

高速、舒适、安全运送旅客是客运专线的主要特点。要达到这一目标，必须确保轨道结构几何尺寸的高度平顺性和稳定性，而这依赖于给轨道结构提供强度高、刚度大且纵向变化均匀、长久稳定的路基。通过对路基基床结构形式填料及压实标准、过渡段结构形式、沉降控制及评估等进行大量科学研究及试验验证，确定了设计参数及控制标准，保证路基质量。

1. 高速铁路（客运专线）路基结构控制原则及设计方法

为保证路基工程能够满足列车对平顺性的要求，需要强化基床结构，使基床结构在列车动力作用下保持良好的服役状态，特别是基床表层。基床表层是路基直接承受列车荷载的组成部分，基床表层不但给轨道提供了一个坚实的基础，同时也对其下的土路基提供保护，因此基床表层必须有足够的强度和刚度，同时还要有稳定性和耐久性；确定路基基床结构形式，需要掌握列车荷载作用下基床表面动应力的分布及沿深度的变化规律，掌握不同填料特性，建立基床结构设计的控制原则与计算方法。

根据“八五”“九五”国家科研攻关项目“高速铁路路基技术条件的研究”“京沪高速铁路路基结构形式及填料改良优化”等课题研究以及铁道部科学研究院环行线、大秦线、广深线、京秦线等线路的路基面动应力实测资料，路基面动应力幅值是与列车速度、轴重、机车车辆状态有关的随机函数，结合理论计算，获得了路基面荷载分布形态以及随车型的变化规律，确定了动应力的计算方法，提出了动应力在路基面的分布规律和动应力沿路基深度的衰减规律，为基床厚度的确定提供了依据。

基床厚度一般按列车荷载产生的动应力与路基自重应力之比≤1/5 的原则确定。因为当动静应力比≤1/5 时，列车荷载的影响很小。考虑到路基填料与填筑压实标准均较高，当深度在 2.4～2.5m 时，动静应力比≤1/5，基床厚度定为 2.5m。

基于现场实测与理论分析，提出控制基床动应变的基床结构设计方法，基床表层厚度不仅与线路的行车条件、线路等级有关，还与基床底层的材质与模量有关，通过确定荷载水平与填料特性，确定基床表层厚度为 0.6m，这一方法比较符合现场实际，比以前提出的允许变形（3.5mm）更合理。

通过“土工合成材料加筋技术试验研究”课题，在室内进行 1∶1 大比例动态模型试验，在现场采用土工格室加强基床表层、采用二布一膜封闭基床底层，并进行试验验证，证明了土工合成材料在高速铁路路基的应用效果，为基床表层刚度不足及底层填料不良提供了新的解决方案。

2. 过渡段结构形式及控制措施

铁路线路是由不同特点的结构物（桥、隧、路基等）和轨道结构构成的，这些结构在强度、刚度、变形等方面都有很大的差异，因此，在路桥、路涵、路堤与路堑等相连地段，纵向轨下基础刚度的变化必然影响路基-轨道-车辆系统刚度的均匀性，导致高速铁路（客运专线）系统振动的加剧，也加大了对轨下基础的动力作用，影响高速行车的平稳和安全。1985 年版的《铁路路基设计规范》未对过渡段的设置提出具体要求，需要通过研究及试验明确过渡段的结构形式、填料类型及压实标准、地基处理方式等。

在“九五”期间立项的“高速铁路路基与桥梁过渡段技术措施的研究”中，通过对国外过渡段处理措施的调研、动力学仿真分析及现场调查等手段，对过渡段的结构形式、填料及压实标准、地基要求及施工方法提出了具体建议，在秦沈客运专线中付诸工程实践并进行试验验证。

现场路桥过渡段采用了 3 种设置方式，多数过渡段设置为级配碎石填筑，试验性过渡段采用土工格栅加筋土路堤方式，在软土路基地段采用了台尾设置钢筋混凝土搭板的方式，纵断面形式全部为倒梯形。在软土及松软地基地段路桥过渡段采用粉喷桩、水泥搅拌桩、旋喷桩、砂桩、碎石桩等方式处理。通过研究确定了不同过渡段的设置原则、结构形式、过渡段填料及压实标准、施工工艺等。

秦沈客运专线选取了 8 个试验工点进行检测及试验，包含 6 个路桥过渡段和 2 个路涵过渡段，主要进行施工工艺及质量检测、路基沉降观测、实车运行条件下的动应力、动位移和加速度测试，提出了适宜的施工工艺及控制方法，得到了过渡段范围内动应力、动位移和加速度的幅值范围及分布规律，对过渡段进行了评价，验证了过渡段的设置效果。

3. 路基沉降控制及评估方法

列车高速运行对线路的平顺性有严格的要求，而路基沉降将影响线路高平顺性，软土及松软土地基的沉降问题尤为突出，在此类地基上修建路基，应将其工后沉降量和沉降速率控制在允许范围内，使其不影响列车高速、舒适、安全的运行。

我国铁路路基相关设计规范中，1985 年版《铁路路基设计规范》未对路基工后沉降提出控制要求，1992 年版《铁路特殊土路基设计规则》对I级铁路一般地段软土路基工后沉降控制标准为 500mm，这一标准无法适应于高速铁路（客运专线）。为保证列车高速安全运行，“八五”及“九五”期间通过“高速铁路软土路基工后沉降标准的研究”“高速铁路路基稳定性及变形控制值的研究”等课题对路基的累积变形进行了系统的研究，对沉降影响因素、发展规律、控制标准及地基加固措施等提出了相关建议。秦沈客运专线设计中首次提出时速 200km 线路路基工后沉降控制标准，一般地段不应大于 15cm，桥台台尾过渡段路基工后沉降不应大于 8cm，沉降速率应小于 4cm/年。

为满足工后沉降的控制标准，在试验区段采用了 3 类 6 种地基处理措施进行试验验证，第一类是半刚性桩复合地基处理措施，为水泥搅拌桩和水泥粉喷桩；第二类是挤密桩复合地基处理措施，为砂桩和碎石桩；第三类是排水固结地基处理措施，包括袋装砂井和塑料排水板。共设置 12 个试验断面，对地基沉降、侧向位移、孔隙水压、格栅受力等进行测试，并通过荷载试验、静力触探、动力触探、标准贯入、钻探取芯等方法进行质量检测。结果表明 6 种地基处理方法均满足沉降控制要求，沉降主要发生在施工期间，半刚性桩复合地基处理措施沉降量最小、造价高、工期短，排水固结法造价低但预压期长，推荐采用e-lg$P$法估算总沉降量。

同时采用土工格栅和土工格室垫层加强地基，在地基表面设置 4 种结构进行效果比对，包括一层格室、一层格栅、两层格栅和无加筋，通过沉降长期观测，沉降量由小到大为：一层格室、二层格栅、一层格栅、无加筋，验证了加筋结构对沉降的控制效果。

采用沉降控制动态设计方法，在软土及松软土路基地段均设置了沉降观测设备，通过观测数据，采用修正指数函数法、修正双曲线法和双曲线法预测工后沉降，并以此来调整施工，保证工后沉降达标。

路基评估主要做了 3 方面的工作，一是铺轨前路基评估，评价铺轨前基床表层级配碎石的各项指标是否符合设计要求，路基工后沉降是否满足铺轨要求，以保证铺轨工作的顺利进行；二是运梁车对基床表层影响的试验研究，评价运梁车荷载对路基表层的影响程度；三是运架梁路基评估，评价运架梁前及运架梁过程中路基的安全和稳定性，以保证运架梁的安全。

4. 填料及压实标准

路基不同部位对填料的要求不同，而作为路基材料的不同土体性能差别较大，需要确定路基不同填料的性能及压实标准，尤其对于基床表层，随着功能的强化，其性能较之以往将大大提升，需提出具体的级配要求与控制参数。鉴于以上情况，需要对大量的土源点取样，进行一系列室内试验与现场试验，掌握各填料的特性与压实性能，确定不同部位填料的控制标准，并提出原状土的改良措施。

1985 年版《铁路路基设计规范》中规定基床表层填料选取 A、B、C 组，优先选 A 组，基床底层填料选取 A、B、C 组进行填筑，以压实系数或相对密度单指标控制压实质量。而在国家“八五”科技攻关项目“高速铁路路基技术条件研究”和国家“九五”科技攻关项目“京沪高速铁路路基结构形式及填料改良优化”等课题中，研究者调研国外基床结构及填料，发现国外高速铁路路基普遍采用强化基床表层结构，通过分析研究提出了我国高速铁路路基填料的选取及压实指标，并在秦沈客运专线进行工程实践，对不同填料的性能和施工工艺进行试验，为高速铁路填料的选取及控制提供基础。

首次采用级配碎石填筑基床表层，通过试验研究表明，粒径配比对级配碎石的质量影响较大，并提出了“四区段”“六流程”的施工工艺，保证了基床表层的质量；其次，通过大量室内及现场试验，提出粉黏土作为路堤基床以下部位填料的适用性判别条件为黏粉比$m \geqslant 0.22$且无侧限抗压强度$qu >$ 170kPa（或黏聚力$c > 60$kPa）。

当粉黏土达不到上述判别标准时，说明该土源可能无法满足填料要求，如果施工地附近难以找到合格的土源，或远运土较就地改良不经济时，应考虑对填料进行改良，改良途径有物理改良和化学改良两种。通过现场比选及试验验证，提出向粉黏土中掺入粗颗粒进行物理改良及采用石灰、水泥、粉煤灰、土壤固化剂及其他无机及有机材料的一种或几种进行化学改良的方法。

为确保工程质量和建设标准，在全线路基大面积填筑施工前，选取有代表性的路基试验段先期开工，确定不同填料的现场填筑工艺和土工试验方法，提出一套从路基基底处理、路基本体填筑到基床表层施工的施工工艺，以及现场控制参数检测方法，为全线的路基施工起示范和指导作用。

（三）小结

秦沈客运专线是我国修建的第一条旅客列车运行最高速度 200km/h 以上

的客运专线，为了保证旅客列车高速运行下的安全性、平稳性和旅客的舒适性，路基专业进行了系统的研究与试验。首次系统地建立了中国高速铁路路基基床结构标准体系，构建了基床结构的控制原则和设计方法，提出了高速铁路路基动应力的计算方法及空间分布规律；首次确立了铁路路桥过渡段、路涵过渡段、路堤与路堑过渡段的结构形式，明确了填料的类型、压实标准及地基处理措施，有效控制了过渡段的刚度与工后沉降，并通过现场试验验证了过渡段的效果；首次建立客运专线有砟轨道路基工后沉降标准及评估方法，并通过动态设计实现了软土及松软土地基沉降的有效控制，提出了路基总沉降的计算方法，通过铺轨前路基评估、运梁车对基床表层影响评价、箱梁运架过程中路基评估等实现对路基适用性的评估；首次构建客运专线有砟轨道路基填料及压实标准体系，对改良土的适用性进行了系统的试验验证，并提出了整套路基填筑施工工艺。路基的成套研究成果为高速铁路路基的设计、施工及研究提供了技术支撑，保证了路基对高速列车运行的适用性，为建立我国高速铁路路基技术体系奠定了基础。

二、轨道

（一）轨道概述

秦沈客运专线是我国自行研究、设计、建设的第一条以 200km/h 以上速度运营的旅客列车专线，轨道结构作为影响列车运营安全的直接因素，是集新技术、新工艺、新材料、新装备于一体的高速铁路关键结构。秦沈客运专线轨道结构的设计和施工研究解决了多项前沿性课题，并取得了一系列对我国高速铁路技术快速发展具有重大意义的开创性成果。

（二）关键技术

1. 高铁大号码道岔技术研究

高速道岔结构复杂，其相互作用机理、计算理论和设计方法是高速铁路设计、施工及养护维修需要解决的核心技术难题。由于各国高速铁路的运输组织方式不同，所以选用的道岔系列及设计参数有一定差异，但本着高速线高安全性和舒适性的原则，新一代道岔的设计技术指标都有所提高。根据研究，控制侧向行车速度的动态极限值、侧向加速度及其随时间变化与速度的关系并非线性，而是速度的二次或三次幂函数，因此，新设计的道岔均以旅客高舒适度作为主要的设计参数，其标准都较普通线路道岔高。在秦沈客运专线建设之前，国内尚未形成系统的高速客运专线道岔技术，亟须在我国已有的提速道岔 12、18、30 号和高速道岔 18、38、41 号研究成果的基础上，吸取国外高速铁路道岔领域最新技术，提出适用于客运专线的道岔系列。

在国内缺乏统一的、规范性的无缝道岔设计理论和相关参数的情况下，通过国外高速铁路道岔调研，国家“八五”“九五”科研立项研究，打破我国高速铁路道岔关键技术瓶颈，成功解决了 18 号和 38 号大号码道岔及道岔群无缝线路设计的技术难题。首次使国内道岔的直向容许通过速度达到了 250km/h 以上。研究设计的高速大号码道岔——38 号道岔，使道岔侧向容许通过速度达到了 140km/h，为当时国内最大号码的道岔。由铁道部科学研究院铁道建筑研究所（以下简称“铁建所”）设计的、在钢轨厂内锻压的特种断面翼轨，不仅提高了翼轨强度，而且为心轨一动接口留出了较大空间，解决了大号码道岔多牵引点转换同步与大号码道岔尖轨伸缩时转换设备卡阻的问题。这一技术成功打破了德国、法国对高速铁路道岔技术的垄断，填补了我国高铁大号码道岔技术空白。

2. 无砟轨道设计及施工技术

随着高速铁路的发展，对轨道平顺性、稳定性要求逐渐提高，传统有砟轨道结构，维修趋于频繁，且作业量大、维修费用随运营时间上升。自 20 世纪 60 年代开始，世界各国铁路相继开展了以整体式或固化道床取代散粒体道砟的各类无砟轨道的研究和应用。但无砟轨道对线下基础沉降及施工精度要求极高。在秦沈客运专线建设前，除长大隧道做过整体道床的试验，国内尚缺乏经验可供借鉴，是亟待填补的系统性技术空白。

通过前期科学研究及秦沈客运专线现场试验验证，揭示了多场条件下高速铁路长桥梁上无砟轨道无缝线路结构系统相互作用机理，建立了桥梁上无砟轨道无缝线路的计算理论及设计方法，形成了一整套板式轨道、长枕埋入式轨道的设计方法、施工设备和施工工艺。自主开发的 CA 砂浆和无级调整垫板等关键技术，首次应用于 3 座大桥上，总长约 2km 的长枕埋入式和板式无砟轨道成功地解决了桥上新型无砟轨道施工技术难题。2002 年 1 月 18 日，由湖北省科技厅组织了技术鉴定，专家评审组一致认为该项技术填补国内空白，居国内领先水平，为我国高速铁路无砟轨道技术的发展奠定了重要的基础。

3. 跨区间无缝线路关键技术

高速铁路要求轨道结构具有高安全性、高稳定性、高平顺性，而将标准长度的钢轨全部进行焊连的无缝线路是保障列车安全、可靠、平稳、舒适运行的关键核心技术，是轨道结构近百年来最突出的改进与创新。高速铁路无缝线路包含了钢轨、扣件、轨枕、有砟道床、无砟轨道等结构匹配技术，车辆动力作用、轮轨关系、与桥梁基础等结构的协调技术以及监测评估、信息化管理等多学科的交叉技术，系统复杂，技术难度大。秦沈客运专线建设前，国内外仅针对低速普通无缝线路（不含跨区间无缝线路）、短桥上无缝线路、小号码道岔无缝化等开展了研究，在高速铁路无缝线路领域的研究存在极大的欠缺。此外，我国地域广阔，不同地区温度变化幅度大，地质条件复杂，河流、公路纵横交错。而无缝线路长度长，必然穿越不同气候带，面临与外界大气环境的适应性技术难题；跨越大江大河，面临与长大桥梁、高架站的协调性等技术难题。这些都是日、法、德等高速铁路国家从未遇到的世界性难题。如果不能较好地解决这些难题，由于温差引起的巨大温度力以及下部基础变形引起的附加力将可能造成轨道几何形位难以保持，引发胀轨跑道、钢轨断裂等，直接影响列车运行安全，甚至导致车毁人亡等重大安全事故的发生。

秦沈客运专线揭示了多场条件下高速铁路长大桥梁无缝线路结构系统相互作用机理，建立了长大桥梁无砟轨道无缝线路的计算理论及设计方法，形成了高速铁路长大桥梁无缝线路理论及技术体系。通过研究长大桥梁-无砟轨道-伸缩调节器相互作用规律，设计者提出了桥上伸缩调节器的设计原则和方法，为长大桥上伸缩调节器的设计、选型等提供了理论支撑。这项成果应用于秦沈客运专线 181 座大中桥无缝线路设计中，使秦沈客运专线最长轨条段达 200.918km，实现了真正意义上的跨区间无缝线路。

4. 高铁有砟轨道质量检测评估技术

散体道床的力学状态是评判线路是否满足开通运营要求的主要依据，传统的道床密实度测定方法如同位素法和灌水法，要达到规定的准确度必须经过非常严谨繁复的操作，且施工规范规定每千米测定4处，工作量较大。亟须通过试验研究，建立相同道砟材质、相同运营条件下，道床密实度与道床阻力、道床刚度的相关关系，从而可适当减少测定点，并用测得的道床阻力和道床刚度计算道床密实度。此外，秦沈客运专线开通前必须采用大型养路机械进行严格的整道作业，以保证列车以设计速度开通。但用以提高线路横向阻力和道床整体稳定性的动力稳定车在普通铁路上是不允许进行桥上作业的。如何采用相应的措施，实现有砟轨道的合理动力稳定，并提高初期开通质量，是高铁有砟轨道亟待解决的问题。

秦沈客运专线首次提出了系统的有砟轨道道砟质量、道床状态多尺度检测及评估技术。现场设立了道砟检测中心，研发了多种道床状态检测仪器、高性能的轨道静态几何状态检测设备，有效提高了线路检测效率和可靠性。成果沿用至铁路有砟轨道的道砟材质检测及轨道结构验收中，提升了我国有砟轨道的建设及运维水平，为我国10余万km有砟轨道的质量保障提供了有力的技术支撑。

5. 线路曲线超高关键参数

国外在修建高速铁路过程中，对线路平纵断面中有关圆曲线半径、超高、欠超高及竖圆重叠条件下列车运行的安全性和舒适性等关键技术参数进行了大量的试验研究，获得了丰富的数据，并纳入了设计规范。我国在设计秦沈客运专线线路中，也借鉴和参考了国外的设计参数，但这些设计参数是否完全符合秦沈客运专线的实际情况，需要通过现场试验来加以验证，同时更可为以后修建高速铁路提供可靠的依据。

秦沈客运专线首次开展了高速铁路缓和曲线与曲线超高及竖圆重叠试验，为完善高速铁路线路平纵断面设计参数取值的合理性提供了依据。在我国前期对高速铁路线路设计参数的理论研究的基础上，通过对列车通过不同线路平纵断面设置地段的现场综合试验及运营观测，测试并研究客运专线铁路列车在不同的欠、过超高及竖圆重叠条件下通过圆曲线及缓和曲线地段时的轮轨动力作用、舒适度指标，验证和完善线路平纵断面设计参数取值的合理性，为高铁线形设计提供重要支撑。

（三）小结

秦沈客运专线是中国第一条标准意义上的高速铁路，也是我国自主研究、设计、施工的第一条客运专线。它作为中国铁路轨道技术步入高速化的起点，不仅构筑了我国首条快速、安全和舒适的客运通道，还使具有自主知识产权的 200km/h 轨道技术掌握在了我国自己手里。秦沈客运专线的成功提高了中国铁路的建设和制造水平，缩短了与世界高铁先进技术水平的差距，且为后续的武广、郑西客运专线和京沪线等高速铁路建设积累了宝贵的经验，在中国高铁轨道技术发展史上具有里程碑意义。

三、桥涵

（一）桥涵概述

秦沈客运专线桥梁总长度占线路长度的 13.9%，全线共有特大桥 30 座、大桥 47 座、中桥 122 座、小桥 13 座、涵洞 1272 座。

列车的高速、舒适、安全行驶要求桥梁必须具有足够大的刚度和良好的整体性，以防止桥梁出现较大挠度和横向振幅。此外，还应限制混凝土徐变上拱和不均匀温差等因素引起的结构变形，以保证轨道的高平顺性。车速越高，对桥梁刚度的要求就越高，其设计也逐渐由过去的静力设计转为静、动力设计。为确定桥梁结构合理刚度取值，掌握桥梁与轨道系统纵向力传递规律，评价桥梁设计方案的动力特性及列车走行性能，需研究提出全新的理论方法进行列车-线路-桥梁耦合分析。

秦沈客运专线首次以双线及单线整孔预应力混凝土箱形梁作为铁路桥梁的主导梁型、24m 为主导梁跨，全线共采用跨径为 20～32m 的简支箱梁约 2300 孔，占全线桥梁 80%以上。与既有铁路普遍采用的双片并置式 T 形梁和板梁相比，代表现代铁路桥梁形式的整孔预应力混凝土箱梁具有刚度大、整体性好、耐久性好、便于养护等优点。针对秦沈客运专线新型预应力混凝土梁，为指导、验证和优化结构设计与施工工艺，需要系统开展如下试验研究：通过模型梁和实梁试验，研究宽箱梁的设计理论和关键参数；通过实梁制造

（预制和现浇）主要工艺试验，检验箱梁制造工艺；通过移梁、运梁和架梁监测，验证箱梁横移、运输和架设时的应力状态变化；通过长期监测，研究徐变上拱的发展、徐变损失、日照温度梯度规律；评估桥面设施的适用性，以及检验施工细则有关规定的合理性；验证多片式 T 形梁的设计理论，检测各阶段应力状态、现场联结工艺和整体受力性能；根据试验研究结果提出有关参数的修改意见，为《时速 200 公里新建铁路线桥隧站设计暂行规定》和《京沪高速铁路线桥隧站设计暂行规定》的修改提供依据。

（二）关键技术

1. 桥梁刚度控制研究

1999 年，铁道部科教司下达“秦沈客运专线桥涵关键技术研究——常用跨度桥梁动力特性及列车走行性分析研究”（99G16）科研项目，由铁道部科学研究院主持，西南交通大学、北方交通大学、长沙铁道学院、铁道部专业设计院、铁三院和铁四院等单位参加，共同进行列车-线路-桥梁（简称“车-线-桥”）耦合分析研究，评价桥梁设计方案的动力特性及列车走行性能，掌握高速列车运行条件下的动力响应特征、合理控制桥梁刚度，为我国高速铁路建设积累实践经验并奠定理论基础。

秦沈客运专线车-线-桥耦合计算分析考虑了 160km/h 速度的跨线列车，200km/h 的主型列车和 300km/h 的试验列车，还考虑了日本 E2 及德国 ICE 高速列车。对秦沈客运专线实际采用的 27 种梁型分析表明：当列车以 200km/h 速度通过时，均能满足桥梁动力特性和列车走行安全性指标要求，其乘坐舒适度指标大部分为良，部分为合格，可以认为秦沈客运专线桥梁所用的梁型及其刚度与设计速度相适应；综合试验段中高速运行区段的 6 种桥梁，当高速列车以 300km/h 试验速度通过时，满足列车走行安全性要求。

2. 简支箱梁模型试验研究

1999 年 4 月，铁道部科教司设立“秦沈客运专线桥涵关键技术研究——预应力混凝土箱型梁试验研究”科研项目，由铁道科学研究院主持，铁道部丰台桥梁厂和株洲桥梁厂、铁道部专业设计院、北方交通大学、长沙铁道学院等单位共同承担。通过对 3 片 24m 预应力混凝土双线整孔简支箱梁 1：2

模型梁进行静载试验，对秦沈客运专线中常用跨径单、双线箱梁受力特点进行了较为系统、深入的分析研究。模型梁跨径 12.0m，宽度 6.15m，高度 1.0m，自重约 60t，截面见图 19-1。各截面尺寸、普通钢筋和预应力筋的面积及重心高度等均按缩尺关系与实体梁相对应，在模拟设计荷载下满足模型梁与实梁应力相等条件，支点顶面模拟实体梁支座尺寸。模型梁共 3 片，第一片模型梁桥面板施加了横向预应力。模型梁采用了二次灌注工艺，桥面板和顶板与底板和腹板的弹性模量不同，因此，结合随梁试块弹性模量及模型梁挠度、应变的实测结果，确定弹性模量计算值。试验在加载台座上按双排 5 点进行加载，弯矩与模型梁的设计弯矩更加接近，并保证模型梁在进行开裂、破坏试验时不会过早出现弯剪裂缝和剪切破坏。此外，第三片模型梁还进行了架桥机荷载模拟试验，以验证箱梁架设时的梁体受力性能。

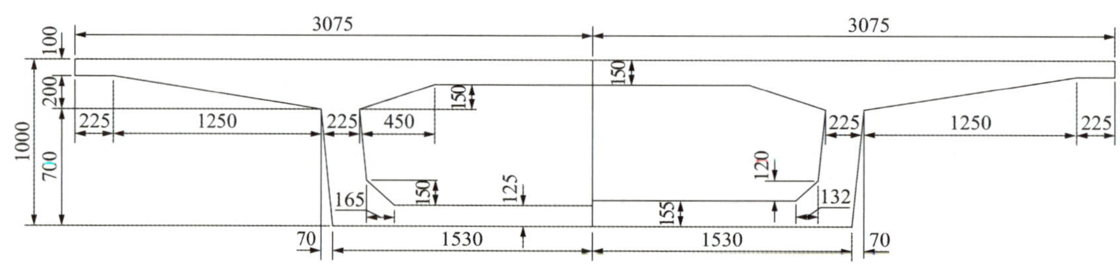

图 19-1　模型梁 1/2 跨中截面、1/2 距支点 1.35m 截面（单位：mm）

24m 预应力混凝土双线整孔简支箱梁 1：2 模型试验研究表明：由于秦沈客运专线箱梁刚度大，按全预应力梁设计，抗裂安全系数较大，混凝土抗拉强度的作用高于普通铁路预应力梁，施工阶段应避免梁体混凝土早期开裂，建议增加早期预应力张拉工序；为保证梁体质量，建议强化制梁的过程控制和检验；建议适当增大支座距梁端的长度，以便于桥位就地灌筑施工和更好地满足梁端构造要求，同时改善梁端局部受力；建议在《时速 200 公里新建铁路线桥隧站设计暂行规定》中增加“箱梁有效宽度”“竖向刚度换算系数”“预施应力可按初等梁理论计算”以及“简支箱梁支点不平整量限值”等规定。

3. 简支箱梁设计施工质量验证

2000 年 2 月，铁道部科教司、工程管理中心设立“秦沈客运专线预应力混凝土简支箱型梁静载试验”科研项目，由中国铁道建筑总公司房山桥梁厂负责足尺试验箱梁试制及加载台座制造，铁道部科学研究院铁建所、铁道部专业设计院、长沙铁道学院、丰台桥梁厂负责进行箱梁制造工艺试验、模拟荷载工况静载试验及长期性能测试，以进一步研究、验证箱梁施工工艺、受力性能及长期使用性能，同时检验设计、施工工艺及质量，验证已有科研成果。选择盘山制梁场一孔 24m 双线整孔简支箱梁、兴城制梁场一孔 32m 单线简支箱梁进行静载试验，检验工程梁施工质量及受力性能。

为全面反映实体梁的施工状况及在自重、预施应力作用下的受力特性，真实模拟梁体混凝土收缩、徐变等长期效应，开展了 24m 预应力混凝土足尺试验箱梁试验研究，先后完成了制梁台座和试验台座的设计和制造，试验箱梁的制造、预应力张拉效果与工艺试验，箱梁抗裂性能试验，梁体支点不平整效应试验，桥面板加载及顶梁试验，以及持续 3 年的混凝土收缩、徐变及梁体上拱度长期测试和长期工作性能试验（前后 3 次重裂试验）。24m 预应力混凝土双线整孔预制箱梁静载试验见图 19-2。

图 19-2　24m 预应力混凝土双线整孔预制箱梁静载试验

24m 预应力混凝土双线整孔简支箱梁试验研究表明：1∶2 模型试验的研究成果可用于箱梁设计；设计的箱梁满足《时速 200 公里新建铁路线桥隧站设计暂行规定》对静力使用性能的要求，箱梁的制造、移梁能够达到《秦沈客运专线预制后张预应力混凝土简支梁技术条件》和《秦沈客运专线桥梁制造与架设施工技术细则》的要求，且按照上述要求进行施工控制生产的箱梁均达到设计标准；建议在《秦沈客运专线桥梁验收及检验标准》中增加控制箱梁支点不平整量的规定，并在箱梁的养护维修规则中明确“严禁单支点顶梁”；箱梁混凝土体积大、水化热高、持续时间长、温差应力容易造成早期开裂，建议箱梁施工采用高性能混凝土以降低水化热，提高拌合物的和易性和结构耐久性；为保证结构耐久性，建议设计宜适当加大混凝土保护层的厚度。

秦沈客运专线中铁工程总公司大桥工程局盘山制梁场一孔 24m 双线整孔简支箱梁（123#）和中铁建筑总公司十二工程局兴城制梁场一孔 32m 单线简支箱梁（10—Y#）静载试验表明：梁体刚度、抗裂性能均满足设计要求，梁体实测应力与理论计算值接近，梁体受力正常。

（三）小结

秦沈客运专线为保证高速列车的行车安全性与舒适性，要求桥梁具有足够大的刚度和良好的整体性，同时必须限制预应力梁的徐变上拱和温差变形，以保证轨道具有高平顺性。为此，铁道部组织相关科研单位开展了一系列桥梁科研攻关，首次运用车-线-桥耦合动力响应分析方法对高速列车作用下桥梁设计方案的动力响应及列车走行特性进行了系统研究与评价，确定了桥梁结构合理刚度等关键技术参数；首次系统性开展了制梁工艺试验、模型梁与足尺梁力学试验、工程梁力学试验和线上动载试验，掌握了预制箱梁的工艺性能、抗裂性能、典型工况力学性能，以及梁体混凝土收缩、徐变性能和长期工作性能，通过预制梁施工全过程主动控制技术有效抑制了预应力梁的徐变上拱度；验证了采用《时速 200 公里新建铁路线桥隧站设计暂行规定》作为全线桥梁设计依据的合理性，统一制定了桥梁技术条件、施工细则、监理细则、质量检验细则等标准，通过科学管理保证了施工质量。秦沈客运专线桥梁的科研攻关成果，为首次大规模采用 24m 预应力混凝土双线整孔预制箱梁和首次采用 600t 级双线箱梁架设成套技术、创造性地设计采用 32m 预应力混凝土双线整孔现浇箱梁和采用基于移动造桥机的箱梁原位现浇施工技术提供了技术支撑，为我国高速铁路相关规范与技术标准的制定提供了理论与试验依据，为我国高速铁路的长期发展奠定了坚实基础。

常用跨径整孔预制箱梁技术发展与创新

邓运清

时任铁道部专业设计院路桥处高级工程师

现任中铁工程设计咨询集团有限公司桥梁工程设计研究院教授级高工

秦沈客专

沈阳北站
皇姑屯站
辽中站
台安站
盘锦北站
锦州南站
葫芦岛北站
绥中北站
山海关站
秦皇岛站

秦沈客运专线是我国第一条设计时速达250km（线下）的高速铁路，在秦沈客运专线开通20周年之际，结合这些年我国高速铁路建设的体会，回顾和总结秦沈客运专线的建设过程以及中国高速铁路建设的发展，具有十分重要的意义。

一、秦沈客运专线桥梁结构体系的形成

秦沈客运专线桥梁结构体系是参考了我国高速铁路前期研究成果，吸收了国外高速铁路桥梁建设的经验，并结合铁路提速改造过程中桥梁建设的实践成果，经过认真的分析、研究和讨论后形成的。在高速铁路的前期研究中，铁道部有关设计、科研单位开展了高速铁路荷载图式、桥梁刚度及动力性能、桥梁结构形式、长钢轨纵向力、整孔箱形梁制造、架设、预应力混凝土梁变形控制等相关课题的研究。针对高速条件下线路的特点，桥跨布置要求及运营舒适度要求，进行了简支整孔箱梁、后浇湿接缝连接的多片式T形梁、预应力混凝土连续箱梁、连续刚架及钢混连续结合梁的设计研究。这些研究成果为秦沈客运专线桥梁结构体系的形成奠定了良好的基础。

秦沈客运专线建设的前期，研究了16～32m简支梁布跨形式，最终确定以24m、32m为主要跨径。对双线整孔箱梁、单线并置箱梁和Π形梁进行了全面的理论分析和应用研究，结合桥跨布置和运架设备能力，最终形成了以24m双线整孔箱梁为主，配之以20m单、双线和24m、32m单线箱梁的主要结构形式。

32m双线整孔箱梁，由于受到当时运架能力的限制，未列入秦沈客专的预制梁，但在辽河桥和小凌河桥上采用了移动支架节段拼装法和移动模架现浇的施工方法现场成梁。

根据线路交叉、跨越和方便施工的需要，除简支梁外还分别采用了悬臂灌筑的预应力混凝土连续箱梁，钢混连续结合梁和斜交刚构连续梁等体系。

在秦沈客运专线桥梁设计时，考虑到两个方面因素：一是秦沈客运专线的线路条件、国产机动车辆与国外高速铁路有一定差异；二是国外建成的高速铁路桥梁的实际刚度指标远大于其规范限值。本着科学负责的态度，铁道部有关设计、科研单位对全线桥梁结构均通过车桥动力仿真计算，确定桥梁

的竖向、横向刚度。

考虑实际运营情况和未来的发展，在计算中分别采用了时速 160km、200km、250km 和 300km 4 种速度，使最终确定的桥梁刚度指标满足当列车以 200km/h 的速度运行时，桥梁刚度须达到优良；以 200km/h 以上的速度运行时，桥梁刚度达到合格。

传统的制、架梁技术一直是制约铁路桥梁整体技术水平提高的主要因素之一，针对秦沈客运专线建设的需要，在较短的时间内完成了各类箱梁的预制、架设工艺的研究和制造架设设备的研制，除少数设备由国外引进外，多数是依靠国内自己的技术力量研制完成的，且基本达到或接近世界制、架梁先进水平。先进技术的采用和设备的更新，保证了箱梁的工地预制、运输和架设的顺利进行，使铁路桥梁建设的整体水平得到了提高，同时也为今后高速铁路建设提供了技术储备。

二、秦沈客专桥梁的创新点

秦沈客运专线的桥梁无论从桥梁类型、结构构造和桥面结构形式，还是在设计计算方法、刚度控制和耐久性措施等方面，均与当时的既有铁路桥梁相比有着本质的区别，桥梁设计采用了多项新技术和最新的科研成果，设计理论和施工方法等方面均取得了飞跃发展。

1. 第一次在桥梁设计中引入了动力分析

在桥梁结构设计研究中，由铁道科学研究院、西南交通大学、北方交通大学和长沙铁道学院（中南大学）组成的课题组，对适用于秦沈客运专线（200～250km/h）的中小跨径桥梁进行了高速列车作用下的动力响应及列车走行特性研究。研究成果为秦沈客运专线桥梁的设计提供了重要参数和依据。为我国后期高速铁路桥梁的建设做出了很大的贡献。

2. 第一次实现了大吨位简支箱梁的现场预制、运输和架设

简支箱梁以其受力简单、明确、形式简洁、外形美观、抗扭刚度大、施工速度快，建成后的桥梁养护工作量小以及噪声小等特点，在秦沈客运专线上得到广泛应用。

秦沈客运专线桥梁设计中针对不同工点，设计了有砟、无砟、单双线箱

梁以及用于原位现浇的单端张拉单、双线箱梁。

针对各种箱梁的不同特点，在设计中计入了剪力滞影响，结构构造上取消了跨中横隔墙，通过调整预应力筋的布置及预应力值等多项措施，较好地控制了无砟轨道梁的徐变上拱度问题，通过改进张拉端锚具的构造使之适用于梁端锚固，采用对称单端张拉方式有效地解决了张拉空间的问题。

秦沈客运专线共设计简支箱梁1656跨，占全线桥梁总长的70%以上。其中双线整孔预制箱梁最大跨径为24m，最大吊装吨位为530t；单线整孔箱梁最大跨径为32m，最大吊装吨位为381t。

秦沈客运专线整孔箱梁的应用在我国首次实现了大吨位简支箱梁的预制、运输和架设；首次采用现场设置制梁场，先架后铺的运架方式和大吨位运架设备。这些技术填补了我国大吨位整孔预制箱梁的空白，为我国后期高速铁路建设大量采用32m双线整孔预制梁奠定了坚实基础。

3. 解决了无砟轨道箱梁的变形和徐变控制

秦沈客运专线狗河特大桥和双河特大桥桥上板式无砟轨道成功设计和铺设，其下部结构均采用了整孔箱梁结构。

由于无砟轨道结构后期线形的调整量小，对桥梁的徐变拱度要求控制严格，设计中对整孔箱梁的徐变拱度控制进行了深入研究。较好地解决了徐变上拱变形对无砟轨道扣件和轨道不平顺的影响，为我国后期在高速铁路桥梁建设中大量采用无砟轨道奠定了坚实的基础。

4. 第一次采用钢混连续结合梁结构

为了丰富秦沈客运专线的桥梁形式，为今后高速铁路桥梁建设积累设计和施工经验，在秦沈客运专线桥梁上第一次采用了钢混连续结合梁结构。钢混连续结合梁主要是用于跨越铁路或公路时跨径较大的桥梁，结构形式为上承式，共16联，主跨径分别为32m、40m、50m。

5. 第一次采用整体桥面

在桥面结构形式上首次采用整体桥面，将人行道、遮板及栏杆（或声屏障）、电缆槽、接触网支柱等设置在桥上。桥梁结构整体性强，外观简洁、美观，后期高速铁路基本都采用了设置遮板的整体式桥面结构。

6. 首次提出了耐久性的概念

首次在桥梁设计上提出了耐久性设计的概念，在设计中对钢筋保护层的厚度、减水剂的应用、混凝土掺合料指标和桥面防排水措施均给出了具体的要求。这些有益的创新，在我国后期的高速铁路桥梁设计和施工中都得到了进一步的推广和应用，特别是后期提出了高性能混凝土，增强了混凝土的密实度，提高了桥梁的耐久性。

7. 首次采用双线 4 片 T 形梁

秦沈客运专线采用 4 片式简支 T 形梁，其跨径范围为 12m、16m。4 片梁之间通过桥面板、横隔板间的湿接缝及桥面板、横隔板部位的横向预应力钢筋连成一体。使各片主梁之间能共同分担活载，这是我国首次采用整体桥面的多片式 T 形梁，有效提高了结构的整体性。

在我国后期的高速铁路通用参考图编制中多片式 T 形梁的设计亦采用了整体桥面 4 片式为主的结构形式。

8. 预应力混凝土连续梁

根据现场布跨的需要，在秦沈客运专线上共布置了 5 联预应力混凝土连续箱梁，主跨径为 48m、64m 及 80m，选用悬臂施工工艺。

针对秦沈客运专线的地理环境，采用梁高较低的厚腹板形式，通过加大顶底板的厚度以提高梁体刚度，不仅满足了动力仿真计算的要求，也使梁体外形较为美观。

秦沈客运专线的建成后，铁道部首次将连续梁纳入高速铁路建设通用参考图的编制，其中大量借鉴了秦沈客运专线连续箱梁的设计和施工经验，使客运专线铁路建设中减少了大量的设计投入，也便于施工规范化。

三、常用跨径整孔预制箱梁的创新发展

1. 秦沈客运专线 24m 双线整孔预制箱梁

秦沈客运专线桥梁设计采用动力设计和静力设计相结合的方式，在国内桥梁设计中为首次采用，整孔箱梁设计在满足动力性能基础上，结构设计的重点是如何满足大批量整孔箱梁的快速施工和质量保证。为此，结构设计除满足静、动力性能外，还要使其构造满足快速制造、整孔吊装、整孔运输、

整孔架设的要求。

通过直腹板和斜腹板对比，以及跨中是否设置隔墙、端隔墙及变截面尺寸的研究以及对预埋拉杆、顶板开洞等吊装方式的结构受力、安全性、经济性分析及与运架设备进行协调，整孔箱梁最终满足施工和运营阶段受力要求。

秦沈客运专线之前，国内铁路桥梁一直沿用双片式预应力混凝土预制 T 形梁，在预制架设、设计、施工方面已有成熟的经验。秦沈客运专线在国内首次采用预应力混凝土双线整孔简支箱梁，在设计、制造、架设方面经验不足，且缺乏必要的质量检测标准。与 T 形梁相比，预应力混凝土宽箱梁存在顶底板的剪力滞后效应、箱梁截面的框架效应、单线列车荷载作用下和支点不平整状态下的扭转效应等结构受力特性，以及双线箱梁体积大、自重大、桥面宽等特点，加大了制造、运输、架设的难度。因此铁道部科技司组织相关单位开展了 1：2 模型梁和 1：1 实体梁的试验研究，对预应力混凝土双线整孔箱梁的受力性能进行了较为深入的研究。

2. 整孔预制箱梁技术的发展

21 世纪，我国铁路建设取得了飞跃发展，铁路简支梁桥也取得了显著成就，整孔预制箱梁从 24m 到 32m 和 40m，吊装吨位突破 900t，速度等级涵盖高速铁路、城际铁路、客货共线铁路、重载铁路；轨道类型上分为有砟轨道和无砟轨道。

图 20-1 中 a）和 b）为 250km/h 和 350km/h 客运专线首孔 32m 简支箱梁静载试验情况；c）为 350km/h 高速铁路首孔 40m 简支箱梁架设场景。

a) 250km/h 客运专线首孔 32m 简支箱梁静载试验

b) 350km/h 客运专线首孔 32m 简支箱梁静载试验

c) 350km/h 高速铁路首孔 40m 简支箱梁架设

图 20-1　简支箱梁静载试验与架设

近 20 年间，桥梁设计的标准规范发生了较大变化，《铁路桥涵设计基本规范》《高速铁路设计规范》《城际铁路设计规范》历经多次修订，铁路预制梁的设计也不断完善，设计理念推陈出新，引入了耐久性设计、景观设计、环境保护等理念。特别是在高速铁路方面，我国形成了特有的高速铁路常用跨径桥梁体系。

提出了高速铁路简支标准梁桥快速建设模式，即高速铁路标准梁桥建设采用沿线设置预制梁场模式，根据工期和运架设备能力，确定梁场、制存梁台座的配置，并创新提出双层存梁技术，减少梁场占地。形成工厂化制造、运梁车运输和架桥机架设的快速、绿色、环保的建设模式。

研究提出了先架后铺架梁方式，一次施做无砟轨道及铺设无缝线路，确保了轨道铺设精度。

提出“预初终”三阶段预施应力技术，通过预张拉工艺有效避免了箱梁早期开裂问题，解决了高速铁路整孔箱梁混凝土体积大、水化热高和温差裂纹控制的技术难题。

采用初张拉工艺加快施工速度、有效减少了制梁台座数量，减少梁场占地面积，绿色环保。

提出箱梁混凝土温度控制措施，通过计算箱梁温差应力和实测梁体温度场，提出拆模时混凝土芯部与表层、表层与环境温差不宜大于15℃控制措施，保证不同地域、不同环境下箱梁质量。

采用固定外模、移动式液压收缩内模、“集中预扎、整体吊装”钢筋骨架等工艺，加快制梁台座周转，减少台座配置。

创新整孔箱梁运架工艺控制技术与标准，基于桥梁结构受力和装备能力等因素，提出箱梁运输支点距梁端3m、四支点受力平衡限值2mm、前后吊点高差限值100mm等运架工艺控制标准。

基于提高架设速度，提出千斤顶落梁、重力式灌注支座砂浆的快速落梁技术，形成了整孔箱梁提梁、运输、架设、落梁成套技术。

伴随新材料、新工艺等技术进步以及信息时代的到来，建筑信息模型（Building Information Modeling，BIM）技术逐渐应用于简支梁桥的设计、施工领域。混凝土配比计量、钢筋加工、自动内模、自动张拉、自动压浆等智能设备以及生产管理平台逐渐在预制梁生产中应用，预制梁施工的机械化、智能化比例逐步提高，劳动力投入大幅减少，生产效率显著提高。

四、结语

秦沈客运专线桥梁的结构设计、在动力仿真研究、线形控制设计、整孔箱梁的制造、运输、架设、耐久性设计上均取得了较大突破，由于在梁部结构设计中采用了上述新技术，秦沈客运专线的桥梁结构形式新、技术水平高，为后期我国高速铁路建设提供了宝贵经验。

21 世纪，我国铁路建设取得了飞跃发展，形成了我国特有的高速铁路桥梁常用跨径桥梁体系，智能建造将会使简支梁桥的设计、施工更趋精细化，更加有利于生产质量控制，未来必将设计和建造更多精品。

高速铁路钢轨从这里起步

周清跃
时任铁道部科学研究院金属及化学研究所研究员
后任中国铁道科学研究院集团有限公司金属及化学研究所研究员

秦沈客专

一、引言

钢轨是轨道结构的重要部件，承担着引导车轮、传递载荷的作用。性能优良、质量稳定的高质量钢轨是建设世界一流高速铁路，实现高速列车安全、平稳、舒适和高速运行的重要保证。自 2003 年 1 月我国首条时速 200km 客运专线铁路——秦沈客运专线开通运行以来，至 2022 年底，我国高速铁路运营里程已突破 4.2 万 km，除早期进口少量用于试验对比的钢轨外，全部使用国内自主研制生产的具有完全自主知识产权的高速铁路钢轨。国产钢轨使用至今，表现良好，不仅满足了高速铁路建设和运营的需要，还节约了大量资金，得到了各方面的一致好评。铁科院主持的“客运专线钢轨成套技术的研制与应用”科技成果先后于 2008 年和 2009 年获得中国铁道学会科技进步奖一等奖和国家科技进步二等奖。

秦沈客运专线的建成通车，为我国高速铁路的发展打下了坚实技术基础，作为高速铁路运行线路的钢轨也在其中。本文介绍秦沈客运专线钢轨的研制与应用及其为我国高速铁路的发展所起的作用，以庆祝秦沈客运专线建成开通运行 20 周年。

二、秦沈客运专线钢轨技术研发主要时间节点

为了满足修建秦沈客运专线的需要，铁道部组织铁科院等单位开展了高速铁路钢轨技术的研究，主要研究内容和时间节点如下：

（1）1999 年，铁道部组织铁科院起草制定和发布《时速 200 公里 60kg/m 钢轨暂行技术条件》《时速 300 公里 60kg/m 钢轨暂行技术条件》（科技基〔1999〕06 号）；2004 年 11 月和 2005 年 4 月，先后将这两个技术条件修订为《250km/h 客运专线 60kg/m 钢轨暂行技术条件》《350km/h 客运专线 60kg/m 钢轨暂行技术条件》，明确了秦沈客运专线钢轨要求。

（2）2000 年 8 月，铁路和冶金行业联合组团赴欧洲进行高速铁路和钢轨生产技术考察，形成考察报告，其中提出了进口法国钢轨在综合试验段铺设的建议，与国产钢轨进行对比试验，寻找差距，明确我国高速铁路钢轨研制方向。

（3）2000—2001年，确定秦沈客运专线钢轨轨型、钢种、强度等级：在综合试验段上行线铺设进口法国UIC900A热轧钢轨，在综合试验段下行线及其他路段铺设国内攀枝花钢铁厂（简称“攀钢”）、鞍山钢铁厂（简称“鞍钢”）生产的PD3热轧钢轨。

（4）2000—2001年，对进口和国产钢轨进行内部和外观性能检验；对从法国进口UIC900A钢轨与国内攀钢、鞍钢和包头钢铁厂（以下简称“包钢”）生产的钢轨洁净度及夹杂物级别、脱碳层深度、几何尺寸精度、钢轨表面缺陷、钢轨本体及轨端平直度等高速铁路重点要求的指标进行对比研究。

（5）在2001年12月、2002年9月和2002年11月3次综合试验中，就进口和国产钢轨的试验服役情况、钢轨预打磨情况和钢轨焊接接头平顺性对综合试验的影响等进行跟踪测量，于2002年12月提出阶段研究报告。

（6）2003—2008年，对秦沈客运专线钢轨及焊接接头使用情况进行长期跟踪观测，为我国高速铁路钢轨选型、打磨廓形设计、钢轨焊接接头平直度要求等积累科学数据。

三、秦沈客运专线钢轨的研发与应用

（一）高速钢轨标准起步

为了满足高速铁路对钢轨的要求，实现钢轨的自主研发和生产，首先要制定出既具有国际先进水平，又符合国内实际，且可操作性强的高速铁路钢轨标准。

1998年7月，秦沈客运专线建设项目获国家批准。采用什么样的标准、铺设什么样的钢轨才能满足秦沈客运专线试验和运营需要的问题，摆在了大家的面前。当时我国还没有高速铁路的经验，钢轨标准的制定需要借鉴国外标准，但借鉴哪个标准才符合我国国情呢？众所周知，日本和一些欧洲国家的高速铁路较为发达。日本钢轨质量上乘，但标准规定的指标很宽松，我们难以模仿；欧洲国家和其他各国当时广泛使用国际铁路联盟UIC860钢轨标准，我国也是成员国之一，有人提出借鉴UIC860钢轨标准来制定我国高速铁路用钢轨标准的建议。铁科院通过认真研究世界各国钢轨标准，包括当时在建高速铁路的韩国等所使用的钢轨标准，认为当时的欧洲钢轨标准草案最为先进，因此，决定借鉴欧洲标准框架来制定秦沈客运专线用钢轨暂行技术条件。铁科院经过 1 年多的努力，结合秦沈客运专线的需要，对高速铁路钢轨的主要性能指标、钢轨轨型、钢种和强度等级、定尺长度、钢轨焊接等方面开展了初步研究，最终起草和制定了《时速 200 公里客运专线 60kg/m 钢轨暂行技术条件》和《时速 300 公里高速铁路 60kg/m 钢轨暂行技术条件》，铁道部科技司于 1999 年发布。

秦沈客运专线综合试验段上行钢轨按《时速 300 公里高速铁路 60kg/m 钢轨暂行技术条件》的要求，从法国采购；其他钢轨按《时速 200 公里客运专线 60kg/m 钢轨暂行技术条件》的要求，在国内采购，分别由攀钢和鞍钢生产。

以上两个暂行技术条件的制定，为日后高速铁路用钢轨行业标准的制定奠定了坚实的基础。同时，极大地推动了国内钢轨生产的升级改造，实现了高速铁路百米定尺钢轨的自主研发和生产。

（二）高速钢轨的研发与生产

针对客运专线铁路高可靠、高平顺和高舒适的需要，不仅要求钢轨具有更好的安全使用性能，还要求具有更好的几何尺寸精度和平直度。为此，攀钢、鞍钢和包钢对钢轨生产制造技术开展了技术攻关。

1. 攀钢

1995 年，攀钢针对我国铁路发展趋势，调整了自己的钢轨发展战略，在大力推进高强韧性钢轨生产技术开发以满足我国重载铁路需要的同时，做出了开发高速铁路钢轨的决定，成立了以梅东生为组长的“高速铁路钢轨生产技术开发”项目组，该项目被列为攀钢技术中心（国家认定的企业技术中心）的五大自主创新项目之一。项目组在广泛调研的基础上，参照欧洲钢轨标准草案，以法国高速铁路（Train à Grande Vitesse，TGV）钢轨为目标，开展了全面的研究工作。

1999 年，攀钢针对修建秦沈客运专线的需要，“时速 200 公里客运专线钢轨技术开发”成功申报并获批为国家经济贸易委员会重点技术开发项目。

1）客运专线钢轨 PD3 性能优化

攀钢针对时速 200km 客运专线钢轨性能要求，重点对 PD3 钢轨性能进行了优化。PD3（U75V）钢轨为20世纪90年代攀钢研发的微合金钢轨（在TB/T 2344—2003颁布之前，人们称之为PD3，即攀钢第三代钢轨，纳入铁道行业标准后，按规定改为U75V），在U71Mn钢轨的基础上，增加了碳、硅含量，添加了微合金化元素钒，降低了Mn含量，热轧后强度等级为980MPa。1998年前，由于实际平均强度达到1080MPa，现场使用比U71Mn耐磨，但焊接较为困难，因韧、塑性不足，钢轨脆性偏大。1998年优化了钢轨钢的化学成分，降低了钢中的碳、硅、钒等含量，提高了韧、塑性，改善了焊接性能。

优化后的PD3钢轨，提高了钢轨的焊接性能和抗疲劳性能，较好地满足了时速200km客运专线钢轨的使用工况。秦沈客运专线除了进口钢轨外，全部采用PD3钢轨，使用至今表现良好。

2）客运专线钢轨生产技术开发

为了满足《时速200公里客运专线60kg/m钢轨暂行技术条件》对钢轨内部质量、尺寸精度、平直度等方面的高要求，攀钢进行了相应的生产技术研究，形成了一套具有特色的适合生产时速200km钢轨的工艺技术。

为保证钢轨内部质量，采取的措施有：

（1）铁水脱硫、转炉高效脱磷吹炼；

（2）非铝脱氧、钢包无铝带入操作；

（3）合适的LF＋RH处理。

为保证钢轨尺寸精度，采取的措施包括：

（1）温度控制，通过模型优化加热工艺参数，提高钢坯加热均匀性，根据轧件温度调整轧制参数；

（2）孔型保证，通过计算机辅助设计优化孔型系统，提高孔型加工精度，减少孔型轧制量；

（3）轧机稳定性，增加调整频次，改善导卫结构。

为保证钢轨平直度，采取了如下措施：

（1）防止热态钢轨受外力产生弯曲；

（2）进一步优化钢轨复合矫直工艺；

（3）采用数字化双向液压补矫。

为改善钢轨表面质量，采取的措施有：钢坯重点部位扒皮处理、轧制前钢坯高压水除鳞等。

为保证超声波探伤达到要求，设计制造了新的探伤系统，将超声波探伤由原来的 3 个探头增加到 10 个探头，并保留了对轨底中央部位表面裂纹的检查。该系统不仅保证探伤面积达到要求，而且提高了灵敏度。

工艺流程。高炉铁水或半钢经脱硫处理后，入 120t 转炉冶炼，挡渣出钢，钢包内脱氧、合金化，经吹 Ar 后，加盖送 LF 炉精炼；LF 炉精炼后，进入 RH 工位进行真空处理；处理合格后，采用三位一体工艺下注成 9.51t 重的钢锭。

钢锭入均热炉，按第三组加热制度加热后，进入 1150 初轧机经 21 道次轧成断面尺寸为372mm × 280mm的钢坯。钢坯剪切后，堆垛冷却，然后火焰清理表面缺陷。

合格钢坯送到轨梁加热后，经高压水除鳞，进入 950—800（2）—850 系列轧机，通过 12 道次轧成钢轨。钢轨经热锯后由中央冷床入缓冷坑缓冷。缓冷后的钢轨经复合矫直后，先测量平直度，对弯曲超标部分进行液压补矫，然后送入超声波探伤线探伤，再经联合机床加工后进入成品台架，通过尺寸、平直度、表面质量检查，合格钢轨入库。

以上工艺流程极大地提高了钢轨的品质，也为后来钢轨生产的升级改造积累了丰富的经验。

3）秦沈客运专线钢轨铺设

2000年初，攀钢完成了国内第一批时速 200km 客运专线试验钢轨的批量试制，共生产钢轨 17km 约 2050t。2000 年 4 月，由铁道部和冶金局组织专家进行了技术评审，认为攀钢已具备了批量生产时速 200km 客运专线钢轨（PD3）的能力。同时，该批钢轨被焊成无缝线路铺设在京广线下行漯河—西平区间，进行列车提速运行的实际考核。2000 年 8 月，相关人员对试验段钢轨的使用情况进行了考察，结果表明，试验段运行 4 个月来，钢轨未出现波磨、垂磨和侧磨，也未发现其他制造质量问题，钢轨使用情况良好。

2000 年 9 月，攀钢率先为秦沈客运专线综合试验段生产了首批 48km 钢轨，在山海关焊轨基地被顺利焊接后，于 2000 年 12 月 10 日成功铺设上道，这是秦沈客运专线上铺设的第一批国产钢轨，结束了中国不能生产时速

200km 客运专线钢轨的历史。随后攀钢总计为秦沈客运专线生产提供了 60kg/m PD3 钢轨约 5 万 t。

2. 鞍钢

2000 年 12 月，鞍钢完成了全连铸生产钢轨的技术改造。2001 年初，鞍钢在国内率先采用连铸工艺生产 PD3 钢轨。2001 年 11 月，辽宁省科学技术委员会在鞍山组织召开了“鞍钢时速 200 公里客运专线钢轨（PD3）生产工艺及产品质量评审会”，铁道部运输局基础部发布了《关于印发“鞍钢时速 200 公里客运专线钢轨（PD3）生产工艺及产品质量评审意见”的通知》（运基线路〔2001〕280 号），同意鞍钢生产的钢轨在秦沈客运专线上道使用。随后，鞍钢为秦沈客运专线生产了 60kg/m PD3 钢轨总计 4.2 万 t。

3. 包钢

包钢于 2000 年 6 月完成了时速 200km 试验钢轨的生产；2000 年 9—11 月完成厂焊及现场焊的试验；2000 年 11 月通过上道技术审查。随后，60kg/m BNbRE 试验钢轨在沈山线兴城—大旬（上行）K316 + 059～K318 + 784.35 以及沙后所—望海（下行）K355 + 346～K340 + 156 两个区间铺设上道，进行使用考核。由于 BNbRE 钢轨在随后的生产中出现了多起轨腰裂纹，包钢未向秦沈客运专线正式供轨。

（三）高速钢轨的质量检验与评价

秦沈客运专线的修建为我国高速铁路的发展提供了大量的试验数据和宝贵的实践经验，也为我国钢轨生产技术水平的提高和钢轨的合理使用提供了有益的契机。因此，我国冶金、铁道行业都在为秦沈客运专线钢轨的制造进行专门的设备改造和技术攻关，努力提高钢轨质量。

铁科院与钢轨生产厂（攀钢、包钢、鞍钢）紧密合作，对钢轨的生产设备与工艺、质量保证体系等进行跟踪评价，对实物钢轨质量、钢轨焊接接头质量进行抽样检验，对铺设在既有线试验段钢轨的使用情况进行跟踪观测。

1. 实物钢轨的抽查

铁科院周清跃、张银花、陈朝阳等技术人员于 2000 年 2 月和 5 月先后赴攀钢和包钢，对其钢轨生产设备、工艺流程、质量控制等进行了考察，对钢轨的几何尺寸、平直度、表面质量进行了实地抽查，对标准规定的其他项目取样逐项进行质量检验。检验结果表明，各项指标均符合暂行技术条件规定的要求。

2. 钢轨的焊接

为了考核客运专线钢轨的焊接性能，铁科院周清跃、张银花、陈朝阳等技术人员于 2000 年 3 月参加攀钢钢轨在郑州局小李庄焊轨厂的厂焊试验及相关性能检验；4 月份参加现场小型气压焊接试验及无缝线路铺设施工，并建立了重点试验观测段，跟踪观测钢轨的使用情况。

3. 首批客专钢轨的检验

根据秦沈客运专线施工进度安排，2000 年攀钢按《时速 200 公里客运专线 60kg/m 钢轨暂行技术条件》生产 PD3 热轧钢轨 48km 用于综合试验段的铺设；中铁建焊轨中心于 2000 年 10 月开始进行钢轨焊接试验，2000 年 12 月进行了试铺。2000 年 12 月初，金化所有关人员赴攀钢对该批钢轨进行取样检验。为了严把质量关，铁科院技术人员多次赴山海关中铁建焊轨中心，对该批钢轨的几何尺寸、平直度以及表面质量进行检查检验。2000 年 12 月 13 日和 2001 年 2 月 19 日，先后抽检 20 支和 30 支钢轨，发现个别钢轨端头平直度超限以及表面缺陷超标，随后对该批钢轨的质量异议进行了处理。

攀钢和鞍钢为秦沈客运专线供轨后，铁科院对攀钢和鞍钢生产的钢轨进行批量抽检，为钢轨质量把关起到了重要的作用。

四、秦沈客运专线钢轨研发在高速铁路中所起的作用

（一）满足秦沈客运专线综合试验和运营的需要

秦沈客运专线大约用轨 10 万 t，全部采用我国 60kg/m 钢轨轨型。除了综合试验段山海关—绥中北上行约 66.8km 采用进口法国 CORUS 公司生产的 60kg/m UIC900A 钢轨外，其他均采用攀钢和鞍钢生产的 PD3 热轧钢轨，其中攀钢生产的模铸 PD3 钢轨，主要铺设在山海关—陈家屯区间，部分铺设在五七站—沈阳区间；鞍钢生产的连铸 PD3 钢轨主要铺设在陈家屯—沈阳区间。

攀钢和鞍钢按时速 200km 暂行技术条件生产的PD3钢轨，经过严格挑选和检验，上道试用至今，情况良好。虽然钢厂初期生产时的挑选合格率较低（约 50%）、运至现场后质量异议率较高（10%左右），但铺设上道后的钢轨未出现质量问题，满足了秦沈客运专线试验和运营的需要，迄今为止，钢轨使用良好。

（二）为推动钢轨生产升级改造奠定基础

通过对欧洲高速铁路钢轨生产和使用的技术考察，对秦沈客运专线进口与国产钢轨的实物性能质量对比，以及秦沈客运专线供轨中合格率较低的情况，有关方面一致认为，国内钢轨生产厂家要生产出满足时速 300kmh 高速铁路要求的钢轨，采用当时使用的孔型轧制设备是不行的，必须对钢轨制造技术进行升级改造。为此，鞍钢在国内率先引进具有世界先进水平的钢轨万能轧机，2003 年 4 月完成万能法轧制钢轨的技术改造，2003 年 10 月生产出我国第 1 支 50m 长定尺钢轨。随后，攀钢也进行技术改造，2004 年 12 月生产出我国第 1 支百米定尺钢轨。包钢和武汉钢铁厂也分别于 2006 年和 2008 年完成了钢轨生产的升级改造。

我国 5 大钢轨生产厂（2012 年后增加了邯郸钢铁厂）经过现代化的技术改造后，钢轨生产设备采用转炉、连铸、万能轧机、平立复合矫直机、在线自动化检测等，实现钢轨生产的“精炼”“精轧”“精整”“质量自动检测”和“长尺化”，钢轨生产设备达到国际先进甚至领先水平，为生产高速铁路用性能优良、质量稳定的长定尺钢轨创造了条件。

（三）为高速钢轨质量控制奠定基础

为了保证秦沈客运专线钢轨的质量，2001 年 3 月 30 日—4 月 14 日，有关方面组团专门赴法国，对进口钢轨进行监造。另外，对国产钢轨的实物质量进行严格检验，并在既有铁路进行试铺考核，对客运专线钢轨按一定比例进行抽检；创建了我国高速铁路钢轨质量监督控制制度，即钢轨的准入制度和批检验制度。钢轨的准入制度：对钢轨生产设备和工艺进行评定、对生产的钢轨和焊接接头质量进行检验，在既有线进行一定数量的试铺考核，通过技术评定和审查。钢轨的批检验制度：组织专家队伍，对实物钢轨按批量实施质量抽检，为此起草制定了钢轨质量抽检标准，并在高速铁路供轨中实施。通过抽检，一方面杜绝不合格的钢轨上道使用，另一方面在抽检中及时发现问题，反馈钢厂迅速进行质量优化，达到不断提高钢轨质量的目的。

起源于秦沈客运专线的钢轨质量控制制度，一直持续沿用至今。2009 年以来，铁科院项目组按一定比例对每个钢厂生产的钢轨进行批量检验。为了保证所取样品具有代表性，钢轨内部质量检验样品一般从焊轨基地或钢厂随机取样；外观质量检验样品在焊轨基地抽取。通过钢轨批检验，稳定和提高了钢轨的性能质量，同时，为不断完善我国钢轨标准提供了依据。

五、几点启示

我国高速铁路发展得这么好，成为我国的一张名片，与秦沈客运专线所积累的经验和奠定的基础是分不开的，在钢轨方面也有以下启示。

（一）标准先行，开创“铁路要什么钢厂做什么”的新局面

制定具有世界先进水平、可操作性强的钢轨标准，是高速铁路钢轨国产化成功的关键。

在修建秦沈客运专线以前，铁道部和冶金部分别制定和执行各自标准，钢轨行业基本处于“钢厂做什么，铁路用什么”的状态。为满足修建高速铁路的需要，必须将“钢厂做什么，铁路用什么”改变为“铁路要什么，钢厂做什么”，以实现高速铁路钢轨的自主研发和生产。

为了制定高速铁路钢轨标准，铁科院项目组先后研究和翻译了日本 JIS、法国 SNCF、德国 DIN、国际铁路联盟 UIC、欧洲标准 EN、国际标准 ISO 及当时正在修建高铁的韩国、西班牙等采用的技术条件。为了开阔思路，同时也研究和翻译了美国、俄罗斯、澳大利亚等国家的钢轨标准。这些工作，为起草制定我国高速铁路钢轨标准奠定了坚实基础。

铁道和冶金行业经过近 10 年的努力，以《时速 200 公里客运专线 60kg/m 钢轨暂行技术条件》和《时速 300 公里高速铁路 60kg/m 钢轨暂行技术条件》（科技基〔1999〕06 号）为依据，完成了高速铁路钢轨的自主研制，做到了

“铁路要什么，钢厂做什么”；高速铁路钢轨的合格率得到大幅度提升，钢轨质量达到世界先进水平。

20 多年来，铁科院项目组一直动态跟踪研究国外钢轨标准，同时针对钢轨生产和使用中发现的问题，不断完善我国钢轨标准。2016 年开始再次对钢轨标准进行修订，经过近 5 年的工作，形成了铁道行业标准《钢轨　第 1 部分：43kg/m～75kg/m 钢轨》（TB/T 2344.1—2020）和《钢轨　第 2 部分：道岔用非对称断面钢轨》（TB/T 2344.2—2020）。至此，我国钢轨标准完全与具有世界先进水平的欧洲标准接轨。钢轨标准技术的发展和完善，为我国高速铁路钢轨国产化发挥了重要作用。

（二）正视差距，为高速钢轨国产化指明方向

修建秦沈客运专线时，采用孔型轧机等传统方法生产钢轨，钢轨几何尺寸精度、平直度和外观质量，即使按时速 200km 钢轨的技术要求，合格率才达到 50%左右，更何况生产要求更高的时速 300km 的钢轨，可见这样的生产设备是不能保证高速铁路大规模建设后钢轨质量的。为此，必须进行技术改造。技术改造的方向就是“精炼”“精轧”“精整”和“长尺化”生产，以提高和保证钢轨的内部和外观质量。

经过技术改造后，不仅可生产出时速 300km 以上的高速铁路用钢轨，同时使钢轨的合格率逐年提高，从秦沈线初期的 50%左右，到技术改造后初期的 80%，再到现在的 95%以上。钢轨合格率的不断提高，进一步保证了上道钢轨的使用质量。

（三）坚持长期系统研究，不断完善高速钢轨技术

从修建秦沈客运专线开始，到秦沈客运专线运行至今，项目组一直跟踪和关注钢轨的使用情况，不断积累钢轨使用经验。同时，对其他高速铁路钢轨使用情况进行长期持续的跟踪观测，对高速铁路轮轨关系进行系统研究，形成了高速铁路钢轨打磨、新轨头廓形优化等成套技术，为高速铁路钢轨的维修养护提供宝贵经验，也为不断提高钢轨质量提供科学数据。

六、结语

秦沈客运专线在我国高速铁路发展中具有里程碑的作用。秦沈客运专线的建设和试验，为我国高速铁路的发展打下了坚实的技术基础。国内高速铁路钢轨也是在从这里起步，通过对时速 200km 钢轨的生产和使用，以及与国外的对比，发现不足，及时进行钢轨生产的技术改造，实现了高速铁路钢轨的自主生产，使我国高速铁路钢轨的技术水平处于世界先进。同时，高速铁路钢轨的使用技术也取得了长足的进步，形成了高速铁路钢轨打磨、新轨头廓形优化等成套技术以及百米长定尺钢轨的运输和焊接配套技术，为高速铁路钢轨标准的不断完善以及高速铁路钢轨的科学维修养护提供了科学数据和宝贵经验。

我国高速铁路无缝线路焊接的起点

李　力

铁道部科学研究院金属及化学研究所研究室主任

现任中国铁道科学研究院集团有限公司金属及化学研究所研究室主任

秦沈客专

秦皇岛站

山海关站

绥中北站

葫芦岛北站

锦州南站

盘锦北站

台安站

辽中站

皇姑屯站

沈阳北站

一、我国铁路无缝线路修建的模式

1995 年前，我国已经有了无缝线路，但那时的无缝线路局限在站与站之间，而且每公里长轨要设 4 个用鱼尾板连接的钢轨接头作为缓冲区。站内即使是正线道岔也不用焊接的方式连接。由于大量的钢轨接头用螺栓连接，所以这样的线路运行速度仍受到很大限制。1997 年我国铁路进行第一次大提速，跨区间无缝线路应运而生。站与站之间的正线，站内的道岔，所有接头都必须焊接起来形成无缝线路，列车运行速度才能提高。

在 2000 年前，我国的无缝线路都是采用换铺方式完成的，新建线路全部是采用轨排法，铺设 25m 长的预装轨排。线路移交给铁路局后，铁路局对运量大一些的线路或者重要的线路采用换铺长轨的方法，形成无缝线路。

自 20 世纪 80 年代，我国就已经研制成功新一代铝热焊剂，并在全路工务维修中应用，并形成技术标准《钢轨焊接技术条件》(TB/T 1632—91)，那时铁路提速是在既有线改造的基础上进行的，钢轨焊接作业的单位都是铁路工务部门，而铁路工务部门又是线路的最终管理单位，对焊接质量只能自我监督和管理。

二、秦沈客运专线是提高我国钢轨焊接技术的历史机遇

秦沈客运专线完全打破了无缝线路建设的换铺模式，首次直接采用一次铺设长轨，经焊接形成无缝线路。换铺法铺设的无缝线路有与生俱来的缺陷：螺栓连接接头由于与钢轨刚度不同，列车经过时会对道床、石砟形成附加冲击，并可形成记忆效应。换铺长轨后，由于道床、石砟的冲击仍然存在，由于记忆效应，在换铺完的无缝线路上，原接头处对列车轮轨的作用力难以消除。一次铺设形成的无缝线路才能解决接头的记忆效应。

从秦沈客运专线开始，在建设中引入了监理机制，铁路建设的严格监管开始了，工程质量监督也开启了新的一页，从此工程单位施工和工程监理都有规范标准，工程质量明显提高。这一创新举措对秦沈客运专线无缝线路的钢轨焊接质量也起到了保驾护航的作用。

三、钢轨现场焊接的难题

钢轨焊联有两种最基本的方式，基地焊与现场焊。焊轨基地设焊接设备，在焊轨基地把钢轨焊成 300～500m 长，然后再用铺轨机把长钢轨铺设到线路上。我国在 2000 年时就已经有 16 处焊轨基地，新修基地与老基地采用同样的方式焊轨。当时，在山海关、锦州、盘锦 3 个地方分别由中铁建、中铁工建设了 3 处焊轨基地，把 25m 钢轨焊接成 300m 长的轨条。

但在钢轨铺设完毕后，300m 长轨间的焊接就遇到了困难。原因是受当时条件的限制，只能用铝热焊进行现场焊轨。虽然我国也有将近 20 年的铝热焊接经验，但此前一直是在维修中使用，尚未在大批量工程项目中使用过。

在山海关到绥中试验段先行引入了法国产品，但是按我国规范检验，发现产品质量不符合要求。之所以选择法国产品，还要追溯到 1995 年，法国拉伊台克公司的铝热焊产品在我国铁路开始提速之际弥补了我国焊接产品的短板。按当时外商的宣传，法国产品从不断轨，而且免于探伤。那时，在焊接设备和技术方面我国与国外的交流并不多，大量的进口产品使国产产品受到了严重挑战。国外产品在秦沈客专建设中受挫，反而给国产产品和自主技术开发带来了新的机遇。

实际上，我国自行研制生产的铝热焊剂强度是比较高的，可以满足当时的铁道行业标准《钢轨焊接接头技术条件》（TB/T 1632—91）的要求。秦沈客运专线带来的新的建设模式给了我国科研人员新的机会，建设单位、施工单位从检验数据、技术规范出发，严格遵循科学规律，开始研制我国的焊接产品。

四、解决难题的艰辛

由于国产铝热焊走了一条不同于国外的技术路线，通过合金化手段提高焊缝强度，从而使焊缝强度达到了与母材匹配的要求。经过长期的应用，没有出现大范围的伤损。所以，国产铝热焊产品是可以满足使用要求的。铁科院向时任铁道部领导汇报后，铁道部决定由铁科院参与秦沈客运专线现场焊轨施工。作为补充，在辽中至沈阳北区间选用一部分进口产品。这样，秦沈客运专线钢轨焊接 2/3 的任务就落到了铁科院的肩上。

铁科院临危受命，迅即组成了以金属及化学研究所（简称“金化所”）技术人员为主，院伙伴工贸实业公司参与的钢轨焊接中心，开展技术攻关，并在技术攻关的基础上组织铝热焊产品的生产与施工。

铁科院承担这一任务之后，遇到了很多想象不到的困难。当时的技术规范是建立在试验研究以及小规模应用的基础上的，以往一年全路的用量仅为 2000 份之内，应用后并没有严格的追踪检验。当重新去检验时，发现试验结果离散性相当大。

金化所针对秦沈客运专线出现的问题组织了焊接试验研究，认为试验结果离散，极有可能是原材料不稳定的原因。于是开始四处寻找国内品质最高的原材料，并用一周时间完成了以前需要两个月完成的实验任务。

研究团队 24h 连续作战，不停地尝试不同的原材料，改进焊接方案。我记得最清楚的是一次凌晨 4 点，突然想起一个方案值得细化。我叫醒了现在已是 CRCC 金化站站长的胡智博，还有另外一个助手，我们 3 人开始焊钢轨。然后等焊头凉了，我们再用静弯试验把钢轨压断，以求得最稳定的试验结果。

为了确保秦沈客运专线施工质量与工期，我们组建了铁科院焊轨队伍，于 2000 年 9 月开赴秦沈客运专线施工现场。每一次做技术交底前，我与胡智博两人都要反复推敲每一个细节是否还有优化的空间，每一个数据是否能经得起工程的检验。如果出现疑问，绝不放过，并把所有的试验重新进行验证。无论是理论研究还是现场试验，不管是制定工艺流程还是确定施工标准，都一直坚持在施工一线，与工人同吃同住，及时解决施工中遇到的各种困难，保证了施工质量和工期。

2001 年夏天，东北地区施工现场雨水很多，在盘锦附近的一处工地发现法国铝热焊出现了大面积的缺陷，法方派出的技术人员在一星期之后才赶来，人虽然来了但并没有解决问题，查找问题根源的任务落在了铁科院团队的身上。我们经过调查分析，认为出现缺陷的根源是气候潮湿，但不能确定缺陷是焊材受潮还是坩埚受潮引起的。同时，我们意识到施工现场与试验室条件不同，于是就派人派车，把所有材料直接从北京的工厂拉到了施工现场，以至于当时仅有的一辆面包车直接用到报废。在奋力攻关的关键时刻，铁道部领导来到了工程现场进行调研。功夫不负有心人，铁科院团队终于找到了问题出现的原因，并找到了解决的办法。

经过不懈努力，铁科院这支新组建的施工队伍保质保量地完成了秦沈客运专线的施工任务，他们的工作态度、工作质量多次得到了领导、施工单位、施工监理部门的赞扬。艰苦的努力获得了丰硕的回报，秦沈客运专线的无缝线路，铁科院金化所研制成功的铝热焊剂不但质量过关，其成本还比国外产品降低了60%。

五、促进了我国铁路钢轨焊接技术的进步

经过秦沈客运专线的历练，铁科院取得了丰富的钢轨焊接经验。钢轨焊接在秦沈客运专线的成功，使我国铁路新线无缝线路的铺设从此不再使用换铺法建设。现在，几乎所有的铁路新线都采用一次铺设无缝线路的方法建设，单枕连续法以及后来经过改进的群枕法成了高速铁路建设的中国模式。中国建设者以自己的智慧研发了群枕铺轨机，其性能超越了由奥地利进口的单枕连续铺轨机。如今，依赖于北斗卫星定位系统的智能铺轨设备在国内铁路建设工程中屡建新功。

在钢轨生产领域，我国也有自己的短板，新建秦沈线客运专线时，我国钢厂只能生产25m短定尺钢轨，这样的钢轨如果平直度不高，在使用过程中甚至会造成接头越磨越高的怪象。因此，我国钢铁厂科技人员与我国铁路科技人员合作，攻克了长钢轨的研制和生产技术关键，生产出了100m定尺长钢轨。今天，25m长定尺钢轨在我国铁路已被淘汰，全部采用100m定尺钢轨。

钢轨焊接技术经过秦沈客运专线的考验，得到了长足的发展。我们发现，尽管我国的高速铁路具有与国外相同的焊接体系，可以满足使用要求，但是受现场条件的限制，铝热焊也暴露出缺陷概率相对较高的问题。在京津城际铁路的建设中，铁科院又果断放弃了现场铝热焊，引入闪光焊。实践证明，铝热焊和闪光焊各放异彩，焊接技术不断推陈出新，已由过去的铝热焊时代，迈入了闪光焊的时代。

从秦沈客运专线开始，我国开展了大规模高铁建设，结合秦沈客专的钢轨焊接经验，新线建设全部采用基地焊与现场焊相结合的模式。优化了每条

新线就地建设焊轨基地的方式，在全国集中建设了 12 个焊轨基地，给所有的铁路新线建设提供由基地焊接完成的 500m 长钢轨。现场焊接采用移动闪光焊，大大提高了一次成功率。这种焊接形式以其成功率高、断轨率低的优势在我国铁路新线建设以及所有我国承担的海外铁路建设中广泛应用。

经过秦沈客运专线锤炼的这个技术团队仍在创新路上，在铝热焊、基地闪光焊的基础上又继续开展移动闪光焊的研究与生产。迄今为止，铁科院已经取代国外厂商，成为国内最主要的钢轨焊接设备供应者。铁科院供应了全国铁路将近 1/2 的钢轨焊接设备，同时，在我国主导的海外铁路项目中全部采用铁科院生产的钢轨焊接装备。

20 年过去了，在秦沈客运专线奋斗的日日夜夜犹如昨天。抚今追昔，时至今日我国所有的钢轨焊接技术，都起源于秦沈客运专线。受益于秦沈客运专线钢轨焊接技术的攻关和成功实践，以及后续的科学研究和工程实践，我作为执笔人起草了 ISO 钢轨焊接技术规范，饮水思源，这部技术规范的颁布，是我个人的荣幸，更是秦沈客运专线带给钢轨焊接队伍的财富。

秦沈客运专线 38 号可动心轨道岔关键技术

赵国堂
时任铁道部运输局基础部线路处副处长
现任国铁集团川藏铁路工程建设指挥部首席质量监管师、专家组组长

秦沈客专

秦皇岛站
山海关站
绥中北站
葫芦岛北站
锦州南站
盘锦北站
台安站
辽中站
皇姑屯站
沈阳北站

道岔是铁路线路设备的重要组成部分，可以充分发挥线路的通过能力，提升铁路运输效率。高速道岔作为高速列车转线或越行的连接设备，直接影响行驶速度、行车安全及旅客舒适性，是我国高速铁路建设中的关键技术之一。

秦沈客专是我国第一条设计时速200km以上的铁路，其站间距较大，为提高旅客输送效率，在进站停车、驶出车站以及在转线的位置处需布置道岔。道岔要满足直线进入和侧线驶出时的安全性和舒适性要求，也要兼顾直向高速通过的运行条件。38号道岔是我国自主设计的第一代高速道岔，是在我国第一代提速道岔基础上发展而来的，是我国当时最大号码的道岔。秦沈客专38号道岔的设计与应用，为我国自主研发高速铁路道岔积累了丰富的经验。

一、工程背景

我国铁路道岔从75型、92型发展到提速道岔阶段才发生里程碑意义的变化，其中具有代表性的指标是道岔通过速度的变化（表23-1），在提速道岔研发之前，道岔直向通过速度均在120km/h以下，只有提速道岔逐步将直向通过速度由120km/h提高到160km/h和200km/h。

我国铁路道岔技术发展过程 表23-1

年代（型号）	道岔平面线型	道岔结构	道岔号数	容许通过速度（km/h）		设计方法	电务转换与锁闭
				直向	侧向		
50—60（55、57型）	单圆曲线 直线尖轨 直线辙叉	切底式、爬坡式尖轨 组合固定辙叉 钩头道钉式 木岔枕	9 12	80 80	35 45	静态	一机多点内锁闭
70（75型）	单圆曲线 直线尖轨 直线辙叉	爬坡式尖轨 锰钢固定辙叉 刚性扣件 木岔枕	9 12	100 100	35 45	静态	一机多点内锁闭
80（92型）	单圆曲线 直线、曲线尖轨 直线辙叉	AT尖轨 锰钢固定辙叉 单肢可动心轨辙叉（试验） 刚性扣件 混凝土岔枕	9 12 18	110 110 110	35 50 80	静态	一机多点内锁闭
96（提速道岔）	单圆曲线 曲线尖轨 直线辙叉	AT尖轨 锰钢固定辙叉 单肢可动心轨辙叉 弹性扣件 混凝土岔枕	9 12 18 30	120 140～200 140～200 140～200	35 50 80 120	静态 + 动态	多机多点外锁闭

提速道岔的研制是适应铁路大提速需求的产物。1995 年 6 月，铁道部决定将繁忙干线上旅客列车运营速度提高到 140～160km/h，12 月决定研发提速道岔。1996 年 1 月完成 60kg/m 钢轨 12 号可动心轨提速道岔的设计，同年 4 月完成道岔试制，5 月在沪宁线陆家浜车站完成了铺设，各项指标满足设计和行车安全性、舒适性要求。在 12 号可动心轨道岔基础上，相继研制了18 号和 30 号道岔。道岔直向通过速度在 1997 年第一次铁路大提速时为 140km/h，1998 年第二次铁路大提速时达到 160km/h，并在 2004 年 4 月第五次提速时提高到 200km/h。

秦沈客专依据《时速200公里新建铁路线桥隧站设计暂行规定》进行设计，于 1999 年 8 月全面开工建设，设计速度为 200km/h，平面预留 250km/h 条件。为满足工程建设需要，在工程全面开工的同时，由原铁道专业设计院主持，联合国内道岔研发力量，经历研究、设计、试制、试铺、试验 5 个阶段，成功研制了秦沈客专 60kg/m 钢轨 18 号、38 号可动心轨辙叉单开道岔，于 2000 年上道铺设，并通过 2001 年 12 月、2002 年 9 月和 11 月的 3 次综合动力试验的检验，“神州号”内燃动车组、“先锋号”动力分散电动车组和“中华之星”动力集中电动车组通过时，38 号可动心轨道岔能够满足直向 250km/h、侧向 140km/h 设计速度下安全性和舒适性要求。

二、主要技术特点

秦沈客专 38 号道岔的研发充分吸收了我国提速道岔的研发经验，并借鉴了国外大号码道岔的优点。考虑将要使用机车车辆的性能，确定 38 号可动心轨道岔主要技术性能指标为：动能损失 $\leqslant 0.5km^2/h^2$；未被平衡的离心加速度 $\leqslant 0.5m/s^2$；未被平衡的离心加速度时变率 $\leqslant 0.5m/s^3$（圆曲线用 $0.5 \sim 1.0m/s^3$ 进行校核）；夹直线长度 $\geqslant 0.4v$（v为设计行车速度），困难条件下夹直线长度 ≥ 20m；道岔导曲线平面线型采用 R3300m + 三次抛物线形式，与我国后期定型的 42 号高速道岔及德国、法国道岔平面线型基本一致（见表 23-2），不仅有利于提高侧向通过的性能，还有利于改善圆曲线钢轨侧磨等伤损特性。

秦沈客专 38 号可动心轨道岔与其他道岔技术指标的比较　表 23-2

国别	道岔号数	导曲线形式及相关参数	道岔全长（m）	设计容许通过速度（km/h）	
				直向	侧向
中国	38	圆曲线 R3300m + 三次抛物线	136.2	250	140
	42	圆缓、R5000m + 三次抛物线	157.2	250/350	160
日本	38	R8400m +R4200m +R8400m 的复曲线	134.79	300	160
德国	42	三次抛物线，R10000m→R4000m→∞	145.65	300	160
法国	46	圆曲线 R3000m（R3500m）+ 三次抛物线（→∞）	136.7/136.9	300	160/170

道岔的主要尺寸见表 23-3，可以通过计算得出，当侧向过岔速度为 140km/h 时，欠超高为 70.1mm，未被平衡离心加速度为 0.46m/s^2，离心加速度时变率为 0.99m/s^3，动能损失为 0.48km^2/h^2，三次抛物线欠超高时变率为 27.19mm/s，离心加速度时变率为 0.19m/s^2，符合主要性能指标的要求。

秦沈客专 38 号可动心轨道岔的主要几何尺寸　表 23-3

指标	道岔全长	前端长度	后端长度	尖轨长度	长心轨长度	辙叉长度	护轨长度	拉杆数目
尺寸	136.2m	48.771m	87.429m	37.60m	23.875m	29.392m	10m	6 + 3

道岔的主要结构特点有以下 7 个方面：

（1）道岔均采用全切线型尖轨。

（2）尖轨部分和辙叉部分胶垫的刚度分段变化，以尽可能保证道岔刚度变化的均匀性。

（3）心轨设置防止心轨跳动的凸台，并与安装在翼轨上的防跳卡铁相配合。

（4）为了防止翼轨在心轨一动位置刨切对强度的削弱，采用了以 60AT 钢轨锻压出特种断面翼轨，其截面具有与 60kg/m 钢轨等强的特点。

（5）滑床台采取了喷刷减摩介质，以减少转换阻力的措施。

（6）为了保证道岔基础刚度的连续性，各牵引点处未采用钢枕，而采用了与其他枕同截面的混凝土枕。

（7）电务转换设备采用了新型钩型外锁闭装置，尖轨有 6 个牵引点，心轨 3 个牵引点。

道岔施工技术是影响道岔正常使用的重要因素。考虑到 38 号道岔长度为136.2m，当时还缺少相应的吊卸与移位设备，因此，选择采用原位铺设法进行道岔的铺设，即将道岔部件散件运输至铺轨现场，在指定位置将部件组装成整组道岔，其优点是不需要专门的大型装备，缺点是道岔组装质量难以得到保证，且长时间占用线路。

铺设完成的道岔如图 23-1 所示。

图 23-1　秦沈客专 38 号道岔现场图

三、试验和运营状况

在 3 次综合动力试验中，地面主要测试结果表明，尖轨开口量最大值仅为 1.2mm，心轨开口量最大值为 2.13mm，均小于限值 4mm；尖轨第一牵引点前岔枕最大垂直位移为 1.30mm（210km/h），最大振动加速度为 15.8g（260km/h）；心轨第一牵引点前岔枕最大振动加速度为 23.6g（240km/h），岔枕的垂直位移、振动加速度均比提速道岔钢岔枕的数值要小得多，说明加强岔枕初始状态下的捣固非常重要（钢岔枕捣固难）。试验列车测试结果表明，当“中华之星”电动车组直向以 250km/h 通过道岔时，轮轴横向力为 42.9kN、脱轨系数为 0.37、轮重减载率为 0.32、车体垂向振动加速度为 $2.79m/s^2$、横向振动加速度为 $2.24m/s^2$、垂向平稳性为 2.74、横向平稳性为 2.48；当“先锋号”电动车组侧向以 160km/h 的速度通过道岔时，轮轴横向力为 49.4kN、脱轨系数为 0.85、轮重减载率为 0.61、车体垂向振动加速度为 $2.60m/s^2$、横向振动加速度为 $2.63m/s^2$，表明 38 号道岔在直向 260km/h、侧向 160km/h 试验速度下列车安全性和舒适性符合要求。

秦沈客专于 2003 年开通运营以后，为了解道岔使用情况，总结我国提速道岔设计经验和教训，2005 年 6 月，中铁咨询（原铁道部专业设计院）、铁科院、中铁山桥、中铁宝桥等单位的道岔设计研究人员对绥中北站的 60—18、60—38 号道岔使用状况进行了现场调查，总体上道岔服役状态良好，存在的问题主要有 3 个方面：

（1）道岔设计方面主要表现为长大尖轨和心轨存在不足位移、外锁闭机构不能完全适合尖轨心轨自由伸缩，转辙器部分应改进铁垫板与岔枕的联结方式，铁垫板应具有调距功能。

（2）道岔钢轨件、岔枕及其他零部件制造精度应进一步提高，工务与电务系统在道岔设计和制造中应紧密配合，应在工厂内对每组道岔进行试铺，以提高道岔系统功能和配合精度。

（3）道岔铺设精度不高留下问题比较多，不仅影响整个道岔平顺性保持，还影响电务系统的正常工作。

四、结语

秦沈客专 38 号道岔是当时国内设计速度最高的道岔，试验速度直向达到260km/h、侧向达到 160km/h，是当时我国所有道岔的最高实车运行速度。38 号道岔的研制成功，代表着我国国产高速道岔的研发在平面线型设计、结构设计、施工工艺等方面取得了重大突破。

笔者有幸参与了 3 次综合动力试验组织与设备维护工作，由于道岔铺设采用原位铺设法，在没有建立精测网的条件下，道岔散件组装达到铺设精度要求难度很大，加之施工单位负责道岔维护，经验的缺乏导致道岔精度与高速要求的轨道高平顺差距较大。在综合试验过程中，我和时任铁道部科技司基础处副处长的郭福安、中铁建十一局副局长的邹振华每天在试验前都要组织对道岔进行整治，但结果一直不理想。后来在福安同志请来北京局遵化北工务段维修人员协助，才将道岔维护达标，侧向通过速度一次就超过 140km/h，各项指标满足要求。2003 年，福安同志和我组织高速道岔研发时，不仅重视道岔结构设计和制造，更重要的是将道岔作为系统工程，引入了厂内试铺和现场精测精调的方法，从而使在高速铁路轨道工程中一直是薄弱环节的道岔不再薄弱。秦沈客专 38 号道岔的研发和应用不仅为我国高速铁路道岔的发展打下了坚实的基础，也为我们参与这项工作的人员指明了努力的方向。

秦沈客运专线箱梁和轨道工程质量管理

吴信然
时任中国铁路工程总公司秦沈客运专线指挥部指挥长
后任中国中铁股份有限公司副总经理兼总工程师

杨启兵
时任中国铁路工程总公司秦沈客运专线指挥部总工程师
现任中国中铁股份有限公司生产监管中心副部长

张永强
中国铁路工程总公司秦沈客运专线工程部副部长
现任中铁投资集团有限公司副总经理

秦沈客专

秦皇岛站
山海关站
绥中北站
葫芦岛北站
锦州南站
盘锦北站
台安站
辽中站
皇姑屯站
沈阳北站

中国铁路工程总公司(简称"工程总公司")总承建的秦沈客运专线1063跨箱梁架设和451km一次铺设跨区间无缝线路轨道工程，技术含量高、施工难度大，其中主梁型24m双线箱梁桥面宽12.4m，梁高2.0m，重量达530t；一次铺设跨区间无缝线路，采用300m长钢轨，III型轨枕、I级铁路碎石道砟，38号大号码道岔以及板式无砟轨道、伸缩调节器，通过现场焊接300m长钢轨，单枕连续铺设、机械化养路、放散锁定、线岔联锁，形成跨区间无缝线路。

工程总公司通过国内外技术交流，研究借鉴国外经验，依靠国内科研攻关成果，在详细的施工调查和严谨科学的方案论证的基础上，制定了"先架后铺"的施工新方法，确定了箱梁工程"七个现场制架场、四套运架桥机、一台造桥机、两个现浇梁施工队"，轨道工程"两个铺轨基地，七个道砟生产场，一个现场制枕场"的总体施工方案，配以国内外成套先进设备，采用具有我国自主知识产权的施工技术。根据工程总公司质量手册、程序文件汇编和秦沈客专合同文件，针对箱梁和一次铺设跨区间无缝线路标准高技术新的特点，认真编写铺架工程项目的质量计划、施工组织设计、作业指导书等成套质量体系文件，认真贯彻质量体系标准；坚持项目法施工，注重前期准备工作，采取预先策划、系统管理、过程控制、试验检验的管理方法，以质量为核心、科技为先导、人才为保障、装备为手段，高起点、严要求，在实现质量管理规范化、程序化、标准化的过程中，坚持以技术持续创新保障工程质量。

一、箱梁和轨道工程的技术难点和质量控制重点

为确保秦沈客运专线高速运营的安全性和舒适性，工程总公司结合铺架工程特点，认真贯彻总公司"技术先进，精心设计，绘制时代蓝图；科学管理，精心施工，构筑精品工程"的质量方针，确定秦沈客专项目的质量目标。按国家、铁道部工程质量标准及秦沈客运专线标准，工程验收一次合格率达到100%，优良率达到90%以上，确保总包工程全部创铁道部部级优质工程，争创国家级优质工程。

工程总公司建立健全了质量保证体系，通过分解工艺过程，明确了铺架

工程的技术难点和质量控制重点。确定的关键工序为：箱梁混凝土灌注、箱梁架设，轨道施工中应力放散和线路锁定、大型机养作业、道岔铺设。确定的特殊工序为：箱梁预应力、防水层施工，钢轨焊接。

箱梁施工中重点控制原材料、大体积混凝土、预施应力、梁体外形尺寸、施工支座安装等。轨道工程施工中重点控制钢轨接触焊焊接、铝热焊焊接，轨道铺设，应力放散和线路锁定、精细整道、大号码道岔铺设和锁定以及板式无砟轨道。

二、预先策划，全员参与，过程控制，系统管理

（一）扎实充分的前期准备

针对秦沈客专铺架全新的特点，工程总公司从 1998 年初开始，联合科研、设计、施工、制造等单位，组织国内外技术交流，参考国内外经验，全面进行施工方法、装备、工艺标准、作业细则等方面的科研攻关。先后制定了箱梁和轨道工程施工细则和验收标准，完成成套机械装备设计与制造，开展了多项工艺试验。根据秦沈客专的工程特点，系统严谨地进行施工组织设计和方案比选，制定了科学合理的施工总体方案。针对一次铺设跨区间无缝线路施工特点，提前进行道砟和Ⅲ形枕生产和储备。同时还开展了制定保质量、工期、安全、环保主要针对性措施，提前进行了人员培训等工作。扎实充分的前期准备为铺架工程优质、高效、高速、有序施工奠定了良好的基础。

（二）坚持以人为本，实行全员参与

1. 加强人员培训工作

针对箱梁制运架和一次铺设跨区间无缝线路在我国尚属首次的全新特点，采取“走出去、请进来”的方法，组织员工到国内外学习、培训，先后到国内外长钢轨焊接、无缝线路施工、箱梁制运架施工工地进行考察学习，在法国、瑞士、日本、韩国等国外设备制造厂家进行有针对性的员工培训，请国内院校、科研、设计、维修方面技术专家讲课，举办各种形式的培训班，先后共培训员工 38 期，培训 3662 人次，并通过考试考核，实行持证上岗。

2. 实行全员参与

秦沈客专铺架工程质量管理在传统的质量管理部门归口管理的基础上，实行全员参与。各项目经理部质量计划中均明确管理层各部门和员工以及作业层每个工班每个员工的职责，通过宣传教育、组织学习、培训考核，通过职责上墙、工艺操作要点上墙等形式，使每个员工清楚其自身的职责，掌握其工作目标、工作内容以及达到目标的要求和方法，理解其工作的质量对下一步工序以及整个施工过程的影响,使每一位员工在各自岗位上树立责任感，充分发挥个人的潜能，同时通过内部审核，采取绩效检验与管理评审的方法进行评价，找差距以求持续改进，同时采取激励机制，鼓励每个员工在工作中积极提高技能，促进工作质量不断提升。

3. 落实责任制

秦沈客专铺架工程按照项目法组织施工，实行项目经理行政负责、项目总工程师技术负责制。坚持项目法管理，优化配置人力、物资、机械设备、资金等资源，保证其合理使用。根据建设单位要求和现场实际情况，不断优化调整施工组织，确定质量保证措施。在项目实施过程中，坚持质量第一的工作原则，实行优质优价、奖优惩劣的措施，提高员工积极性，促进创优。

4. 发挥团队精神

质量管理工作中人是最活跃的因素，是最根本的因素。质量管理需要全员参与，每位员工的工作质量都会对质量目标产生不同的影响，发挥每个人的积极性和主观能动性，对质量目标的实现至关重要。秦沈客专铺架工程质量管理中始终坚持以人为本，通过加强人员培训与团队教育，树立整体意识，通过标准化工地建设，创造良好的工作环境、生活环境，改善职工的业余文化生活；通过职能划分、任务分解，做到人尽其才、物尽其用，使每位员工在各自的工作岗位上发挥才能，并能做到一专多能，相互团结协作。

（三）严格物资管理与控制

兵马未动，粮草先行。工程总公司在施工调查的基础上，充分考虑施工需求、物资运输与供应生产周期等因素，有计划地进行物资生产和储备。根据一次铺设跨区间无缝线路对道砟、轨枕的大量需求，提前组织专门生产队伍，配备先进生产设备，沿线建立了 7 个道砟生产场，生产和储备道砟，保证了施工过程中的道砟供应和道砟质量。同时在铺轨尚未开始之前，首创在铺轨基地建立轨枕生产场，提前进行轨枕的生产和储备，摆脱了受运输限制的不利因素，实现保质保量供应，为秦沈客专工期目标、质量目标的实现奠定了坚实的基础。

工程材料方面，工程总公司坚持从源头抓起，严把工程材料关，通过选择合格供方，建立合格供方目录，并对原材料、成品、半成品进行有效标识，使物资管理处于受控状态，且具备可追溯性。同时，做好原材料的出厂检验和进场复验工作，确保材料质量合格、资料齐全，试验数据真实准确。

（四）保障施工机械设备配套完备

在秦沈客专铺架设备配置方面，工程总公司坚持自主开发与合理引进的原则，配备了性能优良、技术先进的成套制运架、铺轨机械设备和工艺装备，以及试验检验设备，探索了一条以机械设备保证工程创优的路径。

工程总公司充分发挥科研、设计、施工、制造四位一体的集团优势，纵横联合，开展箱梁制运架、一次铺设跨区间无缝线路的施工机械设备等方面的科研攻关，制定了成套系统的施工工艺细则和操作规程，开发研制了具有国际先进水平的架桥机和运梁车，同时也引进国外的成套设备。

在施工开始前，工程总公司就制定了机械设备管理、使用、养护维修操作规程，在施工过程中严格执行，并定期进行检查落实，保证机械设备正常使用。

（五）强化过程控制，以工序质量保证工程创优

（1）认真做好临时工程设计与施工。秦沈客专临时工程规模大，直接影响工程质量和工期。根据施工工艺流程和质量标准，临时工程按照正式工程标准进行勘测、设计和施工，重点做好制梁场、制存梁台座、运梁道和铺轨基地、焊轨生产线的设计和施工。

（2）提前进行工艺试验。根据制定的工艺细则和工装设备，在正式施工前，进行了箱梁制造、轨道铺设整理的工艺试验，据以修改完善细则和工装。

（3）坚持样板引路、精品战略方针。实行首件、首段样板工程示范，统一质量标准，坚持高起点、严要求，全面推进各专业工程创优。

（4）严格控制制、运、架梁过程。通过严格执行工程总公司文件要求，做到质量记录控制、不合格品控制、内部审核控制、纠正措施控制、预防措施控制等程序方法，识别和管理与铺架工程有关的人、料、机、法、环、测等主要因素的相互关系和活动，围绕每一质量控制要点的实施过程，系统实施原材料检验，工器具、试验方法和手段、机械设备、环境要求、施工工艺、操作细则、检测测量等相关因素的控制。通过定期召开交班会和质量现场检查与交流会，有计划地组织内部审核，协调各方面关系。通过员工的教育、培训，质量管理内审，认真落实每位员工的职责和权限，针对出现的观察项、不合格品的评审，分析原因，提出纠正、预防措施，防止不合格品出现。如：大型搅拌站集中生产供应混凝土，以计算机自动控制、人工定期检验的方法，确保混凝土强度及弹模质量，做到连续跟踪检验评定，提升混凝土生产的质量水平；采取控制养护、拆模温度与初期预张拉措施，控制箱梁产生温度裂纹；根据各梁场工艺特点，实测摩阻损失，采取应力值与伸长值双控的方法控制预应力施工；箱梁生产期间，通过跟踪测量生产过程中梁长、梁跨、上拱度，运用统计分析，找出其发展规律，及时调整底模反拱设置和梁长预留压缩量，保证箱梁外形尺寸；通过箱梁静载试验综合控制箱梁成品质量。

（5）严格执行轨道工程标准管理。严格检验钢轨、轨枕、扣配件、道砟等质量，严格按要求进行钢轨焊接的型式试验和周期性检验，严格施工工艺与外形尺寸检查测量，控制钢轨焊接质量；通过道床参数的测定，确定四次上砟、五次机械化养道、轨道精细整理的作业工法；通过位移观测监测应力放散与线路锁定质量；通过大号码道岔工务电务联调、轨道几何状态的静态与动态检测，确保轨道几何状态的质量达到高速行车的标准。

（六）加强试验、检验和检测工作

试验、检验和检测工作，是保证工程质量的重要措施。工程总公司通过加强试验室建设，配备技术水平高、经验丰富的专职试验检验人员，配备先进的检测试验设备、器具，做好箱梁工程、轨道工程每项试验检验和测量工作。对箱梁混凝土试验、预应力管道摩阻试验、钢轨焊接型式试验、周期性检验，以及道床参数检测、钢轨焊接接头超声波探伤、轨道几何尺寸静态与动态检测等每一道工序，进行严格把关，并做好质量统计分析，及时反馈至管理层与作业层，进行质量动态超前控制和持续改进。

秦沈客专铺架工程坚持内部管理、外部监理、政府监督职能相结合的原则开展质量管理工作。项目部加强内部管理，坚持标准化施工，按质量计划组织施工生产，按程序控制方法做好过程控制，内部实行三检制，内部检验合格后报请监理工程师检验，接受监理的指导，通过工作质量保证工序质量，通过工序质量保证工程质量目标的实现。同时，按相关法规，积极配合政府的监督，实行生产认证制、过程抽检制和产品检验制度。

（七）正确处理好质量、进度、效益的关系

项目质量、进度与资金控制是项目管理的重点，工程总公司始终把质量管理作为三大控制的核心，并始终坚持“百年大计、质量第一”的方针，实行人员、机械设备、资金使用优化组合。在满足质量的前提下，合理安排进度与资金管理。秦沈客专箱梁制造初期，为避免箱梁端隔板出现表面微细裂纹而影响箱梁的耐久性，7 个梁场暂缓施工，联合设计单位共同完善设计方案、优化施工工艺，消灭了表面微细裂纹，做到了内实外美，质量达到预期目标，此后才全面组织高速有序的生产，抢回了工期。钢轨焊接型式试验、板式无砟轨道施工、大号码道岔铺设等工程，虽然工期紧张，但为保证质量，都严格按标准和程序施工，摸索出一套完整的施工工艺和作业参数，质量稳定达到预期目标后全面实施。为保证软土路基的稳定和工后沉降，宁可推迟架梁和铺轨工期，而后采取措施，优化施工组织，加大投入，确保秦沈客专整体工程质量和工期。

三、总结

工程总公司总承包的秦沈客专铺架工程，经过 3 年多的施工，实现了箱梁工程合格率 100%，优良率 98.9%，轨道工程合格率 100%，优良率 100%，

85%的总包工程被建设单位评为精品工程，桥梁刚度大，轨道安全稳定，平顺性好，行车舒适，是开通即达到设计速度的先例。

秦沈客运专线铺架工程的顺利施工，认真执行了ISO 9000质量体系标准，坚持以人为本、发扬团队精神，坚持项目管理责任制，坚持以科技为先导，加强人员培训，充分发挥工程技术人员的积极性和创造性，配备成套先进机械设备，做好工程物资组织和储备，重视试验检验等基础性工作，采取预先策划、系统管理、过程控制的方法，实现了质量管理规范化、程序化、标准化。同时，开发了具有中国自主知识产权的成套施工技术，研制了一批技术先进、性能优良的机械设备，填补了我国铁路建设的一系列空白，培养了一批高素质高速铁路的专业化施工队伍，形成了一套系统科学的管理方法和模式，为中国高速铁路大规模建设奠定了基础、拉开了序幕。

秦沈客运专线工程设计配合施工回忆

郭绍影
时任铁道第三勘察设计院地路处设计负责人
现任中铁第五勘察设计院集团有限公司副总工程师

秦沈客专

沈阳北站

皇姑屯站

辽中站

台安站

盘锦北站

锦州南站

葫芦岛北站

绥中北站

山海关站

秦皇岛站

秦沈客运专线建成已经过去了20多年，那时我参加了勘察设计工作，如今回顾起来仍旧历历在目，仿佛就发生在昨日。以前，有人说秦沈客专是中国高铁技术的试验线，各施工单位也把参与秦沈客专建设作为进入京沪高铁入场券，如今看来一点也不为过。就土建而言，这项工程采用了许多新技术，如桥梁、轨道、路基过渡段、软土地基加固以及沉降变形预测、控制等，基本形成了中国高铁主要技术标准的雏形，为京沪高速铁路技术标准建立奠定了基础，也为中国高铁建设锻炼和储备了技术人才和建设队伍。作为一名亲历秦沈客专建设的工程设计人员，在工程设计、施工配合和科研过程中经历的一幕幕场景，将永远珍藏在我心中。

一、充满创新挑战的激情岁月

我于1997年参加秦沈客运专线设计工作，当时是一名参加工作近4年的助理工程师。当时，我作为铜陵至九江铁路的专业负责人在组织检修设计，同时承担一个京沪高铁的部级科技攻关课题，同步进行室内试验。

秦沈客运专线需要进行大量的检算和计算工作，可能因为1994年前后我曾编制软件对京沪高速铁路前期勘察设计工作进行了软土检算，因此领导让我暂停手头一部分工作，集中一段时间解决秦沈客运专线设计过程中的一些工程项目检算和计算问题。

我感觉那时秦沈客运专线的工地和办公室就像战场，大家每天都像在打仗一样，紧张而忙碌。进到每个办公室，满眼都是成堆的厘米格纸（当时都是手工画图设计，还没有电算化）和一个个埋在图纸堆里的设计人员，或者是几个设计者围在一起讨论技术问题。这些画面就定格在我的脑海里，至今不能忘却！

我感受到了什么是激情燃烧的岁月，不由自主地投入其中。我在原有经验的基础上，结合秦沈客运专线的实际，编制计算模板，优化设计作业模式和程序，不但减少了计算工作量，还大大提高了设计效率和计算精度。

针对汇总的海量工程量数据，我编制了能进行统计分析的软件，并在其中设置了提示对差错漏进行修改的功能，为设计人员提供了很大方便。所编制的铁路桥涵过渡段设计计算软件完成了全线所有桥梁和涵洞的工程量计算。我记得过渡段的形式有正梯形、倒梯形，填料选择级配碎石或加筋A、

B 土等形式，所编软件功能覆盖全面，同时具有容错和修改数据的能力。

二、配合施工中难忘的两件事

一件难忘的事是在施工过程中，许多施工单位反映，基床表层的级配碎石经过反复碾压，孔隙率指标仍达不到小于 15%的技术要求。问题反映到设计院以后，领导决定由我牵头研究解决这个问题。让我深刻地体会到设计部门的责任。

我通过建设总指挥部发文，请全线各施工单位将表层级配碎石施工、检测数据实事求是地汇总过来，然后我们对数据进行了统计、分析。经反复研究后提出新的方案并进行现场试验验证。经过多次研究分析、试验验证，在强度与密实度指标相匹配的基础上，提出将孔隙率控制指标由 15%放宽到 18%的建议，后被采纳。因变更了施工标准，技术主管部门专门发了一个通知，对原来的技术要求进行了变更。

另一件难忘的事是在秦沈客运专线建设过程中处理粉细砂填料问题。在此之前，粉细砂在铁路行业属于 B 组填料，属于比较好的类型。所以，当施工技术人员向我反映，20 标段有一段粉细砂路堤压实难以满足细则要求，我经过到现场查看，发现确实难以压实，反复试验多种振动碾压方式仍不奏效，随后向院里做了汇报。设计院经过研究决定，仍由我作为牵头人组成课题组开展应用科研工作，在现场开展粉细砂物理改良试验研究。经过室内外反复试验研究，最终确定将本地粉细砂与辽阳太子河卵石各按 50%比例进行掺配的物理改良方案，结果工程实施非常成功。在研究过程中，我提出了一套粉细砂掺配粗颗粒的物理改良设计公式，革新了铁路路基粉细砂物理改良设计方法。同时，我根据此次研究成果提出修改规范的建议并被采纳。我建议将粉细砂从 B 组填料中去除，纳入 C 组填料（后来有关规范又将其从 C 组中去掉），这也算对规范修订做出的一点小小的贡献吧。

三、最难忘记的那个夜晚

不能忘记的还有很多，最难忘记的是有一天的下午，我接到一个紧急通知，第二天早上铁道部有关领导要听取运架设备通过路基方案的汇报，由于前期设备型号没有定型，还没有来得及进行路基安全性检算。但是，根据当时的工况组合，应该检算近百种情形才能说明问题。那时并没有现成的软件，如果不能及时编制计算机软件进行检算，就只能靠人工计算。那天，领导把全处各所室（350 多人）中所有到岗人员梳理了一遍，找出能够抽出来进行稳定检算的 20 多人，准备通宵加班进行检算。当领导组织好人员，准备交由我牵头工作时，我头都大了。时间太紧，工作量太大，这样干一个通宵也未必能完成啊！思考了再三，我咬了一下牙，豁出去了。让领导把其他同志都放回去，就留下了两位年轻人，其中一位叫刘远峰，当时他刚从天津大学硕士毕业参加工作，我在做京沪高铁科研课题时，小刘就是配合我工作的研究生之一，我对他比较了解。我在脑子里快速把思路梳理了一下，画了一张简单的流程图，把两个年轻人叫到一起商量，告诉他们我的打算，准备采取在半无限空间内逐步加密步长的方式进行危险点圆心搜索。两人同意了我的思路。当时大概已经晚上九点钟左右了，夜战开始。我负责主程序，他们承担子程序，同时明确了输入和输出参数要求，我们分头编写代码。十二点左右我把主程序代码编好了，没等多久，他们俩把子程序也调通了。拿过来放在一起后编译、链接再运行，成功了！我们当时激动得要跳起来了，3 个人赶紧分头准备数据，对各种工况进行检算，然后把所有检算结果汇总起来，写出建议报告。当这些工作完成时，已经凌晨五点了。六点钟就有人过来取报告，然后去北京汇报。后来听说汇报效果也很好，对运架设备通过路基方案当场就拍板定了案。这是我这么多年来在软件开发工作中最紧张的一次经历。后来我通过在网上查阅资料，以及与同行们交流，判断这应该是我国研究者首次采用这种思路和手段进行路堤稳定性检算，我们竟然在无意中创造了一个“首次”！

四、创新，站在了前辈们的肩膀上

在秦沈客运专线项目设计中采用了很多成熟的技术，同时大量的是技术创新。以路基专业举例，对软土、松软土地基进行加固的类型几乎囊括了所有已用和正在创新中的处理技术，包括换填、强夯、碎石桩、袋装砂井、塑料排水板、搅拌桩、粉喷桩、旋喷桩、预制桩、素混凝土桩……对路基结构形式、过渡段形式、坡面防护形式等较传统技术都有很大程度的创新和突破。

如我参与的秦沈客运专线粉质黏土化学改良的试验研究，首次提出采用土中黏粒含量与粉粒含量的比值——黏粉比作为判断粉质黏土适用性的指标之一，并得到了应用验证，效果非常好。这些填料改良的成果收录到了秦沈客运专线总结中，并与京沪高铁科研的其他相关成果一起纳入了高速铁路设计规范中。

需要说明的一点是，秦沈客运专线化学改良土研究过程中采用的高速铁路细粒土化学改良公式是 1996—2002 年间我和孙明智同志一起承担的部级科研课题的成果，当时铁路内外多家科研单位和高校参加了研究和试验工作，如铁科院、铁建研（铁五院前身）、水科院、长沙铁道学院（中南大学）、天津大学、中铁三局、中铁十九局等单位。课题也得到了国内外很多学术专家的指导，如铁科院周镜院士、水科院汪闻韶院士等，最终成果获得较高评价，被纳入了高铁设计规范。

在此，我要感谢指导、帮助和与我一起共事的同仁们。其中有我的师傅彭泽仁先生，他当时是铁三院的一位教授级高工。还有已故去多年的韩寿山先生，他是我的老师，他宽广的胸襟和与人为善的处世态度对我影响很大。还要感谢许多曾经的领导和同事们，他们目前都在各自的岗位上卓有成就。因在秦沈客运专线工作中的成绩，我也获得了一些荣誉，如天津市科学技术进步奖一等奖和中国铁道科学技术奖特等奖各一次。我知道，成就的取得是我们站在了前辈们的肩膀上，同辈们团结合作努力才能达成的，就如同我们今天的高铁技术体系，是行业内所有同仁们团结协作、前赴后继、共同成就的结果。

五、现场经验成长最快的一段时期

有人把参加秦沈客运专线建设作为参加京沪高铁工程的入场券，所以为了做好这项工程，各施工单位都下足了功夫。在建设过程中，有的单位在路肩部位沿线路方向用红砖砌成一条线，被戏称为“镶金边”，有的用电锯把料石锯成光面，就是为了使自己的标段比别人更有亮点。这种精益求精的施工态度、这种对施工质量的苛求，在秦沈客运专线之前还没见过！

我在现场配合了大概有三四个月。在那些日子，基本上是每天一早就出门，很晚才回到驻地，一整天在各个工地之间穿梭，马不停蹄地查看各段地基加固和现场施工情况，那一段时间，我对软土地基加固各种施工机械、施工方法有了直接的认识和感受，这对我专业提升有着非常重要的意义。虽然我那时每天都很忙碌，但是内心感觉到非常充实，每天都吸收了很多新的知识，吸取了很多新的经验，感觉那段时间是我这些年来现场经验成长最快的一段时期。

我平时疏于提笔写文章，但是想到 2023 年是秦沈客运专线建成通车 20 周年，我有幸参加过中国第一条高速铁路的建设，不由得勾起我的很多回忆，索性写下来，以飨与我一起共同战斗过的同事们和那段如同醇酒的岁月。

秦沈客运专线路基桥涵高标准建设回顾

林　原

时任中铁二局集团有限公司总工程师兼指挥长

现任中铁二局集团有限公司副总经理

秦沈客专
沈阳北站
皇姑屯站
辽中站
台安站
盘锦北站
锦州南站
葫芦岛北站
绥中北站
山海关站
秦皇岛站

2023年，是秦沈客运专线通车20周年。

20年前，坐火车从北京到哈尔滨特快要超过10h，现在坐高铁只需要5h左右。而今，纵横南北、驰骋东西，时速250～350km的高铁几乎遍布祖国大地，运营里程达4.2万km，位居世界第一。

再回首，看今朝，感慨万千。是什么样的智慧？是什么样的追求？是什么样的力量？是什么样的劳动者？令祖国的铁路事业腾飞，让世界刮目相看！

作为铁路20年巨变的建设者，我有幸见证了这一伟业，并参加了秦沈客运专线的建设，经历了这段不平凡的时光，走过了一段难忘的岁月。

1999年8月16日，秦沈客运专线开工，这标志着我国高速铁路的探索和建设正式拉开序幕！

20世纪80年代，邓小平出访日本乘坐新干线，列车飞驰过富士山的情景令人难忘。从那时起，我心里就萌发了为祖国建设高铁的梦想。

一、把秦沈客专建成中国第一条高铁，是我们的追求

1999年，秦沈客运专线开始实行项目招投标。中铁二局经过充分的准备，通过激烈的竞争，一举中标土建12、13两个标段，后来又中标中国铁路工程总公司总承包的箱梁制架标和D41标段电气化工程标，作为第一方阵成功跻身高速铁路建设之阵列。

土建12标是以路基为主的标段。土建13标是以月牙河大桥为主的标段。月牙河大桥长度超过10km，是当时我国最长的铁路特大桥。两个标段特色鲜明，难点各异。

路基作为构成铁路的主要部分，其沉降和变形是控制铁路最高运行速度的重要指标，也是高速铁路的建设难点之一。秦沈客运专线建设之初，铁道部就明确要求必须把路基工程当作构筑物来填筑，确保工后沉降不超标。由于土建12标路基位于软土地基之上，难度陡增；土建13标月牙河桥跨越盐碱地、水稻田灌溉渠和苇海，夏季和冬季的雨雪等气候条件直接影响大桥的施工方案、质量和工期。

建设之初，没有可借鉴的经验和技术，能参照的只有铁道部发布的《时速200公里新建铁路线桥隧站设计暂行规定》（简称《暂规》）以及路基、桥涵、轨道等专业的施工技术细则和工程验收标准。如何执行上述标准规定和

标准把路基建设成坚固的构筑物，让月牙河大桥跨越水稻田、灌溉渠和苇海成为中铁二局建设秦沈客运专线的重点和关键。

在铁道部党组的正确领导和秦沈客运专线总指挥部的直接组织指挥下，中铁二局调集精兵强将挥师北上，通过仔细施工调查，按照中铁二局明确的“科技引路、集团作战、快速优质、誓夺第一”的战秦沈指导思想，制定了“科技攻关破难题、施工组织上档次、质量控制灭缺陷、高效推进树旗帜”的施工组织设计，开工必优，全段创优。

中铁二局深刻领会修建秦沈客专的意义，正确理解铁道部党组高瞻远瞩的决策，明确提出了把秦沈客专建成中国第一条高铁是建设者的任务和目标。中铁二局全局范围内广泛宣传，提升参建者的使命感、责任感和光荣感，激发参建者的激情和活力，变“要我建秦沈客专”为“我要建秦沈客专”。

二、依靠科技，创新施工管理理念，是我们破解难题最强大的力量

中铁二局首次在铁路项目指挥部设立科技部，由总工程师牵头，成立秦沈客运专线科技攻关课题组，通过请局里老专家授课，讲解软土路基处理技术，请铁科院研究员讲解高铁路基的特点、难点和要点，请设计院工程师讲解客运专线设计的关键技术、对策、《暂规》、细则、标准，全面提高了建设者对高速铁路的认识，明确了攻关课题和研究方向，为开局起步打下了基础。

中铁二局首次在铁路项目段设立了 3 个拌和站，其中土建 12 标和 13 标各设立了 1 个混凝土拌和站，土建 12 标段设立了 1 个级配碎石拌和站。在铁路现场设立拌和站，在中铁二局是第一次。从拌和机到拌和站的提升，打破了传统的各自为阵的施工组织方式，管理理念发生了质的飞跃，为施工组织集团作战打下了基础。2000 年，全路工程质量现场会在秦沈客运专线现场召开，这一创新性的突破得到铁道部的高度认可并要求在全路推广。

中铁二局首次修建了时速 60km 的施工便道。在许多质疑声中，我们力排众议，坚持这一标准。事实证明，高标准的便道不仅大大提升了施工效率，更重要的是改变了全体员工的观念，提升了质量意识。

中铁二局首次在路基填筑的每一条流水线上配备了能实时传送压实数据的压路机。虽然压路机报告的压实数据尚未作为最终验收的依据和标准，但

实时报告能够及时便捷地指导驾驶员操作，快速提高路基填筑施工水平，在提升了施工效率的同时也让我们见识了施工手段、施工设备的重要性，从而更加坚定了我们不断加强和提高技术装备投入的信心和决心。

中铁二局首次在辽沈大地开展冬季施工。月牙河大桥跨越盐碱地、水稻田灌溉渠和苇海，常规的施工方案都需要修筑栈桥和筑岛，不仅投入大，还可能破坏灌溉渠。通过反复论证，我们提出“以动治冻，反季节施工”，将冻硬的大地和苇海变成我们的施工便道和平台，将拌和站和混凝土搅拌运输车升温保暖，在作业现场搭棚烤火，采用钻机施工桩基，井点降水施工承台，冬季施工如火如荼。2000 年春节，蔡庆华副部长和秦沈客专总指挥部郭守忠指挥长到工地检查，仔细查看施工各个环节的条件和冬季施工标准，抽查试验数据，充分肯定了“以动治冻”的方案。通过 2000 年的冬季施工，不仅提前了 5 个月工期，降低了成本，更重要的是开创了崭新的局面。

中铁二局首次使用 600t 运架成套设备预制架设了 24m 箱梁，为以后的 32m 箱梁施工做足了技术储备。

中铁二局首次在 1 个铁路项目上月产值突破 1 亿元，刷新了中铁二局铁路施工纪录。实现这一成绩得益于管理理念的创新、工程标准的提高、装备和机械化手段的提升、各流水线的高效合作以及团队的拼搏奉献，为日后铁路大标段施工进行了有益的探索。

三、做到“四个坚持”，“一次把事情做好”，是中铁二局“开路先锋”精神的传承和发扬

坚持每道工艺试验段先行，是确保设计标准落地、工程质量达标、项目开工的先决条件。进场之初，受征地拆迁等条件的限制，不能展开施工，我们就晚上组织培训，白天在临时用地上，先后开展软土处理技术工艺试验、路基填筑工艺试验、路桥和路涵过渡段工艺试验、级配碎石拌和、填筑工艺试验，通过试验点积累的数据和经验，把书本上的《暂规》、细则、标准与设计文件有机地串连成为一体，编写了《秦沈客运专线路基施工方法和工艺》，为路基施工做好了技术储备。

坚持质量第一的方针。建立起“一次把事情做好”的质量理念，策划在先，谋定而动。始终把工程质量优质作为建成第一条高速铁路的基础。在质

量面前，进度始终排在后面，对质量通病、质量缺陷“零容忍”。让每一个参建者明白，想要“一次把事情做好”就必须做到凡事“十二有”，即：有意识、有时效、有责任、有研究、有试验、有手段、有人才、有标准、有管控、有验收、有总结、有提高。在此理念和集团作战思想下，全线统一划齐的质量管理思路有了眉目，把传统的质量管理工作前移，质量管理工作有了质的飞跃，主要体现在以下具体工作中。

（1）路基填料全段选用了 A 组填料，高于设计标准。

（2）路基过渡段的搭接台阶采用先满填压实后切割成型工艺，确保搭接台阶的外观和密实度。

（3）路基填料按压实层厚 30cm 计算分区堆放、晾晒填料，含水率达到最优含水率时开始路基平整和压实流程。

（4）路基平整和压实过程中，先用推土机初平 1 遍，然后用压路机静压 1～2 遍，再用平地机精平 2 遍，最后用压路机震动压实 4～6 遍成型。为确保路基纵横向平整度和坡度，每层填筑前都采用网格控制测量，埋设基标。

（5）路基基床表层和过渡段级配碎石由拌和站统一拌和、统一配送，确保全段工程质量。

（6）在保证级配碎石填层孔隙率合格的基础上，将路基本体和基床表层级配碎石填筑标准的 K30 指标和压实度指标在验标的基础上提高 1 个百分点，作为内控标准，确保路基质量。

（7）在路基填筑过程和成型路基的路肩上用红砖砌筑成襟边，每 50m 顺襟边做排水槽，确保路基表层和坡面不受雨水冲刷。在 2000 年的全路质量现场会上，我们的路基样板段，尤其是过渡段和襟边路基的质量和做法得到与会者的高度评价。

（8）路基附属的浆砌片石工程，在设计的标准上提高强度指标 15%，同时统一砌体结构的外形一律为龟背造型，并通过试验明确了什么是龟背型，以及石料的尺寸、沟凹缝和凹缝的宽度和深度。每个作业班组先试砌，验收合格后再全面展开施工，确保了路基附属工程的内实外美。

（9）为确保全线桥涵工程外观统一，尤其是月牙河大桥的外观美观，全线配置统一标准的钢模板，并以结构类型进行配板设计，面板上刷光亮剂，确保桥涵混凝土外观为镜面混凝土。桥梁采用定制大块组合钢模，平面上按桥梁纵横向对称布置，组合时由托盘至下排列；涵洞盖板采用组合式钢模，以盖板中线对称排板，为确保涵洞八字墙的外观造型统一，全段按照最高八字墙墙高，定制 1m 宽大型钢模，并以八字墙倒角处向两边排列。使用钢模放在当下是一般性要求，但放在 20 多年前，是开先河。

（10）秦沈客运专线全面推广使用组合钢模，全面配套拌和站、起重机、混凝土搅拌运输车、打桩机、钻机、软土处理设备、自卸车、推土机、平地机、压路机、大型制运架箱梁等设备，是施工工艺、工法的重大进度，更是铁路建设理念的转变和提升，秦沈客运专线的施工模式为我国高铁建设的发展奠定了基础。

（11）坚持全线月度质量检查评比。不断深化“高铁在我心中、质量在我手中”以质取胜之道，将优质铭刻于每个建设者之心，融入血脉，兑现事前的策划、方案、工艺和标准，成为当时我们工作争创一流的实际行动。

（12）坚持竞争机制、优胜劣汰。俗话说舞台再大也是小，市场再小也是大。秦沈客运专线实行招投标制就是引入竞争机制，我们在实践中也学习效仿取得了不错的效果。月牙河大桥部分桩基础采用预制管桩，进场施工调查时最有利的就近供应商不愿意降低造价供货，我们就在全国范围内寻求供应商，当在遥远的上海找到供应商后，就近供应商放低了身价，与上海的供应商携手供应了质优物美的月牙河大桥预制管桩。之后，我们又如法炮制，选出了钢混凝土结合梁钢结构部分的供应商。两件事给了我们相当大的冲击和启示：一是走进市场，引入竞争是企业发展的必由之路；二是企业的根本是企业要培养出有思想、善创新、能成事、敢担当的员工；三是优胜劣汰的蝴蝶效应，让企业内部产生了强烈的紧迫感和创新力，驶入“科技引路、集团作战、快速优质、誓夺第一”的快车道。

回望历史，感慨万千。我有幸参加了中国铁路史上开先河的高速铁路建设。20 多年前奋战在秦沈客专的画面历历在目，与我并肩作战的老战友很多已退休颐养天年，也还有一些战友仍然在祖国各个建设领域奋勇拼搏。

参加秦沈客专的建设让我深感自豪，如果下辈子让我再作一次选择，我还会继续做筑路人，还想再赋更多的放歌……

月牙河放歌

公元 2000 年，正值中铁二局 50 华诞，辽西走廊苇海泛银，鸥鸣鹤舞，彩旗蔽空，群英展臂，钻机怒吼，共谱秦沈客运专线之火红乐章。

月牙河与苇场相连，东起大洼，西至盘锦，北接沟帮子，南临渤海，素有亚洲第一苇海之称，春夏碧波万顷，浩然铺向天际；秋冬沟渠纵横，泥沼棋布，可谓天堑横陈，令行人却步。

秦沈客专乃中国铁路建设之标志性工程、高速铁路之先驱。

月牙河特大桥长逾万米，飞架于秦沈之间，乃全国铁路双线桥之首。大桥沉桩总长 186000 米，桥梁 417 孔，总重 23 万余吨，建造大桥，罩科技之光轮，聚专家之智慧，集巧匠之灵气，凝地方之支援，令天堑地渊变坦途，辽西辽北成通衢，促经贸，利往来，造福一方。

1999 年 5 月，一声令下，中铁二局千余精良，陈师鞠旅，挥师北上。树“科技引路、集团作战、快速优质、誓夺第一”大旗于月牙河畔；刹那间，巧匠纷至，专家云集，厉兵秣马，剑拔弩张。

筹备之初，夏战三伏。顶烈日，架木为屋；披星月，优化方案；掘沼泥填石料，巧跨苇塘。日产千方的拌和站拔地而起，开铁路施工之新理念。

10 月 18 日，30 余台钻机一字排开，齐声轰鸣，初张大战帷幕。转瞬秋去冬至，朔风怒号，积雪盈尺。众将士天寒不畏惧，依靠科技，以动治冻，购火炉，置篷帐，掘坚冰，破冻土，井点降水，沉桩注台，开北方冬季施工之先河。

鏖战半年，成桥 6200 余米，月成桥最高达 1500 余米，创中铁二局纪录之最。

河水悠悠，涛声依旧。大桥尚未建成，更需诸公努力！精雕细刻，夺鲁班金奖乃人生之伟业、国之幸事！

“五一”乃全球劳动者光辉之节日，皓月当空，推窗东望，见工地灯火璀璨，工人师傅仍彻夜劳作，殚精竭虑，尽为国之第一。

秦沈客运专线路基与站场建设回顾

董新宽
时任中铁第一工程局机械筑路工程处党支部书记
现任中铁一局集团有限公司第三工程公司工会主席

多冉伟
时任中铁第一工程局机械筑路工程处技术员
现任中铁一局集团有限公司东南亚公司党支部书记

布　强
时任中铁第一工程局机械筑路工程处技术员
现任中铁一局集团有限公司第三工程公司管控组组长

张特军
中铁一局集团有限公司第三工程公司党委宣传部部长

秦沈客专
沈阳北站
皇姑屯站
辽中站
台安站
盘锦北站
锦州南站
葫芦岛北站
绥中北站
山海关站
秦皇岛站

20 世纪末，铁道部第一工程局机械筑路工程处（简称“机筑处”）正处在国有企业由计划经济向市场经济转型的改革探索阶段，困难重重。1999 年 8 月，机筑处接到参建秦沈客运专线建设的任务通知，犹如一声霹雳，让企业激发出创业的激情，遂第一时间集结精兵强将和优质资源，组建起“铁道部第一工程局秦沈客运专线第二经理部”（简称“经理部”），下辖机运、涵渠两个专业队，共计有生产、管服人员 200 余名，分批奔赴辽宁辽中县。

初涉客运专线建设，对于一个以普速铁路、公路路基施工为主，机械化土石方施工见长的企业来讲，无疑是前所未有的挑战。面对高标准的建设工艺和复杂的地质条件，建设团队解放思想，破除故步自封枷锁，通过一项项技术攻关不断提升整体技术水平，同时提高管理创新能力，厉兵秣马战秦沈，不负韶华筑路魂。参加秦沈客专建设也为机筑处后来向综合工程公司（中铁一局三公司）成功转型奠定了基础。

一、创新是企业不断成长的源泉

机筑处曾在参与大秦重载铁路建设时，结合机场跑道施工经验总结出路基“三阶段、四区段、八流程”施工工艺，获得了行业及国家级科技进步奖项，成为国内首创、国际领先的技术工艺，其主导研发的 K30 计算机全自动检测车也属国内首创。

鉴于此，铁道部第一工程局指挥部安排机筑处承担了 A19 标段辽中站场及 6km 区间路基等施工任务，主要工程量为路基土石方 90 余万 m^3，涵洞 509.8 延米以及路基附属和地基加固工程，施工中包含诸多此前从未涉足的新技术、新工艺、新材料。

A19 标段地处辽河冲积平原，地下水位高，土体含水量大，基底承载力弱，为了确保工程质量，施工管段内设计采用了旋喷桩、搅拌桩、挤密砂桩、碎石桩、袋装砂井、抛填片石、碎石垫层、土工格栅、强夯等多种路基基础加固新工艺。根据质量要求，路基基底检测采用轻型动力触探，挤密桩采用重型动力触探和桩间土复合地基承载力检测手段，路基每一填筑层采用压实度和承载力双指标控制，施工过程中因土质含水量大，压实度和承载力指标往往难以达到要求，给施工带来了极大困扰。

回忆当时在路基试验段施工时，原设计采用施工区附近表土（粉质土）

填筑，因该类填料地处浅表不稳定，且天然含水量高，压实度值很不稳定，加之没有经验，仅靠反复晾晒，每一填方层施工周期都很长，且承载力 K30 值始终在 40～60MPa/m 之间，远达不到 90MPa/m 以上的质量标准要求。

时间一晃就是 1 个月，路基主体施工始终无法按计划推进，一时间大家心急如焚，为了尽快解决这一难题，经理部、总工程师苟志勇迅速组织技术、试验、机械等专业人员展开科技攻关，大家积极献计献策，最终由机修班的师傅们自制创新制造的翻土五铧犁解决了问题。

采用推土机牵引，白天分块疏松基底，利用阳光晾晒，黄昏时再用平地机推平封闭防止反潮，待含水量合适后再辅以中粗砂和生石灰改良的综合填筑方案，快速达到基底压实度及承载力要求。经反复比对，最终确定了合理的掺配比例和填筑控制方案，并由此确定了“七控一检”的施工检测方法，很好地解决了粉土填料综合改良这个难题，既有效解决了质量达标的问题，还为路基填筑赢得了宝贵的时间，提高了生产效率。2002 年，经理部总结出的“七控一检”技术成果荣获了陕西省质量管理成果二等奖。

夏季，辽西地区雨水较多，对路基施工影响大。为了减少雨水对施工的影响，经理部在利用风化石、山皮土加强施工便道整修维护保畅通的同时，安排物资室储备了近万平方米的彩条布，在路基填筑过程中，遇有雨水来临，及时组织人力对路基填筑区段进行覆盖。一次，机运队的职工们正吃晚饭，突然屋外狂风大作，一场阵雨说来就来，生产副队长曹伟一声号令“快上工地了”，如同吹响了集结号，大家纷纷放下碗筷，火速上车赶往工地，冒着大雨，抢铺彩条布，为了避免水淹路基，个个被淋成了落汤鸡。采用路基铺设彩条布的土办法，既有效防止了雨水浸泡路基本体，又保证了工序衔接，有效促进了路基和站场施工进度。

施工路段的路基填料主要来源为辽河平原冲积物，多为 C 组粉黏土，填料性质如表 27-1 所示。

填料性质情况　　表 27-1

名称	类别	填料等级	天然含水率（%）	液限（%）	塑限（%）	塑性指数	重型击实	
							r_{max}	W_{opt}
粉黏土	细粒土	C	20	30	19.6	10.4	1.79	15

填筑碾压 8～10 遍，压实度基本满足要求，但地基系数 K30 普遍在 80MPa/m 以下。经讨论研究：粉黏土颗粒均匀，虽经压实后其压实系数*K*满足设计要求，但仍需进一步完善颗粒的组成，增加粗颗粒形成骨架作用方能解决这一问题。土质改良应充分考虑就地取材，经理部试验室从经济性和可操作性着手进行模拟试验，选定不同掺量的中粗砂进行土质改良，分别按 10%、15%、20%、25%进行拌和做重型击实试验，结果见图 27-1。通过重型击实试验初步选定 20%、25%两种掺量，然后进一步对两种掺量进行现场拌和压实试验，振动碾压 6 遍时，K30 指标均满足设计要求，考虑到经济性，最终选定改良土的掺砂率为 20%，虚铺厚度为 30cm。

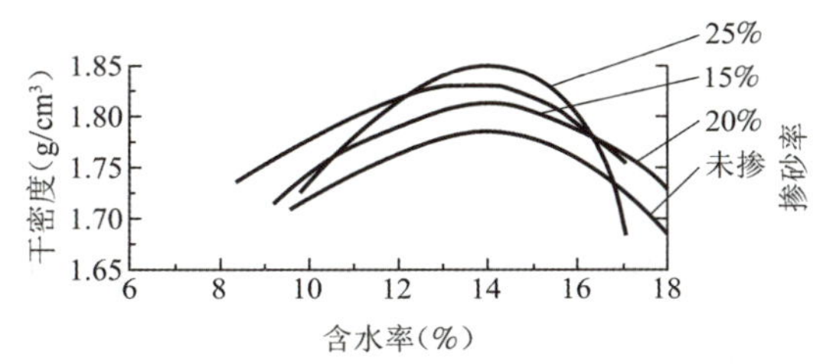

图 27-1　重型击实曲线图

填料配比参数明确了，改良方案也确定了，但拌和速度、一次性拌和规模又成了问题：采用拖式拌和机现场拌和方案出料少、效率低，无法满足施工进度要求。为了妥善解决填料拌和质量和拌和效率问题，项目领导认为唯有通过创新设备及工艺方能有效解决，便组织班子多方考察论证后，出资先后从不同厂家引进不同型号的新型路拌设备，由机运队领工员带班配合技术、试验人员在辽中车站填筑现场对路拌设备的拌和厚度、拌和速度、拌和均匀度等进行实际比对试验后，从中选优购进投入生产，成为全线首家采用机械路拌改良土的单位。

以下为改良土的压实原理。

1. 改善土体结构

由于土的种类不同，土的粒径及其颗粒级配含有黏土矿物及离子差异，即使用同样的压实功压实，最大干容重和无侧限抗压强度亦不同。土的颗粒级配越好越能用低的含水量获得较大的干容重和强度。由图 27-1 可以看出，提高粉黏土的砂性后，其压实曲线由平缓逐渐变得有尖锐的峰值，最大干容重值也有所提高，最佳含水量变小。同时由于掺砂改善土体骨架结构，承载力大大提高。

2. 土质改良对含水量的影响

粉黏土改良之前，晾晒至最佳含水量附近一般要 1～2 天，遇到阴雨天，则会前功尽弃。而掺入的中粗砂天然含水量一般在 3%左右，掺 20%中粗砂可直接降低土体含水量 3%，同时经过路拌机均匀拌和后的改良土处于高度膨松状态，水分蒸发很快，一般经 4～6h 晾晒便达到最佳含水量，工作效率大大提高。

路基边坡压实度不足是路基施工的老大难问题，秦沈客运专线对路基的内在质量和边坡外观平顺度都提出了严格要求，要求在路基土方填筑施工中，路堤两侧加宽 40～50cm，以保证路基边缘 K30 值均达到 90～110MPa/m 之间，压实度达到 90%～95%，空隙率不大于 15%。为了确保路基本体密实，路基边坡平顺美观，实现“管段全优，全线全优”的目标，经理部机械室和机修班多方查阅资料，按照以工装保工艺、以工艺保质量的理念开展了技术装备的革新。其做法是，以国产挖掘机为操作平台，将国产挖掘机前端的抓斗拆除，安装美国引进的悬挂式夯实器，通过挖掘机液压泵输出的高压油输入到液压夯实器发动机中，发动机带动偏心块产生 100kN 的振动力。经过巧妙改装后的边坡夯拍机，通过多轮调试，成功解决了边坡由传统人工修整改为机械刷坡、机械夯拍，不仅提高了工效，且成型后的路基边坡平整、密实、美观。

为保证路基承载力满足设计标准，避免因地基沉降量过大而影响线路质量，松软地基采用挤密砂桩加固，地震液化地段采用碎石桩加固地基。软基处理前首先进行挖沟疏干地表水，再进行表土剥离和回填细粒土。桩机型号经过反复对比，碎石桩采用 ZCQ-30 振冲桩机和 DZ60 沉管振动桩机两种桩机，而挤密砂桩均采用 DZ60 沉管振动桩机。全面开始施工后，超过 700m 的软基施工现场排布着近 20 台钻机，为了保证工程质量、数量满足要求，经理部将富余配班驾驶员和附属人员动员起来，组织了 40 余人的现场质量监控小组，每两人一组倒班盯控一台钻机，对每台钻机的作业过程进行全天候监控，对每个钻孔过程中的振冲工作电流及成型桩孔的每盘填料进行过磅登记，确保孔深和数量以及砂桩密实度达到中密状态，以满足设计要求。同时，在施工过程中，根据施工场地对机械进行合理安排，将路基划分成几个作业区段，每个桩机在一个区段作业，互不影响。根据路基沉降规律，沉降量最大部位发生在路基中心处，因此施工时，由路基外侧逐排向路基中心成桩，使桩间土在路基中心处挤密度最高。挤密桩施工完成后，采用动力触探和复合地基静载试验检测，合格标准为动力触探 N63.5≥10，复合地基静载力≥150kPa，经现场实测均满足设计要求。

为了防止雨水冲刷已完工路基造成质量病害，大家集思广益想了不少办法，如在路基成型段，做好路拱的同时，及时在路肩设置挡水堰，在路基面分段设置汇水点，在路堤边坡设置临时排水槽，用塑料布铺设排水槽底，防止雨水对边坡造成水害，对已完工路基边坡及时铺设三维网并喷播植草防护，植草后的边坡绿草茵茵，既保护了路堤本体又美化了环境。

二、精神传承是企业赓续发展的灵魂

艰难困苦，玉汝于成。现在回想起来，项目能取得良好经济效益与社会效益，离不开老一辈筑路人对青年一代的重视与培养，更离不开机筑处人无私奉献的精神传承。

机筑处秦沈经理部 200 余名职工中，各类专业技术人员 35 人，有一半是新分来的大中专毕业生。经理部不断在青年技术人员的育、用、留等方面出思路、想办法。首先，从思想上给予教育引导青年技术人员，向他们讲述机筑处历史，讲述历代机筑处人闯边关、下江南，栉风沐雨、风餐露宿，为祖国基础设施建设无私奉献的精神。向他们讲述要坚决了断计划经济时期“等靠要”思想，树立自立自强意识，“找米下锅”自谋生路，闯出新路。此外，经理部在提高青年技术人员岗位工资、增加技术津贴、改善生活环境方面下功夫，使青年人感受到组织的关心和企业的温暖，从而全身心地投入到施工生产中去。其次从畅通成才通道，大胆启用技术人员入手，为他们施展才能创造条件，让他们尽快成长为行家里手、业务骨干。项目结束后，有 9 人获得各种荣誉称号，并被抽调到其他项目提职任用。

通过秦沈客运专线建设，为机筑处后来参与郑西、武广、京沪、哈大、兰新、西宝、西成、沪昆、贵南等10余条高铁建设积累了经验，储备了人才、积蓄了力量，也为机筑处进一步解放思想、深化改革，实施多元化发展奠定了基础。截至目前，企业施工范围涉及铁路、公路、市政公用、建筑工程、水利水电等诸多领域。2021年企业荣获“中国中铁三级施工企业20强”第一名。

岁月流逝、记忆永恒。20多年过去了，那些战天斗地、挥汗如雨的奋斗者的身影依旧在脑海里萦绕。秦沈客运专线建设者们奋发图强的精神已经融入每个人的心中，并转化为让祖国的路网更密、山河更美的不竭动力。他们将勇担时代使命，伴随“一带一路”，为中国高铁走向世界谱写新的华彩乐章。

28

CHAPTER

秦沈客运专线路基与轨道工程施工关键技术

张东青

时任中铁第三工程局机械筑路工程处施工科科长

现任中铁三局集团有限公司太焦铁路项目经理部副总工程师

秦德进

时任中铁第三工程局科技处土木工程研究室主任

现任中国中铁股份有限公司东部区域指挥部副指挥长兼总工程师

邓艳霞

时任中铁第三工程局科技处土木工程研究室工程师

薛红喜

时任中铁第三工程局铺轨架桥工程段机电队队长

后任中铁三局集团有限公司线桥工程公司总经理

李　力

时任铁道部科学研究院金属及化学研究所副研究员

现任中国铁道科学研究院集团有限公司金属及化学研究所研究员

邹立顺

时任铁道部科学研究院金属及化学研究所副研究员

后任中国铁道科学研究院集团有限公司金属及化学研究所副研究员

高东海

时任铁道部科学研究院金属及化学研究所助理研究员

现任中国铁道科学研究院集团有限公司金属及化学研究所副研究员

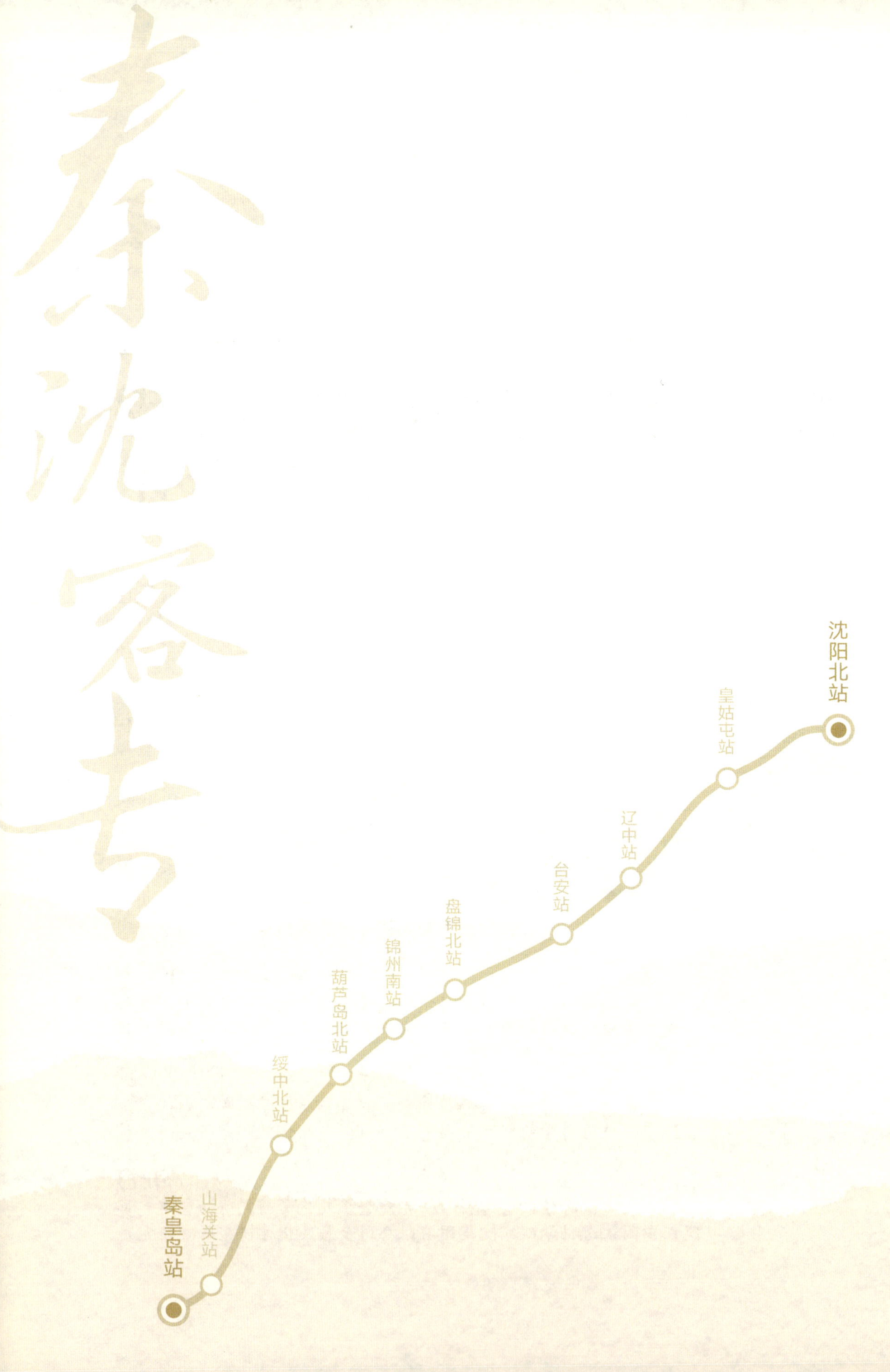
秦沈客专
秦皇岛站
山海关站
绥中北站
葫芦岛北站
锦州南站
盘锦北站
台安站
辽中站
皇姑屯站
沈阳北站

秦沈客运专线在中国铁路发展史上具有里程碑意义，为中国高铁发展奠定了坚实的技术基础。中铁三局承建秦沈客运专线 A21 标，通过加强管理，对路基基床表层、路桥过渡段、钢轨焊接及探伤关键技术的开发应用，消除了路基基床表层病害，有效解决了路桥过渡段的质量通病，保证了无缝线路铺设质量，从而确保了线路总体平顺性，为列车高速、平稳、舒适运行奠定了基础。

一、路基基床表层施工技术

（一）工程概况

秦沈客运专线 A21 标 DK404 + 650～DK408 + 000 段下部工程，需填筑基床表层级配碎石 23806.5m^3。路基基床自 2000 年 9—10 月经过预压，并经沉降观测和分析，2001 年 8 月沉降速率达到规定要求后进行卸载，卸载后开始路基基床表层级配碎石的施工，在施工中，通过加强管理，优化施工，严格控制，提高了工效，缩短了工期，中标段工程于 2001 年 10 月完工，取得了良好的社会效益和经济效益。

（二）路基基床表层的概念、优点、作用

路基基床表层指路肩施工高程至其下 0.6m 范围，是动应力数值大且变化剧烈的部分，是轨道的直接基础，是路基上部受列车动力作用影响较大的一层，是路基最重要的组成部分。

传统的普速铁路线路多为道床与土质基床直接相连的 2 层系统，称为土基床。土基床要求用优质填料填筑，虽然设计规范对基床的土质及填土密度有明确的要求，但实际上我国既有线基床的翻浆冒泥、下沉、挤出和冻害 4 大类病十分严重。由于病害的困扰，技术人员对防治病害进行了研究，提出在道床和路基之间再设置一层过渡层，称为路基保护层或垫层，以提高路基的承载力，从根本上消除基床病害。秦沈客运专用线采用了级配碎石填筑基床表层 60cm，就是起到了保护作用。

（三）级配碎石的概念、作用

铁路“级配碎石”的定义为：用天然砂砾、坚硬的岩石、砾石、稳定的矿物料经破碎筛分后其各种粗细颗粒组成符合密实级配要求的混合料。

“级配碎石”的力学性能同其他填料一样，其力学性能与颗粒间的摩擦作用、嵌锁作用与黏接作用有关。可以明显看出，使用砂砾石经过破碎筛分后掺配的“级配碎砾石”，因颗粒经长期水冲刷表面光滑呈圆形，摩擦作用与嵌锁作用又小，所以力学性能远不如“级配碎石”，且水也易渗透到基床表层以下的填料中，其表面层因石粉较少无法良好固结呈较疏松状，我们认为该类“级配碎砾石”不宜用于高速铁路。

（四）骨料的选用检验和配合比的确定

1. 骨料的选用检验

碎石选用天然石灰矿石破碎而成，粒径在 0.075～40mm 范围内，通过试验骨料的物理性质和化学性质，得到该料厂骨料的试验技术参数如下：

（1）粒径大于 1.7mm 碎石的洛杉矶磨耗率为 28%。

（2）粒径大于 1.7mm 的硫酸钠溶液浸泡损失率 10.1%。

（3）粒径大于 16mm 的碎石中，带有破碎面的颗粒质量占总质量的百分率为 80%。

（4）0.5mm 筛以下的骨料中通过 0.078mm 筛的颗粒含量占 32%。

（5）黏土团及其他杂质含量的质量百分率为 1.2%。

（6）粒径小于 0.5mm 的细骨料液限为 23%，塑限为 16%，塑性指数为 5%。

2. 配合比的确定

取符合规范要求的 3 种骨料，根据其各自的筛分结果进行室内配比试验：首先设计出粒径级配满足规范要求的几种配比方案，然后进行室内试配，试配效果以筛分来检验。在试验中设计了两种符合规范要求的配比方案，见表 28-1。

级配碎石性能统计表　　表 28-1

配比及其编号	通过筛孔重量百分率（%）								毛体积密度（g/m^3）	视比重
	45mm	25mm	16mm	7.1mm	1.7mm	0.5mm	0.1mm	0.075mm		
规范要求值（TB/T 2897）	100	82～100	67～91	41～75	13～46	7～32	0～11	0～7	2.59	2.65
#1（20：25：15：40）	100	94.2	82.1	59.6	39.2	18.5	5.2	3.9		
#2（25：25：10：40）	100	92.8	77.7	54.7	35.7	16.8	4.8	3.5	2.57	2.64

注：配比排列值为 2～4cm、1～2cm、0.5～1cm、0～0.5cm 石粉。

按上述两种配比进行取样试配和击实试验，试验结果表明，级配碎石的击实效果对含水量不太敏感，但存在相对合适的含水量范围，即含水量在 5%～6%时，易于击实，相应的干密度最大，可达 2.2～2.25g/m^3。含水量在 3.5%～5%时，干密度在 2.12～2.15g/m^3 范围内；含水量小于 3%时，不易击实，相应干密度较小，在 2.06～2.10g/m^3 范围内。

通过试验段的检测，#1 配合比的效果较好。碾压时的最佳含水量为 5.4%，考虑到含水量在级配碎石运输中的损失，在施工中应提高含水量 1%～2%。

（五）施工工艺

基床表层每层施工工艺流程分 4 区段，施工工艺流程图见图 28-1。

1. 验收基床底层区段

在基床表层施工前，首先进行管段中线、高程测量，同时检查基床底层的几何尺寸，核对压实标准、平整度及路拱是否满足设计要求，满足验收标准要求后，开始施工基床表层。

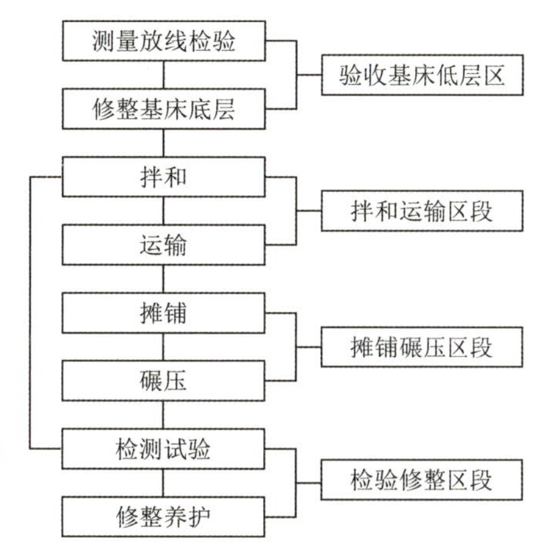

图 28-1　施工工艺流程图

2. 拌和运输区段

基床表层采用厂拌级配碎石，拌和站采用 WCB-200 型稳定土拌和机，考虑运输和施工过程中含水量的损失，施工含水量在最佳含水量基础上提高 1%～2%。为避免成品料下料时产生离析，成品料仓内必须储备一定量的熟料才能开启放料门卸入车内，由自卸车将成品料运至施工现场进行下一步作业。碎石运输距离控制在 10km 左右为佳。

3. 摊铺碾压区段

基床表层分两层进行施工，第一层次 35cm，第二层次 25cm。级配碎石虚铺厚度的确定应考虑路基中部与边部、每层摊铺压实厚度的不同等因素而分别对待。根据试验段成果，第一层虚铺厚度控制在 40cm（边部 42cm），第二层虚铺厚度控制在 28cm（边部 30cm）。在直线段，平地机按照"一粗、二细、三精平"的原则由两侧向路中心进行刮平。在曲线段，平地机由内侧向外刮平。铺设完毕，左右两幅接缝处同时碾压，以保证路拱符合要求。

稳压时采用 CA25 型压路机，压实时采用 SD-175 型振动压路机。碾压作业前，如碎石表面水分已蒸发干燥，则必须在静压后适量洒水湿润表面，然后微振 1 遍，强振 8 遍。碾压遵循先轻后重，先慢后快的原则。直线段由两侧路肩向路中心碾压，即先边后中，曲线段由内侧路肩进行碾压。碾压时要保证边缘和加宽部分压实到位。施工过程中，技术人员要跟班作业，随时检查横向坡度和坡肩高程，并要经常用直尺检验表面平整度，出现不均匀处由工人及时修理平整。

4. 路基基床表层检测

施工完的表层要及时采用核子密度仪及 K30 荷载仪按检测方法、频度进行检测，检测方法与频度见表 28-2。

基床表层检测方法与频度　　表 28-2

检测方法	检测频度	
	自检	复测
核子密度仪	每层纵向每 100m 检测 5 点，梅花形布置，边上距基边区 1m 处 4 点，中间或点	按自检数量的 20%复测，位置任选
K30 荷载仪	在表层，100m 范围内检查对点，中间 1 点，边上的距离基边际 2m 处 1 点	
灌水法	在表层，100m 范围检查 1 点	

二、客运专线路桥过渡段施工技术

（一）概述

在秦沈客运专线大量运用了以级配碎石为主的粗粒级配料填筑法处理路桥过渡段，同时在20处软土地段的大中桥路桥过渡段采用了在基床表层上铺设钢筋混凝土搭板的处理方法，并在4个过渡段试验性地采用了加筋土处理方法，这些方法的应用有效改善了路桥过渡段的平顺性，为列车高速、平稳、舒适运行奠定了基础。

（二）粗粒级配料填筑路桥过渡段

1. 填料及结构形式

根据工点的地质和相关条件，确定用灰土、碎石灰土、级配碎石、级配砂砾石4种混合料为填筑材料，填筑高度分别为2.92m、3.0m、1.50m和0.75m。过渡段的结构形式为倒梯形，边坡坡度与路基相同（图28-2），试验段与路基以1∶2的坡度相连接，填筑长度上口23.84m，下口7.00m，总高8.17m。

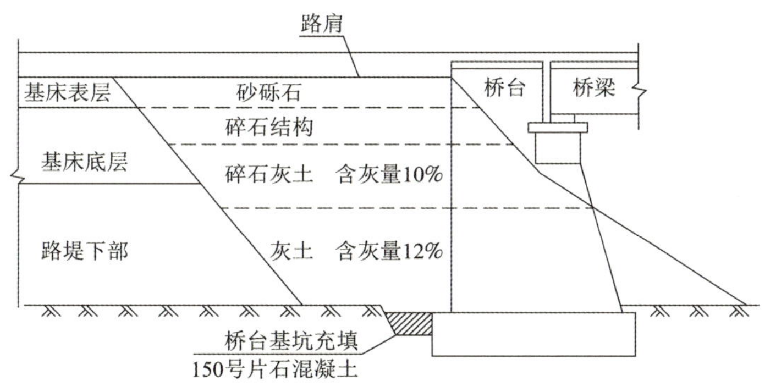

图28-2　路桥过渡段结构示意图

2. 施工工艺

（1）填料拌和。为了探索在不同条件下如何选取合适的拌和方法，过渡段施工进行了路拌法和厂拌法工艺试验，以便为过渡段施工提供参考。

（2）填料摊铺。拌和好的混合料要尽快用自卸汽车运到摊铺现场。根据运输车的运输能力，计算每车混合料的摊铺面积，等距离堆放成堆。鉴于第一层至第五层的作业面比较小，故采用人工摊铺。过渡段其余各层采用推土机摊铺，对不均匀处及坑洼处进行人工调整。每一层均按设计松铺厚度均匀摊铺。

（3）填料碾压。碾压作业应遵循“先两侧后中央，先静压后振压，时速2km，作业面不调头不转弯”的原则，选用自行式振动压路机进行全断面碾压。在碾压作业阶段，如填料表面失水过多，则在静压后适量洒水湿润表面，再振动碾压。碾压遍数和顺序按“静压 2 遍→弱振 1 遍→强振 3 遍→弱振 1 遍→静压 2 遍以上”执行。振动碾压 4 遍后，用核子密度仪进行压实效果检测，若达到要求的压实度，即停止碾压，并进行 K30 试验。若未达到要求的压实度，应继续进行碾压，直至达到要求为止。碾压时，压路机轮轨迹重叠 1/3，并保证边缘及加宽部分压实到位，压路机不易到达的部位，采用小型手扶式振动夯进行局部处理。

3. 压实度检测

压实系数检测：采用 MC-3 型核子密度仪对压实效果进行初步检测，检测频次为每层测 5 点，检测点应是随机选取，并尽量保证所选测点能够代表整个填筑层的压实水平，同时用灌砂法和环刀法检测压实系数。

K30 检测：每填 1 层检测 1 次，每次随机检测 2～3 点。每次检测除了测试地基系数 kPa 外，还对回弹模量和变形模量进行测试和计算。

（三）加筋土填筑路桥过渡段

1. 填料及结构形式

工点选在秦沈客运专线 DK392 + 898.9 处的大王庄中桥秦台一侧，过渡段全长 23m，填土高 6.13m，边坡坡度为 1∶1.5，采用加筋土填筑，所用填料为 B 组粗粒土，加筋材料为单向土工格栅。由于过渡段位于松软地基地段，设计采用高压旋喷桩进行软基处理。设计桩长 11m，桩径 80cm，呈正三角形布置。过渡段结构形式见图 28-3。

2. 加筋土作用机理

土工格栅与土的相互作用可归纳为 3 种情况，即：格栅与土的摩擦作用、土对格栅的被动阻抗作用以及格栅网眼对填料的锁定、咬合作用。填料嵌入格栅网眼后，填料与格栅互锁，牢固成为一体。当路基受到外部或内部荷载作用时，由于格栅与土体接触面的摩擦作用，土中垂直应力和水平应力沿格栅面层水平扩散，降低了土体中的垂直应力和水平应力，避免了应力集中，提高了路基承载力，增大了稳定性，减少了路基沉降。

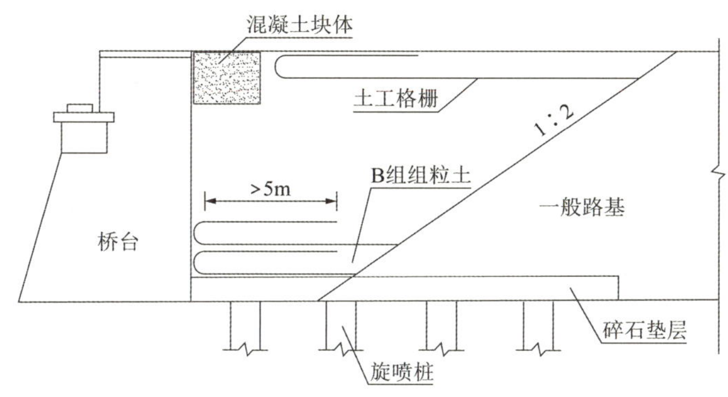

图 28-3　路桥过渡段结构示意图

3. 施工工艺

（1）碎石垫层施工。按设计要求，在桩顶以上地面填筑 50cm 的碎石垫层。碎石垫层分两次填筑，第一层厚 30cm，摊平碾压至密实度达到设计要求后，在碎石层上铺设土工格栅。土工格栅长孔方向和线路横断面方向一致，拉直、拉平、幅与幅之间对齐，每隔 10m 左右用 U 形钉固定。在线路横断面方向，两边分别预留 2.5m 以上，以备回折。土工格栅铺设完毕，填筑第二层碎石，厚 20cm。当第二层填筑一半时，将线路两边预留的土工格栅向内回折，然后继续填筑碎石。填筑完后，摊平碾压。

（2）粗粒土层施工。在碾压合格后的碎石垫层上先铺设一层土工格栅，然后开始填筑 B 组粗粒土，共分 20 层，每层又分两次填筑，第一次填土 0.2m，摊平后其上铺设一层土工格栅，然后再填 0.1m 厚的土，摊平后开始碾压、检测，检测结果达到设计要求后开始下一层的填筑，施工程序及方法同第一层。

（3）土工格栅施工。土工格栅的铺设沿线路纵向进行，格栅的长孔方向与线路纵向保持一致。将成捆格栅自桥台背后沿纵向展开（台背后多留出 5.2m，以备回折），回折长度为 5m，在过渡段与一般路基交界处将格栅截断；

每幅格栅均须铺平、拉直，幅与幅之间对齐对好，每端用U形钉将相邻的两幅格栅在搭接处与下层土固定在一起。纵向需搭接30cm以上，搭接处也用U形钉固定。

（四）理论计算与沉降变形实测值对比分析

根据两种过渡段的结构形式和填筑材料，假设过渡段本体为理想弹性材料，不考虑地基土的固结，服从摩尔-库仑屈服总则，建立力学模型，用有限元理论分析计算过渡段的沉降变形。通过计算结果与实测值的比较可知，对于粗粒级配料填筑的过渡段，其沉降的理论计算值与实测值相接近，而加筋土填筑的过渡段，其沉降的理论计算值与实测值相差较大，但沉降变化规律一致。分析其原因，可能是由于加筋材料的计算模型和计算参数的选择与实际材料特性及作用机理存在差异。

三、客运专线钢轨现场焊接及探伤施工技术

（一）客运专线与既有线钢轨焊接的区别

客运专线是采用一次焊接无缝线路的方法进行钢轨铺设，与既有线换铺无缝线路的方法相比，施工条件有其特殊性。首先，客运专线所用长钢轨都已铺设就位，落入轨枕承轨槽内，给单元轨节焊的钢轨对正带来了很大的方便；而既有线的长钢轨都是从长轨列车卸在路肩或道床内，不便于施工时的对正。其次，既有线单元轨节焊受列车通过影响大；客运专线单元轨节焊，焊接不受列车影响。另外，既有线施工线路封锁时间相对较短，给锁定焊操作人员带来较大的压力；而客运专线施工期间由于通行的是施工列车，封锁时间相对比较宽松。由于客运专线为了提高列车侧线通行速度，都采用了38号或更大号码的道岔，道岔区内大大增加了钢轨接头的数量，为了确保铺设的尺寸精度，采用铝热焊。

客运专线与既有线钢轨的基地焊条件并没有区别；而单元轨节焊与锁定焊条件有比较大的区别，单元轨节焊焊接时间可以相对较长，适合于采用线路占用时间长、焊接质量好的焊接方法。

（二）客运专线钢轨焊接的施工组织

根据秦沈客运专线钢轨焊接经验，客运专线宜采用紧密作业法，即在铺轨列车后安排单元轨节焊，然后进行配砟、整道作业，保证了钢轨接头在频繁的施工列车通过后不会塌陷，道床不会因列车震动导致记忆效应。

配砟前需进行单元轨节焊，此时钢轨纵向阻力很小，纵向窜动钢轨容易，有利于提高焊接作业的效率。此时，由于线路尚未稳定，单元轨节焊结束后的接头打磨只要求粗磨即可。由于焊接后接头部位与钢轨母材具有不同的刚度，线路整形过程中可能会产生新的不平顺，待线路整道作业全部结束后再进行精磨，有利于保证整个线路的平顺性。同时，施工列车速度较低，焊接接头只经过粗磨也不会在该部位引起较大震动。锁定焊结合线路锁定进行，焊接后也只进行粗打磨。

（三）铝热焊及探伤

由于焊接方法的特点，铝热焊不会使钢轨缩短，因此适宜用在客运专线的锁定焊及道岔区的关键接头，秦沈客运专线也采用铝热焊方法。

秦沈客运专线开通运营至今，没有发生过铝热焊接头断裂事故，说明铝热焊仍然能满足客运专线的使用要求。

铝热焊属于铸焊，较高的焊接温度会引起钢轨组织的改变，超声波探伤时容易引起异常反射。秦沈客运专线投入营运后，探伤车检查时发现，有近百处接头熔合线两侧有倒八字伤损，图 28-4 是最典型的伤波波形。

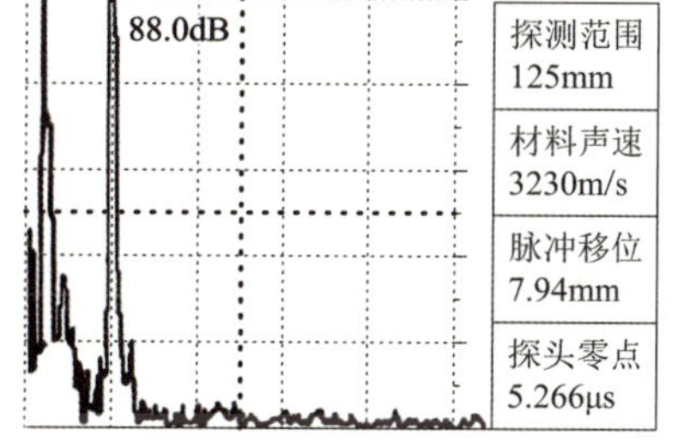

图 28-4　铝热焊轨头疑似伤损波形

经过对伤损接头的剖切分析，并没有发现宏观及微观缺陷。对线路上取下的含有疑似伤损的典型焊接接头进行疲劳试验，全部符合新焊接接头的检验标准。表 28-3 中的疲劳试验结果说明，所检测的试样中，并没有危害性的缺陷存在。因此，有必要加强探伤机理方面的研究，防止漏判及误判。疑似伤损没有长度方向尺寸，为面积状缺陷。

疑似伤损焊接接头的疲劳试验结果 表 28-3

接头所在里程	探伤人员判断的疑似伤损类型	疑似伤损大小（mm）			试验载荷（kN）	试验结果
		长	宽	高		
上行 184 + 990 右股	轨头熔合区疏松	—	8	8	343/68	未断
下行 187 + 630 右股	轨头熔合区疏松	—	8	6	343/68	未断
下行 309 + 410 左股	轨头熔合区疏松	—	8	8	343/68	未断
下行 320 + 195 左股	轨头熔合区气孔	—	20	5	343/68	未断
下行 155 + 710 左股	轨底外口气孔	—	10	5	343/68	未断
下行 156 + 960 左股	轨底熔合区未焊透	—	20	10	343/68	未断

注：试验条件均为轨头受压，$\gamma = 0.2$，$f = 5\text{Hz}$，支距$L = 1\text{m}$，按《钢轨焊接接头技术条件》（TB/T 1632—91），符合新轨焊接接头检验要求。

四、结语

通过对秦沈客运专线基床表层级配碎石的施工技术、两种处理路桥过渡段施工技术、钢轨现场焊接及探伤施工技术的总结与探讨，我们对基床表层级配碎石、路桥过渡段、钢轨现场焊接及探伤的施工工艺及特点有了更进一步的认识，为今后高速铁路的建设提供了可靠的数据及资料，也为进一步加快中国高铁的高质量建设提供借鉴和参考。

秦沈客运专线建设路基监理回忆

管　磊
时任铁道第四勘察设计院监理公司副总监
现任中铁第四勘察设计院集团有限公司铁四院（湖北）工程监理咨询有限公司
副总工程师兼总监

秦沈客专

沈阳北站
皇姑屯站
辽中站
台安站
盘锦北站
锦州南站
葫芦岛北站
绥中北站
山海关站
秦皇岛站

秦沈客运专线 1999 年 8 月 16 日开工，我是 1999 年 9 月到秦沈客运专线负责路基监理工作的，2003 年初离开的时候刚刚建成通车。可以说，我见证了秦沈客专从开工到通车的全过程。

秦沈客专是我国第一条铁路客运专线，要求非常高。我们去的时候参加了业主组织的进场考试，不过考试内容对我来说不难，考试半小时我就交卷出场了，出场后被副总监批评了一顿，他说考试难度还是很大的，怕我这么快交卷考不好。

那时的工作既忙碌又艰苦。开始时我带着两名监理员负责路基监理工作，由于设计行车速度高，要求路基刚度大，对路基的检测有压实度和 K30 两项指标。检测工作量非常大，我和两名监理员不分白天黑夜泡在工地上，对所有检测都旁站并记录检测数据。一段时间后，基本形成了对路基压实后的观感印象，坐在车上在路基上跑一遍就能基本上判断出哪里合格，哪里不合格，实际检测结果与肉眼判断基本相符，后来就专门对感觉压实不太好的位置进行检测。和我一样，施工单位和监理单位的技术人员都能凭肉眼基本上判断出压实合不合格，感觉能合格后施工单位才开始自检，自检合格后向监理报检，大大提高了工作效率。我则要求施工单位必须先自检，带着自检资料向我报检，开始时施工单位软磨硬泡，我不为所动，一段时间后施工单位也适应了这种要求，后面双方配合就顺了，后来监理站所有人都这样做，做到了资料与实体同步，工程结束后竣工资料整理也很顺利。由于工作认真负责，工作量自然很大，最忙的时候我曾经一年没回过家，有一次回家后，在梦中还以为是在工地。

秦沈客专建设时期国内从事监理的人员不多，监理人员业务水平还都不错，职业素养也较高。就我所在单位而言，从事监理工作的有设计院的设计室主任，有施工单位退休的局副总工程师，设计和施工经验很丰富，故监理工作质量也高。当时给我印象最深的是路基填筑质量，那时路基填筑用的都是山皮土，填料质量好，刚度大，压实度和 K30 指标高，级配碎石也首次被用于基床表层和过渡段填筑。我带着两名监理员一丝不苟地对每一层填筑质量进行检测，确保每一层都合格。

当时级配碎石首次应用在铁路上，我们没有经验，便按照秦沈客运专线总指挥部提供的资料进行质量控制。在施工中也是边施工边总结经验，发现拌和好的级配碎石要及时摊铺碾压压实效果才好，如果放上半天后再碾压，由于含水率降低，碾压效果就可能达不到要求，所以摊铺碾压要提前把施工机械准备好，卸下料马上摊铺，摊铺完马上碾压，与时间赛跑。为了保证摊铺平整度，推土机推平后再用摊铺机整平，可见施工单位对质量的重视。在碾压方法上，我们发现压实后的级配碎石不能再用压路机震动碾压，否则板结后的级配碎石会被震松散，重新碾压则无法压实。

由于首次接触级配碎石，感觉很新鲜，对于施工监理工作中总结的经验如获至宝，撰写了论文《级配碎石施工质量的控制》在《铁道标准设计》期刊上发表。由于施工和监理人员对质量认真对待，严格管理，我和同伴监理的这段路基质量过硬，级配碎石碾压完成后表面感觉像公路路面一样，刚度一般都大于 200MPa/m，远远超过规定标准。看着自己负责监理的路基质量这么好，心中有说不出的成就感。

在附属工程的监理中，我每天背着工具包，带着卷尺和地质锤沿线巡视一遍，对浆砌片石进行检查，看到工人在干活就和工人打个招呼，交代一下质量上的要求，有时也会喊工人坐下来休息一会，拿出香烟发一圈，和工人边抽烟边聊天，时间一长工人都认得我了，觉得我很亲切，有的工人也通过和我聊天感觉应该认真对待质量，还有的工人主动告诉我哪里浆砌片石可能有空洞。有一次我在巡视中听到干活的工人议论“这老头很认真”，我听了心中五味杂陈，那时我才 30 多岁。

虽然我们监理很严格，但与施工单位相处的关系却很和谐，我们彼此尊重，后来我当了总监，施工单位的一位队长退休后还跟着我干了两个项目。不过有时我们也会闹矛盾，有一次路基报检，其他地方都做得很好，只有沉降观测桩周边没有人工夯实，工人都下班了，现场没人干活，我硬是不同意通过，气得这位队长吹胡子瞪眼，带着一名技术人员亲自干，直到我认为夯实了才同意通过。

那时我对秦沈客运专线总指挥部印象最深的是安质部长刘鑫，他每次到工地检查都很严格，看到现场有质量问题会毫不留情地批评我们，其实我们干得很辛苦，也很认真，但总是挨批评，以至于我们基层的同志对他有些意见。后来我当了副总监，工作上和他接触多了，才发现位置不同，视角不同，其实他是个很不错的人，工作认真负责，待人挺好。

我刚去秦沈客专的时候岗位是专监，后来陆续任站长、副总监，直到建成通车才离开，见证了秦沈客专从开工到竣工的全过程，率先学习到了我国首条高铁的技术，为以后的监理工作打下了良好基础。后来，我国I级铁路的速度标准提高到160km/h，秦沈客专的新技术被应用于后面的铁路工程中，我先后参加了胶济铁路电气化提速改造工程和浙赣铁路电气化提速改造工程，这两项工程使用了很多秦沈客专的新技术，建设单位和施工单位多数人员没有接触过，边学习边应用，我和参加过秦沈客专建设的同志在项目上普及学到的知识，带着大家一起学习，为我国铁路技术的应用做出了点滴贡献。在后来的日子里，我国铁路迎来了客运专线和高速铁路建设高潮，秦沈客专作为我国第一条铁路客运专线，为我国铁路客运专线、高铁技术的探索和推广做出了不可磨灭的贡献，为我国培养了大批客运专线和高铁人才，可以说是我国高速铁路的摇篮。

我2003年初离开秦沈客专，时间过去了20年，这些年我一直工作在第一线，参加了多个重大铁路项目的施工监理工作，在总监岗位上工作了将近20年。沧海桑田弹指一挥间，我国的高铁技术已然走到了世界前列，成了全球高铁的领头羊。作为我国高铁路技术的先期参与者和探索者，感慨良多，感谢那时的参与，感谢当初和我一起战斗在秦沈客专的科研工作者和工程建设者，正是我们当初的探索，为我国高铁技术领先全球打下了坚实的基础。

“老骥伏枥，志在千里；烈士暮年，壮心不已。”如今，我仍然奋战在工程建设第一线，为我国的工程建设默默工作着，并时刻关注着我国工程建设的前沿技术。令人欣喜的是，我国的铁路科研工作者早已在研究新的铁路技术，更高速的轮轨技术、磁悬浮技术、真空管道等不同技术路线齐头并进，为我国铁路发展打开了崭新的局面。希望我国的铁路技术能遥遥领先世界，再现盛世华夏。

秦沈客运专线 24m 单线箱梁制梁技术创新

徐佳宁

中铁二十二局集团第四工程有限公司科技部部员

郭建波

时任中铁第十八工程局第四工程处葫芦岛东制梁场总工程师

现任中铁二十二局集团轨道工程有限公司一级项目经理

吕广军

中铁二十二局集团第四工程有限公司科技部部长

陈福现

中铁二十二局集团有限公司科技部一级部员

秦沈客专

秦皇岛站
山海关站
绥中北站
葫芦岛北站
锦州南站
盘锦北站
台安站
辽中站
皇姑屯站
沈阳北站

高速铁路是当代科学技术成就的集中体现之一，是铁路现代化的重要标志。1999 年我国第一条电气化双线客运专线秦（秦皇岛）沈（沈阳）铁路开始动工兴建，其设计、建设及运营充满了艰辛和曲折。

2023 年是秦沈客运专线建成通车 20 周年，在这个值得纪念的时刻，引起了当年建设者对激情岁月的回忆。

1999 年 4 月，铁道部第十八工程局第四工程处（现中铁二十二局第四工程有限公司，简称“四处”）承担 A8 标段和桥梁预制等工程。让我们意想不到的是，秦沈客运专线的施工工艺与往常截然不同，它运用了全新的理念和方法。

一、制梁场及制梁工艺流程的创新

为适应列车高速运行及平稳性的要求，秦沈客运专线桥梁上部结构首次采用整体性较好的单线、双线整孔预制箱梁。

为保证箱梁质量和制梁完成后箱梁的运输方便，我们在原有制梁经验的基础上，对制梁场建设进行了创新。

四处从所辖沙场梁厂、吉安梁场等单位选派具备丰富预制梁生产经验的精英骨干组建项目部，由四处老专家带队实地考察现场，反复研讨，突破性地采取函数法和图解法结合，充分考虑制架梁关系、制存梁关系并附以图表法对比的综合函数法，结合冬季影响产能等因素，优化确定了制梁指标、存梁能力、制梁启动时间等决定梁场规模的控制性指标。测量员的纸上定线，老专家在网格纸手绘布局，制定了满足生产需要与成本最低的最佳方案。在考虑运距、道路、梁场建设工程量的基础上，最终确定在辽宁省葫芦岛市连山区信家屯上坎子村毗邻线路处建立了葫芦岛东北桥梁制梁场。

制梁场建设主要创新点为：因地制宜，将制梁场区分为 3 个台阶布置。第一台阶为拌和站区，地势在最高处，主要进行混凝土生成和原材料存储；第二台阶为预制区和存梁区，高度顺次降低居中，主要进行箱梁的预制和成品梁存储，选址在坚硬的花岗岩上；第三台阶为运梁通道区，地势在最低处，主要进行箱梁运输。

二、首次采用箱梁整体半自动液压内膜

秦沈客运专线箱梁是专为时速 250km 列车运行设计的，在国内铁路线首次应用，属全新工艺，技术难题较多。传统的箱梁内模存在受力不均匀、占用箱内空间多、收支模难度大，辅助耗材过多、使用操作复杂、收张模不能同步，还有平稳度、简洁性、可靠性和安全性低等缺点。

为克服传统箱梁内模的缺点，项目部组建了技术攻关团队，分别设立设计组、机械组、电气组、材料组、综合组等攻关小组。各组之间分工明确，相互合作，团结一致，攻坚克难。

有的组研究模板的分块、油缸的角度、长短与收支模状态关系的对比；有的组研究供油管路的截面、长度、油压与同步性的关系；有的组研究油缸丝杠和油嘴材质、壁厚与作业稳定性的对比；有的组研究电气控制与机械控制的优劣性分析和改进。

项目组通过理论研究验算、机械部件改造加工、电油路研究改造等方面的大胆探索，广泛调研，认真分析，反复试验，取得了突破。主要创新点为滑梁首次采用水平千斤顶液压推进，创造了整体半自动液压内模系统下的箱梁预制工艺工法。内膜上半断面采用整体半自动液压系统，内膜下半断面采用人工安拆。

为了将研发的内模器具、装备、工法尽快投入使用，项目组前后向铁道部进行了 5 次汇报，内部的研讨和汇报交流次数更无法统计。最终在铁道部有关到场领导的同意和支持下，我们研发的内模系统得以成功投产。

专为秦沈客运专线桥梁场研制的半自动预制箱梁液压内模系统，克服了传统模板系统的不足，提供了一种内模空间大、拼装模板省时省力、耗材少、模板支拆成本低、结构简单、使用操作方便且刚度大、受力好、安全可靠的预制箱梁液压内模系统。

预制箱梁半自动液压内模系统，在内模板围合而成的空腔底部中央沿箱梁纵向有行走平移小车，内模板外安放液压泵站及操作台，制梁底模采用放在混凝土台座上的钢模板。通过台座分层、底层设置钢板的方法解决了组装槽钢的定位问题，确保了钢底模的安装精度和可靠性，有效解决了轴线、梁长和反拱等偏差问题，并遏制了底模漏浆、麻面、砂线等外观通病缺陷的出

现。半自动预制箱梁液压内模系统通过调整模板分块、油缸角度和数量等方式，调整油压喷嘴的压力和管路分配等方法，箱梁内模系统实现了少人化模板同步收放，整体平移出入箱体等功能目标，见图30-1。

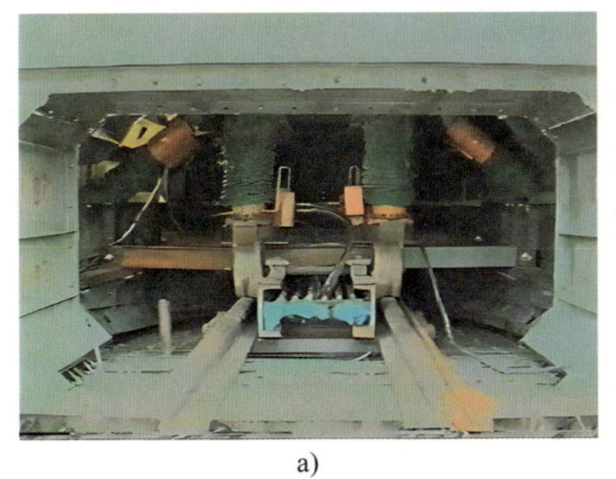
a)

b)

图30-1 24m箱梁液压整体半自动化内模

与传统技术相比，预制箱梁液压内模系统主要的优势体现在以下6个方面：

（1）预制箱梁液压内模系统结构简单，耗材少，降低了模板安拆成本，采用简单的平移小车，比传统方案用钢量降低了35%，整体上降低了综合成本。

（2）预制箱梁液压内模系统采用了简单独特的平移小车承载模板系统和支撑系统，驱动平移小车，就可以实现模板水平整体移动，且增大了模腔内部的操作空间。平移小车可整体行走，方便了内模的整体出入，操作简单，拆装方便。

（3）升降油缸整体工作，同时承载垂直受力件，取代传统滑轨式升降模式，比传统滑动支杆简单、快捷，节省了材料。

（4）支撑丝杆的顶部与模顶铰接，支撑丝杆的底部与平移小车铰接，其结构简单稳定，比传统模板系统的内部空间增加25%，使得操作简便，可靠性高，灵活性强。

（5）平移小车延伸至内模板外，其上安放液压泵站及操作台，操作人员通过液压泵站及操作台使内模收模、张模由液压油缸控制可同步进行，动作平稳，快捷；同时，操作人员在外操作，安全、方便。

（6）当内模板折叠收缩后，上、下斜向油缸基本呈直立状态，不仅受力合理，还减小了占用箱梁内部的空间，使得工人施工操作更方便、更灵活。

三、首次成功预制出高铁合格箱梁

2000 年 6 月 8 日，制梁厂生产出第一榀箱梁，6 月 18 日完成终张拉，经铁道部科学研究院及铁道部专业设计院有关专家鉴定，确认该梁为秦沈客运专线第一榀合格箱梁，成为国内首个成功预制的高速铁路合格箱梁。由于攻克了国内以往箱梁预制终张拉后端头开裂的难题，专家给予了高度肯定。受攻关捷报的鼓舞，该制梁场迅速掀起大干高潮，于同年 9 月底完成 2 台 160t 门式起重机的拼装及配套工作，如图 30-2 所示，顺利完成了第一榀梁的装车吊运。当年实际生产进度达到全年计划的 138%。

桥梁场内预制箱梁存放见图 30-3。

图 30-2　门式起重机提梁

图 30-3　桥梁场内预制箱梁存放

项目部自 1999 年进场开工，过程中多次获得各级单位的肯定，同时取得多项成果。在铁道部工程管理中心秦沈客运专线建设总指挥部组织的全线质量大检查中，项目部名列前茅。与此同时，《秦沈客运专线跨度 24m 单线箱梁现场预制技术》获中国铁道建筑总公司科学技术奖二等奖，通过天津市科委技术鉴定属国家先进技术，获天津市科学技术进步奖三等奖；《全自动预制箱梁液压内模系统》获发明专利授权；《铁路客运专线 24m 后张法单线箱梁现场预制工法》获中国铁道建筑总公司优秀工法一等奖。

四、秦沈客运专线技术创新的重要意义

秦沈客运专线的成功建成通车，不仅构筑了我国首条快速、安全和舒适

的客运通道，彻底解决了进出山海关运输能力紧张的局面，开创了中国铁路运输客货分流的新模式，而且使我国掌握了一批自主知识产权的客运专线成套装备技术，培养了大批科研、设计和施工等技术人才。同时，秦沈客运专线的建成通车推动了中国铁路行业的技术进步，提高了中国铁路的建设和制造水平，缩短了与世界高铁先进技术水平的差距，从而为后来的京沪高速铁路打下坚实技术基础。秦沈客运专线是中国第一条标准意义上的高速铁路，是中国铁路步入高速化的起点。

项目部在秦沈客运专线工程上创立的《全自动预制箱梁液压内模系统》以及相关的施工工法在铁路行业、铁建系统不断得以应用。时至今日，该工法仍是工程行业预制梁生产的主流工法，仅我单位参建的京石客专、沪昆铁路、京沈高铁、大广高速公路乃至在建的瑞苍高速铁路工程都依然在沿用这一工法，可见其价值。

对于我单位而言，更重要的意义在于参建秦沈客运专线起到了承上启下的关键作用。此项目之前，我单位是艰苦奋斗、志在四方的铁道兵奋斗史，是拼搏与热血的代名词，是使命必达的信心推动力。秦沈客运专线的建设，让我们意识到了技术革命的重要性,也享受到了技术迭代升级带来的幸福感，从此后“以工装保工艺、以工艺保质量、以质量保安全”逐步深入人心，也逐渐形成务实与探索并重的“秦沈精神”，见图 30-4。

a)

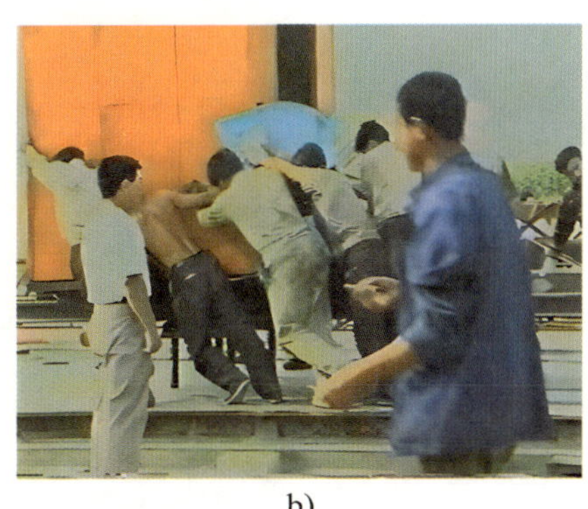
b)

图 30-4　秦沈客专的建设者

秦沈客运专线的建设者中有老铁兵、有新学员、有老专家、有“小技术”。时光荏苒，眨眼已经 20 年，当初那批铮铮铁骨，有的已经退休，有的已经调离，有的担当了重任，公司也换了新颜。如今，新的一代已经接上了前辈们的接力棒，他们听着前辈们建设秦沈客运专线的故事，传承和发扬铁道兵吃苦耐劳的奉献精神，以秦沈客运专线建设者为榜样，将前辈们在秦沈客运专线建设中的勤学善思、勇于担当、精益求精、攻坚创新融入实际工作。他们以中铁二十二局集团第四工程有限公司是秦沈精神的传承者、创新精神的继承人而骄傲和光荣。

31

CHAPTER

秦沈客运专线箱梁施工

陈文尹

时任中铁第四工程局第七工程处项目总工程师

现任中铁四局集团有限公司技术管理部部长

张 帆

时任中铁第四工程局电气化处段长

现任中铁四局集团有限公司调研员

鲁 斌

时任中铁第四工程局电气化处项目工程部长

现任中铁四局集团电气化公司技术管理部副部长

慎 莉

中铁四局集团有限公司技术管理部高工

张杰胜

时任中铁第四工程局第一工程处项目工程部长

现任中铁四局集团有限公司第一工程公司副总工程师

潘 飞

中铁四局集团有限公司第四工程有限公司技术中心主任

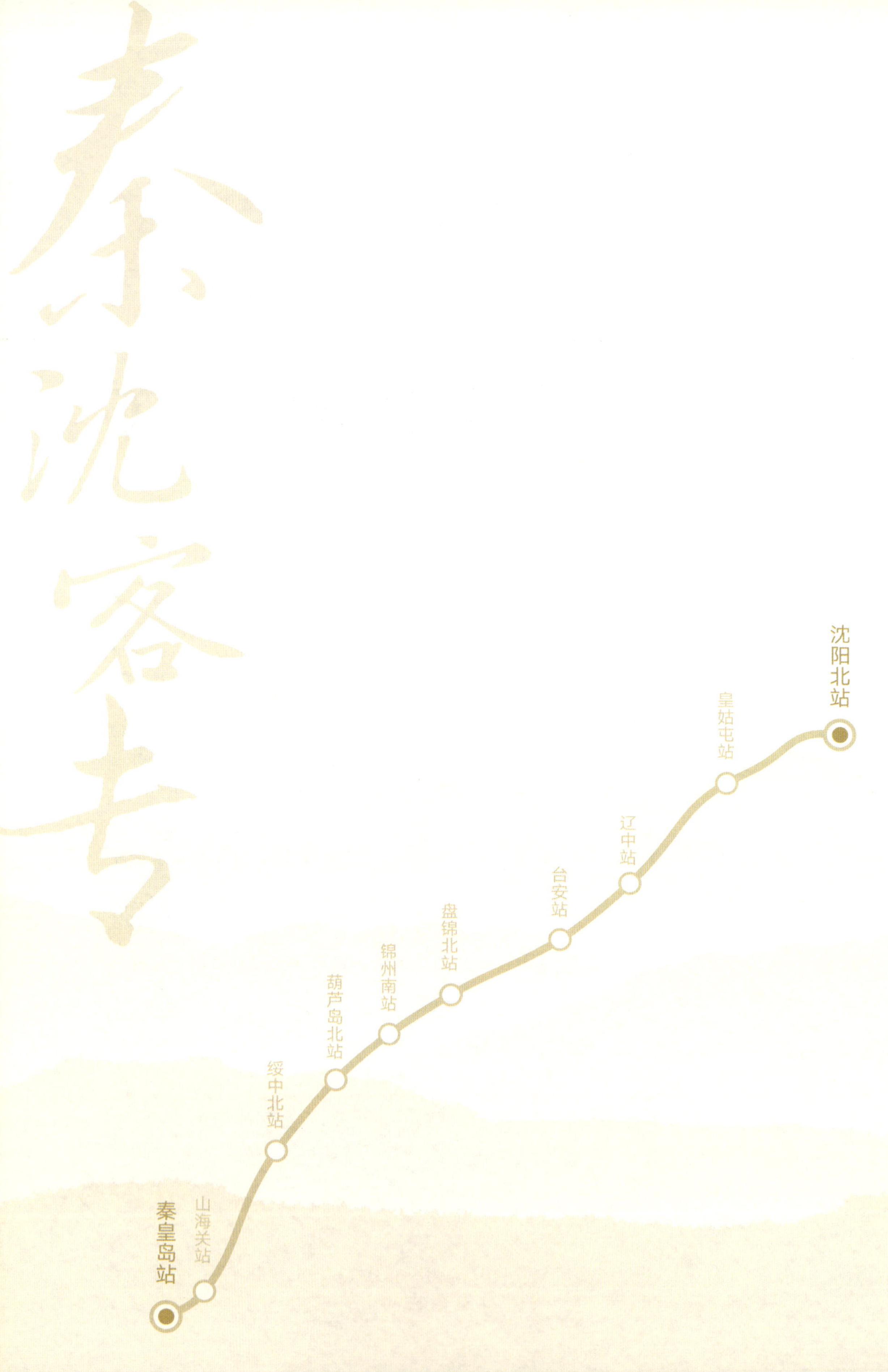
秦沈客专
沈阳北站
皇姑屯站
辽中站
台安站
盘锦北站
锦州南站
葫芦岛北站
绥中北站
山海关站
秦皇岛站

1999 年 8 月 16 日开工建设的秦沈新建铁路，不仅是我国第一条设计时速 200km 以上的快速客运专线，还是跨世纪铁路建设的标志性工程，也是我国专门用于旅客运输的第一条轮轨式高速铁路。秦沈客专线路全长 404.6km，其中桥梁长度占 14%以上。

秦沈客运专线在我国铁路建设历史上第一次大规模采用后张法现场预制预应力混凝土简支箱梁作为主要梁型。箱梁体积大、梁体重，重量和桥面宽分别是普通铁路梁 T 形梁的 3～6 倍，且结构复杂、施工控制标准高、制运架设备新，制造、运输、架设难。

秦沈客运专线跨径 12m、16m 桥梁采用双线 4 片式简支 T 形梁，跨径 20m、24m 桥梁采用单/双线简支箱梁，跨径 32m 桥梁采用单线简支箱梁。整孔预应力箱梁具有刚度大、抗冲击力强、稳定性好、噪声低等优点，是桥梁的发展方向，在秦沈客运专线上首次得到了广泛的应用。据不完全统计，秦沈客运专线特大、大、中桥上共用桥梁 1696 跨，其中整孔箱梁 1445 跨，占总数的 85%。

根据秦沈客运专线工期、箱梁制造程序和工艺要求，以及设计桥梁布局和合理的供应半径，现场制梁场的规模均较大，有横列式和纵列式两种布置形式。每个梁场均布置了 4～9 个生产台座，12～40 个存梁台座，另设静载试验台座、内模拼装台位、底腹板钢筋和顶板钢筋绑扎台位、钢筋加工区、门式起重机或移梁轨道设施、混凝土搅拌站、蒸汽养护锅炉、供水设施、砂石筛选设备、材料存放场、试验室、生产及办公生活房屋设施，一般占地 60～100 亩，设计生产能力为 1 跨/天。

中铁四局承担了秦沈客运专线箱梁制架工程 G3 标段 188 跨（376 榀）单线简支箱梁制造，有 32m、24m、20m 共 3 种跨径。与相同跨径的普通铁路 T 形梁相比，箱梁预制的模板工程、钢筋工程、预应力工程、混凝土工程等的施工工艺及箱梁运输架设均要求更高。其中 32m 单线箱梁为每榀 144.4m^3 混凝土，重达 381t，对提梁机、运梁车、架桥机的选择、配套及其预制、运输、架设工艺都是一个新课题。面对新课题，中铁四局举全局之力，迅速成立以分管领导为组长，抽调相关专业专家组成专项攻关团队，收集相关技术资料，开展相应的科技攻关研究，形成了相应的技术成果，并为以后的现场作业提供了强大的技术保证。

一、箱梁预制施工关键技术

通过攻关研究，攻关团队开发了箱梁预制施工系列工艺，秦沈客运专线跨径 32m 及以下后张法预应力混凝土铁路整孔单线箱梁预制施工工艺流程如图 31-1 所示。

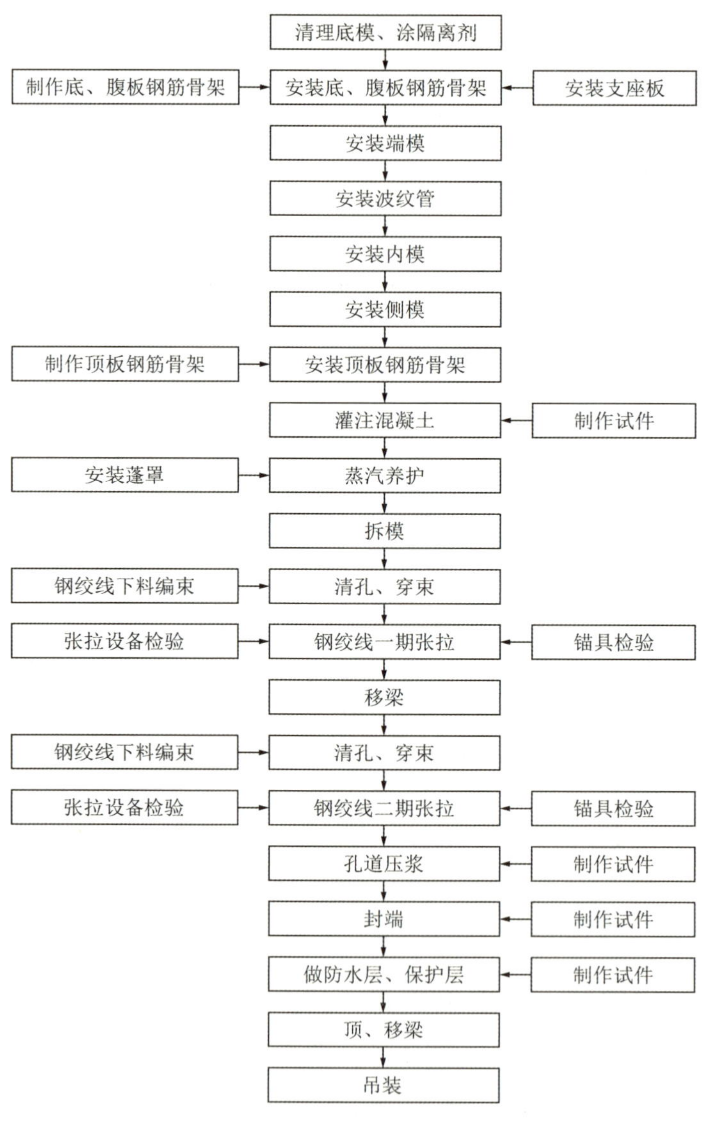

图 31-1　箱梁预制施工工艺流程图

总结其关键技术，箱梁模板由底模、侧模、端模和内模 4 大部分组成（见

图 31-2)，箱梁模板在专业钢结构加工厂制作。

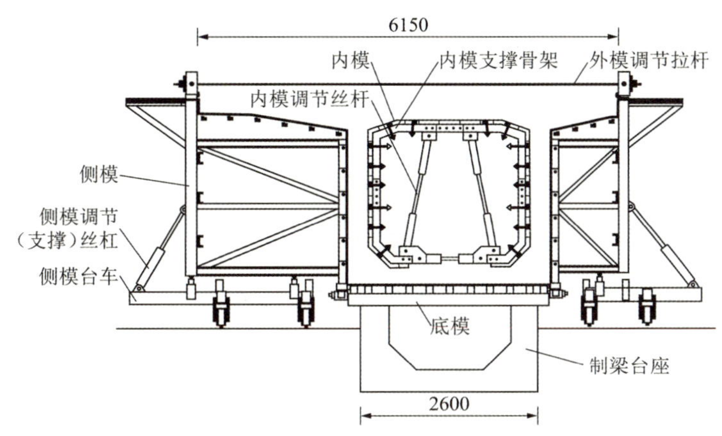

图 31-2　单线箱梁模板跨中横断面（单位：cm）

箱梁的制梁台座为钢筋混凝土 U 形基础上敷设纵横梁 + 钢模板的底模，模板系统采用拼装式内模［即由型钢支架 + 组合钢模板 + 支撑及脱模系统（丝杠）组成］或液压式内模、单侧整体移动式外模、整体式端模。

梁体钢筋绑扎分两部分进行：底板与腹板钢筋为一部分，顶板钢筋为另一部分，分别在底腹板胎具、顶板胎具上绑扎成型，再采用门式起重机及专用吊具吊装入模。

箱梁梁体混凝土为 C48 低塑性高强度混凝土，混凝土由搅拌站拌制，通过混凝土运输车运至制梁台座附近，采用混凝土输送泵 + 混凝土布料机泵送入模，采用从两端往中间、斜向分段（斜度 30°～45°）、水平分层、左右对称的方法灌注混凝土。斜向分段长度不得超过 6m，水平分层厚度不得大于 30cm，不对称度不得超过 2m，先后两层混凝土的间隔时间不得超过初凝时间。梁体混凝土必须一次连续灌完，每孔梁的灌注时间不宜超过 5h。混凝土振捣采用底振与侧振为主、辅以插入式振捣的成型工艺。

梁体混凝土灌完后，即覆盖养护罩进行养护，养护分蒸汽养护和自然养护两个阶段。蒸汽养护包含静停、升温、恒温、降温 4 个阶段。梁体拆模后进行自然养护。

预应力筋采用标准强度为 1860MPa、弹性模量为 195GPa、公称直径为 15.2mm 的高强度低松弛钢绞线。锚固体系用 ATM 系列钢绞线夹片式锚具。

预应力管道采用定位网 + 波纹管（或抽拔橡胶棒）成型。张拉顺序按设计要求进行，采用 4 台千斤顶两端对称同步张拉，确保两端伸长量一致防止腹板受扭。预应力张拉按二次张拉工艺设计施工：待梁体混凝土强度达到设计强度 80%以上，穿预应力筋，进行一期张拉（在制梁台座上完成）；待箱梁混凝土强度和弹性模量达到设计值的 100%且混凝土龄期满 10 天后，对预应力筋进行二期张拉（在存梁区上完成）。张拉时采用应力与伸长值双控，以控制应力为主，伸长值作为校核。压浆在二期张拉完毕 24h 后的 3 天内完成。孔道压浆采用二次压浆，并按自下而上的顺序进行。压浆完成后，凿毛锚穴，清除承压板表面的粘浆和锚环外面的浮松灰浆，用 881-I型聚氨酯防水涂料涂封锚具，焊接封端钢筋网片，用 400 号微膨胀混凝土封闭锚穴。

当梁一期张拉完毕后，即可顶梁并横移至存梁条形基础上存放。先用 4 台 200t 千斤顶在 4 个支座中心点起顶，顶梁时保持梁水平起降，梁顶起后，在梁两端分别穿入 4 根 P50 钢轨作为横移滑道，并在梁底插入特制滑船（滑船与梁体接触部位垫杂木板，以防损坏梁体棱角），然后每端用 1 台 20t 长行程液压千斤顶将梁体横向顶移至存梁区。

二期张拉完成后，即可施作桥面防水层及保护层。桥面采用 TOF-I型防水层，严格按专桥 8161 图施工。保护层用 400 号聚丙烯纤维网混凝土，按专桥 8154 图施工。待保护层混凝土达到设计强度后，梁方可出场。

采用 2 台主桁架由万能杆件拼装而成的 MQ230 型门式起重机协同提梁装车。

新建现场制梁场首件产品投产鉴定时，发放生产许可证对产品检验。批量生产后，每批 50 榀中对不同梁别分别抽取 1 榀做静载弯曲试验。静载弯曲抗裂系数$K_f \geqslant 1.20$，在静活载作用下的竖向挠度限值$f \leqslant f_{设计} \times 1.05$。静载试验应在混凝土承受全部预应力 15 天后进行，32m 单线和 24m 双线箱梁采用 5 处 10 点加载，20m 双线箱梁采用，3 处 6 点加载，加载点位于腹板纵向中心线上，静载试验加载分两个阶段逐级缓慢同速、同步加载及卸载。

二、箱梁架设施工关键技术

通过攻关研究，同步开发了箱梁架设施工系列工艺，秦沈客运专线箱梁标准架梁程序从运梁车喂梁、对位到用千斤顶完成最后落梁，压浆锚固、铺设架桥机走行轨道、过孔就位准备架下一孔梁为一个作业周期。压浆锚固后要等待砂浆凝固达到一定的强度，才能进行架桥机过孔作业和其他的工作，具体施工工艺流程如图 31-3 所示。

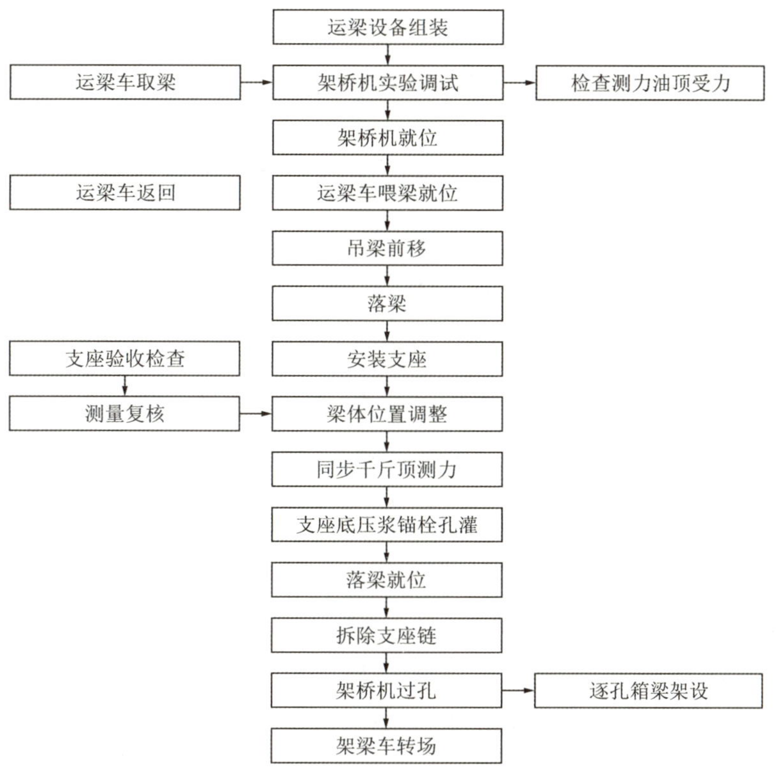

图 31-3　箱梁架设施工工艺流程

总结其关键技术，秦沈客运专线整孔单线箱梁架设采用由我国首次自行设计、制造的 DCY450 型运梁车、DF450 架桥机配合作业的方式完成。DF450 型架桥机及 DCY450 型轮胎式运梁车是由中铁四局与郑州大方有限公司共同研制的，该架桥机主要由箱形主梁、天车、1#、2#、3#、4#支腿及液压、电气系统组成，并配备有先进的摄像监控系统、无线电指挥系统、语音警示系统、支腿压力系统及环境监测系统，与 DCY450 型轮胎式运梁车配套，可进行单线箱梁的架设。DF450 型架桥机和 DCY450 型运梁车在秦沈客运专线首次投入使用。实践证明，该套运架设备不仅满足了进度、工期要求，实现了箱梁安全架设，而且在秦沈客运专线创造了日架单线箱梁 6 孔的好成绩。

此外，秦沈客运专线箱梁运架设备还有 JQ600 架桥机（中铁武汉工程机械研究所和中铁二局联合设计、山海关桥梁工厂制造）和 TE600 轮胎式运梁车（意大利 NICOLA 公司制造）、中铁大桥局研制的 JQ600 型下导梁架桥机和 YL600 轮轨式运梁车，适用于 20～24m 双线箱梁运架，并预留架设 32m 单双线箱梁的能力。中铁五局从意大利引进的 YJ550 型运架一体式架桥机（意大利 NICOLA 公司制造）具有吊梁、运梁、架梁功能。

三、参建秦沈客运专线的收获与感悟

中铁四局参建秦沈客运专线，见证了许多“第一次”：第一次在中国铁路建设中大范围采用混凝土箱形梁、钢箱形连续梁、混凝土刚构连续梁；第一次在高标准线路上采用无砟轨道，第一次采用 600t 无轨运输的运架梁设备；第一次采用厂拌级配路基表层填料等。为确保该线工程质量、投资、工期目标的实现，中铁四局作为建设单位，各技术人员积极研究学习国内外高速铁路建设的经验，在探索、总结、提高的基础上，不断创新，攻克了技术难关，保证了工程的顺利建成。这些宝贵经验的积累，不仅为单位培养了一批有先进施工技术人才的队伍，还为中国后来大规模的高铁建设先行探路贡献了自己的一份力量，弥足珍贵。

秦沈铁路的决策、建设，离不开领导团队先进的高速铁路设计理念，线路设计突破了常规铁路甚至国外高速铁路的相关设计原则，是一个大胆的尝试，是一次成功的突破。秦沈客运专线的建设对中国形成自己的高速铁路标准和建设方案起到了探索和奠基的作用。

秦沈客运专线于 2003 年 1 月 1 日正式开通。在前无技术经验的前提下，首次采用我国自行设计、制造的 DF450 架桥机和 DCY450 型运梁车在后张法预应力混凝土铁路架设整孔单线箱梁的，凭借的是我们参建者的信心和努力，以及在过程中的不断研发创新。实践证明，该套运架设备不仅满足了进度、工期要求，实现了箱梁安全架设，而且创造了日架单线箱梁 6 榀的客运专线架梁好成绩，为我国后续高速铁路桥梁建设提供了宝贵的经验。

四、秦沈精神的发展

秦沈客运专线整孔箱梁的应用是我国首次实现大吨位整孔简支箱梁的预制、运输和架设，填补了国内该技术空白，为后期高速铁路大规模应用奠定了基础。首次采用了非轮轨式运架梁，通过专用轮胎式运梁车运梁、专用架桥机架梁，先架后铺的架设方式实现了该领域技术的大突破。从此以后，现场设置预制梁场已成为普遍做法，极大地降低了长距离的运输成本，杭州湾跨海大桥 70m 箱梁、舟山金塘跨海大桥 60m/1600t 箱梁整孔预制及移运出海等也充分借鉴和吸收了秦沈客运专线整孔箱梁制运架技术。

中铁四局自圆满完成秦沈客运专线承担整孔单线箱梁预制任务后，20 多年来先后参加了京津城际、合武、武广、石武、合蚌、合福、京沈、沪昆、张吉怀、渝昆、贵南、巢马城际等多条客运专线或高速铁路跨径 19.5～40m 整孔双单线箱梁预制，并进一步开展了高铁整孔箱梁预制相关的技术研究，先后在武广高铁长沙制梁场和合蚌高铁水家湖制梁场创造性地总结了一整套快速制梁施工工艺，该工艺的实施实现了 63h 制出一孔箱梁，实现了铁路梁预制机械化、工厂化生产和预制构件生产的标准化、精细化管理。之后，中铁四局立项“信息化智慧预制梁场技术研究”专项课题，响应并落实工程建设标准化、工厂化、信息化、智能化、绿色化的要求。利用物联网、“互联网+”等技术手段，紧密围绕人、机、料、法、环等关键要素，以“身份管理 + 数据驱动”的理念，打造数字化预制梁场，动态监管预制生产、运输、架设的实施情况，实现计划、进度、资源、质量等全环节的智能化管控及制、运、架一体化协同作业。

经过中铁四局持续深入研究，不断创新，制梁施工工艺日臻完善，得到铁道部的高度评价，并被广泛推广，同时先后获得 2010 年度和 2011 年度中国铁路工程总公司科学技术一等奖、2011 年度中国企业管理协会科学技术创新成果二等奖、2012 年度中国质量评价协会优秀奖、2012 年国家重点环境保护实用技术示范工程奖、2014 年度铁道部科技进步奖一等奖。

如今，该技术已经走出了国门，由中铁四局承建的印尼雅万高铁万隆制梁场，是中国高铁“海外第一梁”的诞生地，也是中国高铁“走出去”的首座海外“智慧梁场”，大幅度提升了企业的核心竞争力。

秦沈客运专线 G6 标段箱梁预制架设回顾

魏尚书

时任中铁第五工程局新线铁路运输处技术员

现任中铁五局集团有限公司第六工程公司副总工程师

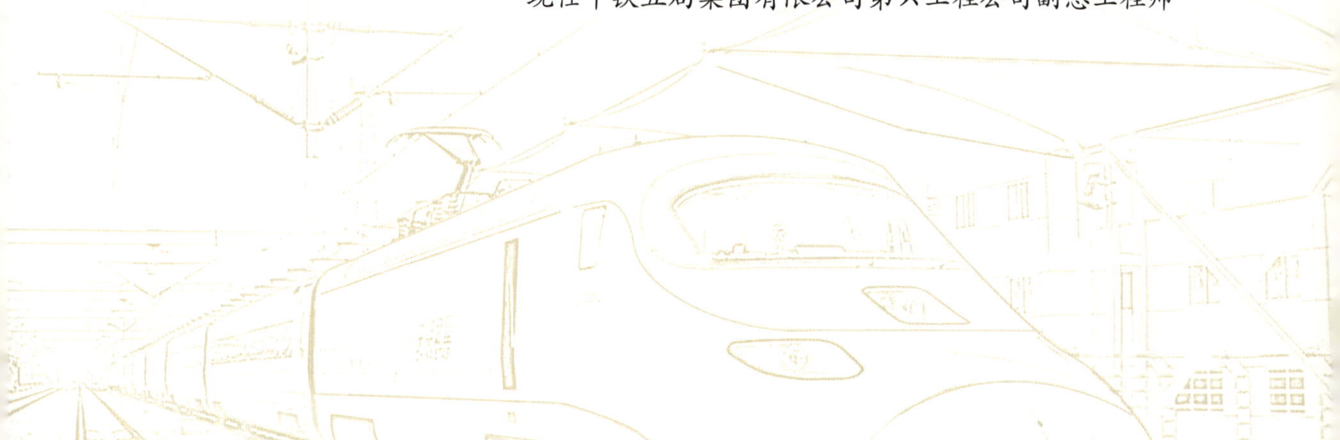

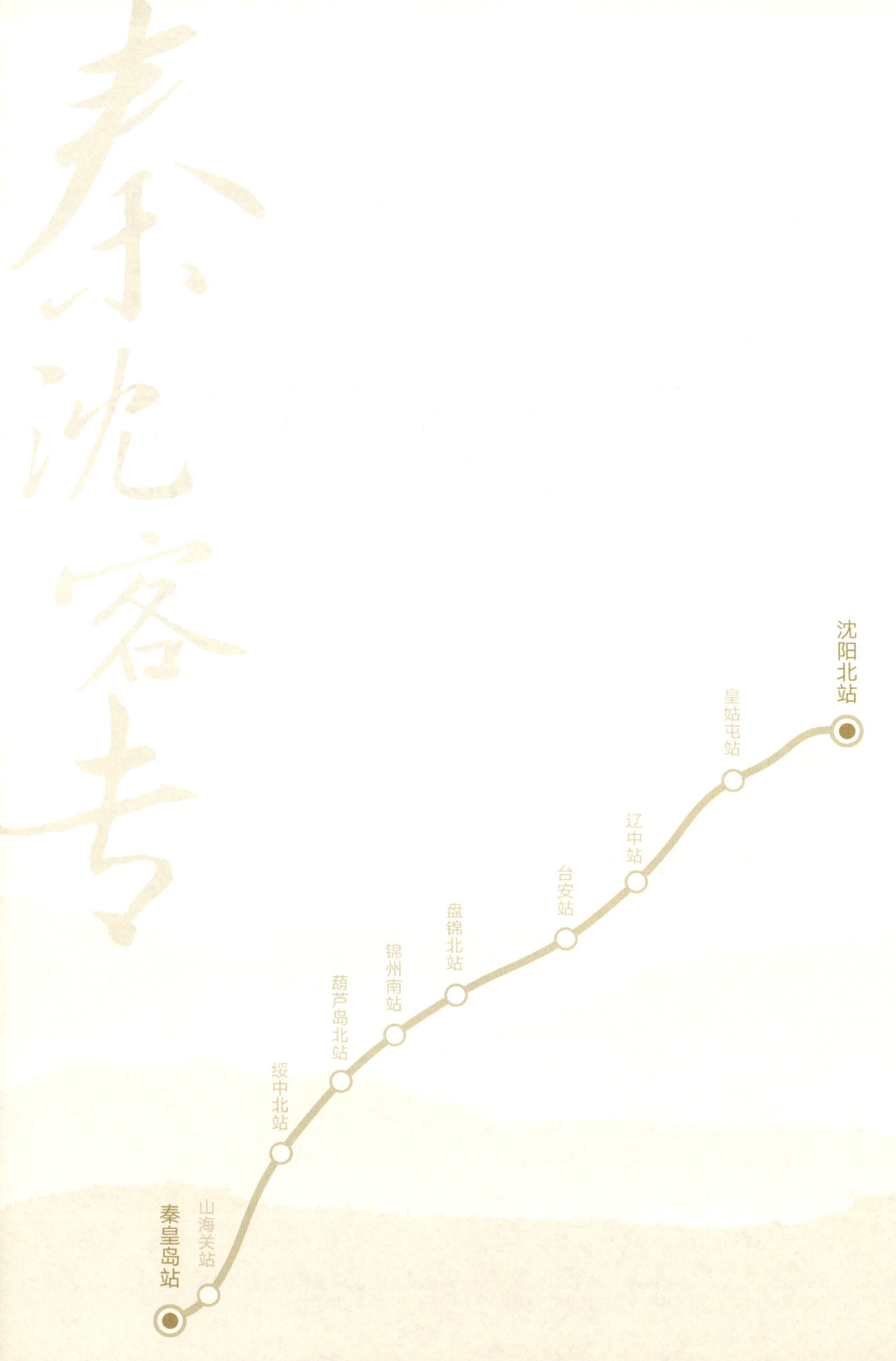
秦沈客专
沈阳北站
皇姑屯站
辽中站
台安站
盘锦北站
锦州南站
葫芦岛北站
绥中北站
山海关站
秦皇岛站

秦沈客运专线是中国高铁的先行者。中铁五局新线运营处（简称“新运处”）有幸参加了这一伟大工程的建设。我处承担了秦沈客专 G6 标段 24m 整孔箱梁制架梁任务，此项工程主要是钢筋混凝土工程，要靠工厂化、机械化来保证工程质量。秦沈客专预制梁工艺、架梁工艺以及整个施工过程充满了挑战，新运处通过艰苦奋斗收获颇丰。

一、自然条件工程任务

工程伊始，先从调研入手。

1. 自然条件

当地建筑材料如砂石料、砖瓦、施工用电、工程及生活用水等沿线可就近供应满足工程需要。

本段线路所经地区为寒冷地区，属温带湿润、半湿润季风气候，冬季干燥寒冷，降水量少，春秋两季短促多风，夏季炎热多雨。

沿线交通便利，在施工过程中，既有铁路、公路均可作为本线材料运输的通道。

2. 技术标准

双线客运专线，要满足设计时速 250km（线下），限制坡度 12‰（考虑平面曲线阻力折减），最小曲线半径一般 3500m，困难区段（受地理条件或建设投资额度等限制的区段）3000m。

3. 主要工程量

根据中铁五局任务分解，我处共承担制 24m 跨径双线箱梁 82 跨，架 24m 跨径箱梁 253 跨的施工任务。

我处所制的 82 跨双线箱梁及 3 处所制的 109 跨双线箱梁，分布在跨 305 国道特大桥至绕阳河特大桥共 6 座桥上，分别由制梁场向西架设。

跨沟海铁路特大桥、跨 305 国道特大桥共 55 跨梁，向东架设西沙河特大桥、黑鱼沟 2 号中桥、军属总干渠大桥、绕阳河特大桥共 146 跨梁；跨沈环线大桥、通水河大桥、蒲河特大桥 3 座桥共 52 跨梁由中铁一局制梁场生产、我处架设。

二、工程任务要求

1. 梁体尺寸及吊运

我处秦沈客运专线所制架箱梁梁型均为24m双线单箱简支箱梁，梁长24.6m，梁高2m，梁顶宽12.4m，梁底板和腹板在梁两端1.5m内加宽，并设1.5m长过渡段，梁重约510t。

2. 梁体混凝土标号

梁体混凝土标号为500号，弹性模量为35GPa，封锚混凝土采用环氧砂浆；保护层为400号纤维混凝土；挡砟墙为400号混凝土；遮板采用400号混凝土。

3. 梁内钢筋及预应力钢绞线

预应力筋采用标准型强度级别为1860MPa、弹性模量为195GPa、公称直径为15.2mm的高强度低松弛钢绞线，其技术条件符合《预应力混凝土用钢绞线》(GB/T 5224—1995)标准，锚固体系采用OVM系列锚具及配套的支承垫板、弹簧圈等。张拉体系采用YCWZ50、YDC240Q型千斤顶。管道形成纵向采用外径80mm抽拔橡胶棒成孔。钢筋采用20MnSi热轧带肋钢筋符合《钢筋混凝土用余热处理钢筋》(GB 1499—91)标准，A3热轧光圆钢筋符合《钢筋混凝土用热轧光圆钢筋》(GB 13013—91)标准。

4. 预留孔设置

在两侧腹板上设置直径为100mm的通风孔，通风孔距梁底1.2m左右，间距为2m，若通风孔与预应力孔道相撞，应适当移动其位置，并保证与管道壁的距离大于1倍管道直径。从距箱梁跨中2m开始设置ϕ50mm的泄水孔，泄水孔间距4m，每跨梁共6个。为方便对梁体及支座的检查维修，在梁的一端底板处设检查孔。

5. 支座布置及桥面系用防水层

支座布置为4个，支座中心距梁端0.3m，每端两支座间距5.7m，其中固定支座、横向活动支座、纵向活动支座及多向活动支座各1个。桥面采用氯化聚乙烯防水卷材和聚氨酯防水涂料共同构成的TQF-1型防水层。

6. 梁场设置质量要求

根据施工调查情况，预制梁场地处辽中平原地区，软土分布广，在软土地基上预制和运输架设大型梁体，除要配备足够的施工设备外，还要加强对场内台位地基和梁体运输道路的特殊处理，确保施工质量和施工安全。每跨24m 跨径双线箱梁吊重达 510t，工地现场批量生产和架设如此大型梁体，在国内还是首次。

7. 箱梁架设时间要求

箱梁架设的进度应满足全线铺轨总工期的要求，每座桥要求在铺轨到达前 1 个月完成架梁，并灌注完挡砟墙，达到铺砟程度。

三、施工前的准备工作

1. 确定重点科技攻关

1999 年 6 月，中铁五局印发了《关于加强秦沈客运专线科研工作意见的通知》，通知中确定了高速铁路路基表层施工技术及质量控制方法的研究、秦沈客运专线大型简支箱梁预制机具配套与施工工艺研究、一次性铺设跨区间无缝线路的研究、高速铁路路基填筑工艺及检测方法的研究、大吨位简支混凝土箱梁架桥机架设技术研究、高速铁路路桥过渡段施工工艺及装备研究、软土路基加固及其质量控制方法的研究等 7 个重点科研项目；成立了中铁五局秦沈客运专线科技攻关领导小组，要求各下属单位、项目也要成立科技攻关领导小组，对项目施工过程中的重大问题及时研究解决，并明确了奖惩措施。

2. 调研入手奋力破题

在中铁五局的领导下，新运处就秦沈客运专线的无缝线路铺设、整体箱梁的预制及架设工艺以及装备技术的研究，组织有关人员进行了长达 1 年的调研、方案论证、技术交流学习，并承担了铺轨及制架梁工艺两项科研课题。

在施工调查后，及时编制了梁场建设方案。由于整体箱梁单体方量较大，且总体数量又不多的情况下，由三处和我们一起合建拌和站。在梁场建设的过程中编制了预制梁及架设的施工组织方案。

3. 任务艰巨培训先行

新运处在湖南怀化多次组织有关秦沈客运专线铺架施工技术的培训讲座。对拟调秦沈客专工程的作业人员进行了为期 48 天的技术培训，主要培训内容包括模工、钢筋工、混凝土工、张拉工、电焊工、安全质量知识等。共举办了 3 个班，受训对象 100 多人次。

4. 工程开始部署到位

工程开始前，首先是施工组织机构部署到位，新运处秦沈客运专线工程指挥部设三部一室两所，设制梁作业队、架梁作业队两个作业队。其中，制梁作业队配备作业人员 185 名，架梁作业队拟配备作业人员两班共 42 人，完成场内桥梁吊装，桥梁运输及架设任务。

四、作业过程

1. 制订预案技术交底

箱梁场内移运，移动梁采用在制梁场设置纵向滑道，梁底安装拖船，连续千斤顶拖拉前移的办法进行（拖船安装在箱梁两端适当位置，上面附有串联千斤顶，以均分配箱梁重，避免梁体受扭）。鉴于所架桥梁吊重达 510t，梁体重且运输距离远，运输要利用已竣工路基，为了保证运架梁的安全及架设要满足先架梁后铺轨的施工要求，决定采用较适合远距离运输的轮胎式运架一体架桥机运架梁。具体施工是在两个制梁台位上交替制梁，每跨梁制梁台位占用周期为 63h（其中模板占用周期 40.5h），存梁台位占用 131h（半成品区），合计 193h。箱梁预制工艺流程图详见图 32-1。箱梁钢筋工艺、箱梁混凝土工艺、箱梁预应力钢绞线制备和张拉工艺等工序都编制了指导书及技术交底。

2. 架梁工程施工调查

主要是对架桥机通过地段的高压线、通信线、立交桥及其他一切有行进净空的障碍物进行调查、测量、制定解决方案。查看运桥机通过地段路基填土的质量情况，以便运架一体架桥机安全通过。吊运梁通过的路基必须取得建设单位及监理单位对路基的验收合格，路基表面需平顺，具有足够的承载能力，还要检查桥墩中线、支座十字线、锚栓孔位置深度等是否符合要求等。

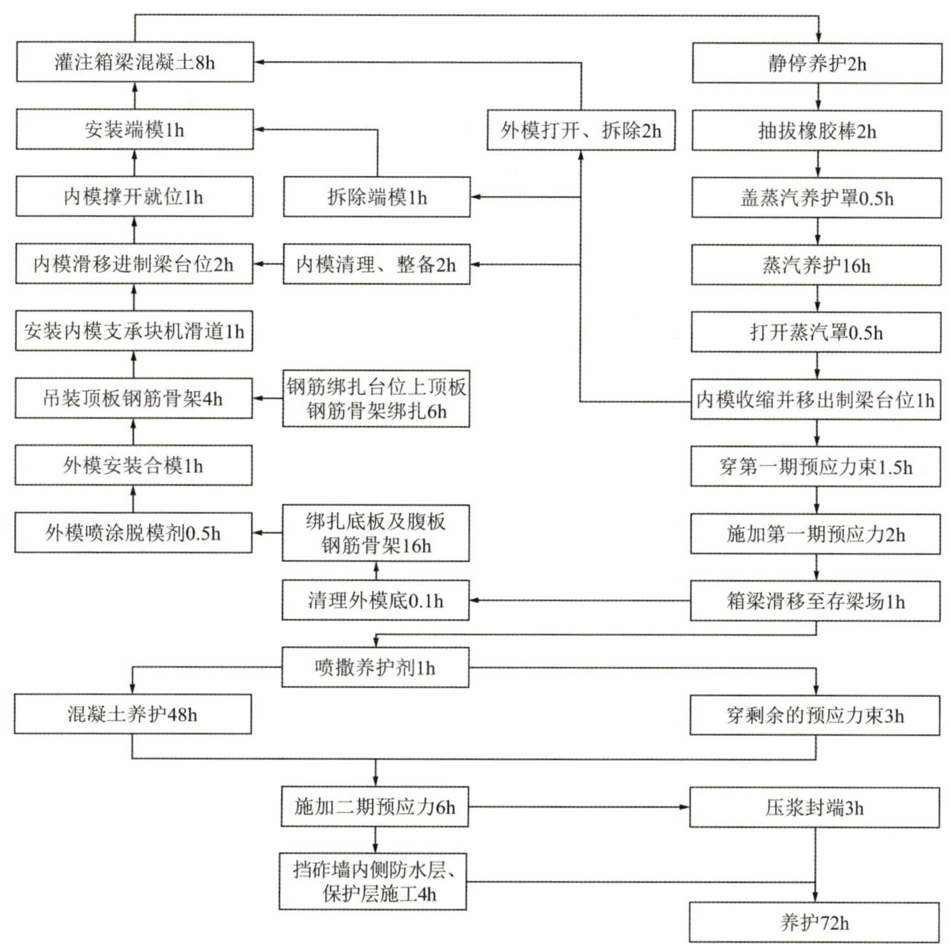

图 32-1　箱梁预制工艺流程图

3. 制梁工序质量控制

为了确保梁体的施工质量，箱梁预制模具采用固定外模、液压内模及大块钢底模组成的整体钢模；混凝土集中在搅拌站生产，由混凝土输送泵运输；灌注实行水平分层、斜向推进的方法，采用插入式振动棒并辅以附着式和平板式振动器进行振捣；养护采用蒸汽养护；在天气极冷的冬季，要停止制梁施工。在制梁过程中，严格按照施工工艺要求，牢牢把握好钢筋制作及绑扎、混凝土灌注、制孔及预应力钢线张拉等关键施工工序，认真执行 IS090 质量体系标准，确保制梁施工质量。为了施工的安全，预制场内采用铺设滑道、设移梁平车的办法移梁；架桥过程运梁采用运架一体机进行移运梁。

运架一体式架桥机集吊梁、运梁功能于一体，其作业内容为：将箱梁从制梁场存梁台位运至架梁地点（作业半径 15km 左右）；若下一架桥工地不远，运架一体机可携导梁自行至下一施工点；运用大型装吊设备完成箱梁架设。

秦沈客运专线采取架桥机架箱梁，在国内是首创，为今后高铁施工储备了技术。同时，通过秦沈高铁的建设实践，在学习与工作实作中培养了一大批施工和管理技术人才，积累了宝贵的高铁项目施工管理经验。

五、“学徒”精神和创新精神

1. 不懂就学，学以致用

因为整孔箱梁工地化预制在国内前所未有，对于预制技术，当时我单位还是“小白”，没有经验，认识上也是空白。为能做好整孔箱梁预制，中铁五局提前两年就开始作技术准备，外出学习调研，几乎跑遍国内各个桥梁厂，凡是和预应力混凝土有关的工程，我们都去观摩学习。

2. 开门办校，内引外联

当时，基于这个全新的领域，我们开办了专题培训班，自行编制了培训资料，又从桥梁厂聘请专家到培训班进行理论培训，然后再现场实操。

让我印象深刻的是引进经验丰富的老专家授课，从大桥局桥梁厂聘请的专家在现场手把手教我们。与此同时，我们也选派了专业技术人员到一些大的制梁场（如大桥局桥梁厂和养马河桥梁厂）学习。当时中铁五局三处就在我们附近，我们就面对面地学习，这样各道工序的工人逐步掌握了桥梁的预制技术。

3. 引进装备，“学费高昂”

那时，从国外引进了两套比较先进的设备，一套液压内模装置（国内首套）和一辆运架一体机。

当时在国内没有整孔箱梁架桥机，在中铁五局的帮助下，经多次考察，最后决定采用意大利尼古拉公司生产的轮胎式运架一体机。

架桥机组装调试期间，生产厂家派技术人员指导，国外技术人员的日工资是 300 多美元一天，还只是动动嘴，干活的全是我们的职工，我们深刻体会到技术不如人有多亏。

一套液压内模装置购置价格将近 500 万元，对于整体施工质量和施工速度有很大提升。采用液压模板前，我们靠人工拆装模板，功效低、劳动强度大，且因为箱梁内腔作业空间很小，施工不便，拆一套内模将近 12h（20～30 人作业），施工进度较慢，且不能保障工程质量。引进液压模板后，我们有 4～5 人就可以完成同样的工作，当时其他单位的同行都到我们梁场观摩学习。那时我有一种说不出的感触：如果我们自己也能研制具有国际先进水平的液压内模装置和运架一体机多好啊！

六、难忘的过去，新的起点

施工过程中，我们有过很多第一次，有经验也有教训。混凝土拌和楼第一次闷锅（临时工程），梁场场长亲自进搅拌锅内清除混凝土。第一次堵管，梁场场长组织所有管理干部、后勤人员加入战斗，确保混凝土的连续浇筑。第一次移梁、运梁、架梁……

秦沈客运专线的施工经历，对新运处的发展起到了里程碑的作用。继秦沈客运专线工程后，我单位先后参加了北京地铁架梁，广州地铁和青藏、渝怀、武广高铁等铁路的制架梁。现在国铁、地铁、市政综合、房建等工程领域都有我处的施工队伍。可以说，没有在秦沈客运专线的磨练就没有我处的今天！相信伴随着“交通强国”战略的实施和“一带一路”倡议的普遍响应，我处的明天会更好！

33

CHAPTER

秦沈客运专线桥梁工程施工关键技术

力海英

时任中铁第三工程局运输工程处项目技术室主任

后任中铁三局集团有限公司运输工程分公司安质部副部长

李　俊

时任中铁第三工程局第六工程处处长

现任中国中铁川藏指挥部副指挥长

王　伟

时任中铁第三工程局建筑安装工程处工程师

现任中铁三局集团有限公司建筑安装工程公司工程师

秦沈客专

沈阳北站

皇姑屯站

辽中站

台安站

盘锦北站

锦州南站

葫芦岛北站

绥中北站

山海关站

秦皇岛站

一、工程概况

秦沈客运专线是我国第一条时速为200km的高速铁路，中铁三局是参建单位之一，主要承担桥梁工程施工任务。桥梁工程施工任务涉及简支箱梁现浇及落梁、简支箱梁预制、刚构—连续梁施工等。

简支箱梁为第一次在铁路上大规模采用，其基本特点是整体性好、刚度大，能够满足客运专线上列车快速、平稳、舒适运营的要求。现浇简支箱梁为单箱单室，跨径为20m、24m两种，首次采用了膺架法高位现浇制梁、两端张拉然后落梁就位的施工方案。

箱梁采用单箱单室截面形式，梁长32m，主要材料为C50混凝土148m^3；钢筋22t；高强度低松弛II级钢绞线 5.5t。于端部设置横隔墙，箱梁上部宽6.15m，下部宽3.0m，梁高2.7m，设置有通风孔、泄水孔和梁底检查孔。

跨102国道3号大桥全长108.62m，孔径为（16 + 3 × 24 + 16）m，与102国道交叉，斜交法向角为35°25′，设计上采用35°斜交角。该桥梁采用钢构—连续梁形式，采用双线分离变截面实体板梁。

二、整孔箱梁现浇及落梁施工技术

（一）施工技术难点

（1）200m双线整孔箱梁重达440t，预制后落梁高度达2.9m，其关键施工工艺复杂，危险性大。

（2）解决膺架弹性和非弹性变形以及膺架预拱度设置问题是施工的关键。

（3）箱梁现场预应力施工采用了二次张拉，施工技术复杂。

（二）施工工艺

首先需处理地基，然后拼装支架体系，再立模现浇梁体。为满足预应力双端同时张拉的需求，其梁底面要比相邻梁顶面高出 10cm 左右，张拉、压浆、封锚后进行落梁工作，利用倒顶支架和钢板支垫在两端进行倒顶落梁，落到最后300mm高时，安装好盆式橡胶支座，固定好锚固螺栓，然后落至设计位置（图33-1）。

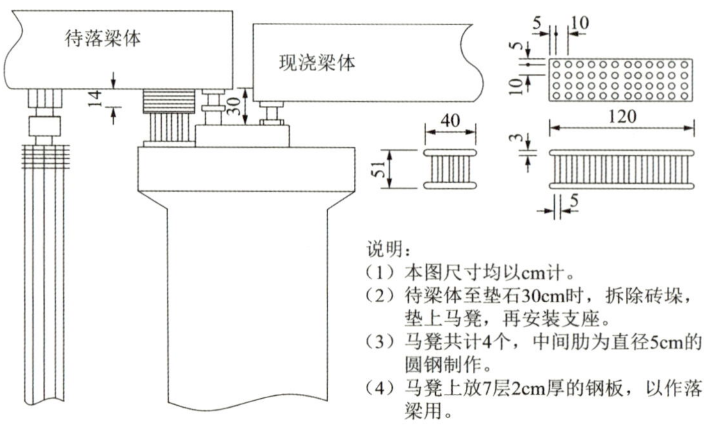

图 33-1　施工原理图（尺寸单位：cm）

（三）现浇箱梁施工工艺

箱梁桥位现浇采用支架法高位制梁，施工步骤见图 33-2。

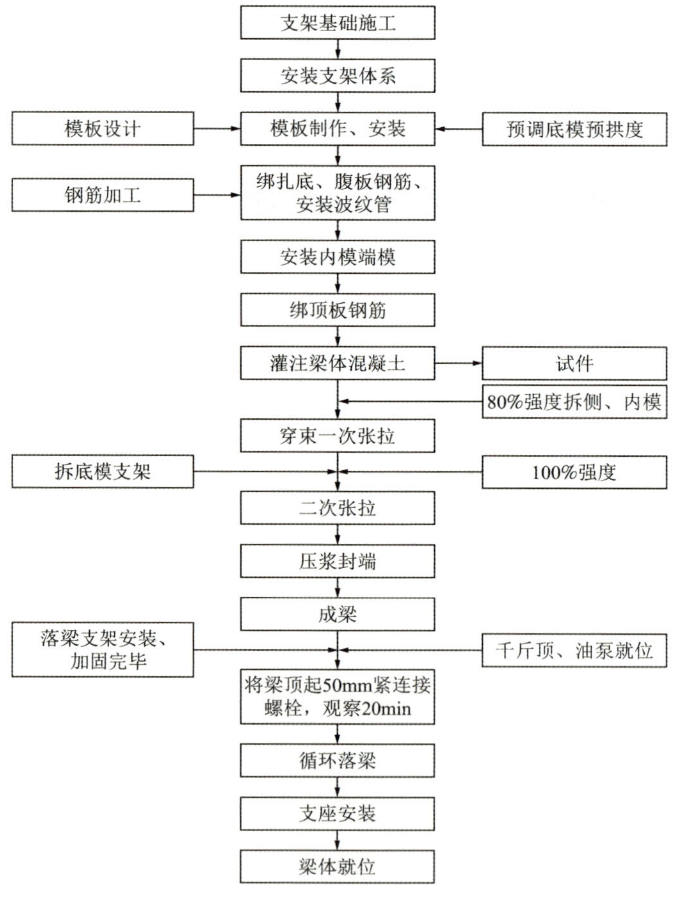

图 33-2　高位现浇工艺流程框图

（四）支架结构

1. 基础及检算

根据每座桥的具体情况，膺架临时支墩的基础分为用原桥墩台基础和临时基础两种情况。原桥墩台基础分为原基础顶面直接坐落和在原基础上进行扩大增强两种形式，临时基础分为扩大基础、桩基础。

基础的检算荷载，均按均布荷载计算：

$$p = p_1 + p_2 + p_3 \tag{33-1}$$

式中：p_1——支墩以上结构传递在支墩上的竖向作用力，kN；

p_2——支墩重，kN；

p_3——基础圬工重量，kN。

基础底部应力大于 200kPa 时，采用扩大基础形式；基础底部应力小于 200kPa 时，采用摩擦桩临时支墩基础，并根据$[P] = 1/2(UL\tau p + A\sigma R)$确定桩长。基础坐落在墩台基础上时，根据各桥的具体布置和偏心受压结构理论计算既有墩台偏心情况。

2. 支架

根据梁体自重设计，纵向按间隔 4m（根据跨径需要也可适当增减）设置 4～5 排钢桩，横向设 5 根钢管桩，每根钢管桩高 6～8m（由净空决定），高度调整主要由一些 25～200cm 长的钢管桩调整，其两端皆有法兰结构，以便连接，钢桩纵、横向均采用剪刀撑连接，以增强整体稳定性。钢桩上直接放置纵、横梁（为组合截面），纵梁上放置横带，间隔 30cm，横带分长（14m）、短（6.5m）两种，横带上放底模。

3. 支架安装及预压

把钢管管桩按不同的长度连接好后，用起重机安装就位，然后做纵、横向斜支撑连接，上面放置纵、横梁并栓接，支架安装好后，进行满载预压，测出弹性与非弹性变形。消除非弹性变形后，在横带下放铁垫板，按设计要求预留反拱。

4. 支架卸载（脱底模）

箱梁浇筑完成后，待强度达到设计要求的 80%时，开始第一次张拉。张拉完成后启动油泵使下分配梁下部的千斤顶回油下落，支架及底模统一均匀下落，与梁脱离，脱离后锁定千斤顶，抽出底模，拆除纵横梁体系。

（五）模板结构

1. 模板安装

底模在桥位横向为整体，纵向为栓接，底模横向有定位块，可调侧模横向位置并固定。内模采用模架外挂钢板的结构形式，用丝杆调整就位，内模横向用对拉筋固定，内模底板与底模之间用 C50 混凝土预制柱支撑。内模的顶板与底板之间均留有活动模板块，用以浇筑底板混凝土。端头模板采用侧包端的形式，用胶条密封，外侧固定并预留孔。

2. 模板拆除

外模上部在桥面板上采用千斤顶顶出、导链下拉模架的方式进行。拆内模时先中间，后两边，对称进行。最后拆底模，拆模方式见支架施工工艺。

（六）梁体施工

1. 钢筋加工与绑扎

钢筋在加工厂加工成型，运到现场，先绑扎底板和两腹板钢筋，调整好后，安装内模，再绑顶板钢筋，其间应安放好波纹管及定位网片。

2. 波纹管安装

后张法预应力束用波纹管成孔，套接处用胶带缠紧，再用钢丝绑牢，固定好锚垫板及弹簧垫圈等,混凝土浇筑过程中严禁捣固棒直接振捣到波纹管。

3. 混凝土灌注养护

混凝土按试验配合比进行配料，搅拌用混凝土输送泵浇筑，浇筑顺序为先底板，后腹板，再底板、腹板浇注，混凝土加高效减水剂 SGK-5。早期用蓄热法养生，后期自然养护，并按要求做试件检验。

为避免早期裂纹的发生，若脱模时梁体强度未达到设计强度的 80%，必须进行超早期张拉，同时应严格控制养护温度及脱模温度与外界环境温差不大于 15℃。

4. 预应力施工

穿束利用穿束机进行，张拉分两次进行，混凝土强度达 80%时第一次初张拉，强度达 100%时第二次终张拉。每束两端同时张拉，每束张拉顺序按设计要求进行。张拉时的测量伸长值与预加应力在张拉结束后与设计值比较，以双控均不超过 0.06 为合格。同时做好后期监测工作，如钢绞线有无回缩等。

5. 压浆

孔道压浆在切割钢绞线之后进行，每次拌制的灰浆使用时间不超过 40min，压浆工作应在 5～25℃之间进行，用 C50 混凝土封锚。

（七）落梁施工

1. 落梁准备

梁体底模拆除完毕后，进行落梁支架的安装及加固，落梁钢桩采用直径为 650mm 的钢管桩，其外侧用< 120 × 120角钢进行加固，以增强其抗弯性能见图 33-3。

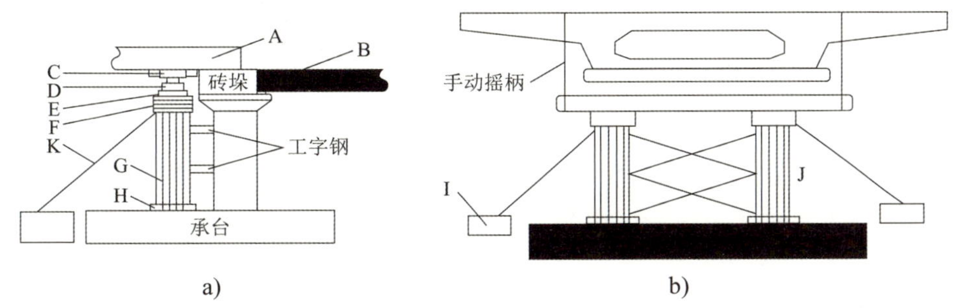

图 33-3　落梁方案组装

注：1. 本图为落梁方案组装示意图。
2. A 为待落梁体，B 为现浇梁体。
3. C 为上分梁，D 为千斤顶，E 为下部系梁。
4. F 为落梁过程中倒顶用钢管桩，G 为承重加强钢管桩。
5. H 为预埋加强钢管桩的混凝土，I 为地笼，J 为剪刀撑，K 为防止钢管桩顺桥向自由度的钢管桩。

连接短钢管桩注意每连接处需加石棉板防滑，以油顶放上后空行程为 5～18cm 为宜。在墩帽上做两个水平点（对应千斤顶），设专人控制落梁两侧高差，高差控制在 4mm 之内。

2. 梁体下落

准备工作结束后，向一端的两个千斤顶同时徐徐供油，供力速度每分钟5MPa。两个油泵管理员应随时注意油表的变化，保持两个千斤顶受力基本一致。供油到梁体稍稍离开砖垛时，同时锁死油阀。去掉一层砖，垫上与一层同砖等厚的橡胶板、钢板及杂木板共计981mm。梁体在下落过程中应不断调整钢板厚，边回顶，边抽钢板，使钢板与梁体间距小于3mm，一直待梁体下落5cm后，使梁体重量由钢板支撑，这时千斤顶要稍离开梁体，并留5cm空行程，然后用手动摇臂放下下横梁，使其落在钢支撑上并固定好。在落梁期间，随时测量梁端的高差，以两支座高程差≤4mm为宜。一端落5cm后，开始重复同样的步骤落另一端，落下10cm后，如此循环落至预定高度。

3. 完成落梁

梁体落到离支承垫石300mm时，在分配梁上的保险钢支撑用钢板临时锁定，再拆除剩余两层砖跺，清理干净垫石及梁底。之后进行支座安装工作，安装支座时应用水准仪测量高程，保证各点的高程均满足施工规范要求，并进行跨径测量，保证梁底支座上的锚栓与桥墩的螺栓孔定位准确。如有偏差则安装上滑道进行调整。支座安装完毕后继续按上述同样的方法落梁。当支座离垫石100mm高时，精确放出锚固螺栓的位置，用半干硬性水泥砂浆锚固在支座垫石上，并按设计高程找平支座垫石表面，待强度合格后，把垫石表面杂物等清理干净，标画好支座十字中心线，对盆式支座进行检查，然后落梁，拧上锚栓螺母，如支座垫石与支座底板不密贴则用坐浆法找平。

三、后张法预应力箱梁制造技术

（一）总体施工方案

梁体预制采用整体底模，整体滑移钢外模，折叠抽取式内模，胎具上分别绑扎底板、腹板钢筋和顶板钢筋网架门式起重机配合吊入模型，抽拔橡胶棒成孔，强制式混凝土拌和机搅拌，混凝土输送泵配合液压式布料机进行混凝土浇筑，附着式振动器配合插入式振动棒振捣。梁体采用一次性整体灌注技术，钢绞线用慢速卷扬机穿束，人工配合修整。预应力采用两期张拉（终张拉），孔道采用一次性压浆工艺，梁端采用微膨胀混凝土封锚，桥面防水层、保护层及挡砟墙在箱梁架设完成后施工。

（二）主要工序施工技术

1. 钢筋工序

后张法预应力混凝土双线箱梁中非预应力钢筋种类多、数量大，按常规的边下料边一次绑扎成型的施工方法进行钢筋工序的施工，其施工质量和施工进度都难以得到保证，为解决此问题，采取分片分类进行钢筋的制作，过程中对分布筋进行闪光对焊焊接接头，制作梁体钢筋绑扎胎具和定位网钢筋绑扎胎具用于底腹板钢筋、顶板钢筋和定位网钢筋的绑扎和制作，通过 2 台门式起重机配合钢筋吊具将绑扎成型的钢筋网分别吊装入模就位并将其连成整体钢筋骨架的施工技术，使钢筋工序的施工质量和进度得到有效保障。

2. 模板工序

为确保梁体外观尺寸符合要求，外模采用整体有轨移动模式，通过下步走形转向轮的升降、转向及外力牵引来实现纵横向移动，通过 5t 倒链对外模横向拖拉实现立拆模，通过在底模端头设置定位卡，底模两侧安放元宝垫实现模板位置准确。内模采用半自动化液压系统模式，分为上下两部分，上半部分为全自动液压式，下半部分为人工拼装式，上半部分分为内顶模、上角模，中间为铰接，设置收缩用的斜向油缸，升降用的竖向油缸，整体支撑于走行架上，走行架安装有走形轮，与钢轨、钢轨支撑架、梁内支撑预埋件组成内模的走形系统，模板整体为半自动化模式，提高功效及控制精度。

3. 混凝土工序

梁体混凝土采用具有自动计量系统的拌和站进行混凝土拌制，混凝土输送泵配合布料机进行混凝土的泵送，梁体混凝土灌注时间控制在 6h 以内，混凝土浇筑完成后及时进行保温、保湿养护，此工序以机械为主，人工配合。在控制原材料质量的基础上，将配料、拌和、振捣、养护等关键工序自动机械化，保证混凝土质量。

4. 预应力工序

后张法预应力混凝土简支箱梁采用全预应力混凝土结构，预应力钢绞线较多，预应力施工能否达到设计要求，直接影响箱梁的承载能力、抗裂性能和使用寿命。

采用胶管抽芯方法进行孔道预留时，在钢绞线穿入预留孔道之前，需对孔道进行清理。采用波纹管预埋钢绞线不进行孔道清理（在施工时注意将接头部分封死，防止杂物落入波纹管内）。

钢绞线的下料长度应根据设计图纸要求，考虑锚夹具厚度，千斤顶长度每侧比千斤顶长 30cm 进行下料。下料时用切割机切割，下料完成后根据每束钢绞线根数用 22 号绑丝每隔 50cm 将其绑扎牢固并应逐根理顺防止互相缠绕。

钢绞线采用砂轮切割机按设计长度切割下料。张拉前对梁体和张拉设备作全面检查，并将油表和千斤顶进行配套标定。为防止梁体发生早期裂缝，设计规定当梁体混凝土强度达到设计强度的 60%时，进行预张拉；当梁体混凝土强度及弹模达到设计强度的 80%时进行一期张拉，一期张拉后将箱梁移出台位进行自然养护；当箱梁混凝土强度及弹模达到设计强度的 100%、且混凝土龄期满足 10 天时，进行二期张拉：每期张拉均应按设计图规定的编号及张拉顺序进行；同时张拉的两束及每束钢绞线的两端均应对称同步进行张拉，张拉程序为 0→0.1δ（作伸长量标记）→δ（静停 5min，测伸长值）→锚固；张拉值的大小以油压表的读数为主，以预应力钢绞线的伸长值加以校核，实行“应力-应变”双控制度，使实际伸长值与理论值差值控制在 6%范围内；张拉施工时全梁断丝、滑丝总数不得超过钢丝总数的 0.5%，且断丝不得出现在同一侧，一束内断丝不得超过一丝。

5. 压浆封锚

预应力钢绞线终张拉后在两天内完成预应力孔道压浆作业，以保护预应力钢绞线使之免受锈蚀，同时使预应力钢绞线与箱梁混凝土有效粘接，以控制超载时裂缝的间距和宽度，并减轻梁端锚具的负荷状况，并在孔道压浆结束后采用无收缩混凝土进行封端。在灌注封端混凝土时，要加强捣固，使封端混凝土饱满密实。

（三）主要施工工艺控制

箱梁施工工艺中主要包括：配件安装、钢筋工序、模板工序、混凝土工序、预应力钢绞线张拉工序、压浆工序、封锚工序和箱梁吊装移位等，其中关键的是混凝土施工工序、预应力钢绞线张拉工序。

四、高速铁路刚构一连续梁施工中的新技术

（一）新工艺新技术

1. 满布支架法

根据梁体重量和分布规律，设计计算支架的安装形式，要使其具有足够的强度、刚度和稳定性。由机械将地面整平，并用振动辗压实，在其上铺设25cm厚的级配碎石，并压实，其压实密度达95%以上。在此基础上，铺设纵向和横向枕木，并根据设计支设脚手架。根据梁体结构特点，计算分级预压的级差及子压荷载的总量，并按计算结果逐级进行预压。预压后的支架，不仅能消除弹性变形，还要获得支架在弹性变形状态下的刚度，以便推算出混凝土浇注后的支架变形量，从而得出正确的预拱度。

2. 刚构—连续梁

该结构为中间桥墩与梁部固结，形成刚构，边墩和桥台与梁部以活动支座连接而形成近似连续梁。该种桥型与线路既可正交，亦可斜交，与以往简支梁相比，不仅减小了桥梁跨径、高度与长度，而且还降低了施工造价与施工难度。对于这种新型结构除应注意常规问题外，还应切实做好以下几点。

（1）模板安装。

选材：混凝土能否达到内实外美，其模板的好坏是关键因素之一。因此，采用大量2.4m × 1.25m的大块竹模，并内包白铁皮，在材料上为保证混凝土的质量打好基础。

拼装：首先应对每组模板在地面进行预拼、编号，然后正式拼装。拼装时，模板缝先用海绵条压紧，内刮腻子，最后进行磨平。

脱模剂：由于黏滞度较高的脱模剂容易在表面含有孔隙，因此应选用色样均匀的新机油作为脱模剂，并仔细刷均。

（2）钢筋加工及绑扎。

对于长大、密集又属新型结构的钢筋下料、加工及就位除应满足施工规

范要求外，还应注意以下几点：

①钢筋骨架长大，接头多，则同一断面的接头位置应错开排列，并应尽量使接头设在正负弯矩变化点附近。亦即钢筋接头位置应置于距墩顶 1/4*L*附近（*L*—跨径）。

②柄筋数量庞大，种类繁多。为防止下料错误，根据图纸编制统一的下料计划，根据此计划分别加工主筋、骨架筋、架立筋，并分开堆放、编号。

③对于长 104.94m、重近 2t 的主骨架，其加工困难，吊装不便，若将材料拿至模板上焊接，虽省略了吊装工序，但焊接中产生了“竖缝”，造成焊接质量差、速度慢，且焊渣落于模板上清除困难。若在地面焊接，则质量好、速度快，但骨架吊装困难。经过实地调查及方案比选，采用架斜道、人工提升的方法使骨架就位，这样既防止了起重机吊装时可能产生的骨架变形，又形成了平行作业，从而可大大提高工程质量，加快施工进度。

④对于排列密集、互相牵制的钢筋就位，应本着先下后上、先里后外的原则，并制作放样木架，根据钢筋位置，在木架上做好标定，以此来避免钢筋就位时的错误。

（3）混凝土灌注及养护。

对于圬工量达 1414.2m^3 的梁部大体积混凝土，为防止收缩开裂，选择骨料级配时，要求混凝土有最大密实度，要尽量选择高标号水泥，严格控制水灰比。混凝土的灌注应由两侧向中间连续进行，两幅桥各孔合拢时间必须一致。为减少收缩及对刚壁墩的不利影响，则中跨合龙段混凝土灌注应在 5～10℃的温度下进行。梁体应对称均匀灌注，为了控制对称性和均匀性，要随时调整混凝土的泵送速度。为了抑制水化热的增长速度，混凝土人模后，不能立即放气养护，要尽量做到其外界温度与混凝土内部蓄热温度近似。

3.“JHPZ 简” 盆式橡胶支座

该桥采用的是多向（DX）活动支座和纵向（ZX）活动支座两种，其规格为 2500 型和 6000 型，其中，纵向活动支座设在每线桥梁内侧，多向活动支座设在每线桥梁外侧，它们由钢材、橡胶和聚四氟乙烯等材料制成，包括支座顶板、聚四氟乙烯滑板、中间钢板、密封图、橡胶块、底盘和地脚螺栓等部件。其安装时要求根据梁体混凝土浇注时的温度，通过计算设置预偏量，并根据计算结果，确定预偏量的设置方向。

（二）施工中遇到的难点、重点

1. 墩顶负弯矩区混凝土初凝时间的控制

由于墩顶处混凝土的受力方向与跨中相反，其混凝土的收缩徐变和初凝时间与跨中不同。为了使其初凝时间与相邻梁段同步，应从以下几方面加以控制：

（1）控制该区混凝土的用水量：经过计算，由控制水灰比而从理论上控制其初凝时间。

（2）控制混凝土入模温度：提前掌握气候情况，人为控制混凝土的入模温度，从而控制其初凝时间。

（3）控制浇注速度：通过控制浇注速度而控制初凝时间。

（4）加强振捣，加强养护。

2. 钢筋焊接点控制在距墩顶 1/4*L*处

由理论力学知，距墩顶 1/4*L*处，连续梁体内，即位于该处附近，其受力最小，但由于直径大于 22mm 的钢筋标准长度通常为 9m，要想使长大钢筋接头既满足以上要求，又使损耗降至最低，则成为钢筋加工中的难点。尤其是该梁中的 N1、N2、N3 筋，均为ϕ28mm 的螺纹钢筋，其长度都超过了 100m，尤其是 N3 筋长达 107.35m，若使其满足以上要求并非易事，经过反复检算比较，最后定出以下 3 种下料方案：

（1）5 + 9 + 9 + 9 + 5 + 9 + 6 + 9 + 9 + 9 + 3 + 9 + 4 + 9 + 9 + 3.35 = 107.35

（2）9 + 4.5 + 9 + 4.5 + 9 + 9 + 6 + 9 + 9 + 4.5 + 9 + 3 + 9 + 9 + 3.85 = 107.35

（3）3 + 9 + 9 + 9 + 6 + 9 + 9 + 6 + 9 + 9 + 4.5 + 9 + 3 + 9 + 9 + 3.85 = 107.35

由此既可达到接头尽量处于 1/4*L*处，又使损耗降至最低，但却大大地增加了工程难度。

五、结语

综上所述，自秦沈客运专线开始修建桥梁上部结构至今，其箱梁预制、箱梁现浇及连续钢构的施工技术、宝贵成功经验和研究成果为桥梁上部结构施工技术领域的学术水平、施工技术水平的提高和产品的升级提供了有力支持。桥梁上部结构施工领域目前正在形成可靠的箱梁施工技术，通过利用设计软件和模型可以计算出箱梁的强度、受力变化情况、外界环境的影响因素和建造成本等，各工程局都有全套的施工装备，根据工程需要配置合理的工装设备，箱梁维护保养体系正慢慢形成，并且通过相关部门和政策引导，各个高铁线路建造了桥梁监测系统，可根据箱梁变化进行定期维修保养。

34

CHAPTER

秦沈客运专线月牙河梁场箱梁预制及架设

徐怀安

时任中铁大桥工程局谷城桥梁厂秦沈项目总工程师

后任中铁大桥局集团有限公司第六工程公司副总工程师

晏敬东

时任中铁大桥工程局谷城桥梁厂秦沈项目月牙河梁场总工程师

后任中铁大桥局集团有限公司第六工程公司副总工程师

王贵明

时任中铁大桥工程局谷城桥梁厂总工程师

现任中铁大桥局集团有限公司教授级高级工程师

秦沈客专

一、工程概况

中铁大桥局承担了秦沈客运专线月牙河特大桥 319 孔箱梁制造及架设任务。铁路箱梁制造及架设在我国尚属首次。

24m 双线箱梁主要尺寸为：梁体长 24.6m，梁高 2m，桥面宽 12.4m，底板中部 6.12m、两端 6.52m，腹板中部厚 450mm、梁端 850mm，底板中部厚 250mm、梁端 550mm。

24m 双线箱梁每孔主要工程量：梁体混凝土 204.3m^3，混凝土强度等级 C48；预应力筋为 7ϕ5、强度 1860MPa 低松弛钢绞线，预应力体系为 7-7ϕ5～9-7ϕ5 钢绞线束；钢筋用量 35.6t/孔；桥面防水层 292.8m^2；单孔梁重 530t。箱梁成品外形见图 34-1。

图 34-1 箱梁成品外形

二、梁场选址

月牙河特大桥跨越月牙河及鸭子河两条河道及其间的盐渍土和软弱地基段，桥址位于盘山县羊圈子苇场和甜水农场鲜峰村间，距既有线沈山铁路约 2.5km。

（1）箱梁在铁路上采用现场制梁架设是新型工法之一。在秦沈客专建设前，从未在现场预制过重 400t 以上的箱型梁。秦沈客运专线现场制架梁为铁路建设起到示范效应。

（2）梁场选址必须结合材料运输、成品梁移运架设、梁场基础工程处理简便易行、水电资源可靠、投资最省的原则。

（3）结合当地条件，选择 DK254 + 500～DK255 + 600 作为制架梁场地，在 DK254 + 630～DK254 + 700 处设 400t 门式起重机提梁上桥。

（4）生活及生产用水采用就地打井供水。用电与地方供电部门协商扩容改造后满足梁场用电需求。

三、梁场布置

（1）秦沈客专双线箱梁体积大，模板、成型后的钢筋及混凝土浇筑量与以前预制梁有较大区别。梁场生产设施布置、起吊设备选择，既要满足箱梁预制、养护及存放要求，又要采用标准化作业、满足快速施工达到减少基础投入的目的。

（2）梁场顺桥向一字布置。为避免与桥墩及基础施工作业交叉影响，梁场布置在线路的一侧离桥址留有适当余量。梁场全长约 1100m。

（3）为提高功效和确保工序质量，箱梁钢筋施工采取标准化作业。梁场设置专用梁体底腹板钢筋及桥面钢筋绑扎台位。钢筋在绑扎台位整体成型，整体吊装入模见图 34-2、图 34-3。

图 34-2　钢筋绑扎

图 34-3　整体吊装入模

（4）为保证梁体外形满足设计及美观要求，外侧模板采用整体模板。内模设置两个专用拼装台位，以达到标准化作业要求，见图 34-4。标准化作业是秦沈客专的一个特点。

（5）梁场设置了钢筋整体起吊门式起重机及多点起吊专用吊架。门式起重机兼顾内模起吊安装。这样的方案在后来高铁建设中得到广泛应用。

（6）箱梁混凝土浇筑首次采用输送泵泵送、布料机布料替代以前吊斗及门式起重机起吊结合的方式，极大地提高了灌注速度，保证混凝土的外观质量。泵送及布料机灌注在秦沈客专第一次成功实施，为后来高铁等大型箱梁制造提供了借鉴。布料机布料及混凝土灌注见图 34-5。

图 34-4 作业现场

图 34-5 布料机布料及混凝土灌注

（7）由于秦沈客专箱梁体积及重量大，沿用过去门式起重机起吊移运的方式在当时的条件下实施难度大。月牙河梁场多为欠固结的软弱土层，采用门吊负重移梁，基础处理费用大幅增加，此外门式起重机结构需要全新的方案。为此，经多个方案比较采用门式起重机固定起吊、空载移动的起吊方式。仅在起吊和存放梁对应处地基设置加固支点，门式起重机结构利用既有设备材料，在立柱对应处局部改造加固并增设千斤顶装置，以减轻对轮轨的过载。设置运梁台车和运梁轨道运梁。采取这样的移运方案避免大面积地基处理且有效利用既有设备。这样的方案在后来跨海大桥建设中多次应用，如某跨海大桥重达 1500t 箱梁架设就采用了门式起重机定点起吊空载移动方案。月牙河梁场移运轨道存梁方案见图 34-6。

图 34-6 月牙河梁场移运轨道存梁

四、基础处理

梁场原地基为第四系全新统海相及湖相沉积层，属滨海平原。岩性以黏土为主，夹有黏土或粉砂层，均为软土地层，承载力低。经地基勘探建议采取地基加固措施。为此，梁场制梁台座、存梁台座、运梁轨道及 340t 门式起重机固定起吊点处采用粉喷桩复合地基加固。粉喷桩间隔 1m 呈梅花形布置，粉喷桩每米水泥用量不小于 50kg，处理深度 12m，采取复搅复喷措施以提高复合地基承载力。经实测实际复合地基承载力大于 170kPa，满足地基承载要求。制存梁台座采用整体式钢筋混凝土板式及条形基础。纵横移梁轨道采用钢筋混凝土条形基础。门式起重机轨道在固定起吊点处采取复合地基处理，并现浇钢筋混凝土板式基础作千斤顶支点，其余部位铺设道砟和轨枕。

五、箱梁模板设计及制造

1. 外模

为便于运输，模板在工厂分块制作、现场拼装成整体。整体外模更能保证箱梁外形尺寸及美观。为加快制梁进度，每个台座配置一套外模。外模应具有足够的强度及稳定性，立模、脱模方便。

2. 内模

内模在当时条件下采用拆卸式模板。其中 24m 箱梁内模 5 套。此外针对 20m 箱梁特制一部分，其余与 24m 箱梁内模共用。内模采用可调式环形骨架作受力及定位结构，面板采用工具式内模板块，为便于快速拆装采用建筑用卡扣件连接。内模的优点是钢材用量少、自重轻，箱内操作空间较大。内模拼装及吊装过程见图 34-7、图 34-8。

图 34-7　内模拼装

图 34-8　吊装

六、钢筋绑扎胎模具及吊运安装方案

为保证钢筋位置及提高人工作业效率、形成标准化作业，按照设计图纸及钢筋型号用型钢制作钢筋定位胎具。这种方案的创新处就是不需要在模板内再绑扎，而是分别在胎膜具上一次绑扎成型，提高了工效，进一步加快了制梁台座的周转速度。

（1）梁体钢筋绑扎设置一个专门的绑扎台位。底板顺桥向通长钢筋在绑扎台位地面设置多道带槽口的定位角钢，腹板钢筋呈 U 形，在腹板底部设置两道通长角钢，其上按腹板钢筋位置切割槽口以便钢筋定位。两侧设置活动式三角形钢架，在钢架上设置上下两道带槽口的角钢，以便腹板钢筋（蹬筋）定位，外侧设有托架及跳板。预应力孔道定位网钢筋在专用胎膜具上制作，定位网支架钢筋位置应与腹板蹬筋匹配，一般预应力管道直线段间隔不大于 800mm，曲线段不大于 500mm。且定位网钢筋与腹板钢筋连接牢固。钢筋在台位上绑扎完成后利用起重机配合专用吊架起吊钢筋，专用吊架设置多个吊点保证梁体钢筋变形在允许的范围内。

（2）桥面钢筋设置一个绑扎台位。胎位的制作原理同底腹板钢筋。受梁体结构限制端部隔墙加强筋及梁体起吊点加强筋需要伸入腹板内，这部分的钢筋必须在桥面钢筋吊装后在制梁台座上绑扎，因此桥面钢筋安装占用的时间还是较多，需要工艺革新以提高功效。桥面钢筋绑扎台位及吊装见图 34-3。

七、混凝土配合比试验

1. 梁体混凝土配合比设计考虑因素

由于梁体混凝土一次性浇筑数量较大（相对于原 T 形梁来说），技术条件规定混凝土的灌注时间不宜超过 6h。同时，混凝土设计强度由原来的标号改为强度等级代替，设计对混凝土及原材料质量提出了更严格的要求；梁体结构由 T 形变成了箱形，混凝土浇筑由量变引起了质变，结构复杂。钢筋、预应力布置更密集，下料振捣困难。根据混凝土一次灌注方量、现场施工要求等，为缩短灌注时间，采用混凝土输送泵 + 布料机进行灌注梁体混凝土。因此，梁体预制施工对混凝土提出了必须具备高性能混凝土的要求。

梁体混凝土配合比设计，需考虑强度、耐久性、体积安定性及经济合理性，并且还要满足施工需要的和易性等诸多因素。根据以往T形梁混凝土配比的情况，箱梁混凝土除满足T形梁混凝土的上述因素外，还要考虑由于大体积混凝土灌注时间长的问题。

在箱梁混凝土配比试拌前，请减水剂厂家参与混凝土配比设计方案，减水剂厂家根据箱梁混凝土初凝时间8～9h的要求，在减水剂中掺入了一定量的缓凝剂。

2. 配合比试验

梁体混凝土配合比经过大量试配，确定箱梁混凝土配合比见表34-1。

箱梁配合比　　表34-1

配合比编号	水灰比	砂率	水泥（kg）	砂（kg）	石（kg）	水（kg）	减水剂掺量（%）	设计坍落度（mm）
1	0.36	0.36	480	628.8	1167.8	172.8	0.8	140～160

箱梁根据此配合比生产的混凝土能满足混凝土强度、弹模、坍落度、凝结时间等技术条件要求及施工需要。

八、混凝土设备选型及灌注工艺

（1）根据技术条件和施工细则规定，混凝土灌注应该控制在6h内。为此设两座搅拌站，每个搅拌站设两台HZS50型搅拌机，每小时可供混凝土80m^3。混凝土运输采用两台输送泵直接输送，输送泵设在搅拌站底下，制梁台座斜对角各设一台布料机将混凝土泵送至模板内。对体积较大的箱梁，采用输送泵泵送、布料机灌注入模的方式是较好的方案，直到现在高铁和跨海大桥建设均采用此方案。

（2）灌注工艺。混凝土总体灌注为先腹板、底板再桥面。实际在温度较高的夏季灌注时进行适当调整。腹板灌注的原则是斜向分段水平分层，灌注坡度一般控制在1∶10～1∶12之间。两侧腹板对称灌注。底板灌注从跨中向两端，一次灌注到位。桥面从一端向另一端推进。为防止腹板及桥面上形成色差和分层痕迹除缩短灌注时间外尚需减小坍落度，防止水泥浆上浮。为保证腹板下梗肋部位混凝土密实，采用振捣棒和附着式振捣器结合振捣。

九、箱梁养护

箱梁养护分为夏季养护和其余季节养护，夏季采用表面覆盖土工布洒水养护。其余季节采用养护罩蒸汽养护。蒸汽养护罩的应用基本上始于秦沈客专。其方案是在顶部设置分段式的钢桁架结构，外包养护用特制油布，两侧及端部利用既有模板桁架作骨架，外设轻型结构挂设养护油布。为控制各部位养护温度，在各特征部位安装蒸汽温度表。限于当时的条件，养护罩及其配套养护管道较为原始，安装较为不便。但大体积箱梁采用蒸汽养护在秦沈客专是首次应用，其关键是要保证各部位蒸养温度均衡，为此需要设计合理的养护罩盖及蒸汽管道铺设。蒸汽养护温度表的挂设及值班检查也是重要的环节。大型箱梁采用蒸汽养护加快了制梁台座的周转，这为后来更大体积的预制结构提供了有益的经验。

十、箱梁移运及存放

24m 箱梁重 530t，为此采用门式起重机固定起吊、移梁台车运输的方式。预制箱梁底板平面尺寸为6.52m × 24.6m，预制构件如此大的平面尺寸也是首次。为确保箱梁起吊及运输过程中不发生四吊点扭曲，门式起重机吊具设计为一端两个吊点可以竖向转动，另一端两个吊点相对固定。运梁底座上铺设钢轨可以确保运梁台车平稳运行。运梁台车上梁体支座底部处设置 4 个千斤顶及蓄能器，蓄能器可以缓解局部不平衡，有效解决 4 支点问题。存梁台座除了在浇筑支墩时控制高度外，其支墩顶部设 3cm 厚橡胶垫以保证梁体四支点受力均衡。梁体起吊及运输见图 34-9、图 34-10。

图 34-9 梁体起吊

图 34-10 梁体运输

十一、架梁提升站布置

提升站布置在98#～102#墩之间，提升设两台起重量350t的门式起重机，为满足架桥机拼装，利用门式起重机安装两孔梁。总体方案是梁场横移台车将梁移至350t门式起重机起吊范围内，由起重机架设98#～100#墩顶两孔箱梁，在梁上铺设轨道及梁上运梁台车，并在100#～102#墩顶同步安装前导梁、架桥机支腿、架桥机主梁、喂梁支腿及其起重系统。首孔箱梁架设见图34-11。

图34-11　首孔箱梁架设

十二、梁上运梁方案

月牙河梁场采用了自行研制的结构轻巧、能确保桥梁和路基安全的轮轨式运梁台车运梁。

台车采用机械和液压两套系统来保证箱梁四支点受力转为三支点平衡，确保长距离运梁过程中支点始终平衡。运梁台车还需要具有精确定位、快慢速行驶、适应弯道的车轮差速功能。这在当时集成电路和控制、液压系统没有普及的情况下，运梁台车左右及前后的协调还较为复杂。为此，前后台车之间用连杆连接以调整曲线段左右台车的相对位置变化。由于梁长与标准轨不匹配，为加快铺轨速度及减少钢轨切割，特制部分与梁长匹配的轨排，在箱梁就位后利用架桥机将特制轨排吊运至前梁上。

十三、箱梁架设

JQ600架桥机架梁方案是在秦沈客专最先得到桥梁设计单位认可批准，

并且不需要对下部基础及上部桥梁做特别设计加强的架梁方案。该方案的出台是中铁大桥局集中有关桥梁、结构及机械专家组成专家组攻关的结果，也得到了桥梁设计单位的大力支持。该架梁工法作为我国高铁箱梁架设工法，在高铁施工中广泛使用。

1. 架桥机概况

架桥机全长 65m、宽 15m、高 13m，自重 470t，适合架设 20m 及 24m 双线箱梁。额定起重量 600t，可满足曲线半径 ≥ 3000m、线路坡度 ≤ 12‰，架桥机行走速度 3m/min、起升速度 5m/min，提升高度 6m 的架梁需求。前、后支腿最大支承力分别为 210t 及 200t。

2. JQ600 架桥机工作原理

（1）根据被架梁跨距，操作喂梁支腿油缸，使后支腿与主梁脱离，通过后支腿的走行系统将其运送到不同跨径的安装部位与主梁连接。

（2）喂梁前，通过喂梁支腿起顶，使后支腿脱离桥面，操纵后支腿各油缸，使后支腿开启成翼形，运架桥机台车运行至前支腿前方，运梁台车将混凝土箱梁运送至导梁上。

（3）操作油缸使后支腿复位，收缩喂梁支腿油顶，让后支腿支撑，提升混凝土箱梁，运梁台车退出，回梁场运梁。

（4）运梁台车退出后，牵引导梁前行一跨，将混凝土箱梁架设到位。

（5）通过前、后运架桥机台车同步驱动架桥机往前走行一跨。

施工现场见图 34-12。

a)

b)

图 34-12　施工现场

3. JQ600 架桥机创新

（1）在结构与功能设计上将喂梁与吊梁分成两部分，即通过运梁台车在下导梁上喂梁对位，起重小车定点起落（可纵横小距离调整对位），无须带载走行，大大减轻了整机结构重量，降低了造价，同时由于重心低，操作方便，提高了架梁速度（每个台班最快可架二孔梁）。

（2）吊钩总成与吊具通过铰接变八吊点为四吊点，起升系统通过设置平衡轮将超静定的四吊点转换为静定三吊点，简单、巧妙地确保了梁体受载均匀和起升机构的安全。微调对位装置通过纵移、横移油缸微调起重小车和单动、联动卷扬机微调各吊点高差，可实现混凝土箱梁三维方向移动，从而确保混凝土箱梁安装架设精确定位。

（3）前支腿与主梁刚性连接，后支腿与主梁柔性连接，形成刚柔并济的门式桥架承载结构，基本上消除了支腿对桥面和墩身的水平力，所以不需在桥面和墩台上设置任何预埋件，从而消除了架桥机架梁时施工荷载对桥梁的不利影响。

（4）导梁通过自身携带的托辊装置和支座，在自身携带的卷扬机牵引下实现走行和支承，使得导梁走行机构简单、运行方便快捷。

（5）喂梁支腿采用可通过混凝土箱梁、支承架桥机自重的Ω形结构，后支腿采用可展翼通过混凝土箱梁、支承架梁载荷的双销轴可启、闭式结构，通过喂梁支腿、后支腿交替支承，可实现运梁台车直接将混凝土箱梁运送至架桥机腹腔内的导梁上，从而将架桥机喂梁与架梁分离，创新出一种新型的架桥机主体结构。

十四、主要创新点

秦沈客专是我国高铁建设的起步性工程，箱梁制、运、架设施工在当时的条件下没有经验，能借鉴的工法少之又少，我们只能结合以往的施工经验并进行了创新。实践证明，我们的施工工法是成功的，施工工法在后续高铁、跨海大桥等工程中得到了广泛应用及优化。主要的创新点如下：

（1）钢筋整体绑扎和吊装。钢筋平面尺寸较大且型号多，为保证钢筋绑扎质量和进度，必须在以前的钢筋绑扎和吊装方案上改进，设置了钢筋绑扎胎模具，形成标准化作业，采用吊装架整体安装。

（2）外侧模板采用整体式模板，工厂分块制造现场拼装成整体。内模设置专用拼装台座，便于形成标准化作业。

（3）输送泵及布料机结合灌注混凝土，满足大体积、大面积快速灌注的要求。

（4）大型箱梁起吊运输，对地基基础要求极高，且基础是一次性投资不可重复利用。结合局内既有设备，为此创新性地考虑门式起重机定点起吊、空载运行方案，设置纵移台车运梁。既利用现有设备又避免了对地基大规模处理。

（5）梁上运梁台车，满足了长距离及曲线运梁。

（6）JQ600 式架桥机是秦沈客专唯一由中铁大桥局设计并制造的架桥机。架桥机采用导梁与架桥机主体分离方式，极大地减轻了主梁结构自重和降低架桥机的高度。箱梁进入待架桥位的纵向移动不依赖架桥机主梁上部小车，表现出架梁过程中的平稳和安全性。

十五、存在的不足

1. 设备选型

（1）起吊设备。门式起重机拼装耗时、移动速度缓慢，由于不可负载走行，作业效率较为低下。

（2）运梁设备。梁场使用的纵横移台车，行走均为直线其故障率虽然不高，但行进过程调节性较差导致轮轨磨损严重。桥上运梁台车构造复杂，故障率较高，不易维修保养，临时轨排及道砟铺设量大，作业完后必须全部拆除清理，清理工程量较大。

2. 制梁模板

外模还需进一步优化，应考虑多个台位共用。内模方式较原始，人工作业量大，应考虑利用液压拼装或拆卸。

3. 条件限制

混凝土配合比存在水泥用量偏多、混凝土坍落度偏小等问题。限于当时的条件，粉煤灰等外掺料没有在铁路制梁工程中推广应用，减水剂系萘系减水剂等所限，混凝土水化热较大，混凝土坍落度损失偏快，容易造成堵管。

十六、秦沈客专工法对我国高速铁路建设的作用

秦沈客专箱梁制造及架设对我国高速铁路的发展起到示范性作用。箱形梁承载力大、横向稳定性好，可以满足高速铁路的运行要求。但是，箱形梁体积及重量与铁路 T 形梁不可同日而语，要求要有与之匹配的相关设备及新型工艺。伴随我国的科技进步，后来高铁建设所需的制架梁设备及新型工艺如雨后春笋般涌现，这些无疑是在秦沈客专的制架工法促进下发展起来的。

35

CHAPTER

32m 跨径双线箱梁造桥机研发与应用

肖新华

时任中铁第十三工程局第一工程处，秦沈客运专线项目经理部副处长

现任中国铁建股份有限公司信息化管理部正高级工程师

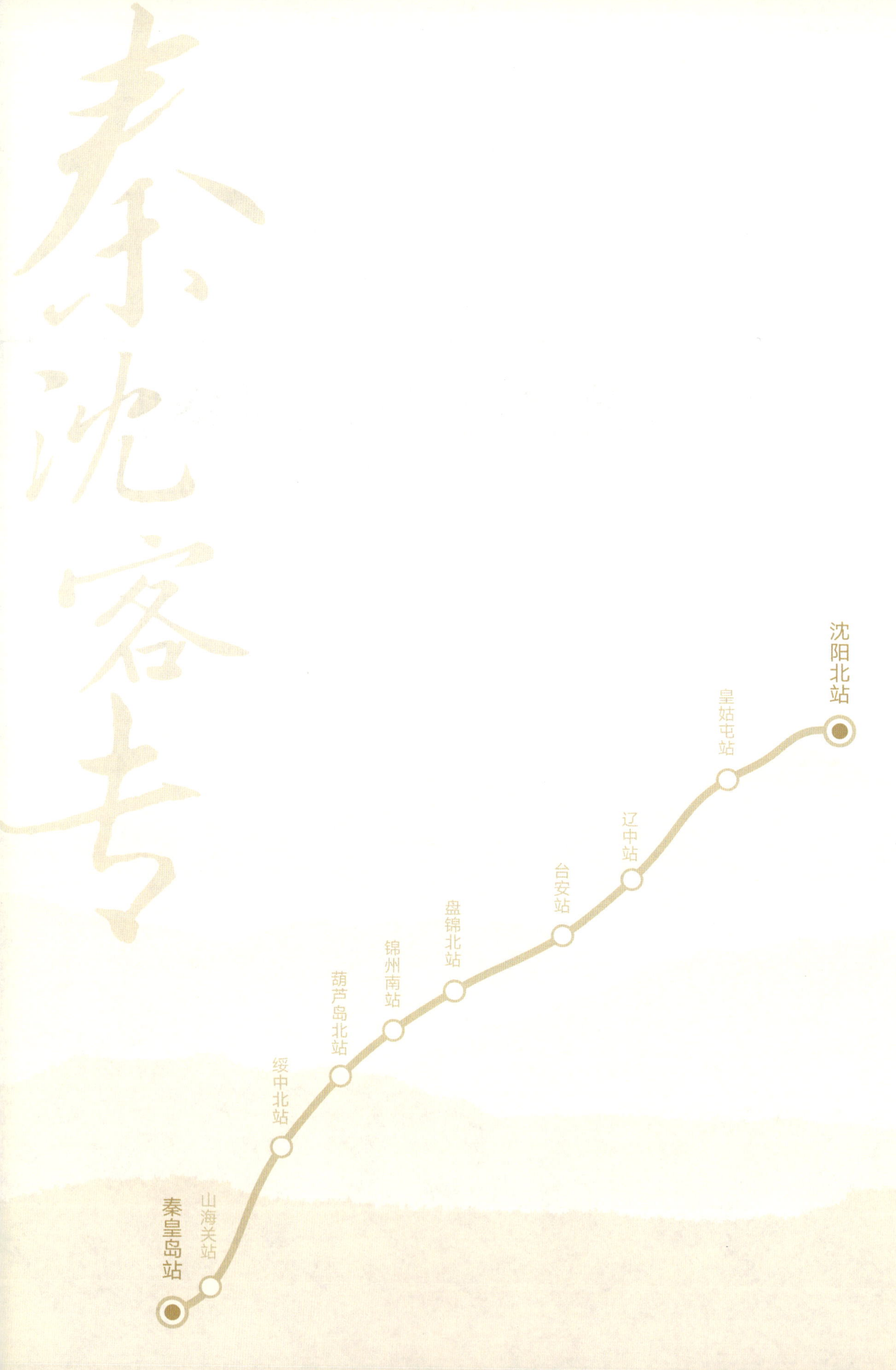

秦沈客专
沈阳北站
皇姑屯站
辽中站
台安站
盘锦北站
锦州南站
葫芦岛北站
绥中北站
山海关站
秦皇岛站

秦沈客运专线辽河特大桥全桥长 2243.59m，是秦沈客运专线第二长桥和最大跨径简支梁桥。原上部结构布置为 74 孔 32m 跨径双线双箱简支箱梁，改为更为科学合理的 32m 跨径双线单箱简支箱梁（图 35-1），采用现场分段预制、移动支架造桥机桥位节段拼装工艺建造。这是一个科研、设计、施工共同协作攻关的成功典范，也为后来开展更大跨径的高速铁路双线简支箱形梁建造提供了实践依据。

a)

b)

图 35-1 32m 跨径双线单箱简支箱梁

在秦沈客运专线建设之前，我国仅有 130～160t 预制简支 T 形梁架桥机。而秦沈客运专线桥梁设计，需要使用 20m、24m、32m 跨径单线或双线简支箱梁。考虑到行车的安全性、稳定性、舒适性，应优选双线单室箱梁。单孔 24m 跨径双线单室箱梁重达 571t、单孔 32m 跨径双线单室箱梁重达 754t，没有相应的吊运架装备。为此，铁道部下达了 6000kN 双线箱梁架桥机和 8000kN 箱形梁移动支架造桥机的研制任务，以解决 24m 及以下跨径双线单室箱梁和 32m 跨径双线单室箱梁的架设问题。这是跨越性的一大步，也是贯彻落实党中央关于“自主创新，重点跨越，支撑发展，引领未来”科技方针的具体体现，更是对我国铁路建设行业的工业能力、科研水平和参建单位的信任。

中铁第十三工程局（中铁建大桥工程局集团有限公司），早在 1992 年就引进造桥机施工技术，联合有关单位研制研发了箱梁移动支架造桥机及其施工技术，并于 1993 年成功建造了灵武铁路扬家滩黄河特大桥 33 孔 32m 跨径和 10 孔 46m 跨径单线简支箱梁，于 1998 年成功建造包兰铁路复线三盛公黄河特大桥 13 孔 32m 跨径和 12 孔 54m 跨径单线简支箱梁。基于多年的技术研发和实践积累，在激烈竞争中，以施工单位的身份，被铁道部授以承担“秦沈客运专线造桥设备研制——箱形梁移动支架造桥机研制”科研项目，这既是一份荣誉、信任与探索，更是一份责任、担当与付出。

箱形梁移动支架造桥机研制的主要内容包括设计制造 32m 跨径双线箱梁造桥机和配套的客运专线简支箱梁节段拼装施工技术与工艺，保证架设的客运专线简支箱梁符合设计和运营的技术要求。研制的重点是造桥机的构型设计和桥位节段拼装工艺，难点是造桥机的支撑与孔位间移动行走机构，针对拼装过程中逐步形成的箱梁刚度，造桥机如何适应与匹配箱梁刚度变化的调控技术与操作工艺，以及保障箱梁拼接缝质量与耐久性要求的施工工艺。

中铁第十三工程局在接受到科研任务后，于 1998 年 11 月组建了高速铁路造桥机科研课题组，由时任局总工程师夏国斌担任领导小组组长，时任第一工程处副处长、高级工程师、长期担任造桥机技术应用的项目经理张日洲担任科研项目组长，时任处副总工程师、桥梁高级工程师肖新华担任科研项目专职副组长，调集了一批年富力强且有实践经验的桥梁、机械、电气专业工程师，专职开展科研工作。科研课题组通过联合石家庄铁道学院（石家庄铁道大学）、大连理工大学结构和力学研究方面的专家，应用当时不多见的结构分析与仿真计算、计算机辅助绘图软件，对在既有技术积累基础上提出的多种造桥机的构型方案，以及经系统性分析提出的各种工况荷载，采用平面力学分析，高效开展了造桥机方案的比选。同时，组织技术资源，对既有施工且运行多年的节段拼装箱梁进行现场回访、专业检查，并对节段拼装工艺、施工记录和试验测试数据进行系统性的总结与分析，结合客运专线用双线箱梁混凝土强度高、结构横截面大等特点，在既有工艺积累的基础上，经优化、完善和多轮试验验证后，提出了客运专线节段拼装箱梁的施工工艺。在空间力学分析（图 35-2）的帮助下，通过施工工艺与结构之间多次相互适应性调整，确定了移动支架节段拼架造桥机的结构设计。

为确保研制进度，科研课题组经常白天办公、晚上乘列车往返于大连、长春、北京、天津、石家庄，与合作专家集体办公、研究讨论设计方案与分析计算，与桥梁设计单位商讨箱梁结构与造桥机的相互协调配合问题，中铁十三局、中国铁道建筑总公司（中国铁道建筑集团有限公司）、铁道部领导和相关部门也很关心，多次听取科研项目进展情况与取得的成果汇报。经过科研项目组半年多的技术攻关，完成了以 24～32m 双线单箱/双箱单室简支箱梁为造桥目标的 GZ24/32-8000 型移动支架节段拼架造桥机的结构（图 35-3）与施工工艺（图 35-4）设计，并于 1999 年 6 月 28 日通过铁道部专家审查。

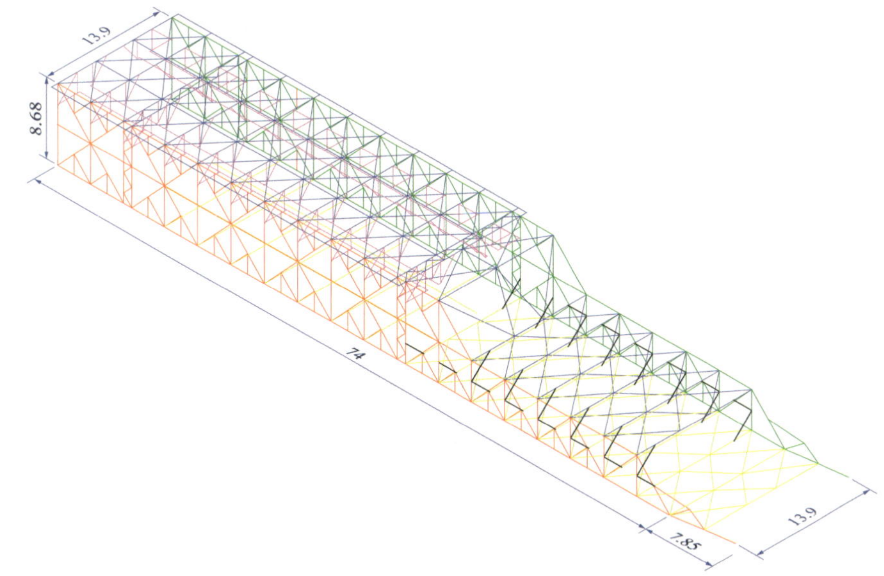

图 35-2　力学分析图（尺寸单位：m）

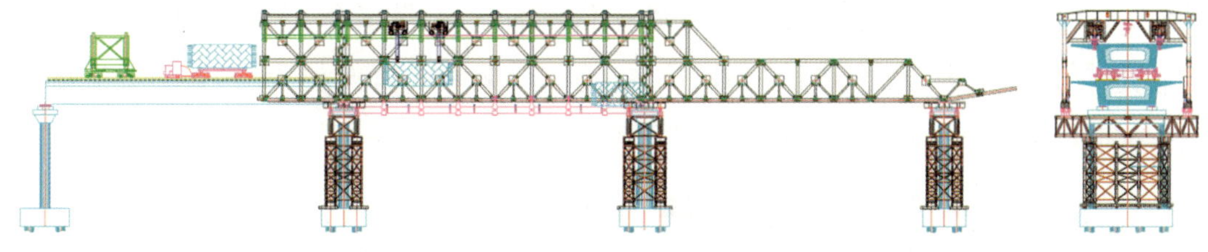

图 35-3　造桥机的结构图

鉴于 GZ24/32-8000 型移动支架节段拼架造桥机的研制完成，为秦沈客运专线东段全部采用双线箱梁扫清了技术与装备障碍，秦沈客运专线辽河特大桥梁部优化设计为 32m 双线单箱单室简支箱梁，采用移动支架节段拼装架设，使秦沈客运专线东段梁型选择上更趋完美。

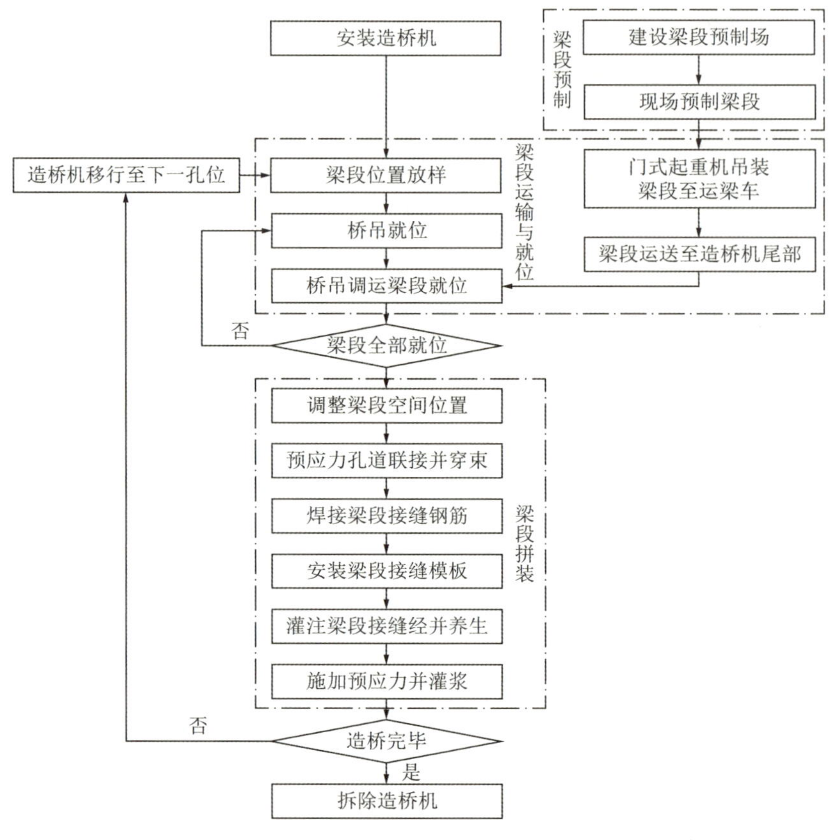

图 35-4　施工工艺图

1999 年底，在辽河特大桥具备进场条件时，中铁第十三工程局组建了秦沈客运专线项目经理部，进驻施工现场。项目部人员兵分两路，一路冒着凛冽寒风进驻现场抢工期，以赶在来年春回大地前，完成梁段预制场地[图35-5a)]的建设，确保按计划开展梁段预制；一路拿着造桥机设计图，在全国各地寻找制造厂家监造造桥机，并在施工现场进行拼装测试[图 35-5b)]，以保障装备安全和按计划开展拼装架梁。

a)　　b)

图 35-5　梁段预制及拼装测试

在梁段预制与测试、造桥机安装与安全检验等先导工作准备到位后，2000年8月20日，开始辽河特大桥74孔32m跨径双线单箱单室简支箱梁移动支架节段拼架（图35-6），2000年9月19日完成第一孔箱梁拼装，拼装周期长达1个月/孔，超出计划的磨合期每月2孔的进度要求；初期的梁段预制周期也高达19天/孔，也超计划的磨合期每月2孔的进度要求。

图35-6　移动支架节段拼架

因为采用新装备、新工艺，尽管在进行施工组织设计时，进行了较充分的考虑，但实际应用时仍远超预期。为此，项目部通过邀请专家授课、组织项目人员分析、强化技术人员向工人进行工艺讲解与技术交底（图35-7）、组织劳动竞赛等方式，激发工人学习、掌握新工艺的积极性。时任中国铁道建筑总公司总工程师宋抗常、中铁第十三工程局总工程师夏国斌带领专家组来到现场，研究、指导、帮助解决施工技术难题与优化工艺流程（图35-8）。项目组在保证安全与质量的基础上，多管齐下，有效提升了施工效率，实现了预制周期平均6.5天/孔（图35-9），拼架周期平均11天/孔、最短7天/孔的预期工效。

a)

b)

c)

图35-7　技术交底

a)

b)

图 35-8　优化工艺流程

尽管前期由于使用新装备、采用新工艺，带来了较长的磨合期，在工期滞后的情况下，通过各种措施，在 2001 年 8 月 29 日迎来了激动人心的时刻，比原计划要求的工期提前 1 个月实现了全桥的合龙（图 35-10），为秦沈客运专线东段铺轨顺利通过辽河特大桥奠定了基础。

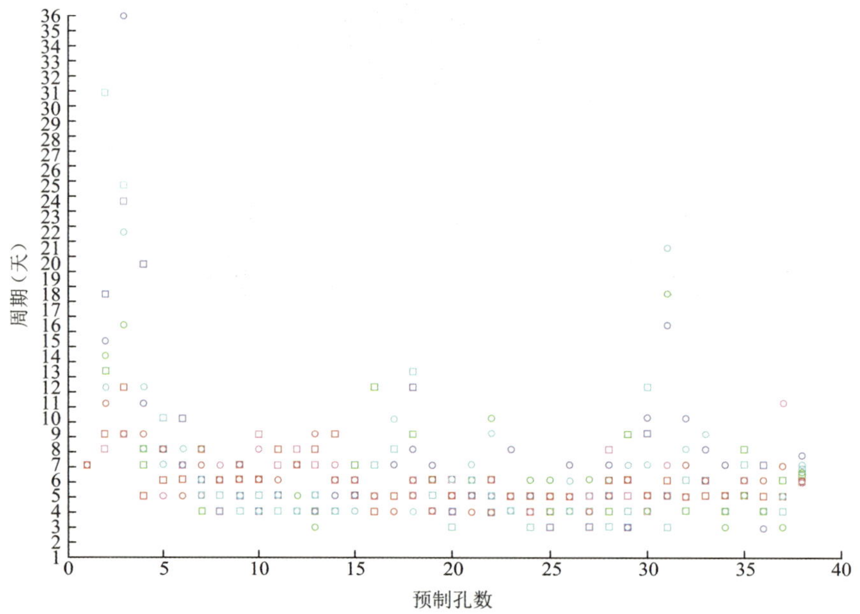

图 35-9　梁段预制周期图

图 35-10　辽河特大桥合龙

为验证施工工艺的可行性，在拼架过程中，对梁体相关部位进行了有关参数的监测（图 35-11），监测数据与设计分析具有一致性。同时为验证节段拼装高铁箱梁施工工艺的可靠性，原铁道部建设司安排产品质量监督检验中心对辽河特大桥双线箱梁进行了连续 72h 的静载试验（图 35-12），以测试检验对客运活载的安全储备系数、抗裂安全系数和挠度值，试验数据表明与设计分析相吻合。

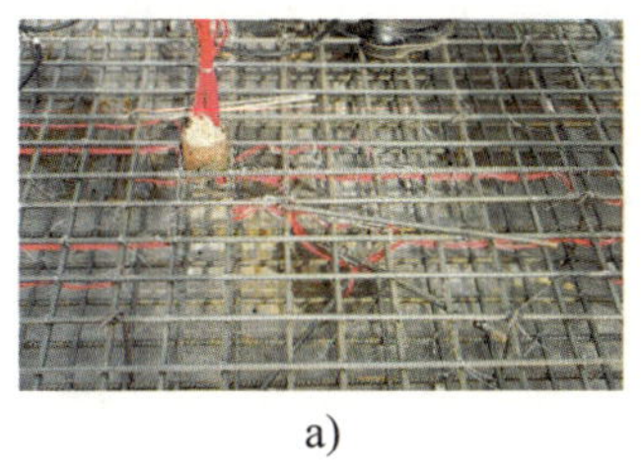
a)

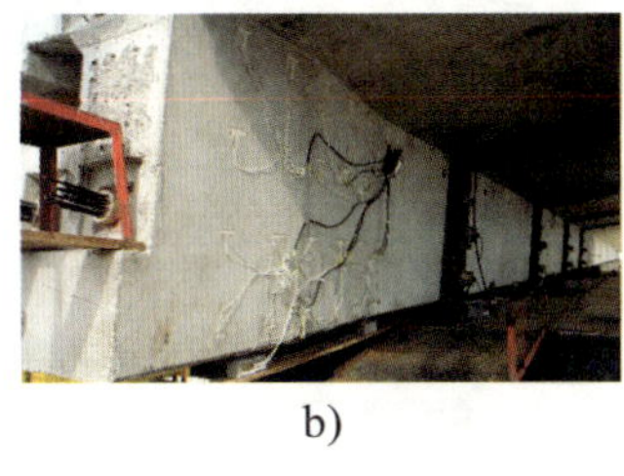
b)

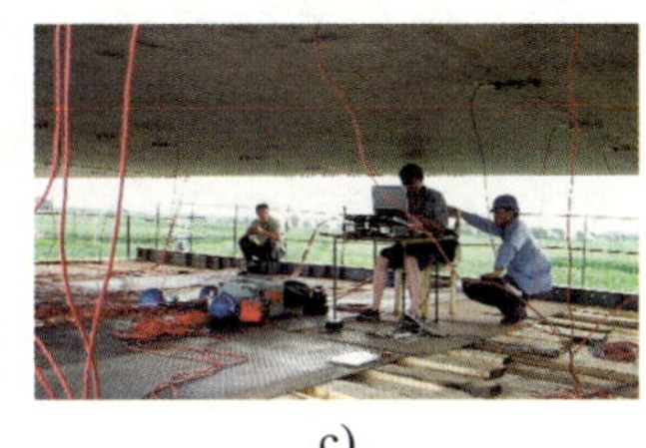
c)

图 35-11 梁体监测

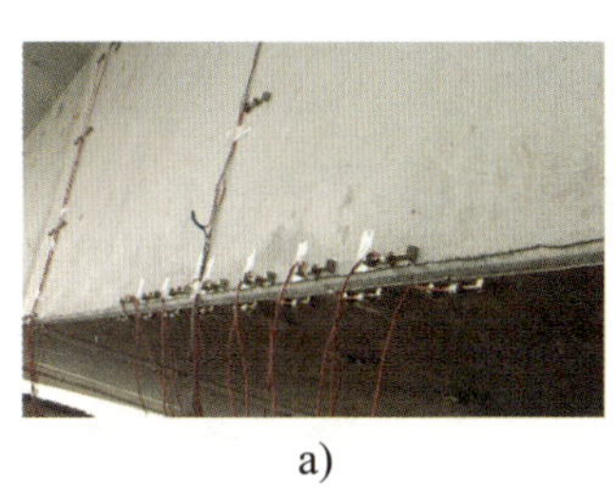
a)

b)

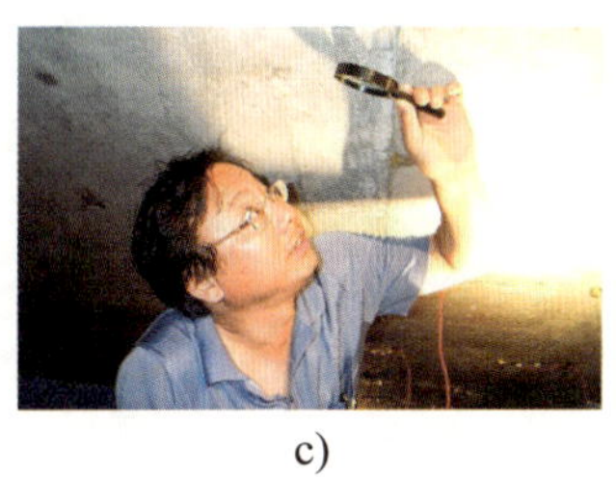
c)

图 35-12 静载试验

在科研创新工作中，课题组坚持产学研合作、老中青搭配、多专业协作；在工程建设中，一步一个脚印，坚持科学性、保障安全性、提高可靠性。看是慢工出细活，却是一条可行、可靠的探索之“捷径”。在造桥机方案比选和结构设计时，不仅进行了多种方案的比选，而且组织了不同小组独立提出方案进行比赛评选和选用不同的分析计算路径；在安装使用造桥机过程中，按照设计计算成果，通过荷载逐步加载测量挠度进行装备安全性验证；对通过节段拼装建造的箱梁，实施了前所未有的原位静载试验，以验证箱梁预制、湿接缝的性能、预应力的施加与设计规范要求的吻合度，也为后续设计、运营提供试验数据。这种科学、严谨的探索精神在后续高铁 32m 跨径双线箱梁运、架装设备的研发中发扬光大。之后，造桥机通过不断改进优化，提升到能拼架高铁 40m 跨径双线箱梁。

作为一名铁路建设从业者，欣喜有机会将自己所学奉献回报给这个伟大时代。全国一些设备制造厂家与我们共同协作，使我们在混凝土生产、运输和桥梁吊、运、架、造等装备上，不仅实现了突破，而且形成了配套设备，更得到了持续完善与定型。当“复兴号”动车组奔驰在祖国的天南海北，中国高铁里程超过 4 万 km 傲居世界第一时，20 多年前参建秦沈客运专线，通过努力探索、合作创新，突破 32m 跨径双线箱梁架设技术的科研与应用情景仍历历在目。站在今天的时空角度来看我们仍觉得当年攻坚克难的勇气和志气值得怀念。

36

CHAPTER

秦沈客运专线狗河特大桥板式无砟轨道施工技术

任继红

时任中铁第十一工程局高级工程师

现任中铁十一局集团有限公司正高级工程师

谢长征

时任中铁第十一工程局技术员

现任中铁十一局集团有限公司高级工程师

林海斌

中铁十一局集团有限公司高级工程师

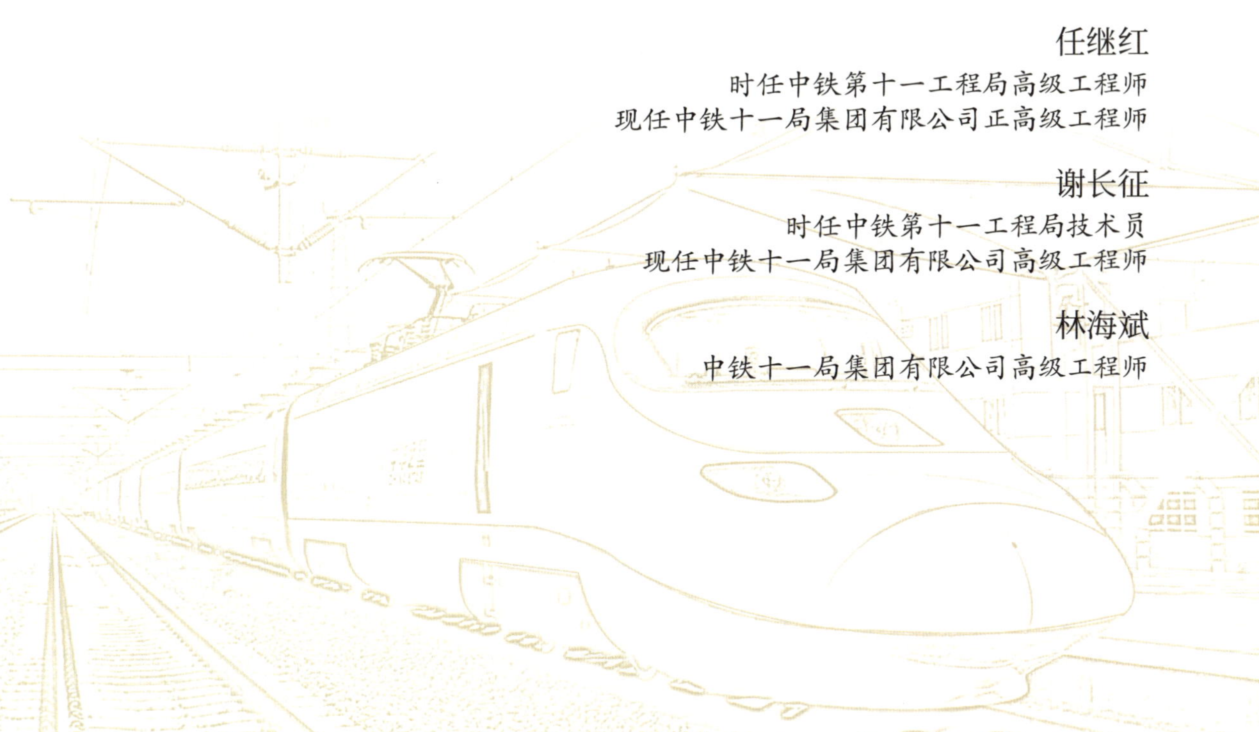

秦沈客专

秦皇岛站
山海关站
绥中北站
葫芦岛北站
锦州南站
盘锦北站
台安站
辽中站
皇姑屯站
沈阳北站

板式无砟轨道是铁道部在秦沈客运专线的一项重点试验项目，是我国首次试验并应用，它的成功与否影响我国今后高速铁路发展的方向，其意义重大。

为建设好板式无砟轨道，中铁十一局成立了科技攻关小组，并在铁道部领导的支持下，通过借鉴日本无砟轨道相关经验，结合秦沈客专实际情况进行结构及工艺创新。着重解决以下关键技术：一是轨道板的制作和安装；二是水泥沥青砂浆（Cement Asphalt Mortar，简称 CA 砂浆）的研制和灌注施工；三是无砟轨道施工的测量控制方法和手段。经过近一年的试验研究，成功解决了板式无砟轨道施工技术难题，且施工质量优良，在 2002 年 11 月 27 日第三次动车组试验中，动车组通过速度达到了 321.5km/h。

一、工程概况

秦沈客运专线狗河特大桥（里程为：DK62 + 975.29～DK63 + 717.00），全长 741.71m，架设 28 孔 24m 预应力混凝土简支双线箱形梁，主槽桥墩采用桩基础，其余墩台采用明挖扩大基础。道床类型采用板式无砟轨道结构。

二、工程背景

现代高速铁路是以重型钢轨和混凝土枕为基础的有砟轨道结构，在列车速度达到 250～300km/h 的线路上能够确保行车的安全。但这种有砟轨道在列车载荷反复作用下的不足之处是轨道残余变形积累很快，而且沿轨道纵向方向，其变形积累的分布也不均匀，从而导致轨道高低不平顺，影响旅客乘坐的舒适性。同时，有砟轨道后期的养护维修成本高且在清筛道床时会污染环境，工作量也较大，加大了铁路后期的经济投入，使铁路建设和运营的整体成本提高。为了提高轨道在高速运行条件下的稳定性和耐久性，减少轨道后期维修和对环境的影响，实现有效降低整体成本的目的，就须改变轨下基础的结构形式。

相对于有砟轨道而言，板式无砟轨道是以混凝土或沥青混合料等取代散粒道砟道床而组成的轨道结构形式。由于板式无砟轨道具有轨道平顺性高、刚度均匀性好、轨道几何形位能持久保持以及维修工作量可显著减少等特点，因此无砟轨道结构的应用被认为是国内外高速铁路发展的方向。

为适应列车高速运行需要，解决线路维修的困难，日本在20世纪60年代中期即开始研究板式无砟轨道，经过近40年的历程，21世纪初已开始大规模推广和应用。其在研究初期，铺设了约20km的多形式板式轨道试验段，开展了大量的室内、运营线上试验工作，最终将A型板式轨道结构作为标准定型，并在山阳、东北、上越和北陆新干线上大量使用，板式无砟轨道已成为日本新干线的主型轨道，其累计铺设里程已超过2400km，板式（Slab）轨道结构形式如图36-1所示。

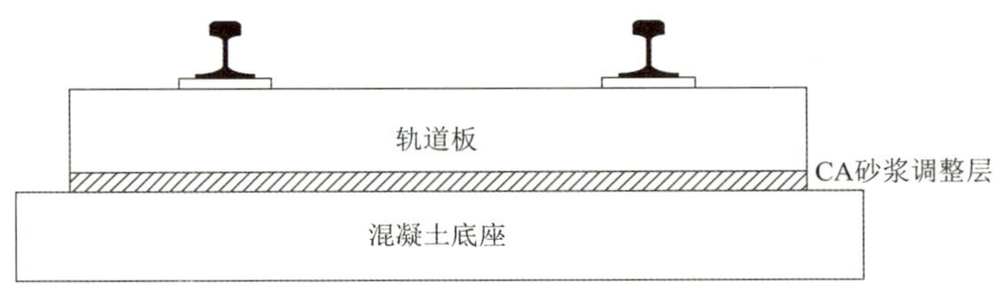

图36-1　日本普通板式轨道横断面示意图

我国从1965年开始在长大山岭隧道内大量采用混凝土整体道床。北京地下铁道也全部采用了整体道床无砟轨道，并取得了较好的效果。20世纪80年代初，为完善和发展整体道床轨道，我国开始积极研究并尝试应用板式无砟轨道。进入20世纪90年代以来，为适应我国铁路高速行车，发展高速铁路的需求，经过研究和开发，提出了可适用于隧道、桥梁和大型车站等地段的板式无砟轨道。

随着板式无砟轨道结构技术的发展，日本对无砟轨道施工技术的研究也日益加深，其施工生产逐渐规模化和系统化。我国轨道技术和日本有较大差距，受配套施工设备和机具开发的制约，原有的无砟轨道施工工艺及方法均较为落后。同时，由于早期的板式无砟轨道施工和快速、高速铁路的板式无砟轨道施工相比较，两者存在本质差别。因而，在秦沈客运专线无砟轨道施工以前，我国尚无200km/h速度以上的板式无砟轨道施工先例。

三、板式无砟轨道施工关键技术、研究方法和工程实践

（一）关键技术

在总结国内外板式无砟轨道施工技术的基础上，立足于我国现有的施工

设备状况，结合现场施工，开发板式无砟轨道施工技术，合理安排施工组织，同时指导、应用于秦沈客运专线狗河特大桥板式无砟轨道施工。

在施工技术的开发中，着重解决以下关键技术：

（1）轨道板的制作和安装；

（2）CA 砂浆的研制和灌注施工；

（3）无砟轨道施工的测量控制方法和手段。

（二）研究方法和工程实践

1. 建立健全开发机构

2000 年初，在施工准备阶段，中铁十一局成立了无砟轨道施工技术研究专家组，针对轨道板制作和 CA 砂浆研制设立两项科技开发课题，并调拨专项资金，建立课题实验室、明确课题成员，确定了开发的内容、时间和目标。

2. 加强技术合作

一方面，攻关团队加强与国内科研机构之间的合作，积极与铁科院、铁三院等单位的专家们共同探讨，在设计、施工过程中密切配合，在此基础上，于 2000 年底完成轨道板制作的模板设计，并联合南京浦口轨枕厂进行制造，于 2001 年 6 月生产出第一片轨道板。另一方面，通过与日本海外协力协会与日本铁道公团、东亚株式会社等日本铁路施工、原材料生产单位进行密切的技术交流。在交流合作与攻关的基础上，在 2000 年 9 月至 2001 年 10 月短短的一年时间里研发出了 CA 砂浆配合比，并获得试验通过。

3. 立足既有技术

在借鉴、参考国外先进技术的同时，立足于国内的既有技术成果、设备状况和施工经验，如在 CA 砂浆搅拌设备的研制中，采用了我国较普遍运用的卧式搅拌设备。

4. 试验验证

结合铁道部内燃、电力动车组综合试验，对狗河特大桥无砟轨道的结构进行检验，求证无砟轨道施工技术能否最终符合设计、满足高速运营的需求。

5. 阶段成果时间表

阶段成果时间见表 36-1。

阶段成果时间表　　表 36-1

序号	内容	时间	备注
1	课题研究机构成立	2000 年 4 月	
2	生产出第一片轨道板	2001 年 2 月	
3	CA 砂浆研制成功	2001 年 4 月	
4	完成狗河特大桥右线施工	2001 年 11 月 15 日	
5	完成狗河特大桥左线施工	2002 年 6 月 30 日	
6	经过第一次 200km/h 动车组	2001 年 12 月	
7	经过第二次 250km/h 动车组	2002 年 9 月	
8	经过第三次 300km/h 动车组	2002 年 12 月	

四、无砟轨道结构组成与设计

（一）无砟轨道结构组成

1. 结构组成

板式无砟轨道结构主要由 60kg/m 钢轨及 WJ-2 型扣件、预制轨道板、乳化沥青砂浆层、钢筋混凝土底座组成，如图 36-2 所示。

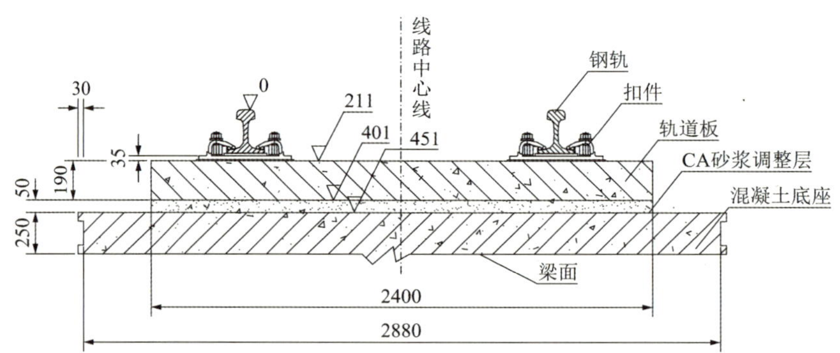

图 36-2　板式无砟轨道结构横断面图（尺寸单位：cm）

2. 平面布置

24m 梁跨内每线布置 5 块轨道板（其中 A 型板 3 块，B 型板 2 块或 B、C 型板各 1 块），板间间隙除梁端外均为 70mm。

（二）轨道板型式尺寸

根据使用要求的不同，轨道板分为 A、B、C 三种类型，A 型轨道板的长度为4.930m，B型和C型轨道板的长度为4.765m，宽度均为2.4m，厚度为190mm。其中，A型轨道板用于梁跨中部，B型轨道板用于梁跨两端，C型轨道板用于过渡段无砟轨道设置50kg/m辅助轨处。

（三）结构设计

1. 底座结构设计

底座采用C40钢筋混凝土，厚度为250mm，双层配筋，通过梁体预埋钢筋与梁连为一体。

底座上设凸形挡台，半径为250mm，高度为250mm，设计外弯矩11.58 kN·m。

底座沿线路方向上每隔5m左右设一构造伸缩缝，宽度为2cm，用沥青板填充。伸缩缝与凸形挡台错开布置。

2. CA砂浆

底座与轨道板之间设厚度为50mm的CA砂浆调整层。CA砂浆设计参数应满足相应技术标准的要求。

3. 桥面防、排水系统

板式无砟轨道桥面排水自线路中线向两侧设2%横向人字坡，通过底座内设置的横向排水管（外径ϕ80mm的PVC管）与桥面排水系统相连。桥面纵向排水与线路坡度一致，在桥梁中部与线路两侧每隔一定距离设置挡水墙，在梁端处与桥面排水系统连通。

4. 过渡段

狗河特大桥上板式无砟轨道过渡段采用线路上部结构与下部结构在同一断面上的过渡方式，过渡段的轨面弯折角控制在1.5‰～2.5‰以内，台后路基的允许工后沉降量为5cm，过渡段的长度为25m。

线路上部结构之间的过渡处理，一是在过渡段基本轨之间设置两根50kg/m辅助轨，基本轨与辅助轨之间的中心距为520mm；二是在与桥头路基相邻的一跨梁上，轨道板与底座之间设置弹性垫层。线路下部结构之间的过渡处理措施按照路基设计文件执行。

5. 变坡点处竖曲线设计

狗河特大桥纵断面坡度为3.5‰和12‰，桥上设有变坡点。两坡段间采用圆曲线型竖曲线连接，半径为20km。

6. 无缝线路锁定轨温设计

狗河特大桥上板式无砟轨道范围内无缝线路设计锁定轨温为16±3℃。

五、施工方法及工艺

（一）施工方法概述

桥梁架设完成后，首先进行防护墙、凸形挡台及底座混凝土的施工，然后进行板式轨道的施工。施工先从基准点测量开始，整理中线测量和水准测量的资料，在规定位置设置基准器。然后将工厂预制的轨道板搬运至现场，以基准器为准绳，把轨道板调整至准确位置，并用轨道板支撑调整螺栓支撑，随后在轨道板底面和混凝土基床之间注入CA砂浆，固定轨道板，最后铺设长钢轨，调整轨下衬垫，上紧钢轨扣件，即完成了板式轨道的施工。

（二）施工工艺流程

施工工艺流程见图36-3。

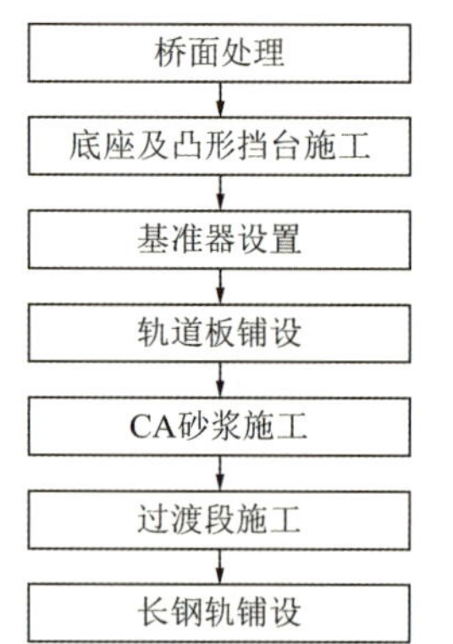

图36-3 板式无砟轨道施工工艺流程图

（三）施工方法及工艺

1. 桥面处理

桥梁架设完成后，对桥面进行凿毛处理，用水或压缩空气清除浮砟及碎片，并按设计要求处理好桥面与底座之间的连接钢筋。

2. 底座及凸形挡台施工

（1）根据控制基标确定底座的设计位置。测量梁面的实际高程，根据实测高程与设计轨顶标高对底座的厚度作相应调整。

（2）现场焊接或绑扎底座钢筋骨架，同时放好钢筋保护层垫块。连接底座结构钢筋与桥面预埋钢筋，若钢筋相碰，可沿线路纵向稍作调整。

（3）按底座设计位置，确定模板安装位置和高程，安装模板。采用组合式模板，每 24.6m 为一单元，模板外侧可与防护墙撑联，内侧采用对拉或支撑形式，以确保模板稳定。

（4）按设计要求预埋底座内的横向 PVC 排水管，在桥梁中心线一侧，PVC 排水管端部设置 PVC 篦。应采取措施防止混凝土灌注时水泥砂浆堵塞管道。在每块底座侧面与端部的相应位置留出镶嵌防水卷材的凹槽。

（5）每个底座单元之间均设置伸缩缝，在伸缩缝处固定 20mm 厚的沥青板，沥青板的尺寸根据梁面横坡与设计高程确定。底座单元中不留施工缝，施工缝应安排在伸缩缝处。

（6）底座和凸台混凝土灌注分两次进行。混凝土灌注完毕后，在 12h 内用麻袋、草帘等覆盖并洒水养护，养护期一般不应少于 7 天。

（7）在进行凸形挡台施工时，应预埋好基准器底座，同时凸形挡台混凝土施工达到设计高程后，表面必须抹平。

板式无砟轨道底座及凸形挡台见图 36-4。

图 36-4　板式无砟轨道底座及凸形挡台

（8）混凝土底座及凸形挡台外形尺寸允许偏差应符合表 36-2、表 36-3 的规定。

底座及挡台模型组装后的偏差表　　表 36-2

序号	项目	允许偏差值（mm）
1	混凝土底座顶面与设计高程差	±3
2	宽度	±10
3	与设计中线差	3

凸形挡台外形尺寸允许偏差　　表 36-3

序号	项目	允许偏差值（mm）
1	圆形挡台的直径	±3
2	半圆形挡台的半径	±2
3	挡台中心偏离线路中心	2
4	挡台中心间距	±3
5	顶面高程与设计值	±2

3. 基准器设置

（1）混凝土底座与凸形挡台的定位。

以定测导线为依据，用极坐标法确定混凝土底座与凸形挡台的中线与纵向位置；高程自水准点引出，按精密水准方法往返观测。

（2）基准器设置。

凸形挡台施工时，应在每个凸形挡台上设置基准器底座。基准器的设置位置：圆形挡台应设在圆的中心，半圆形挡台应设在半圆的中部。

在基准器底座上精密测量基准点的位置，包括水准测量、中线测量和正矢测量。凸形挡台上基准器测设精度应符合以下要求：与线路中线横向允许偏差、高程允许偏差均不大于 2mm。距离允许偏差不大于 1/5000，基准点间距偏差应在梁长范围内调整；相邻基准器间的横向、高程允许偏差均不大于 1mm。

4. 轨道板铺设

（1）轨道板检查。

轨道板在使用前，为避免发生有害伤损和变形，应进行外观尺寸检查、平面性检查及外观检查，其精度应符合表 36-4 的规定。

轨道板允许偏差表 表 36-4

检查项目		允许偏差（mm）
轨道板长度		±5
轨道板宽度		±3
各断面厚度		+3 0
普通受力钢筋丝位		±5
预应力钢筋	丝位	±2
	允许断丝	0
挠曲		±3
承轨台面平面度		±1

（2）轨道板的搬运。

利用施工便道把工厂生产的轨道板用载重货车运至铺设现场。轨道板在搬运之前应进行检查，发现伤损的必须进行补修。起吊螺栓应充分上紧，防止螺栓伤损。装卸轨道板严禁撞、摔、掷等作业，严禁在轨道板纵方向起吊。在运输过程中，要采取措施防止轨道板倒塌或产生三点支承，防止遭受冲击，同时使用橡胶衬垫作为承受轨道板的材料。

（3）轨道板的吊装。

用起重机将停在邻线轨道车上的轨道板吊起，临时放置在正线规定位置上，如图 36-5 所示。

图 36-5 轨道板吊装

在轨道板卸车、安装时，应注意不使挡台、桥面、轨道板等结构物发生伤损，应根据需要采取防护措施。在轨道板安装作业前，应清扫混凝土基础表面，避免在注入 CA 砂浆时掉入杂物。轨道板起吊时起吊螺栓要拧紧，四点要均匀受力，尽量置于两凸形挡台的设计位置，通过微调达到轨道板中心线与线路中心线平行，偏差应小于±2mm。

（4）轨道板的调整。

轨道板吊放后，以基准器为准调整轨道板至设计位置，使轨道中心线与轨道板中心线一致；调整轨道板顶面至设计高程，使前后两端的挡台中心线与轨道板中心线一致，曲线地段按设计要求进行调整。轨道板的调整精度应符合表 36-5 的规定。

轨道板安装位置的允许偏差 表 36-5

项目	轨道板调整精度（mm）
前后方向	±5
左右方向	±1
上下方向	±1

5. CA 砂浆施工

（1）CA 砂浆原材料的质量要求。

水泥必须使用新制且保管良好的早强硅酸盐水泥；沥青乳剂采用以表面活性剂为主剂的特殊乳化剂，必须具备与水泥掺和性能较好的特性；拌合料必须是能增加砂浆流动性并防止砂浆离析和收缩的稳定材料；水为清洁干净未受污染的自然水；细骨料必须是通过 2.5mm 筛孔时，过筛率大于 95%、含泥量小于 1%、细度模数在 1.4～1.8 以内的细砂；铝粉要有膨胀性，能防止水泥沥青砂浆收缩。

（2）CA 砂浆的标准配合比。

根据 CA 砂浆的标准配合比进行搅拌试验，测定其流动时间、可用成分、膨胀率和析水率，并要考虑搅拌时的温度、注入后温度的变化等因素，确定现场施工配合比。CA 砂浆标准配合比见表 36-6。

CA 砂浆标准配合比 表 36-6

早强水泥	拌合料	细骨料	A 型沥青乳剂	水	铝粉
250kg	44kg	590kg	470kg	125kg	40kg

（3）CA 砂浆的搅拌。

采用水泥沥青砂浆搅拌机（容量为 $1m^3$）进行 CA 砂浆的拌制，材料的加入顺序为 A 型乳剂、水、细骨料、铝粉、拌合料、水泥。搅拌机的旋转速度和搅拌时间对 CA 砂浆的强度有一定影响，因此应先对实际使用的搅拌机进行拌和试验。

（4）模板安装。

在施工模板前，对模板先涂敷脱模剂，并检查轨道板和混凝土基床之间是否积有尘埃或水等杂物，如有先清除。模板采用侧向模板和间隔板两种形式。

侧向模板：普通模板利用插入装置来安装，高度为 15cm 左右。为防止从模板和混凝土基床之间漏出 CA 砂浆，在模板底部敷设一层氨基甲酸乙酯泡沫，在轨道板侧面和模板之间预留约 1cm 的空隙，用于观察 CA 砂浆的浇注状态并且作为空气排出口。

间隔板：在轨道板与轨道板之间设置间隔板，砂浆的注入以一台搅拌机一次拌和量注入一块轨道板底部为原则。

（5）CA 砂浆的注入。

采用泵式砂浆压送机提升 CA 砂浆并注入轨道板底部及凸形挡台四周。CA 砂浆注入施工前，应进行稠度（测定流动时间）、膨胀和泛浆、抗压强度等各种试验，并填写试验记录，确定砂浆的灌注在不同气温条件下的适宜温度及灌注方法，为施工提供可靠的保证条件，见图 36-6。

图 36-6　CA 砂浆灌注

（6）CA 砂浆的养护。

原则上采用自然养护，一般不需采取特殊措施。砂浆经过 24h 后，由于会发生收缩现象，为适应这种情形和防止轨道板与砂浆填充层之间发生空隙，必须撤除支撑螺栓，使轨道板与砂浆充分受力接触。轨道板侧面的侧立砂浆，在模板拆除后要尽快削除。CA 砂浆抗压强度至少达到 0.7MPa 后，方可进行轨道铺设作业。

此外，在支撑螺栓孔和起吊螺母孔中填入防锈润滑剂，并在支撑螺栓孔和注浆孔上安置防水盖，做好防护工作。

6. 过渡段施工

（1）过渡段无砟轨道部分的施工。

在与桥台相邻的一跨梁上，应铺设带有 CEP-1201 型微孔橡胶垫的轨道板；与桥台相邻的第一块轨道板设有辅助轨螺栓孔，运输和铺设过程中注意保护。

（2）过渡段有砟轨道的施工。

过渡段有砟轨道的施工应在路基与桥台过渡段施工完成并验收合格后进行。在过渡段有砟轨道设计范围内，设置辅助轨部分采用过渡段轨枕与配套扣件，其余采用Ⅲ型无挡肩轨枕。

（3）过渡段辅助轨铺设可在无缝线路铺设完成后进行，见图 36-7。

图 36-7　狗河特大桥板式无砟轨道

7. 长钢轨铺设

由钢轨运输车将长钢轨运至狗河特大桥“秦”端，然后在“沈”端用 CAT 973 拖拉机通过钢丝绳将长钢轨拖出，拖出时，长轨位置应和承轨槽对应。最后将滚轮撤出，使长钢轨落入轨道板承轨槽内。

钢轨落槽后，以基准器为基准进行精密测量，按照验收标准调整轨道，板式无砟轨道铺设完成后的轨道偏差应符合表 36-7 的规定。

秦沈客运专线无砟轨道铺设精度（静态）标准表　　表 36-7

项目	高低（mm）	轨向（mm）	水平（mm）	轨距（mm）
幅值	2	2	1	+1，−2
波长	管理波长 10m		—	—

六、结论及意义

（一）结论

板式无砟轨道施工技术的开发，填补了国内施工空白。CA 砂浆配合比和板式轨道施工技术研究于 2002 年 1 月 18 日由湖北省科技厅组织铁路行业专家进行技术鉴定为：填补国内空白，其技术居国内领先水平。

（二）重要意义

秦沈客运专线作为国家跨世纪的重点建设项目，是我国自行研究、设计、建设的第一条时速 200km 以上的客运专线，是集新技术、新工艺、新材料、新设备于一体的高新技术的系统工程，是我国铁路步入高速化的起点及高技术水平的标志性工程，也为后续高速铁路的建设提供了技术储备。

无砟轨道相较有砟轨道，极大地提高了列车在高速运行条件下的稳定性和耐久性，减少了轨道后期维修和对环境的影响，有效地降低整体成本，对客运专线尤其适合。秦沈客专全线设计为有砟轨道，但选择了三座桥梁验证无砟轨道设计和施工，狗河特大桥上的板式无砟轨道位于山海关至绥中北高速试验段，是秦沈客运专线高速试验项目之一，也是全线重难点工程。我国时速 200km 以上的无砟轨道施工在当时尚属先例，狗河特大桥板式无砟轨道施工技术，是我国高速铁路轨道技术新突破，为我国后续高速铁路采用无砟轨道奠定了全面而坚实的设计理论和施工技术基础，是我国自主研发板式无砟轨道的开端。

37

CHAPTER

秦沈客运专线路桥建造技术探索与实践

黄直久

时任中铁十二局集团有限公司秦沈客运专线指挥部中心试验室主任

后任中铁十二局集团有限公司科学技术部副部长

郭自敏

时任中铁十二局集团有限公司秦沈客运专线指挥部工程部部长

现任中铁十二局集团有限公司工程管理部副总经理

王立军

时任中铁十二局集团有限公司秦沈客运专线第一项目部项目总工程师

现任中铁十二局集团有限公司副总工程师

王　勇

时任中铁十二局集团有限公司秦沈客运专线第一项目部项目经理

现任中铁十二局集团有限公司勘测设计院院长

张晓波

时任中铁十二局集团有限公司第三工程公司安全质量部工程师

现任中铁十二局集团有限公司科学技术部研发经理

杨广臣

时任中铁十二局集团有限公司第二工程公司党委宣传部部长

后任中铁十二局集团有限公司党委宣传部副部长

秦沈客专

秦皇岛站

山海关站

绥中北站

葫芦岛北站

锦州南站

盘锦北站

台安站

辽中站

皇姑屯站

沈阳北站

一、工程概况

今天，中国高铁已成为国家名片享誉世界，作为秦沈客运专线的建设者，乘坐在辽西大地飞驰的“复兴号”上，回望20年前的艰辛付出与探索历程，深感作为国内首条客运专线、高速铁路的技术策源项目，秦沈客专建设意义非凡，影响深远。

中铁十二局先后承担了秦沈客专 A1（含试验段）、A4 土建标段、制梁 B28-2 标段和站后四电 D39 标段的施工任务，工程以路桥为主，正线全长 37.88km，于1999年8月开工建设，2002年12月31日通过验收。

秦沈客专作为全国第一条铁路客运专线，建设标准高，作为京沪高速铁路的技术准备项目，备受各界关注。面对艰巨任务，中铁十二局组建了秦沈客专工程指挥部，组织了5个项目部，分别负责两个线下标段和站后四电的施工任务。由于客运专线轨道结构技术条件对线下工程的高平顺性、高可靠性提出了极高要求，技术保障和质量控制成为工程成败的核心环节。

建设者们群策群力，不断探索总结，经过三年多的艰苦奋战，破解了一系列建设技术难题，优质高效完成了建设任务，取得丰硕的管理和技术成果，培育成长了一大批优秀的铁路建设人才。

通车20年后的今天，回顾秦沈客专建设技术创新历程，总结管理思路和经验举措，具有积极的现实意义和指导作用。

二、西部路基试验段试验研究

（一）试验段的目的

“兵马未动，技术先行。”为了探索“本土化”的高铁技术，铁道部决定实行“未建先试”，提前两个月开工了两个试验段，其中一个位于秦沈客专的西端，起讫里程为 DK36 + 000～DK40 + 000，以路基试验为主，时称“西部路基试验段”，由中铁十二局承担其施工技术及装备试验研究任务。通过试验段探索和研究，总结高铁路基施工技术，验证完善“施工技术细则”，并指导全线施工。

（二）试验研究工作内容及过程

中铁十二局在西部路基试验段选立了普通填料填筑工艺试验、级配碎石生产工艺及装备试验、基床表层填筑工艺试验、桥涵过渡段施工工艺试验等系列研究课题，以工程实践总结、验证，完善客专工程建设标准、设计原则、施工技术细则，指导后续工程建设施工。

西部路基试验段通过开工前研究制定路基填筑工艺试验方案，以探索基底处理、路基本体填筑方法及工艺，基床表层和过渡段填筑方法及工艺为主线，1999 年 6 月报批开工，主要研究内容及过程见表 37-1。

西部路基试验段主要研究内容及过程　　表 37-1

研究内容	开展的主要工作	起止时间	试验成果进展
普通填料路基填筑工艺试验研究	1. 土料室内试验； 2. 不同路堤高度的基底处理； 3. 细粒土和粗粒土填筑工艺试验等	1999.6—1999.8	1999 年 9 月形成试验总结报告
级配碎石生产工艺及装备试验研究	1. 生产设备的选型配套设计； 2. 生产工艺试验研究	1999.6—1999.9	1999 年 10 月形成试验总结报告
基床表层级配碎石填筑工艺试验研究	1. 级配碎石填层摊铺试验； 2. 级配碎石填层碾压试验	1999.6—1999.10	1999 年 10 月形成试验总结报告
桥涵过渡段施工工艺试验研究	1. 路涵过渡段施工工艺试验； 2. 路桥过渡段施工工艺试验	1999.9—1999.10（路涵过渡段） 2000.6—2000.7（路桥过渡段）	1999 年 10 月、2000 年 7 月分别两次形成试验总结报告
填料颗粒间孔隙率测试方法的研究试验	1. 粗粒土、级配碎石毛体积密度测试试验； 2. 孔隙率检测方法研究试验	1999.7—2000.10	2000 年 6 月总结形成毛体积密度试验方法，同年 10 月形成试验报告

在铁道建筑研究设计院的支持协助下，西部路基试验段历时近 4 个月圆满完成试验研究任务，总结形成了《秦沈客运专线西部路基工艺试验报告》，科研创新成果通过铁道部工程管理中心秦沈客专建设总指挥部组织的技术评审，并在全线推广应用。

（三）试验段工程面临的问题和应对措施探索

西部路基试验段面临的建设挑战集中体现在建设管理和技术攻关工作层

面，需要打破传统理念，探索一种全新的建设模式，才能保证任务目标的顺利完成。

（1）管理理念更新。建设者以“新线新标准，高速高起点”为己任，坚持向专家请教（图 37-1），请专家指导与自我创新相结合，从建设模式、技术管理、生产组织等方面进行了一系列理念更新。

图 37-1 技术骨干向周镜院士请教

路基工程作为“结构物”施工，工程建设面临着前所未有的挑战，无既往经验可供借鉴，过去的国家铁路传统施工知识与经验，都不能适应秦沈客专高标准的要求。

指挥部以转变思想认识和加强专业技术学习为抓手，首次建立将铁路路基工程作为土工结构物的建设管理理念，对高铁工程建设产生了革命性影响。通过组织对海外先进高铁技术国家的考察学习，客专、高铁路基工程彻底摆脱了土石方工程传统观念，把路基工程作为结构物的新思想对后续的中国高铁建设发展发挥了重要引领作用。

（2）问题难题破解。路基试验段工程建设存在多项技术难题需要攻克，通过工程建设者的探索研究和工程实践，最终被逐一解决，转化积累为宝贵的工程技术经验。

一是如何合理解决粗粒土填料压实技术标准的确定问题。当时国内技术规范的粗粒土压实技术控制指标不尽合理，技术层面若得不到解决，则存在影响全线路基工程实施及推进的巨大风险。通过大量现场试验对比分析和总结，分别提出了普通粗粒土填料、砾石土和碎石类土填料的压实控制指标技术要求，特别是明确了孔隙率控制标准和试验方法，为客运专线路基工程关键技术指标的确定奠定了基础。

二是结合实际和建设需要，确定级配碎石的料源方案。路基工程所在地天然河卵石料源储备丰富，大家对所需的大量级配碎石填料是完全照搬国外建设经验采用开山大块岩石破碎生产，还是就地利用河卵石存在意见分歧，通过专题会议研讨和现场试验验证，最终选择了当地天然河卵石为级配碎石的生产料源，有效解决了工程需求，同时减小了生产质量波动，显著提升了技术经济效益。

三是怎样破解级配碎石填层碾压成型后的透水性差难题。基床表层和过渡段级配碎石填层的透水性优劣，对承载力、刚度、工后沉降及差异沉降等技术要求有很大影响，亟须技术攻关和总结成熟、稳定的施工工艺。通过深入研究将含水率控制在合理范围，探索优化了填料生产和摊铺压实的控制参数与工艺要点，并采取基床护肩砌体浆砌改为干砌的技术举措，改善了基床表层和过渡段级配碎石填层透水性，保障了工程质量。

四是过渡段施工组织、施工时机选择和沉降控制技术优化。桥涵过渡段施工，特别是台后过渡段的施工，因桥台混凝土拆模期间局部存在受拉工况，对结构物安全存在潜在风险隐患；为保证结构安全，通过在施工安排、现场组织、施工时机选择、结构物保护等方面统筹部署，分析和加强不同形式过渡段的填筑质量控制，实现工序紧密衔接，有效保证了过渡段工程质量和结构物安全稳定。

五是实现桥涵结构物精品工程的混凝土施工技术提升。混凝土生产质量控制与结构物模板设计是建精品工程的关键环节，混凝土质量的稳定性直接决定着结构物的实体质量，模板的合理选用是影响结构物观感的要素条件。通过业界调研、方案比选和现场试验验证，选择了具有自动计量功能的混凝土拌和站，采用双掺技术提高混凝土拌合物工作性能，为集中拌和、搅拌运输车运输和泵送技术浇筑施工提供技术支持，并将大块整体钢模板作为结构物模具，充分保证了桥涵混凝土结构物整体质量，为走精品工程建设之路创造了必要前提。

三、试验段成果的应用

（一）在路基工程中的应用

参照路基试验段经工艺试验探索形成的轻型动力触探和轻便钻具开展地质复核、验证地质资料的典型经验，以及推荐性路基填筑机械组合方案和相关工艺试验参数，科学指导了 A1、A4 标段路基施工；根据路基试验段试验总结的级配碎石生产技术控制要点，建立了两条大型级配碎石生产线，有力保障了承建标段供给需要，并依托路基试验段确定的施工机械组合方案和工艺试验参数，为 A1、A4 标段全段路基基床级配碎石和过渡段施工提供了示范。

工程推进期间，建设者们秉承“科技引领，试验先行”的管理理念，在西部路基试验段取得的技术成果基础上，不断实践探索，归纳总结，立新破旧，并在路基区段填筑施工全过程广泛应用，产生了良好带动效应和促进作用，两段路基工程各项技术指标全面达标，圆满实现了建设目标。

2000 年 11 月 30 日至 12 月 3 日，铁科院对 K421＋800～DK29＋907 段路基开展的地质雷达扫描检测和动力触探试验检测结果表明：该段路基填筑质量均匀密实，各项技术指标满足设计要求。现场开展的地质雷达扫描检测工作，见图37-2。

图37-2　工地现场地质雷达扫描检测

历时两年的沉降观测数据表明，路堤本体平均沉降量 15.7mm，试运行之后的半年内路堤沉降未超过 3mm，表明路基沉降已基本稳定，满足列车安全平顺运营要求。

一系列质量检验证明，秦沈客专 A1、A4 标段路基工程施工全面达到既定技术要求，开创了国内客运专线工程建设的成功范例。

路基工程顺利建成一次性达到设计标准，开通运营至今 20 年以来，路基工程质量稳定，技术经济和社会效益显著，充分说明工程建设技术标准科学合理，工程施工质量稳定可靠。路基工程建设迈入新阶段，为高速铁路路基工程树立了成功的工程实践样板。

（二）在混凝土工程中的应用

根据路基试验段率先建成全线第一座混凝土集中拌和站的经验，在后续中标的 A1、A4 标及 B28-2 制梁标合计建成 6 座混凝土拌和站，实行沿线混凝土均衡供应（最大运距小于 10km）和制梁场混凝土集中供应的总格局，为全管段建造混凝土结构精品工程提供了保证。三个标段混凝土圬工总量约 32 万 m^3，分布在 40km 管段范围。为实现客运专线混凝土结构物的高可靠性，推行“集中设站，工厂化生产”“技术创新，应用外加剂”“搅拌运输车运输，输送泵入仓”“整体钢模，一次性成型”“统一调度，信息化管理”等一系列管理和技术创新，综合提升混凝土工程品质，将混凝土结构物筑成了靓丽风景线。管区所有墩台身表面平整光洁无修补，内实外美；附属工程做工细致，与主体工程相得益彰；梁体外观光洁无气泡，色泽均匀，见图 37-3。

图 37-3　六股河特大桥桥墩

2000 年 7 月，秦沈客专总指组织全线第一次综合质量评比，A1 标段获全线“质量优秀”一级甲等奖（总共 4 家），A4 标获“质量优秀”一级乙等奖。

2000 年 10 月 20 日，全线质量现场观摩会在秦沈客专召开，聚焦中铁十二局质量管理经验交流，与会人员观摩了中铁十二局承建的六股河特大桥、九江河特大桥、跨 102 国道 1 号大桥等工地。

2001 年 12 月，秦沈客专总指第二次组织桥涵优质样板（精品）工程评选，A1 标段 14 座桥涵被评为优质样板工程，其中九江河特大桥等 3 座桥涵被评为精品工程；A4 标段 20 座桥涵被评为优质样板工程，其中六股河特大桥等 7 座桥涵被评为精品工程。

2002 年 11 月，秦沈客专总指组织全线路基、箱梁制造、房建及站场建筑优质样板工程评选，兴城制梁场 102 榀 32m 单线箱梁被评为优质样板工程，绥中北站综合楼等 6 个单项工程被评为优质样板工程，站房综合楼等 3 个单项工程被评为精品工程。

（三）在项目管理和施工中的应用

一是提高思想认识，把握住项目管理的主动权。上场之初即明确了“实施精品战略，走质量效益型的道路；技术创新，科学管理，与国际高速铁路项目管理接轨，精耕细作，走集约经营之路”的项目管理指导思想。突出技术方案的龙头作用，学习、总结、借鉴，系统研究制定了以客运专线路桥重点工程和关键工序为内容的技术方案、施工方法和施工工艺。

二是推行科学管理，实现施工过程的有序可控。通过工期的合理安排、生产要素的优化配置，把均衡生产、流水作业和专业化施工作为生产管理主线，将“样板引路，标准化施工”作为保证工程质量的基本手段。坚持加强工序监控，数据说话，信息化管理，保证了工程质量。以优质优价政策作为调节质量和成本矛盾的杠杆，通过奖优罚劣，鼓励工程大面积创优。

三是重视技术研究，营造了浓厚的科研学术氛围。组织全员开展技术标准学习、QC（质量控制）小组和五小成果（小发明、小创造、小革新、小设计、小建议。）活动，提炼总结样板工程工艺报告，指导工程实践。

四、通过探索与实践形成的路桥建造技术

（一）路基施工技术

1. 将基底处理质量作为路基工程的重要内容

管段路基施工将基底处理质量作为实现线路高平顺性、高可靠性建设目

标的关键环节，在正式开工前着重开展地质普查工作。对管段松软土地基，在全线率先应用轻型动力触探和轻便钻具沿路基中线补探核对路基工点及取土场地质资料，结合其他补勘方法验证与《时速200公里新建铁路线桥隧站设计暂行规定》(简称“《暂规》”)所要求基底地基条件的符合性。发现问题加大探查密度，进一步分析地质条件的工程影响，及时反馈设计单位。对原地面处理地段，根据表土性状、基底土层、路基填高等情况，综合考虑地质条件和施工季节影响，合理选择技术措施强化路基基底处理质量。施工现场根据清表、原地面碾压、换填、垫层等不同处理方式，实行划区管理，按试验段工程经验配套工程机械和工艺参数施工，基底压实填层的压实系数和地基系数检测达标后，再组织路基填筑施工。

2. 把控填料质量是实现路基工程质量的重要保障

为实现填料质量源头卡控，针对秦沈客专西部路基工程地质和填料土源核查情况，施工前对取土场(料源)进行详细踏勘和调查取样，经室内试验优选，确定最优的填料性状，结合传统工艺要点，克服了填料质量波动；对级配碎石填料，选择合格料源后，采用先进的工厂化生产模式进行破碎、筛分、计量和拌和，实现了填料粒径级配连续、准确，质量稳定。为满足填料压实质量要求，通过试验总结和分析，提出了填料含水率和压实工艺及压实质量控制参数相匹配的技术措施，实现了施工时填料含水率控制在最优范围，提升了填料可压实性，特别是对于细粒土和含细粒的粗粒土填料，将其施工时的含水率控制在最优范围，可加快施工进度，减少返工。

3. 严格执行填筑工艺流程、工艺参数和控制要点

在填料质量得到保障的基础上，根据工艺试验成果确定的填料分层填筑工艺和不同含水率条件下的压实参数，加强工艺流程管理和过程控制。面对高强度土石方填筑需要，路基本体填筑遵循“三阶段、四区段、八流程”，基床表层级配碎石严格按照西部路基试验段总结的“四区段、八流程”工艺程序组织施工。采取横断面全宽、纵向分层填筑方式，合理安排摊铺作业区段长度，充分考虑层间土质渗透、反滤、排水条件，控制填层摊铺厚度，根据工艺试验成果控制碾压方式和压实遍数，并按《秦沈客运专线铁路路基施工技术细则(试行)》(简称“《细则》”)的压实质量要求严格进行控制技术指标

的检测，以实现组织流畅、质量受控、效率提高的目标。

4. 提升机械化配套水平是保证填筑质量的重要环节

大段路基填筑中广泛采用推土机粗平、平地机终平，测量和试验跟班作业，重载压路机先静压定型、后强震夯实的基本要素配置和流程。过渡段临近结构物、工作面狭小，不适合大型机械作业，需对填筑工艺认真加以研究。经反复试验和分析比较，确定台后防水按需提前施作、台背砌砖适度提前、冲击夯与小型手扶压路机相结合的机械配置、专项检测小组跟班作业、小型铲车并辅以人力推车喂料摊铺及整平、填筑台阶适量加长系列技术措施保证施工质量。后期沉降观测数据表明，路基与结构物、过渡段与路基段的衔接效果较为理想，相应位置未出现不均匀沉降现象。

5. 抓好沉降量测是控制路基质量的有效手段

测量和试验人员从原材料、半成品、工序衔接、填筑控制到现场检测，全过程进行跟班作业，实现全天候保障，充分吸收西部路基试验段技术经验，按《细则》规定的技术指标、测量方法、检测频次，认真组织路基沉降变形的现场测量，验证施工质量，为实现全线路基工程质量目标提供技术保障。

6. 追求精细施工是路基质量的可靠保证

一是台后过渡段需在桥台混凝土拆模且达到规定的强度后方可填筑，若不能及时组织填筑，将因悬空导致耳墙式台身局部受拉影响结构安全。为消除区间路基与台后过渡段施工衔接难以同步的不利影响，选择正梯形形式及时完成路桥过渡段填筑，对于原地面不平的工况，安排从最低处分层填筑，优化填层施工和承载状态，以保障结构安全。二是合理安排基床表层与干砌片石路肩施工顺序，强化工艺细节控制，全面推行超宽填筑措施，通过测量弹线后人工辅以电锯切割，余料回收返场拌和，干砌片石预留泄水孔并以砂浆勾缝等技术工艺，保证基床表层结构完整性，并实现横向排水通畅，避免运营期降水下渗造成路堤病害。

根据现场工程实践总结形成的“秦沈客运专线西部试验段路基施工技术”“秦沈客运专线级配碎石生产和施工技术”在全线路基施工中发挥了重要引领和支撑作用，实施效果良好，获评中国铁道建筑总公司 2001 年科学技术进步奖二等奖。

（二）混凝土施工技术

1. 混凝土的集中拌和与工厂化生产

拌和站优选搅拌设备并合理配套。选择当时最先进的JS双卧轴强制式搅拌机系列产品，配套HPW型系列配料机；计量系统实现自动控制，采用国内最先进的自动化计量设备实现了砂石骨料自动计量。

混凝土工厂化生产实行站长负责制，流水线作业人员责任制；工厂化管理强化建章立制，不断向规范化发展；试验人员驻站，实现了从原材料进场到混凝土出仓的全流程质量管控；原材料分仓存放，确保进入料仓的材料均经检测合格；生活区与生产区分开设置；厂内设小型构件预制场地，配备相应生产模具，减少混凝土浪费。

2. 混凝土施工集中调度，流水线作业

为保证混凝土质量并全面提高整体化生产效率，各拌和站配套了当时业界最先进的混凝土搅拌运输车（楚天牌6m^3）和汽车泵（楚天—IHI型混凝土输送泵车）；生产供应实行集中调度，设专职调度下达生产、供应指令，全面掌握现场需求，按计划供应管理，提前一天确认现场需求量（含标号统计），为满足机械和车辆的快速通行及运输安全，确保混凝土运输过程中不早凝、不离析，贯通便道按设计速度80km/h标准修建，配洒水车、平地机等设备，专人维护。

3. 混凝土配合比的设计优化与现场控制

配合比设计严格执行相关技术标准，在满足强度和耐久性的同时，满足混凝土运输和泵送的性能需求；坚持定期对预制构件厂和集中拌和站的混凝土强度进行统计分析，得出混凝土强度标准差，进一步优化生产配合比。

配合比的现场控制建立从“原材料调查取样→原材料进场检验→外掺料（剂）质量控制→配合比设计（调整）→计量上料→拌和站坍落度检测→现场坍落度检测”的质量管理体系，责任到人；根据工程结构类型、运送和浇筑方法，合理选择混凝土拌合物的坍落度和砂率；严格控制拌和投料顺序与拌和间，按先骨料后粉料再液体的投料顺序控制；搅拌时间响铃控制，保证各组分材料拌和均匀；为方便泵送和振捣密实，掺入高效减水剂提高混凝土的和易性；集中拌和站定期标定计量系统，保证水剂、粉料的计量误差控制在±1%，粗细骨料的计量误差控制在±2%，人工加料的水泥、粉煤灰、外加剂也设法实现了±1%的误差控制要求。

4. 墩台大块钢模浇注成型、标准化施工工艺

墩台模板制作标准化。统一采用工厂化定制大块钢模，每块钢模面积不小于 $2m^2$；墩身及墩帽模板采用 6mm 厚热轧钢板，肋条采用 12 号双面槽钢，拉杆采用 ϕ20mm 钢筋，模板安装采用起重机吊装，墩身与托盘顶帽、垫石混凝土分三次浇注成型。

模板维护流程化。脱模剂选用柴油、机油 1∶3 比例配制，钢模板维护遵循“拆模→清理打磨→均匀涂脱模剂→包裹塑料薄膜”的工艺流程。

墩台浇筑工艺标准化。施工配合比由试验人员在现场监督计量，混凝土坍落度为 80～120mm；运输途中，搅拌运输车以（2～4）r/min 的速度进行搅动，确保不出现离析、泌水及坍落度损失过多等现象；浇筑前由模板工检查补刷脱模剂，输送串筒下口距混凝土面小于 1m，混凝土自由倾落高度不大于 2m，每 30cm 一层；采用 50 号插入式振动器捣固密实，振动器移动距离不超过其作用半径的 1.5 倍，插入下层混凝土的深度为 5～10cm，垂直插入，快插慢拔，各插点的间距均匀，振捣时间每点控制在 20～30s 之间，直至混凝土不再有显著下沉，不出现气泡，表面泛出灰浆为止；振捣过程中避免振动棒触及预埋件，更不得振动钢筋；拆模由专人自上而下进行，先敲打后吊装，先直端后圆端依次拆除，以免墩台棱角受损；拆模后专人包裹塑料薄膜、大块海绵或养生毡，然后用胶皮管高压水枪，浇水养护不少于 14 天。

（三）后张法预应力混凝土箱梁预制施工工法

秦沈客专设计上首次大量采用简支箱梁。此种梁型较传统 T 形梁具有整体性好、横竖向刚度大、抗扭性能高、结构耐久性好、施工架设速度快的特点。

中铁十二局施工的六股河特大桥上部结构设计为 51 孔 102 榀 32m 跨径的单线箱梁，每榀箱梁主要工程量为：C50 混凝土 147.4m^3，钢绞线 5.38t，钢筋 19.82t，防水层面积 188.5m^2。通过设计整体钢外模、折叠抽取式内模，

同时采用泵送混凝土配合液压布料杆入仓及棚罩法养护的施工工艺，成功解决了整孔箱梁预制工艺复杂、体积大、要求标准高的施工难题，并取得显著的经济效益，经总结形成“秦沈客运专线 32m 单线箱梁预制施工技术”，获评中国铁道建筑总公司 2001 年科学技术进步奖二等奖，并于 2006 年获评国家级工法（工法编号 YJGF61—2004，图 37-4）。

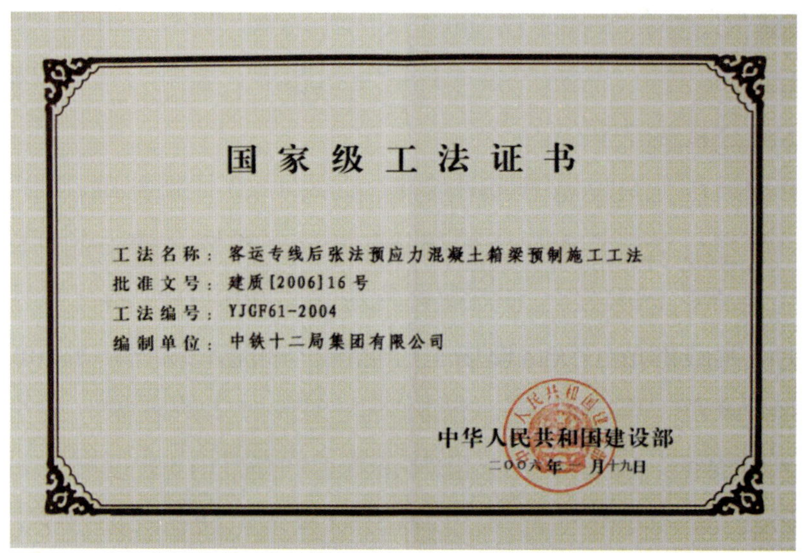
国家级工法证书

工法名称：客运专线后张法预应力混凝土箱梁预制施工工法
批准文号：建质[2006]16号
工法编号：YJGF61-2004
编制单位：中铁十二局集团有限公司

中华人民共和国建设部
二〇〇六年一月十九日

图 37-4　客运专线后张法预应力混凝土箱梁预制施工工法证书

工法特点如下：一是自行研制设计了整体滑移式钢外模、折叠抽取式内模，既方便了施工，又降低了劳动强度，提高工作效率；二是采用混凝土输送泵配合液压布料杆入仓及棚罩法养护等施工工艺，大大加快了台座、模板的周转频率，缩短了工期；三是梁的预制、存放、架设形成一整套体系，在保证施工质量的同时，便于施工管理和合理安排机具人力，降低工程造价；四是将箱梁预制分层次、有秩序地进行，形成流水线施工，实现规范化和高效经济预制施工。

五、创新成果的推广及意义

（一）对秦沈客专建设的引领和指导作用

西部试验段取得的成功实践经验，被秦沈客运专线建设总指挥部在全线推广普及，通过多轮成果评审和组织施工现场观摩，充分肯定了试验段的工作成果。

一是重视学术研究和实践探索，组织全员开展技术标准学习、QC（质量控制）小组、“五小”成果等技术研究活动，组织了当时企业最强的技术力量、最好的机械设备、最精密的试验仪器和高素质的施工队伍探索施工工艺，及时总结形成工艺试验报告，对局管标段路基施工和秦沈客专全线施工都起到了示范指导作用，相关试验成果进一步验证了《暂规》和《细则》各项参数和指标的正确性。

二是深化“粗粒土和级配碎石压实检测方法”研究，试验、分析工作所取得的科研成果作为秦沈总指领导的试验段工程代表性技术成果，在全线推广应用，有效解决了粗粒土和级配碎石压实质量检测评定的技术难题。

三是在全线率先建成级配碎石破碎、筛分拌和系统和混凝土集中拌和系统，场站建设实践形成了铁路现场工厂化生产和流水线组织的样板，开展的基床表层级配碎石填筑和桥涵过渡段工艺试验，积累和丰富了生产和施工经验，在全线推动了级配碎石施工质量管控和生产水平及施工工艺的快速提升，通过级配碎石填料的工厂化生产、路基填筑机械化施工的工艺模式探索，保障了精品工程建设，实现了按客运专线设计速度一次开通。

（二）对全路新线建设的借鉴意义与启示

秦沈客专的建设管理理念和工程实践经验，为后续的京广、郑西、京沪等高铁路基工程建设管理和设计、施工提供了宝贵经验，依托其研究成果后续不断开展的一系列科研试验工作，进一步推动了客专、高铁工程建设质量管理的发展进步。

1. 以管理理念更新为先导，建设高品质工程

秦沈客专开创了将路基土石方工程作为土工结构物组织施工的理念更新，带动了参建各方强化工程管理，提升了高速铁路路基工程品质。秦沈客专路基工程经历了时间的检验，开通 20 年来始终保持安全平稳运营，为我国高铁建设奠定了技术基础。

2. 探索和开创了高铁工艺试验段建设模式

在全线大面积施工之前，优选地基处理、路基填筑和桥涵试验段，通过

施工工艺试验探索总结工艺参数，充分发挥工程实践的指导示范作用和对铁路工程环境多样化的适应性，并作为基础技术要求纳入行业技术标准，在京广客专、京沪高铁等高铁工程建设中得到广泛应用和持续推广。

3. 确定了我国路基填筑质量关键技术参数双控指标

双控指标的执行，有力保证了路基本体、基床表层、过渡段工程施工质量，验证了基床表层采用级配碎石提高刚度和强度、路桥（涵）采用过渡段实现刚度渐变过渡处理技术的理论正确性，为轨道平顺性创造了技术前提。

4. 依托系列成果形成客运专线路基施工成套技术

重视技术标准学习并依托建设实践，探索形成粗粒土孔隙率控制标准、试验方法和路基成套施工技术，成为后来制定《客运专线铁路路基工程施工技术指南》和《客运专线铁路路基工程施工质量验收暂行标准》的重要技术参考，作为重要技术原则纳入高铁路基工程行业技术标准。

5. 总结提出铁路 32m 和 24m 箱梁工地预制施工技术

制梁场的箱梁预制采用整体内模设计、混凝土配合比粉煤灰外掺料应用、泵送混凝土浇筑、混凝土蒸养工艺等一系列技术措施，成效显著，大幅提高了成品质量，总结形成的后张法预应力混凝土箱梁预制施工工法在全路推广，促进了铁路箱梁现场预制技术的发展进步。

38
CHAPTER

秦沈客运专线长钢轨铺设综合技术

吴启新
时任中铁第十一工程局高级工程师
现任中铁十一局集团有限公司正高级工程师

王　军
时任中铁第十一工程局工程师
现任中铁十一局集团有限公司正高级工程师

任　勇
中铁十一局集团有限公司高级工程师

秦沈客专

秦皇岛站
山海关站
绥中北站
葫芦岛北站
锦州南站
盘锦北站
台安站
辽中站
皇姑屯站
沈阳北站

一、工程概况

中铁第十一局施工的秦沈客运专线 B26 标段轨道工程，西自山海关客站（DK19 + 616.8）起，途经前卫北、绥中北、葫芦岛北，于高桥镇北侧跨越沈山铁路，至里程 DK174 + 000 止，线路全长 149.2km。正线铺轨 296.8km，站线铺轨 4.5km，铺设道岔 22 组（含 8 组 38 号道岔），上砟 70 万 m^3，铺设桥上无砟轨道 2.87km，DK19 + 616.8～DK81 + 500 段为 300km/h 综合试验段。

该段轨道工程施工采用一次性铺设跨区间无缝线路机械化施工技术，其主要采用的创新技术有：PC-NTC 型铺轨机组一次性铺设 250m 长钢轨施工技术，工厂闪光接触焊焊接 250m 长钢轨施工技术，长钢轨现场铝热焊施工技术，无缝线路应力放散及锁定施工技术，底层道砟摊铺施工技术，200km/h 以上线路大型整道机组作业施工技术，铺设跨区间无缝线路铺轨基地建设研究，区间多动力机械同时作业的施工运输组织研究等。

二、工程背景

我国从 1957 年开始，在北京铁路局试铺了第一段有伸缩区的无缝线路，20 世纪 60 年代开始着手对跨区间无缝线路的研究，曾在广深线樟木头附近及津浦线井亭至薛城间各铺设轨条长度为 8km 的无缝线路。1980—1981 年又在京山线试铺两段长度分别为 7.68km 和 7.64km 的无缝线路，但运营 3～5 年后，因大量焊接接头和胶接接头折断或损坏而拆除。20 世纪 90 年代初，我国对无缝线路铺设开展进一步研究，技术上逐渐成熟，1993—1994 年在北京、郑州铁路局管辖内的京津、京广线上铺设了两段各 20km 的跨区间无缝线路综合试验段。秦沈客专修建前，在京广线上无缝线路最长的一段全长 140km，京沪线上最长一段为 300.5km，但均是在既有线上用换铺法换铺而成的无缝线路，这种铺设方法因为需要大量的周转轨，铺设费用昂贵，且难以消除钢轨接头给轨道道床带来的周期性不平顺，因而新线一次性铺设跨区间无缝线路成为高速铁路建设的客观要求。

由于高速铁路对我国客运服务和经济建设有重要作用，随着国家经济的腾飞，修建高速铁路势在必行。由于秦沈客专采用一次性铺设跨区间无缝线路施工技术，在当时，该项技术在我国尚属空白。因此，对新线一次性铺设跨区间无缝线路施工技术的研究和探讨，是保障按期、优质、高效完成施工任务的前提，而且也将为我国今后高速铁路的建设提供技术储备。

三、关键技术及创新点

由于当时一次性铺设跨区间无缝线路在我国尚属首次，既无经验可循，又无现成资料参考。为此，在铁道部、中国铁道建筑总公司的领导下成立了科技攻关小组，以科技为先导，以设备选型为突破口，选定合理的施工方法，对跨区间无缝线路这一系统工程的关键技术逐一加以研究，着重研发了以下关键技术。

1. PC-NTC 型铺轨机组一次性铺设 250m 长钢轨施工技术

长钢轨铺设施工主要取决于铺轨机组的研制和铺轨工艺流程的选定。铺轨机组的研制工作从 1997 年开始，由中铁十一局联合铁道建筑研究设计院一起进行调研论证，铁道部科技司于 1999 年正式立项，在研制过程中经中国铁道建筑总公司同意，选定美国 TP 公司作为合作伙伴，于 2000 年 10 月在山海关铺轨基地完成了 PC-NTC 型铺轨机组的制造和组装，11 月开始试铺，最高日铺轨 3.25km，日平均铺轨在 1.5km 以上，见图 38-1。该铺轨机组于 2002 年 6 月 4 日通过了铁道部技术成果评审，评审意见是：填补国内空白，成果技术居国内领先水平。

a)

b)

图 38-1　PC-NTC 型铺轨机作业图

根据 PC-NTC 型铺轨机组的性能，选定了相应的铺轨工艺流程，制定了严格的质量保证措施，总结了一整套长钢轨铺设施工技术，保证了铺轨能安全、优质、高效、顺利地进行，填补了国内一次性铺设跨区间无缝线路的空白。

PC-NTC 型铺轨机组及施工工艺主要创新点如下：

（1）提出了一种全新的铺轨机方案。

（2）提出了一种全新的作业模式。

（3）实现了主机的自动上下车。

（4）提出了全新的长钢轨抽送方案。

（5）运用了枕轨列车运输长钢轨和轨枕。

（6）研制了适合于在列车上高效工作的全液压转运门式起重机。

（7）研制了能够适应复杂工况的门式起重机走行轨道。

（8）研制了新型长钢轨锁定装置。

2. 工厂闪光接触焊焊接 250m 长钢轨施工技术

焊接 250m 长钢轨铺设无缝线路在我国也尚属首次（图 38-2），焊接质量的好坏直接影响线路的初始平顺性，从而影响列车的运行速度和行车安全。为此，我们对工厂闪光接触焊焊接技术进行了攻关，在铺轨基地建设了一条全自动的长钢轨焊接流水生产线，对设备的选型、焊接的工艺进行了深入细致的研究，并反复调整焊接技术参数，通过型式试验和实车检测，表明焊接质量符合要求。通过铁道部领导和有关专家的现场考察评价，焊轨厂无论是标准化程度，还是现场管理、焊接接头质量，都居行业先进水平。

图 38-2　工厂闪光接触焊

3. 长钢轨现场铝热焊接施工技术

长钢轨铺设后，需要将长钢轨条先焊接成单元轨节，应力放散完成后再对单元轨节进行锁定焊接，最终形成无缝线路。秦沈客专开工后，现场焊接采用铝热焊接（图 38-3），根据铝热焊接质量标准，对法国焊剂和国产焊剂的焊接接头质量进行了大量的型式试验，对我国原来标准中关于铝热焊接的落锤试验、硬度和延伸率等几项指标提出了修正意见，经铁道部相关部门组织专家论证得到了认可，且与国外相关标准接轨。

图 38-3　现场铝热焊施工

4. 无缝线路应力放散及锁定施工技术

为防止钢轨因夏季高温而发生胀轨跑道、冬季因低温而产生断裂的情况发生，在上砟整道后必须对钢轨进行应力放散。

新线一次性铺设无缝线路的钢轨应力放散跟既有线换铺法的钢轨应力放散不同。既有线换铺长钢轨可以选择合适气温或轨温，先将长钢轨置于线路两侧，拆除短轨，然后铺设长钢轨。由于铺设轨温与锁定轨温差值较小，钢轨拉伸量不大，应力放散只需在轨枕承轨槽上放置钢筋棍，使用撞轨器撞击钢轨即可达到应力放散目的。而新铺设的线路则不同，由于受工期影响，夏季和冬季也正常铺轨，轨缝难以控制，若铝热焊接不合格需进行二次锯轨，所以应力放散时长钢轨条移动量较大。为满足施工要求，对新线钢轨应力放散的方法、放散的机具以及人员的配置进行了试验研究。

应力放散采用滚筒放散法。放散滚筒采用带滚珠轴承的滚筒，以便减小摩擦阻力，应力放散施工示意图见图 38-4。一次放散的长度不大于 1500m，配置 3 个技术人员，约 120 个工人。一对钢轨放散从开始到结束大约需要4h。

通过位移观察结果表明：滚筒放散法应力放散彻底，施工质量优良，满足了秦沈客专施工技术标准的要求。

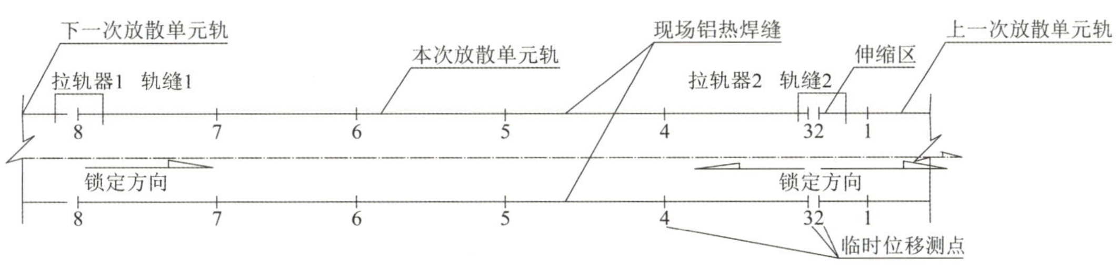

图 38-4 应力放散施工示意图

5. 底层道砟摊铺施工技术

为确保长钢轨铺设质量，必须保证底层道砟摊铺的质量达到规范要求。

底层道砟摊铺采用陕西 ABG 公司沥青混凝土摊铺机改制的碎石道砟摊铺机。由于当时国内摊铺机只用于公路路面稳定土和沥青混凝土摊铺，对摊铺大粒径I级道砟尚属首次。为此，攻关组通过大胆探索，对该摊铺机进行了以下技术设计改造：

（1）调整摊铺机刮板节距，增加供料输送系统强度；

（2）改造熨平板仰角升降侧臂，增加螺旋布料器输送通道的空间；

（3）在摊铺熨平板中央增加凸块，使砟面形成凹槽，防止轨枕断裂。

改制的我国第一台铁路大粒径I级碎石道砟摊铺机，经过 149.2km 近 27 万 m^3 道砟摊铺作业，摊铺机使用效果良好，创下日摊铺道砟 5.015km 的纪录，摊铺的底砟几何尺寸、平整度和密实度均达到施工验收标准，满足了铺轨技术要求，见图 38-5。

a)

b)

图 38-5 Titan423 型摊铺机摊铺底层道砟图

6. 200km/h 以上线路大型整道机组作业施工技术

大型整道机械过去仅用于新线提速精整和既有线线路维修，其每次起道量不大。而对于 200km/h 以上的秦沈客专试验段来说则大不一样，由于线路是新线一次性铺设，不仅起拨道量大，而且要求的精度（特别是高低精度）已超出设备本身的能力保证精度，再加上动力稳定性要求高，不确定因素很多。例如，200km/h 的检测标准中要求轨道高低、轨向、水平和扭曲误差为 2mm，而机械本身的起拨道精度范围为±2mm，这就对大型整道机械操作人员提出了更高的要求，必须反复精整操作才能逐步达到标准。为此，我们做了大量整道试验，对输入的原始数据、实际起拨道量、稳定后的下沉量进行了分析和研究，总结了一整套施工工艺工法，同时配合铁道部科学研究院对桥上动力稳定性进行试验测试，得到了可靠数据，确保开通时桥上行车按规定运行速度的安全性。首次进行的桥上轨道动力稳定性测试，为以后高速铁路线路的保养提供了技术数据。

秦沈客专 B26 标段有砟轨道几何尺寸静态检测结果见表 38-1。

秦沈客专 B26 标段有砟轨道几何尺寸静态检测结果一览表　表 38-1

检测项目	轨距	轨向	高低	水平	扭曲
允许偏差	±2mm	≯3mm	≯3mm	≯3mm	≯1‰
检测点数	292000	292000	292000	292000	292000
合格点数	291540	291723	291885	291008	291954
合格率	99.84%	99.91%	99.97%	99.66%	99.98%

7. 铺设跨区间无缝线路铺轨基地建设研究

同普通铁路铺架工程一样，一次性铺设跨区间无缝线路轨道工程施工也需要建设铺轨基地供轨料存储，从事装卸、焊轨和调车等作业。

过去的铺轨基地主要从事轨料和桥梁的存储、装卸，并完成轨排组装，所以基地包括存梁场、存枕存轨厂、轨排组装厂。而长钢轨铺设基地主要从事轨料存储和焊轨作业，不需要轨排组装和桥梁存储，所以基地只有存枕厂和焊轨厂，有条件还可增设道砟储存厂。

秦沈线山海关铺轨基地（图 38-6）设计了 9 股道，占地约 120 亩，基地铺轨 8km。其存储能力为：存放轨枕 8 万根，钢轨 60km，道岔 12 组，车辆

4 列；装卸能力为：日装卸钢轨 10km、轨枕 1 万根。

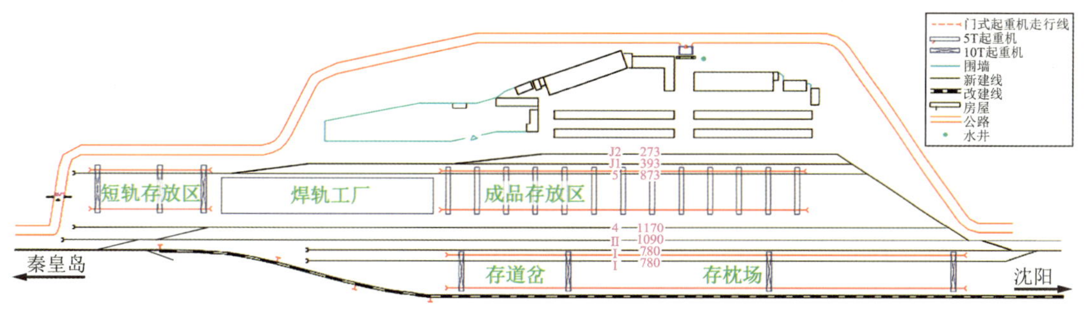

图 38-6　秦沈客专 B26-1 标段山海关铺轨基地平面布置示意图

通过施工作业证明：该基地规划经济合理，满足了日平均铺轨 1.5km 以上施工进度的要求。

8. 区间多动力机械同时作业的施工运输组织研究

秦沈线设计站间距离较长，平均为 60km 左右。根据施工细则要求，铺轨作业须采用紧密流水作业法，这就必然造成一个区间存在多个动力机械同时作业的情况。由于一个区间内多个动力机械同时作业无法办理行车闭塞，给行车安全带来隐患，因此引用了 GPS 卫星定位系统进行实时监控，从技术上解决了一个区间内多动力机械同时作业条件下运输安全控制的难题。

这也是 GPS 卫星定位系统首次运用到新线铺轨作业，我们对 GPS 系统的性能及应用进行了深入细致的研究，主要具有以下特点：

（1）地面连续覆盖；

（2）功能多，精度高；

（3）实时定位速度快，这对高速动态用户尤为重要；

（4）采用了伪码扩频技术，GPS 卫星发送的信号具有良好的抗干扰性和保密性。

为了运用好 GPS 卫星定位系统，我们利用现有的行车调度网传输 GPS 信息，在每台机车或动力机械上安装一套 GPS 接收系统并与车载电台连接，将列车运行的轨迹、方向、速度等信息传输到调度中心控制台，经计算机处理后，调度员能在显示屏上了解机车的各类信息情况，同时可以及时呼叫列车司机，或向列车司机发送告警信号，使列车司机及时了解其他机车或动力机械的运行情况，确保行车安全。

四、主要研究成果

秦沈客专是我国第一条高速铁路，兼具试验线功能。其科技含量高，技术标准严，工艺复杂，施工难度大。它的成功建设开拓了中铁十一局在高、难、新、尖跨区间无缝线路轨道工程施工的新领域。其主要研究成果有：

（1）成功研制了中国第一台长钢轨铺轨机组——PC-NTC 型铺轨机组。该机组日铺轨最高达到 3.25km，满足了秦沈客专高平顺性铺轨质量及进度要求。该项技术已于 2002 年 6 月 4 日通过了铁道部技术评审，达到国际先进水平。

（2）成功建造了一条满足 200km/h 以上高标准焊轨生产作业线，实现了 250m 长钢轨厂焊，不仅保证了长钢轨的焊接质量，同时提高了工作效率，达到国内领先水平。

（3）提出了铝热焊接适应标准，研发出铝热焊接现场焊接技术，成功控制了铝热焊接接头质量。中铁十一局管段共有 2848 个铝热焊头，在沈阳铁路局对口检查验收中未发现一个焊头伤损超标。

（4）成功解决了新线一次铺设无缝线路应力放散技术难题，研发了应力放散系列配套机具设备，总结了一整套应力放散施工工法。

（5）成功研制了国内第一台大粒径道砟摊铺机及配套施工技术。单日最高摊铺道砟 5.015km，作业效率高，施工质量好，维修量小。

（6）应用紧密流水作业法，成功地解决了 200km/h 以上大型整道机组作业的施工技术难题，配备了精度高、质量好的轨道综合作业机具，研发和运用了与轨道状态检测要求相匹配的检测设备，保证了施工质量。

（7）建设了跨区间铺设无缝线路的铺轨基地，基地规划设计经济合理，满足了日平均铺轨 1.5km 以上施工进度的要求。

（8）成功解决了区间多动力机械施工运输组织难题。GPS 卫星定位系统的成功应用为今后新线铺轨运输组织的安全监控，提供了技术层面的支持。

依托秦沈客专形成的《创时速 321.5 公里客运专线长轨铺设综合技术》获得湖北省科技进步奖二等奖；参与编制了《秦沈客运专线有砟轨道工程施工技术细则（试行）》（建技〔2000〕121 号）及《秦沈客运专线有砟轨道工程

质量检验评定标准（试行）》（建技〔2001〕1号）；其他相关成果获得中国铁道建筑总公司科技进步奖一等奖3项、二等奖1项、三等奖2项，获得集团公司级科技进步奖8项。

五、动车组试验情况

为了检验秦沈客专的建设成果，为高速铁路的建设提供技术储备，铁道部在秦沈客专组织了3次动车组试验。

1. 第一次动车组试验

第一次动车组试验从2001年12月5日开始，12月9日结束，历时5天。动车组采用"神州号"内燃动车组（动力集中型），动态检测标准执行200km/h轨道不平顺动态管理标准，轨道状态始终保持优良，试验进展顺利，速度从120km/h逐步提高到210km/h，创造了当时新线时速最高纪录，见图38-7。

2. 第二次动车组试验

第二次动车组试验从2002年9月1日开始，9月26日结束，历时27天。动车组采用"先锋号"电力动车组（动力分散型），动态检测标准执行250km/h轨道不平顺动态管理标准，轨道状态始终保持优良，速度从140km/h逐步提高到292km/h，创下了当时的中国第一速度，见图38-8。

图38-7 "神州号"内燃动车组试验图

图38-8 "先锋号"电力动车组试验图

3. 第三次动车组试验

第三次动车组试验从2002年11月21日开始，12月21日结束，历时30天。采用"中华之星"动力集中型电力动车组（图38-9），动态检测标准：山海关至绥中北站外执行 300km/h 轨道不平顺动态管理标准，其他地段执行

250km/h 轨道不平顺动态管理标准，轨道状态始终保持优良，行车速度从160km/h 逐步提高到 321.5km/h，再一次刷新了当时中国地面行驶的最高速度纪录，试验取得圆满成功。高速运行中轨道的动力学指标优良，动车组的平稳性、舒适度达到国际先进水平。

图 38-9 “中华之星”号电力动车组试验图

根据试验列车的安全性和平稳性监测，以及地面桥梁、路基、过渡段、无砟轨道、38 号道岔的测试和轨道检测车检查结果，除动车的车体垂向平稳性个别最大值超限外（平均值在限值内），其他测试数据均在安全标准范围以内，且在 120～321.5km/h 的速度范围内变化不明显，这表明秦沈客专山海关至锦州南区段的线路条件可以满足开通运行 200km/h 以上（其中山海关至绥中北具备开行 300km/h 以上）的要求。

六、重要意义及社会经济效益

1. 重要意义

一次性铺设跨区间无缝线路是高速铁路建设的一项重要的关键技术，是提高线路工程质量，满足高速铁路高平顺性要求的重要技术保证，大大提高轨道的铺设精度，促进了整个线路施工技术的进步。

秦沈客专一次性铺设跨区间无缝线路的成功，结束了我国铁路数十年来长期采用先铺轨排、后上道砟，先铺成有缝轨道过渡，经 1～2 年运营后再换铺成含伸缩区的无缝线路这种落后施工方法的历史，彻底改变了我国新线轨道初始平顺性不良、开通速度低、遗留整治工程多、后患严重的局面，是我国铁路建设中一项具有划时代意义的重大技术突破。

2. 经济社会效益

一次铺设跨区间无缝线路能大大提高新线施工质量和铺轨精度，是使秦沈客专达到高平顺性要求的重要技术保证，为我国铁路实现开通一次达到设计速度提供了线路条件，为实现高速列车的安全、平稳、舒适运行提供了线路保障条件。这项技术控制了线路初始的不平顺，提高了轨道平顺性，为今后减少铁路维修工作量、降低铁路运营成本提供了条件，经济社会效益十分显著。

39

CHAPTER

秦沈客运专线轨道扣件关键零部件研制

肖童金

中铁隆昌铁路器材有限公司铁路器材研究设计院研发工程师

廖忠棋

时任隆昌工务器材厂产品开发部工程师

现任中铁隆昌铁路器材有限公司铁路器材研究设计院副所长

陶　波

中铁隆昌铁路器材有限公司铁路器材研究设计院所长

熊好羽

中铁隆昌铁路器材有限公司党群工作部政工管理员

秦沈客专

沈阳北站

皇姑屯站

辽中站

台安站

盘锦北站

锦州南站

葫芦岛北站

绥中北站

山海关站

秦皇岛站

一、秦沈客运专线建设需要III型弹条扣件

秦沈客运专线是中国修建的首条高速铁路，全长 404.6km，平面按最高行车速度为 250km/h 预留，其中山海关至绥中北综合试验段按 300km/h 建设。客运列车高速行驶过程中，对轨道的平顺性、稳定性、可靠性以及耐久性均提出了更高的要求。例如，I级铁路干线的轨距尺寸允许偏差为+6～−2mm，而秦沈客专有砟轨道和无砟轨道的轨距尺寸允许偏差则分别为±2mm 和+1～−2mm；I级铁路干线的高低尺寸允许偏差为≤5mm，而秦沈客专有砟轨道和无砟轨道的高低尺寸允许偏差则分别为≤4mm 和≤2mm。秦沈客专轨道各种参数如轨道尺寸、轨道状态参数等要求均高于I级铁路干线。

作为轨道的重要组成部分，弹条扣件系统是联结钢轨和轨枕（或其他轨下基础）的重要零部件，其主要作用为固定钢轨，阻止钢轨发生相对于轨枕的纵横向位移，保持轨距并提供轨道必要的弹性和绝缘性。在秦沈客运专线筹备修建之初，选择一款能够满足高标准轨道的弹条扣件系统成为重点攻关项目之一。

我国铁路发展初期曾广泛采用扣板式和弹片式两种扣压系统对钢轨进行紧固，弹片式扣件由于拱形弹片的强度较低，易发生残余变形甚至折断；扣板式扣件则由于扣压力较低而导致服役过程中极易发生松动，这两类扣件均逐渐被淘汰。弹条式扣件采用弹条作为扣压件，利用材料的弯曲变形和扭转变形对钢轨进行紧固，不会导致弹条断面削弱问题出现，结构形式合理，所以弹条式扣件逐渐成为我国混凝土枕轨道的主型扣件。

1991 年，随着大型养路机械的使用，轨道作业日趋集中，在保留现有螺栓式扣件（带I型弹条、II型弹条）的同时，研制一种无螺栓式扣件很有必要。1992 年 4 月，结合世界银行第五期工务系统贷款项目，参考国外同类扣件，我国研究设计了弹条III型扣件（带III型弹条），如图 39-1 所示。

弹条III型扣件为无螺栓扣件，它由III型弹条、预埋铁座、绝缘轨距块和轨下垫板组成。它具有结构简单，扣压力稳定，抗疲劳性能优异，绝缘性能良好，安装拆卸方便等诸多优点。弹条III型扣件用预埋于混凝土轨枕或道床板中预埋铁座的形式来保持轨距并支撑弹条，以弹条扣压钢轨，以工程塑料

作为绝缘件兼调节轨距功能。其中，弹条作为扣压力的主要来源部件，能有效控制钢轨的纵横向位移，防止钢轨倾覆，是扣件系统的关键零部件之一。III型弹条选用直径为 20mm 圆棒料，设计扣压力大于 11kN，弹程 13mm。III型弹条服役过程中其根部发生扭转变形，此时弹条根端附近圆弧段的应力均达到最大，充分利用了材料的性能，其扣压力和弹程大且稳定。经试铺和多次改进后，1996 年 8 月设计方案通过了铁道部科研成果鉴定，弹条III型扣件被确认应用为当时我国干线铁路的主型扣件之一。

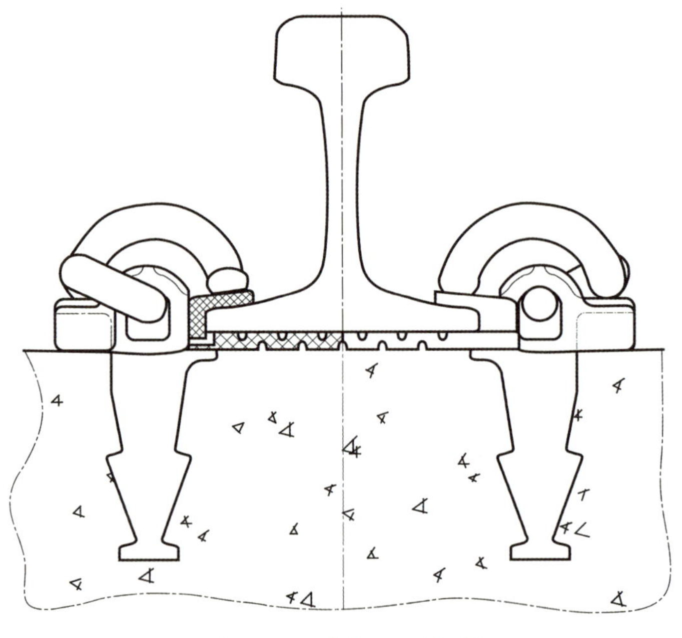

图 39-1　弹条III型扣件

由于新建的秦沈客专行车速度高、发车密度大，除了要满足一般扣件性能（高强度、高耐久、一定的弹性）以外，还对扣件系统提出了更高的要求。首先，秦沈客专轨道系统属于低刚度系统，需保证扣压件的扣压力在列车通过时具有较小的衰减，且具有更大的弹程，扣压件在高振幅的循环荷载下应具备优异的抗疲劳性能。同时，由于秦沈客专设计时速相较以往线路更高，列车起动和停车时加速度大，这就要求钢轨具有更强的抗爬行能力，即扣件应具备更大的钢轨纵向阻力，而纵向阻力又与扣件的扣压力密切相关。此外，由于该专线为高速客运线路，对扣件系统还提出了少维修、减振良好及降噪性能好的要求。因此，经综合考虑，秦沈客专区间正线采用弹条III型扣件。

二、攻克弹条成型技术，建成国内首条标准化生产线

Ⅲ型弹条作为扣压件，材料选择了应用广泛的硅锰弹簧钢 60Si2Mn，在750℃以上温度下淬火后经 480～580℃的多相区回火后可得到以均匀回火屈氏体和回火索氏体为主要结构的金相组织。该组织具有较高的强度和良好的塑韧性，在保证扣压力和抗疲劳性能的同时，还能提供必要的弹性，可满足秦沈客专设计需求。然而，受限于铁路技术发展和各方面条件，直到秦沈客专修建之前，Ⅲ型弹条的结构却一直未形成完备的规范标准，弹条各项结构尺寸缺乏实践验证，产品在试验运用中存在各种问题。为了避免与国外专利冲突，同时也想在扣件技术层面更进一步，以适应我国铁路建设的发展情况，铁道部专业设计院结合秦沈客专的建设需要，对Ⅲ型弹条进行了优化设计。相对国外同类产品，在尺寸控制精度和性能方面有一定提升。

在秦沈客运专线筹备阶段，根据《一九九八年铁道行业标准、规程计划》中附件 12 的要求，由铁道部科学研究院和专业设计院负责起草弹条Ⅲ型扣件的铁道行业标准，初步拟定了《弹条Ⅲ型扣件》铁道行业标准征求意见稿，并以发文形式发往各主管部门、生产厂、铁路局和设计院等单位征求意见。截至 1999 年 8 月，标准起草单位共收到了 13 家单位共计 61 条意见和建议，在对意见和建议进行了整理归纳及部分采纳后形成该标准的送审稿初稿。1999 年 11 月，标准起草单位以座谈会的方式进一步征求了各家生产厂的意见，在此基础上编制形成了《弹条Ⅲ型扣件》送审稿。1999 年 12 月，该标准经评审后正式生效实施。

2000 年 9 月，隆昌工务器材厂承接秦沈客专Ⅲ型弹条扣件的研制生产。为保证秦沈客专建设需要，厂领导立即组织工厂研发、质量、检验等相关部门专业骨干及技术人员成立Ⅲ型弹条产品生产工艺攻关组，安排相关技术人员进行Ⅲ型弹条生产的统筹规划，加强与标准起草单位及同行生产厂商的技术沟通，委托计检中心推进检具设计及产品检验前期准备，并大力推动工艺技术部快速完成Ⅲ型弹条成型模具的研制和Ⅲ型弹条标准生产线的建设工作。

Ⅲ型弹条研发生产最具挑战性。工厂在弹条生产研制方面的技术储备主

要集中在I型弹条和II型弹条这类ω形弹条上，而III型弹条为e形结构，成型方法完全不同，当时现有的成型模具无法满足III型弹条生产要求。相关技术人员根据III型弹条结构图纸，首先确定成型工艺并完成内部审核，初步确定工艺流程方案为：原料检查—切断—倒角—加热—成型—热处理—表面处理。其中，弹条的成型工艺设计为三序热压成型，首先对圆棒料进行一序煨弯，得到如图39-2a）和图39-2b）所示试件；然后调转试件方向，对其进行二次热压，使得试件获得大煨弯圆弧，如图39-2c）；最后将试件送入三序成型模具进行热压成型，得到如图39-2d）所示弹条产品。

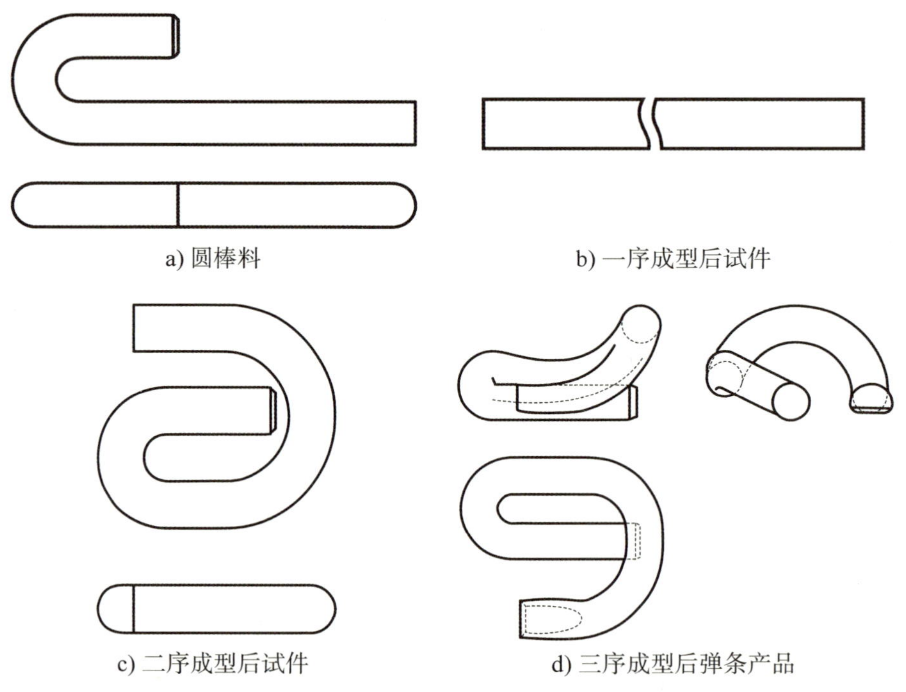

a) 圆棒料　　b) 一序成型后试件

c) 二序成型后试件　　d) 三序成型后弹条产品

图39-2　III型弹条三序成型过程示意图

由于成型过程中弹条试件自由度高，每个成型过程都会对试件的最终结构尺寸造成影响，且各成型工序之间还会相互影响，这都使弹条的研制过程遇到了较大的阻碍。成型工序调试过程中，技术员根据现场实际情况，结合自身弹条研发生产经验，对模具不断进行修改完善。首先，III型弹条作为异形件，具有较为复杂的空间结构，三序热压成型模具均需进行三维仿形，保证生产样品尺寸一致。其次，热压成型后的热处理工序易诱发弹条变形，需严格控制淬火液的温度、黏度以及保证弹条的入液姿态一致。

针对以上问题，攻关组根据图纸设计仿形模具，在调试过程中不断完善，调整理论设计与实际压型过程中的误差，精确保证成型过程中弹条试件的三维尺寸；在三序成型后增设滑槽，保证弹条入液姿态一致；定时测量淬火液温度及黏度，使得弹条冷却速率一致，从而保证弹条最终成型尺寸不发生较大波动。值得注意的是，淬火温度过低会使得金相组织产生较多的铁素体，而淬火温度过高则会导致弹条组织粗大，两种情况都会导致弹条强度减弱，力学及疲劳性能下降。攻关组根据 60Si2Mn 弹簧钢的理论淬回火数值，经过反复试验论证，探索出既能保证大批量生产弹条的力学性能要求，又能平衡生产成本的最优淬回火参数。此外，通用测量量具（游标卡尺、高度尺等）无法快速精准测量，攻关组联合计检中心根据Ⅲ型弹条型式尺寸，专门设计了一套Ⅲ型弹条专用检测平台，检测效率大大提升。

在工务车间及计检中心等多部门通力合作下，经过数十个日夜的艰苦奋斗，2000 年年底Ⅲ型弹条产品的工艺和模具研发完成，首批生产的Ⅲ型弹条样品尺寸合格且性能稳定。之后，技术员协助并指导车间完成首次批量生产任务，产品经质检科检验后外型尺寸及理化性能均满足设计图纸要求，随后产品送达试铺路段进行现场试铺并经铁道科学研究院铁道建筑研究所验收合格。

2001 年初，铁道部组织的“Ⅲ型弹条及Ⅲb 型轨枕生产线验收组”根据铁道部运输局的指示精神，按照《Ⅲ型扣件弹条质量评价检验细测》的规定和要求，对Ⅲ型弹条生产线的质量管理和产品质量进行检查验收，分别获得 95 分和 96 分，Ⅲ型弹条标准化生产线正式通过检查验收，国内第一条Ⅲ型弹条标准化生产线正式建成。

三、完成新挑战，实现新飞跃

2001 年 4 月，铁道部专业设计院下发《弹条Ⅲ型扣件铺设图》标准图〔图号专线（01）3328-Ⅱ〕文件，对Ⅲ型弹条的尺寸结构再次进行了优化，Ⅲ型弹条趾端尺寸精度大幅提升，弹条趾端α、β角精度从 1.6°提高到 0.8°（图 39-3），这一改动，要求弹条的成型过程也必须进一步优化。前期研制的Ⅲ型弹条成型模具已无法完成新的Ⅲ型弹条的生产任务，必须立刻改进模具，优化工艺，重新出发寻求新的生产方案。

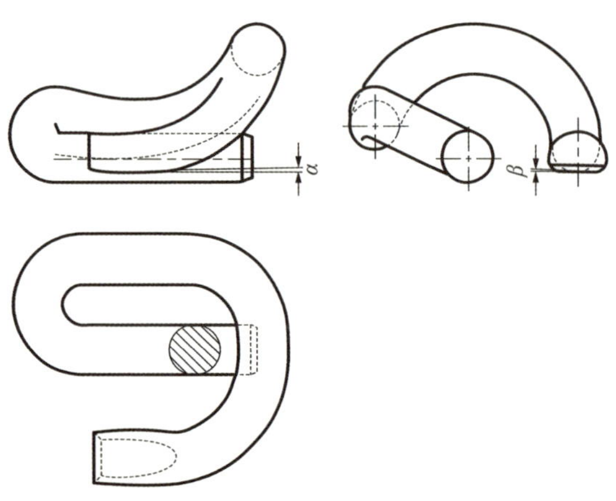

图 39-3　Ⅲ型弹条的趾端角度示意图

开发科迅速组织攻关组骨干成员进行方案研讨，最终确定从模具优化和工艺改进这两方面对生产过程进行改进。在模具优化方面，技术员调整了弹条趾端模具角度以适应新标准要求，然而效果不甚理想，弹条热压成型后的冷缩现象导致无法在既满足弹条弹程稳定的同时，还保证趾端角度能维持在更小的角度，弹条结构尺寸无法维持恒定。攻关组内部协商论证之后，在工艺改进方面，创新性提出在三序热成型工序之后再增加一道“预压”工序，工艺流程方案调整为：原料检查—切断—倒角—加热—成型—预压—热处理—表面处理，对弹条趾端部位进行冷压处理，以调整Ⅲ型弹条趾端弹程和角度。此后，方案细节不断完善并反复验证，最终弹条α、β角精度达到要求并稳定，该措施完美解决弹条趾端角度问题，弹条成品合格。之后，Ⅲ型弹条产品顺利通过扣压力、刚度及抗疲劳性能等多项性能测试，经批量试验后质检科对产品进行了检测评估，弹条批量生产合格。

随后，铁道部组织专家前往工厂进行弹条验收工作，对Ⅲ型弹条的产品及生产线进行全面评估，专家高度赞扬Ⅲ型弹条质量及工厂的研发生产能力，对快速完成Ⅲ型弹条研制生产的技术攻关人员给予了高度评价。评估工作圆满结束后，铁道部确认了工厂对秦沈客专供货能力与资质。此后，工厂陆续供货至 2001 年年底，顺利完成秦沈客专第一期Ⅲ型弹条供货任务。

参建这样一条具有里程碑意义的客运专线可遇不可求，是难得的历史机遇。参建过程不仅扩展了参建者的专业知识，丰富了扣件相关研发生产经验，使技术人员获得了长足的进步，还为后来者留下了宝贵的理论知识、生产经验、技术储备以及精神财富。III型弹条生产研制期间，攻关组充分配置资源，积极发挥骨干成员主观能动性，与各部门协调工作。在完成正常生产供货的同时，夜以继日地试验调试，保证III型弹条研发项目的快速推进。在面对III型弹条结构改变的严峻挑战时，技术人员充分发挥团队协作攻关优势，在成型后首次增加“预压”工序，快速解决了III型弹条的生产研制难点。这一做法在国内为首创之举，也使同行受益。

四、光辉岁月，激励我们砥砺奋进

秦沈客专的建设为企业锻炼了一大批技术骨干，在此后的铁路建设中他们一直发挥着中流砥柱的作用。秦沈客专建设之后，隆昌工务器材厂陆续参与了国内多条高速铁路、城市轨道交通、重载铁路等建设工作，依托这批技术人员的知识积累和参建经验，在III型弹条标准化生产线的建设基础上，陆续建成了多条标准化生产线，这一切都离不开秦沈客专的参建经历和参建者们艰苦奋战而传承下来宝贵财富。20 年过去了，有幸参与秦沈客专的部分参建者仍然活跃在研制生产岗位的第一线，为铁路的发展继续践行自己的使命。依托这一参建时期传承下的技术资料及实干精神，隆昌工务器材厂不断革新技术、更新设备，相继完成了弹条VI型扣件、弹条V扣件、弹条VII扣件、WJ-7型扣件、WJ-8 型扣件、DTVI2 型扣件等各类型扣件的研制生产，在我国铁路建设的伟大征程中不断前行。

技术创新是企业生存和发展的灵魂，是企业有序管理和运作的保证，是企业紧跟时代洪流而不被淘汰的制胜法宝。企业依托参建秦沈客专过程中积累下的经验、传承下的技术优势和创新意识，不断扩展生产业务，从过去到未来，一直砥砺奋进。

20 年过去了，先行者的脚步仍历历在目，再回首那段激荡的光辉岁月，让人刻骨铭心。秦沈客运专线的成功建设，为中国铁路行业带来了时代的春风，吹响了高速铁路开行的号角。作为秦沈客运专线的建设者，我们为中国高铁的蓬勃发展而自豪!

秦沈客运专线牵引供电综合自动化系统研发与应用

陈小川

时任西南交通大学电气工程学院教授

王　物

时任西南交通大学电气工程学院副教授

现任西南交通大学电气工程学院教授

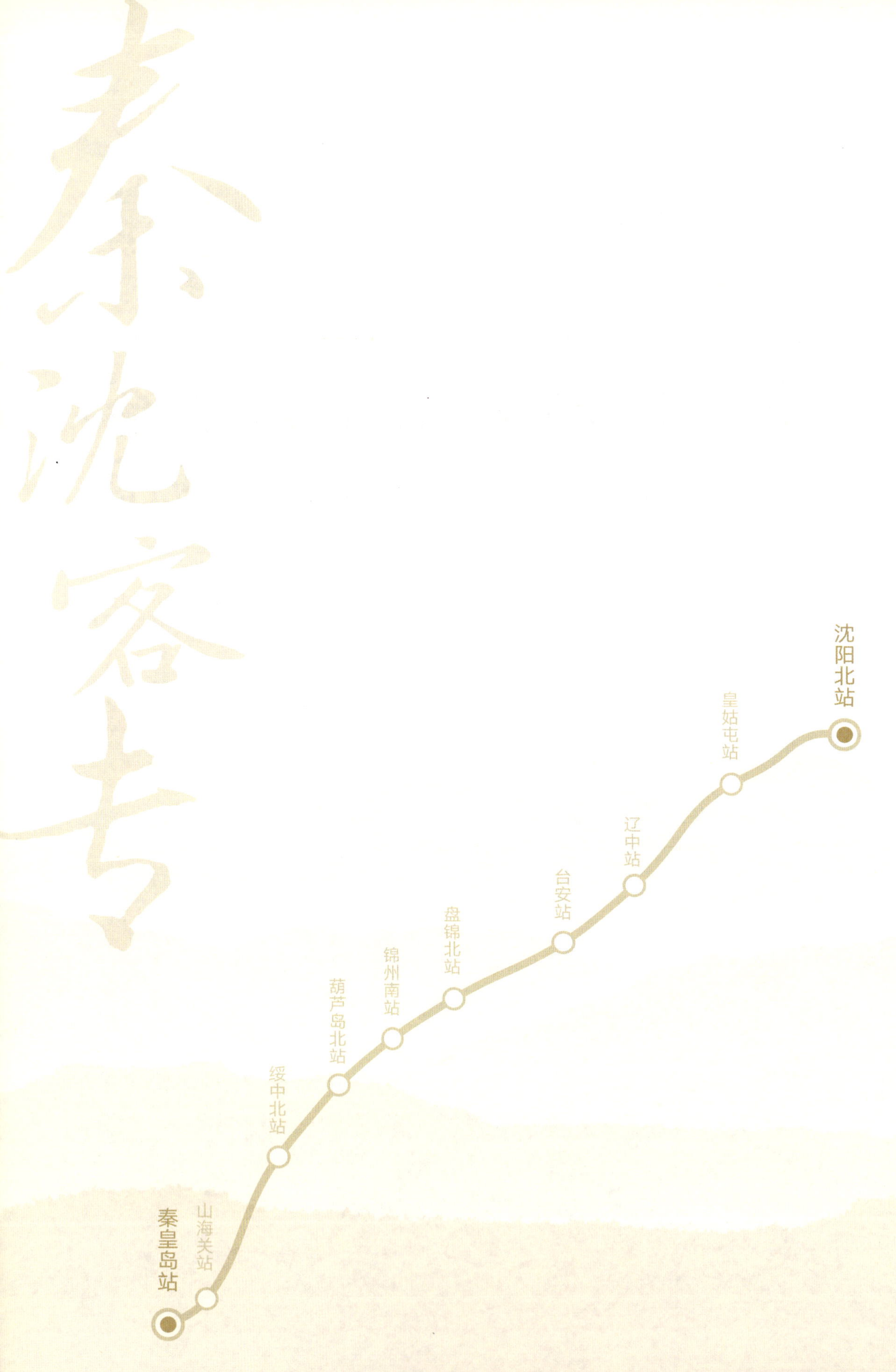
秦沈客专
沈阳北站
皇姑屯站
辽中站
台安站
盘锦北站
锦州南站
葫芦岛北站
绥中北站
山海关站
秦皇岛站

我国第一条依靠自主研发技术建设的牵引供电综合自动化系统在秦沈客运专线建成投入运用，其创新成果为我国电气化铁路的发展奠定了坚实的基础。

电气化铁路牵引变电所保护控制系统是变电所的大脑和神经中枢，该系统负责正常运行状态下的电气参数监测和开关分合闸操作，以及事故状态下快速准确切断故障电流，保障供电安全。

一、适应高速铁路的需求立项攻关

（一）高速铁路对牵引变电所的新要求

高速铁路牵引变电所保护控制系统的功能完备性、数据处理能力、运行可靠性等要求如下：

（1）高速列车牵引功率比普通电力机车增大数倍，牵引供电网最大负荷电流与牵引网末端短路电流难以区分，有导致继电保护误动或拒动，威胁供电安全的可能。

（2）高速列车运行密度高，供电中断严重影响运输秩序，必须缩短供电事故抢修时间，快速恢复供电。

（3）高铁牵引变电所数据采集和控制对象多，数据处理的实时性必须得到保证。

（4）微机保护 + 远动 RTU 模式盘屏数量多，线缆回路复杂，影响运行可靠性。

（二）择项攻关西南交通大学勇挑重担

为满足高速铁路的要求，在我国高速铁路论证初期，就安排了高铁牵引供电系统的科技攻关。“九五” 国家科技攻关计划中首先安排开展了 “高速列车技术条件的研究”，其中完成了“高速列车接触网及牵引供电系统技术条件”的制定。而后开展了 “高速铁路供电方式及同相供电技术方案的研究” 和 “高速铁路牵引供电综合自动化系统方案的研究”，这些前期研究工作为我国高速铁路牵引供电系统的发展奠定了技术基础。

1999 年，西南交通大学作为牵头单位联合铁三院等单位承担了铁道部科技研究开发计划项目“牵引变电所安全监控及综合自动化成套技术研究”，就牵引供电自动化系统的功能部署、体系结构、保护方案、通信网络等内容进行了广泛调研和实验室仿真计算，确定了适合我国国情的“间隔层—通信层—变电所层”三层体系结构，保护测控一体化 IED 单元可集中组屏或分散安装，双光纤以太网或 Lonworks 自愈网保证通信的实时性。

（三）核心技术成攻关难点

为提高我国第一条高速客运专线牵引供电系统的安全和自动化水平，2000 年铁道部科技研究开发计划安排“秦沈客运专线牵引变电所安全监控及综合自动化设备的研制”，由西南交通大学作为第一承担单位。针对秦沈客运专线特定条件下的工程要求和运输需求，项目组确定了系统必须攻克的核心技术：

（1）能够准确区分动车组重负荷电流和牵引网末端高阻短路故障电流的保护算法；

（2）研发确定高精度的全并联 AT 牵引网短路故障点定位方法；

（3）能保证实时性的高速通信网络；

（4）简化二次回路设计，大幅度缩减控制屏柜数量，提高系统运行可靠性。

二、攻关成果实现了牵引供电自动化

项目组历时两年，借鉴我国电力部门在变电所控制和运行方面积累的经验，提出了秦沈客运专线牵引供电系统综合自动化系统的总体方案，可实现牵引变电所的遥测、遥控、遥信、遥调、遥视和保护功能，将变电所屏柜数量减少 50%，为变电所无人值班运行提供可靠的装备支撑。

（一）综合自动化系统方案

秦沈客运专线牵引供电综合自动化系统由保护测控单元、当地监控单元、现场总线、视频监控单元和通信单元等组成（图 40-1）。

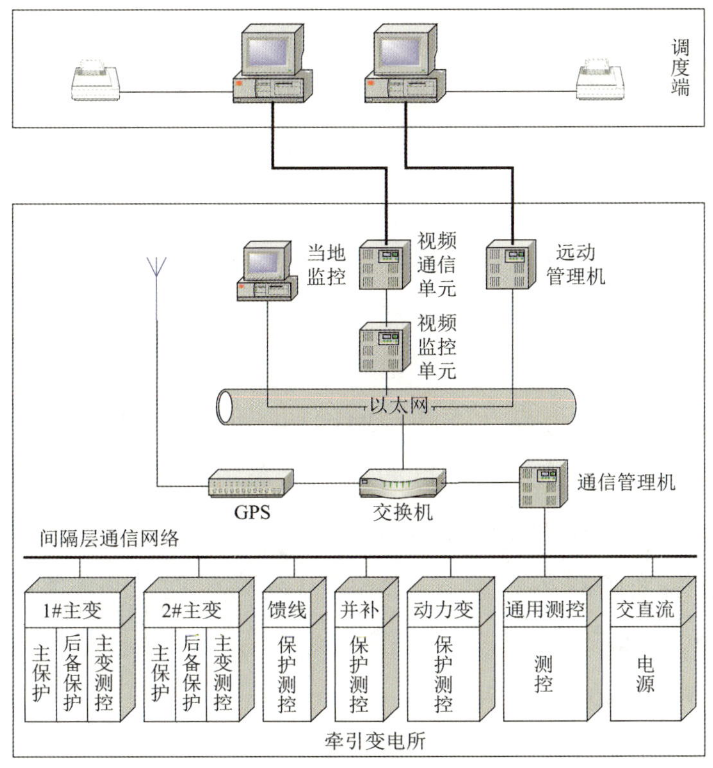

图 40-1　系统总体方案

各保护测控单元完成变电所的继电保护、测量、控制功能，可分散安装，也可集中组屏。间隔层网络采用双光纤以太网，也可采用基于 Lonworks 的双环自愈光纤网络。调度中心通过通信单元与保护测控单元通信，实现“四遥”（遥信、遥控、遥测、遥调）功能。当地监控单元可就地完成调度中心的操作，不考虑双机热备用。视频监控单元与自动灭火系统一起，组成变电所安全监控系统，实现“第五遥”（遥视）。为保证图像传输的实时性，要求为视频提供单独的 2M 光纤口。在远动通道故障时，可临时征用视频通道，而视频主机置于“转发”模式，首先保证“四遥”功能。

（二）系统主要特点

秦沈客运专线牵引供电综合自动化系统的主要特点是：保护测控一体化设计、高通信速率的双环自愈式光纤网、牵引网瞬时性与永久性故障自适应识别功能、新型备用电源自投功能、视频信息与开关动作联动、功能完备的试验工具软件等。

1. 保护测控一体化设计

牵引变电所安全监控及综合自动化系统基于 32 位 CPU 硬件平台和高精度的 ADSP 技术，采用一套装置负责一个（组）断路器及相关隔离开关的保护、测量与控制设计模式，实现了保护、测量与控制的一体化。采用一体化设计简化了二次回路，减少了系统调试工作量。

2. 高通信速率的双环自愈式光纤网

牵引变电所紧邻电气化铁道，电磁干扰严重。传统牵引变电所自动化系统采用串行通信方式，可靠性不高，通信速率低（一般为 9.6kbps）。

牵引变电所安全监控及综合自动化系统采用具有良好开放性、互操作性和完整网络七层通信协议的 LonWorks 现场总线，支持 IEC60870-5-103 等通信规约。间隔层采用双环自愈式光纤网，提高了通信可靠性，通信速率为 1250kB/s。LonWorks 现场总线与保护、测控装置之间采用双口 RAM 通信技术，消除了装置内部的通信瓶颈。

3. 牵引网瞬时性与永久性故障自适应识别

电气化铁路牵引网结构复杂，故障频发，传统馈线保护跳闸后，直接进行重合闸，当永久性故障重合闸时对供电设备产生二次冲击，从而降低设备使用寿命。

牵引变电所安全监控及综合自动化系统实现了牵引网瞬时性与永久性故障自适应识别功能，当牵引网发生永久性故障时，闭锁重合闸，减少重合与永久性故障对设备的冲击，提高设备的使用寿命。

4. 新型备用电源自投

传统牵引变电所采用一套独立的备用自投装置完成备用电源自投功能，二次回路接线复杂，交流电流电压信号、开关量与主变测控装置重复，浪费系统资源。

牵引变电所安全监控及综合自动化系统采用两套主变测控装置实现备用电源自投功能，实现了系统资源的共享，简化了二次回路接线。

5. 视频信息与开关动作联动

传统自动化系统具有的“四遥”功能难以确认变电所内的开关设备是否动作到位，不能监控变电所其他方面的情况（如防火、防盗等），这给系统的安全运行留下了隐患。

牵引变电所安全监控及综合自动化系统中的安全监控单元实时采集各种烟感、温度、门禁以及光电传感器的报警信号，实现报警联动功能（报警→打开灯光→锁定相应摄像机→呼叫控制中心→记录报警图像→传送报警图像）;与综合自动化系统接口,实现了一次开关设备动作与视频的联动和报警;与自动消防系统接口，实现了牵引变电所（分区所、开闭所）的视频监控与自动消防。

6. 功能完备的试验工具软件

试验工具软件是牵引变电所安全监控及综合自动化系统中的一个功能完备的配套软件工具，以 Widows9X/NT 为操作平台，采用 IEC 60870-5-103 传输规约，能够智能识别所连接的保护、测控装置。该工具软件除了具有传统的实时监测、保护配置、报告查看功能外，新增加了传动试验功能，用于保护、测控装置开入、开出回路的检查和试验，以及数据存储和离线分析功能。

（三）系统的其他特点

1. 间隔层保护测控装置特点

（1）保护、测量与控制单元采用品质优异的 32 位 CPU 硬件平台和基于 ADSP 技术的高精度数据采集系统，支撑完善的保护、测量与控制功能。

（2）高精度的故障测距、高采样率的故障录波和负荷录波，便于故障查找、保护动作行为和负荷状况分析。

（3）研制配备了试验仿真工具软件，保护、测量与控制单元对调度端、当地监控单元和试验仿真工具软件采用全透明设计，便于实现远程诊断。

（4）完善的事件记录，便于保护动作行为分析和监视各保护、测量与控制单元的工作情况。

（5）通用硬件平台设计，各种保护、测量与控制单元的相同功能插件具有互换性。

（6）采用一套装置负责一个（组）断路器及相关隔离开关的保护、测量与控制设计模式。

（7）馈线保护、测量与控制单元能进行瞬时性与永久性故障的识别，减少重合与永久性故障对设备与系统的冲击。

（8）馈线保护、测量与控制单元具有最大负荷统计功能。

（9）控制回路断线定位到每个对象，便于维修与维护。

（10）间隔层通信网络采用具有良好的开放性、互操作性和完整网络通信协议的以太网、Lonworks 等，也可以采用 CAN 网、PROFIBUS 等实现网络功能。

（11）保护、测量与控制单元支持 IEC60870-5-103 等通信规约，当地监控单元与调度端的通信支持 IEC60870-5-101 等通信规约。

（12）保护、测量与控制单元可存储 5 套保护整定值，40 次故障报告和故障录波。

（13）保护、测量与控制单元可自动调整模入通道的增益和校正 PT、CT 的角差，提高测量精度。

（14）高标准的电磁兼容性能，可直接下放到开关设备。

（15）整定值可通过调度端、当地监控单元和试验仿真工具软件在线整定。

（16）完善的自检功能，指示装置的工作状态。

（17）增加了远动终端和视频监控等单元。

2. 当地监控功能

（1）断路器、隔离开关的合闸/分闸操作，重合闸的投入/切除；

（2）开关的程控操作。

（3）保护、测控单元定值整定、修改及查询。

（4）各开关状态变位及保护出口监视，并形成事件记录。

（5）所内设备的非紧急故障信息（预告）及紧急故障信息（事故）的监视，形成事件记录并伴有音响提示。

（6）实时监视所内各回路负荷、温度、电流、电压。

（7）各保护、测控单元的保护信号、自检报告、事件报告的监视，并形成记录。

（8）各保护、测控装置工作状态。

（9）防灾报警系统信息的监视。

（10）变电所主接线图及各开关状态。

（11）事件细目显示并配有事故、预告音响提示。

（12）各电压、电流、功率等遥测量的实时测量值。

（13）各遥测量的实时动态曲线。

（14）各类历史曲线图或电度量直方图等统计图。

（15）各类历史记录。

（16）各类遥测运行历史报表。

（17）各类保护、测控单元的自检报告、事件报告、故障报告。

（18）各类保护、测控单元的故障波形、负荷波形及谐波分析报。

3. 间隔层保护功能

（1）主变保护。设差动、过流、碰壳（可选）、重瓦斯、轻瓦斯、过负荷、过热、零序过。

（2）馈线保护。一次自动重合闸或带故障性质判别重合闸功能。设二（或三）段距离、电流增量、过流速断、反时限过流保护。故障测距：金属性短路故障测距误差不超过±3%。

（3）电容保护。设差电压、电流速断、过电流、谐波过电流、失压、过电压、差流（可选）保护，故障录波。

三、成果鉴定实验验证广泛应用

（一）成果被广泛应用

2000 年 9 月，牵引供电综合自动化系统总体方案设计通过铁道部科教司组织的技术审查，同时形成了系统建设的暂行技术条件，样机研制全面展开。

2001 年 7 月，完成首套样机研制，通过了全面的型式试验，达到技术条件的要求。2001 年 8 月，通过了铁道部科教司组织的技术审查。

2002 年 2 月，秦沈线牵引供电综合自动化系统通过铁道部科教司组织的鉴定，鉴定意见认为达到同类产品国际先进水平，随后在秦沈客运专线 7 个主变电所、7 个分区所全线采用。牵引供电系统完成建设后开展了系统的检测，通过 3 次人工短路试验，证明系统表现良好。

秦沈客运专线牵引供电综合自动化系统的成功研制和应用，为我国高铁和电气化铁路提供了功能齐全、性能可靠的技术和产品，该成果得到广泛推广应用。2002 年以后，我国电气化铁路新建及改造项目的牵引变电所普遍升级为综合自动化系统。秦沈客运专线牵引供电综合自动化系统获 2005 年国家科技进步二等奖。至 2008 年，微机保护+RTU 模式已基本退出历史舞台。除京津客运专线 2008 年采用了德国公司的综合自动化系统外，我国高铁及普速电气化铁路全部采用自主研发的牵引变电所综合自动化系统。

（二）形成一批中国标准

秦沈客运专线牵引供电综合自动化系统的研制成功并被广泛应用，随之也促进了这一专项标准的形成。众多成果的出现，标志着我国牵引供电领域走在了世界的前列。更重要的是，随着中国高铁的遍地开花和走出国门，标准的重要性越显重要。可喜的是，在铁路牵引供电领域，一批中国标准应运而生：

《电气化铁道牵引供电系统微机保护装置通用技术条件》（GB/T 18038—2008）；

《电气化铁路牵引变电所综合自动化系统装置》（TB/T 3226—2010）；

《电气化铁路 AT 供电方式故障测距装置》（Q/CR 686—2018）；

《牵引供电系统继电保护配置及整定计算技术导则》（Q/CR 687—2018）；

《智能牵引变电所及智能供电调度系统总体技术要求》（Q/CR 721—2019）；

《电气化铁路牵引变压器保护测控装置暂行技术条件》（TJ/GD 027—2019）；

《电气化铁路馈线保护测控装置暂行技术条件》（TJ/GD 028—2019）；

《电气化铁路自藕变压器保护测控装置暂行技术条件》（TJ/GD 029—2019）；

《电气化铁路牵引变电所综合自动化系统暂行技术条件》（TJ/GD 030—2019）；

《牵引供电系统继电保护和安全自动化装置动模试验暂行技术条件》（TJ/GD 031—2019）；

……

这些标准的制定和实施，标志着我国高速和普速电气化铁路的综合自动化、安全性和可靠性提高到了国际先进水平。在取得这一杰出成绩的时候，不能忘记20年前秦沈客运专线牵引供电综合自动化系统的开拓性贡献。

秦沈客运专线接触网设计回顾

蒋先国
时任铁道第三勘察设计院电化处副总工程师
现任中国铁路设计集团有限公司副总工程师

刘永红
时任铁道第三勘察设计院电化处接触网所专业负责人
现任中国国家铁路集团有限公司工程管理中心副处长

王国梁
中国铁路设计集团有限公司正高级工程师

李国胜
中国铁路设计集团有限公司高级工程师

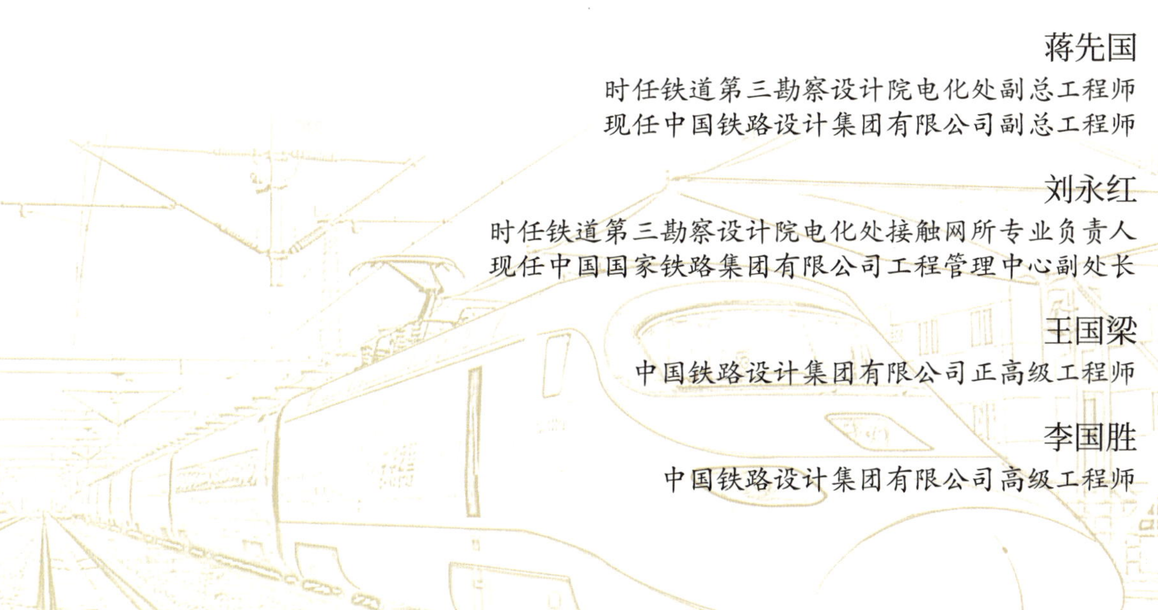

秦沈客专
沈阳北站
皇姑屯站
辽中站
台安站
盘锦北站
锦州南站
葫芦岛北站
绥中北站
山海关站
秦皇岛站

秦沈客运专线是我国自行设计、施工、检测试验的第一条 200km/h 以上客运专线，全线为电力牵引区段。根据秦沈客专全新的技术要求，铁三院迎对挑战，积极开展高速铁路牵引供电接触网的科技攻关，完成了我国首条 200km/h 以上客运专线全线牵引供电接触网的设计工作。

一、牵引供电接触网设计前期研究工作

20 世纪 90 年代，我国开始高铁牵引供电接触网的研究。1998—2000 年，秦沈客专论证阶段铁三院就开展了“秦沈客运专线 200km/h 接触网专题研究”，结合秦沈客专工程特点对接触网悬挂类型、平面布置技术、道岔处布置方式、关节形式电分相、支柱基础形式等开展研究。

2000 年 6 月，铁三院承担了铁道部“秦沈客运专线接触网悬挂系统设计及设备的研制”计划项目，主要研究内容有：200km/h 以上速度接触网悬挂类型、接触网—受电弓系统受流质量评价标准、接触网系统设计参数、接触网平面布置精确设计技术、接触网在道岔处布置方式、接触网锚段关节及锚段关节式电分相、接触网支持装置形式、接触网支柱基础形式及与路基同步施工、接触网桥梁支柱类型及在桥梁上预留方式等研究以及接触网关键器材及设备的研制等。基本涵盖了高速接触网的重点和难点，全部研究成果使秦沈客运专线接触网系统形成了拥有自主知识产权的快速和高速接触网系统。

通过弓网动态仿真，对全补偿简单链形悬挂和全补偿弹性链形悬挂两种接触网悬挂形式进行接触网受电弓系统计算机模拟仿真分析，科学、合理地选择安全、可靠、长寿命的接触网悬挂类型及线材和张力配置，满足列车运行速度 200km/h 以上的要求。

全补偿简单链形悬挂与全补偿弹性链形悬挂，在承力索张力相同的情况下，在一定范围内提高了接触线张力，对减小最大接触压力、增大最小接触压力、减少接触压力偏差，减少离线率，减少抬升量均有利，使受流质量明显提高。

弹链比简链受流质量要好，接触压力偏差较小，动态接触压力波动较小。两种悬挂形式前后弓均没有发生单个受电弓双滑板同时离线，离线率和最大离线时间均满足离线标准。弹链比简链最大抬升量要大，平均抬升量也较大，

但接触线振幅较小。

结合秦沈客运专线建设，国家经济贸易委员会和铁道部部署了对接触网系统关键设备和器材的研制任务，完成了铜合金绞线承力索和铜镁合金接触线、铝合金组合定位装置、整体吊弦、组合承力索线夹、接触线及承力索终端锚固线夹、电连接线夹、中心锚结线夹、腕臂底座、弹簧补偿器、自动过分相装置和新型环形等径预应力混凝土支柱、H 形钢柱、管形钢柱的研制，其成果为秦沈客运专线工程提供了重要的技术支撑。

2002 年 2 月 4 日，铁道部科技司组织了“秦沈客运专线接触网系统设计及设备的研制（零件部分）”的成果鉴定。通过对国外电气化铁道接触网关键零部件的特点以及我国同类产品运用情况进行的深入细致分析，提出了需研制接触网零部件的技术参数、产品形式、材质及工艺要求。研制的 16 种零部件采用了新材料、新工艺，结构设计合理，提高了零部件的主要技术性能，达到了预期的目的。课题的研究成果总体达到了国内同类产品的领先水平，部分零部件技术性能达到国际同类产品的先进水平，可在秦沈客运专线及其他电气化铁道中采用。

二、牵引供电接触网的设计

1998 年 6 月，铁三院提交了“秦沈客运专线牵引供电接触网可行性研究报告”和初步设计，11 月 27 日铁道部工程设计鉴定中心组织召开了秦沈客运专线接触网悬挂类型技术研讨会。铁三院介绍了接触网悬挂方式的两个设计方案和技术比选。与会专家认为简单链形悬挂和弹性链形悬挂方案设计合理、措施得当，均能满足客运专线对接触网在安全可靠性和运营维修方面的要求也提出了意见和建议。

结合初步设计评审意见、暂行规定及弓网仿真结果，秦沈客运专线正线及站线确定采用全补偿简单链型悬挂，综合试验段正线上行采用全补偿弹性链型悬挂，以便开展列车 300km/h 高速列车运行试验。

1999 年 3 月 4 日，铁道部在《关于对秦皇岛至沈阳客运专线初步设计的批复》中对接触网的主要批复内容如下：

“全线正线与站线接触网悬挂方式，采用全补偿简单链形悬挂。接触线悬挂高度，应结合近远期机车类型及适应相邻电化线路机车类型综合考虑确定。采用锚段关节式空气间隙电分相。线岔优先采用无交叉结构方式，站线采用交叉式线岔。”根据批复意见，铁三院开展了深入的设计工作，完成了《秦沈客运专线站后工程设计暂行规定》（征求意见稿）的编制，并通过了评审。

2000 年 3 月 9 日，《秦沈客运专线站后工程设计暂行规定》明确：接触网的悬挂类型，应采用全补偿简单链形悬挂（直链形）。电力机车或动车组升双弓时，两弓间距不应小于 150m。正线接触线宜采用标称面积为 120mm^2 的铜银合金电车线，额定张力宜采用 14.7kN。

2000 年 5 月 10—12 日，铁道部在天津对秦沈客运专线修改技术设计（站后工程）进行了审查，在《关于秦皇岛至沈阳客运专线技术设计（站后工程）的批复》中，有关接触网专业的主要审定意见如下：

（1）采用单相工频交流制，带回流线直接供电方式，回流线采用双重绝缘安装形式兼做接触网接地线。秦山地区和沈阳枢纽供电方式，原则上与既有秦山地区和哈大线供电方式一致。

（2）接触网采用全补偿简单链型悬挂，结构高度 1400mm。接触网正线接触线采用 CuAg120，张力为 14.7kN，承力索采用 THJ70 绞线，张力为 14.7kN，铜合金整体吊弦，接触线按设置预留弛度设计；接触网站线采用 TCG110 接触线，张力 9.8kN，承力索采用 THJ50 绞线，张力 9.8kN。

2000 年 12 月 6 日，铁道部在天津对秦沈客运专线山海关绥中北综合试验段接触网技术设计进行了审查，铁道部《关于秦沈客运专线技术设计中综合试验段电气化工程有关问题的批复》（铁鉴函〔2001〕120 号）中有关接触网部分的鉴定意见如下：

（1）审查范围为 DK40＋600～DK67＋700 时速 300km 试验段及两端速度过渡段，按本批复标准设计；250km/h 以下速度段按秦沈客运专线标准设计。

（2）接触网悬挂类型，上行线采用全补偿弹性链形悬挂，下行采用全补偿简单链形悬挂，结构高度 1600mm，均按直链形设计。

（3）接触网上、下行正线采用 120mm^2 镁铜合金接触线，张力为 20kN；承力索采用 95mm^2 铜合金绞线，张力为 15kN；弹性吊索采用 35mm^2 铜合金绞线，张力为3.5kN，吊弦采用铜合金整体吊弦。

三、综合试验段接触网

在秦沈客运专线接触网高速试验段的设计和建造中，采用适合高速接触网要求的两种悬挂方式：简单链形悬挂和弹性链形悬挂。同时，还选用了不同的悬挂参数为建造高速铁路取得设计、施工、试验和运行上的经验。

1999年1月24日，铁道部科教司会同部内有关司局向部领导呈送了《关于先期建设秦沈客运专线综合试验段的建议报告》，得到了部领导的批准，并明确指示："试验段可冲到300km/h。"。

1999年3月，铁道部以《关于秦沈客运专线综合试验科技攻关工作的通知》，明确试验段的范围和建设综合试验段的目的和综合试验科技攻关计划项目。

1999年9月8日，铁三院成立秦沈客运专线科技攻关项目综合试验领导小组和工作组。

1999年10月18日，铁道部科教司和工管中心联合组织了秦沈客运专线综合试验科技攻关工作。秦沈客运专线综合试验科技攻关中，安排了接触网悬挂特性及弓网系统受流性能试验；接触网支柱稳定性试验；牵引变电所安全监控及综合自动化成套技术试验；高速机车负荷特性对牵引供电系统的影响试验等4个项目。

2000年10月，铁道部发布了《秦沈客运专线综合试验段接触网设计主要技术条件（暂行）》，明确试验段接触线宜采用120mm^{2}铜镁合金导线。

2000年底，铁道部在天津对综合试验段接触网技术设计进行了审查，《关于秦沈客运专线技术设计中综合试验段电气化工程有关问题的批复》明确试验段接触网悬挂类型及线材选择，接触线采用120mm^{2}铜镁合金导线，额定张力20kN。

秦沈线试验段在时速300km的试验段采用了铜镁合金接触线70t。

2001年5月29日，铁道部科教司和工程管理中心组织有关专家对"秦沈客运专线综合试验科技攻关项目试验大纲（电气化部分）"（讨论稿）进行了审查。

试验大纲明确："秦沈客运专线的接触网适合于160～200km/h的旅客列车运行，其中，还将建设200km/h以上的试验段。在秦沈客运专线接触网的设计和建造中，将采用适合高速接触网要求的两种悬挂方式，即简单链形悬挂和弹性链形悬挂。同时，还将采用不同的悬挂参数来建造试验段。这将有利于我国研究高速接触网和接触网-受电弓受流系统，为以后建造高速铁路取得设计、施工、试验和运行上的经验。"

2002年5月12日，铁道部科技司组织召开《秦沈客运专线接触网系统设计及设备的研制》项目的"铜镁合金接触线"技术审查会，同意铜镁合金接触线在秦沈客运专线高速试验段试挂。电化局一公司采用吉斯玛放线车，以额定张力20kN放线。

铁道部工程设计鉴定中心发文批复试验段接触网专业设计标准如下。

一是接触网悬挂类型，上行线采用全补偿弹性链形悬挂，下行线采用全补偿简单链形悬挂，结构高度1600mm，均按直链形设计。接触网上下行正线采用120mm^{2}镁铜合金接触线，张力20kN；承力索采用95mm^{2}铜合金绞线，张力15kN；弹性吊索采用35mm^{2}铜合金绞线，张力3.5kN；吊弦采用铜合金整体吊弦。全补偿简单链形悬挂接触线宜设置预留弛度，全补偿弹性链形悬挂不设置预留弛度。

二是上下行共50个锚段，长61.032km，试验段为连续区间不设车站。全补偿简单链形悬挂接触线设置预留弛度0.3‰～0.5‰。

2001—2002年，在秦沈客运专线综合试验段陆续进行了3次综合试验，全面检验了该段在不同速度等级运行下的路基、轨道、桥梁和牵引供电、通信、信号、动车组等技术装备及相互间配合的安全性、稳定性和可靠性。3次综合试验先后采用国产内燃动车组和国产电力动车组，分别创造了最高试验速度210km/h、292.0km/h和321.5km/h的记录。全线拉通试验速度为200～250km/h。

2002年9月5日至25日，"先锋号"电力动车组在山海关至绥中北段进行第二次综合试验。试验速度从160km/h逐级提速到250km/h，最高试验速度达到292.0km/h。

2002年10月，铁科院牵头，铁三院、电化局等单位参与完成了秦沈客运专线接触网悬挂特性及弓网系统受流性能试验、接触网支柱稳定性第二次综合试验第一阶段试验报告。

接触网悬挂特性及弓网系统受流性能试验第一阶段试验报告提到："先锋"号弓网受流性能测试如下：

（1）秦沈线接触网的设计运行速度为 200km/h，试验段 DK40＋600～DK67＋700的设计运行速度为 300km/h，在我国电气化铁道的发展中，尚属首次。

（2）通过本次试验，表明试验区段接触网的安全参数是能满足"先锋"号试验运行要求的。

（3）DK40＋600～DK67＋700 300km/h 试验段在试验过程中，发现弓网间的拉弧现象很严重，其原因需作进一步的试验研究。

（4）关于秦沈线接触网的运行特性及不同参数和不同悬挂形式接触网的受流性能比较，待秦沈线的试验全部完成后，再进行全面分析，给出结论。

接触网支柱稳定性第一阶段试验报告中主要结论及建议如下。

（1）从路基上的混凝土接触网支柱静载试验结果分析，60kN · m型支柱在设计荷载作用下柱顶位移为 18～28mm；80kN · m型支柱在设计荷载作用下柱顶位移为 33～43mm，路堑处为 33mm。

（2）混凝土接触网支柱基础的转角及水平位移基本为 0，说明一般路基地段、软土路基地段及松软土路基地段接触网支柱基础稳定性良好。

（3）从两座桥上钢柱实测数据知：石河 2 号桥上接触网钢柱柱顶水平横向振幅为 2.150mm/2.56Hz（270km/h），六股河桥上接触网钢柱柱顶水平横向振幅为 1.800mm/1.67Hz（200km/h。无论是上行车或下行车，总是行车一侧的钢柱柱顶横向振幅大于另一侧。数据的规律性较好，从同样速度下一对钢柱的振幅响应值上看，结构（桥梁及钢柱）的弹性良好。

（4）柱底横向振幅实测值与柱顶相比数值很小，说明对于"先锋号"试验而言，箱梁整体横向刚度足够大。柱顶的振动主要是柱自身横向弯曲振动所致。

（5）由于实测中各钢柱结构形式上的不同，使得其频响特征不一样，但总的趋势是随着速度的提高，柱顶横向振幅值加大。

（6）对于接触网钢柱的横向振动控制问题，国内目前研究较少，接触网钢柱横向振动加剧，必定会影响到接触网的正常工作，而且可能带来一系列结构上的问题，接触网钢柱的设计应该考虑到其实际振动条件下的工作状态，从保证结构的安全性、耐久性出发，充分积累实测数据，才能提出合理的振动控制标准及振动控制方法。

结合第二次综合试验发现的问题，根据铁道部科技司的要求，在第三次综合试验之前对两个锚段的接触网提高接触网张力，60 号锚段调整张力，THJ-95 承力索：20kN；CuMg-120 接触线：25kN；62 号锚段调整张力，THJ-95 承力索：15kN；CuMg-120 接触线：25kN。

2002 年 11 月 21 日开始在山海关至绥中北段进行了第三次综合实验。11 月 27 日，“中华之星”电力动车组以 2 动 3 拖编组完成高速动力学试验，最高速度达到 321.5km/h。

第三次综合试验中接触网仍有离线现象发生，经过研究、试验，在改进了接触导线放线器具、放线工艺后解决了该问题。与此同时，对铜镁合金接触线和大截面铜合金接触线的参数、施工工艺进行研究和试验，为以后的高速铁路和客运专线建设提供了宝贵的经验。

3 次综合试验和试运行结果表明：秦沈客运专线的工程质量完全达到了设计要求，能够保证 250km/h 的旅客列车安全、平稳地运行。

四、秦沈客运专线的意义

我国高速铁路接触网系统建设在秦沈客运专线工程中取得了突破性成果。

弓网耦合性能评估体系方面，通过接触网接触悬挂动静态性能分析、弓网耦合性能仿真及动态试验等技术手段，建立了高速铁路弓网受流系统评价体系，对 200km/h、250km/h、300km/h 速度下全补偿简单链形悬挂和全补偿弹性链形悬挂的受流性能进行了系统对比评估，为后续工程项目科学、合理地选择安全、可靠、长寿命的接触网悬挂类型及线材和张力配置奠定了理论与技术基础。

在接触网工程设计方面，通过调研国外高速铁路，借鉴哈大及广深铁路的设计经验，在国家、铁道部科研课题支持下，建立了涵盖接触网悬挂类型与系统设计参数确定，接触网平面布置精确设计技术，锚段关节与关节式电分相形式，支持结构形式，支柱与基础形式及接触网支柱在桥梁上预留方式的选择等在内的成套设计技术，为我国高速铁路接触网自主设计奠定了基础。

在接触网装备研发方面，积极采用新技术、新工艺，自主研发了铝合金限位定位装置、整体吊弦、组合承力索线夹、接触线及承力索终端锚固线夹、两跨式中心锚结线夹、特型定位环、H 形钢柱、防纵裂混凝土等径支柱、铜合金绞线、铜镁合金接触线、自动过分相地面装置等装备，为我国高速铁路接触网关键装备自主化奠定了基础。

秦沈客运专线的工程经验为后续 200km/h 以上高速铁路的国家标准、行业标准制定提供了有力的支撑，其中《新建时速 200～250 公里客运专线铁路设计暂行规定》的前言："本暂行规定在编制过程中，认真总结了秦沈客运专线工程建设的实践经验"，《新建时速 200～250 公里客运专线铁路设计暂行规定》第 4.4.3 条："接触网宜采用全补偿简单链形悬挂。接触线、承力索应采用铜合金材质。接触线允许工作应力不应超过其最小拉断应力的 65%，并考虑接触线允许工作温度、接触线最大磨耗、风和冰载、补偿装置精度和效率等因素引起的折减系数。"以及《新建时速 200 公里客货共线铁路设计暂行规定》第 8.4 条："接触悬挂中：接触悬挂类型宜采用全补偿简单链形悬挂。接触线应采用铜合金材质；正线接触线的截面不宜小于 120mm^2，其额定张力不宜小于 15kN。承力索应采用铜合金绞线；正线承力索截面不宜小于 95mm^2"，均可以看出秦沈客运专线工程建设的实践经验得到标准化。《高速铁路设计规范》（TB 10621—2014）中："结合中国不同速度等级的高速铁路现有高速接触网系统，以及部分得到试验验证的科技成果的研发及工程经验，经过多年的技术研究积累，基本形成了具备中国自主知识产权的接触网系统主要技术标准"，时至今日，秦沈客运专线仍为我国高速铁路的规范编制起到借鉴作用。

秦沈客运专线将国外先进的、有实践经验的技术和成果与秦沈客运专线的建设相结合，做到了取长补短，洋为中用，缩短了我国与发达国家的技术差距。其中接触网工程的技术方案集中体现了客运专线运行速度高、规程规范新、技术含量高、设计标准新、质量要求高、施工工艺新的“三高、三新”特点，对我国高速铁路及客运专线的建设具有良好的示范作用和借鉴意义。为后续我国高速铁路接触网建设提供了宝贵的技术和人才储备，同时为我国高速铁路接触网技术的发展打下了坚实的基础。

42

CHAPTER

时速 300km 接触网施工关键技术研究与应用

许建国

时任中铁电气化局集团第一工程有限公司秦沈客运专线 D40 标项目部总工程师

现任中铁电气化局集团有限公司副总工程师

鲁海祥

时任中铁电气化局集团有限公司施工管理处秦沈客运专线指挥部总工程师

后任中铁电气化局集团有限公司副总工程师

单圣熊

时任中铁电气化局集团有限公司副总工程师

后任中铁电气化局集团有限公司副总工程师

孔分生

时任中铁电气化局集团第三工程有限公司秦沈客运专线 D42 标项目部工程师

现任中铁电气化局集团有限公司第三工程公司工程技术部部长

张　华

时任中铁电气化局集团有限公司秦沈客运专线指挥部工程部部长

现任中铁电气化局集团有限公司科技创新部副部长

秦沈客专

沈阳北站

皇姑屯站

辽中站

台安站

盘锦北站

锦州南站

葫芦岛北站

绥中北站

山海关站

秦皇岛站

秦沈客运专线是我国第一条设计时速 200km 以上的电气化铁路，是由我国自行设计、施工、具有自主知识产权的高速铁路。其中，山海关至绥中北高速试验段设计速度为 300km/h，担负着为大规模建设高速铁路积累经验的重任。该工程采用了大量的新技术、新工艺、新材料、新设备，施工难度大，技术标准高，质量要求严。中铁电气化局在普速电气化施工技术和施工工艺体系的基础上，结合秦沈客运专线工程特点，对牵引供电线、弓网关系等开展了“250 至 300km/h 接触网施工技术的研究”。研究成果经秦沈客运专线工程实践应用与完善，确保了工程按期优质开通。该工程试验段最高试验速度达到了 321.5km/h，是我国铁路现代化建设史上的一座里程碑，为今后我国高速电气化铁路接触网施工积累了经验、作了技术储备。

一、接触网下部工程一次到位施工技术

1. 接触网工程基础由线路施工单位同步施工

高速铁路对路基稳定性要求很高，为保证新建区段路基的整体性和密实度，接触网工程基础由线路施工单位负责施工。桥上接触网钢支柱采用与预留埋法兰盘连接形式，由桥梁制作单位根据接触网支柱布置要求预埋支柱法兰盘和拉线钢筋混凝土基础。接触网专业施工单位提前介入，配合线路施工单位做好过程指导与监督，确保接触网预留基础一次到位。

2. 铺轨前接触网下部工程施工

（1）在铁路路基成形未铺道砟前，利用站前施工单位的上线马道，汽车运送支柱到坑位，起重机安装支柱。首次研发了不借助轨道作支撑固定的四腿螺旋支柱整杆器进行支柱整正，采用水准仪、接触网多功能激光测量仪、经纬仪分别测量支柱埋深、支柱限界与支柱倾斜度，使各项技术指标严格控制在《秦沈客运专线电力牵引供电施工暂行规定》和《铁路电力牵引供电验收标准》的允许范围内，为上部设备安装提供了高精度数据参数。

（2）采用先机械化架设附加悬挂，后测量（用于腕臂和吊弦计算）支柱有关参数的施工工艺，避免附加悬挂架后引起支柱倾斜值的变化。

（3）依据站前工程施工单位提供的桩位、基桩表等线路资料，作为接触网上部工程安装的基准，进行交桩复测，为接触网上部安装一次到位提

供数据支撑。

二、高速接触网上部工程安装关键技术

1. 腕臂装配与整体吊弦安装“三化一次到位”

为确保高速铁路接触网-受电弓稳定安全受流要求，借鉴国外高速铁路建设运营经验，接触线高度误差标准从以往的厘米级别升级至毫米级别。为保证腕臂与整体吊弦的测量、计算、预配和安装精度，对影响精度的各种因素加以修正，从人、机、料、法、环等 5 个方面减少偏差，避免累计叠加偏差是高速与普速接触网施工的重要区别。

中铁电气化局针对秦沈客运专线接触网腕臂结构、接触网全补偿弹性链型与简单链型悬挂系统等特点，建立了腕臂与整体吊弦三维力学精确计算模型，开发了“250～300km/h 接触网悬挂施工系统计算软件”；研制了腕臂与整体吊弦预制平台，将预配误差控制在 ± 2mm 以内；购置了测量精度毫米级且性能齐全的接触网多功能激光测量仪，保证了接触网施工测量精度要求；采用扭矩扳手进行紧固件安装，采用定位器角度仪、张力检测仪分别检测定位器坡度与弹性吊索张力；编制了“腕臂测量、计算、预配、安装工艺”“载流式整体吊弦测量、预制、安装工艺”，推行关键工序专业化施工，组成测量组、计算组、预配组、安装组等专业化作业组，实现了腕臂装配与整体吊弦安装“三化一次到位”，即：计算微机化、预配工厂化、安装机械化，一次达到设计标准的程序化施工。

由该工艺确立的施工标准，经后续高速铁路建设应用与优化，均纳入了工程建设标准规范，尤其腕臂吊弦计算、预配工具研究成果，为推动高速铁路接触网建设实现“专业化、机械化、工厂化和信息化”与智能建造奠定了基础。

2. 确保接触线平直度的恒张力架设

接触线张力是改善接触网动态特性主要措施之一，接触线平直度是高速弓网良好受流关键因素。接触线张力与机械强度是正相关关系，传统小张力接触线架设工艺已不适应高速铁路接触线施工。秦沈客运专线 300km/h 试验段引进了德国 Rim120 铜镁合金接触线，为保证接触线架设后平直度，中铁

电气化局购买了当时国际最先进的法国吉斯玛恒张力架线车组，在国内首次研发了“承力索接触线额定张力一次架设施工工艺”。法国吉斯玛公司恒张力架线车组由 WA20DER 恒张力架线车、VMT980C-UM1 作业车、VMT980C-UM2 作业车编组而成，可同时架设承力索和接触线。该车组在 6 级大风和 20‰线路坡度下同时架设承力索和接触线，可保证 20kN 的恒定张力，张力差不超过±10%，当架线张力超过预设值时会发出声音告警。由于张力控制在一定范围内，保证了接触线面的正确性和平直度。同时，为克服新线初伸长（蠕变）对精确调整工艺影响，接触线架设后分别采用了坠砣加重超拉法和额定张力张拉法进行了接触线蠕变规律试验，掌握了新线初伸长规律，总结推广恒张力架设接触线（10kN 左右）后，采用额定张力张拉法克服新线蠕变。

接触线恒张力架设工艺通过后续高速铁路建设验证与优化，确立了架设走行速度控制到 3～5km/h，张力控制在 800～1200N 之间，并加设接触线矫直器，确保接触线架设后平直度小于 0.1mm/m，相邻吊弦高差在 10mm 之内，能确保弓网良好受流，相关技术指标要求为制定高速铁路接触网工程标准规范提供了实践基础。

3. 高速接触网交叉式线岔精确安装调整

车站道岔处上方线岔是接触网最薄弱的环节，秦沈客运专线在国内首次采用自行设计的 38 号高速交叉式线岔。为保证高速行驶的机车在道岔区无论是正线通过或进出侧线时，受电弓能安全平稳地受电，中铁电气化局研发了“38 号交叉式线岔安装调整工艺”，保证了施工质量、提高了工作效率，其主要流程如下。

（1）整体吊弦计算与调整：首先用接触网多功能激光测量仪检查岔区腕臂偏移量，并使其达标。正线整体吊弦采用专用计算软件进行计算、预配与安装。侧线吊弦采用模拟安装方法：先将定位点拉出值、接触线高度调整到位，并保证转换柱处侧线接触线高度高出正线 500mm，I形定位柱处侧线接触线高度高出正线 130mm（侧线接触线高度从过交叉点第一根吊弦开始抬升）。II形定位柱处侧线接触线高度高出正线 20mm，交叉吊弦处正、侧线接触线高度等高。对于个别不合适的吊弦采用临时吊弦。

（2）确定始触区范围：正线接触线距侧线线路中心（侧线接触线距正线线路中心水平）投影 550～600mm 至 1050mm 为始触区，1050mm 处为始触点，在 600mm 处安装临时交叉吊弦。由于 38 号线岔始触区范围过长，接触线弛度较大，在正线接触线距侧线线路中心（侧线接触线距正线线路中心线）水平投影 850mm 外各增加一根不带导流环的吊弦，但接触线吊弦线夹螺栓从两接触线间向外穿，全部完成后，用接触网多功能激光测量仪复测岔区拉出值及各吊弦点的接触线高度，全部符合设计要求后，再实测个别临时吊弦长度，压接正式吊弦更换。

（3）受电弓实际模拟验证：采用吉斯玛恒张力架线车组作业车的自带受电弓，以 70N 接触压力、80km/h 运行速度在岔区 250m 范围内升弓冷滑检测，如有缺陷立即克服。

三、高速接触网动态检测技术

1. 受电弓动态包络线检测

接触网整体施工达标后，采用受电弓动态检查尺进行受电弓动态包络线专项检测，确保运营安全。

首先，根据设计给定的电力机车受电弓外形尺寸和受电弓最大上抬量及受电弓最大左右摆动量制作受电弓动态检查尺。其分两部分：一半是直线受电弓动态限界（动态包络线）轮廓，另一半是曲线受电弓动态限界（动态包络线）轮廓。检查尺标明接触线拉出值。

其次，将受电弓动态限界检查尺安装在作业车上，模拟受电弓进行检测。腕臂、定位装置、锚段关节、岔区的接触悬挂和线岔等各部位均应在受电弓动态限界以外，如有缺陷应立即克服。

2. 接触网冷滑检测

受电弓动态包络线检测后，利用澳大利亚接触网检测车进行 3 次冷滑检测。

第一次冷滑检测：以 10N 弓网静态接触压力和 20km/h 速度，对接触线高度、拉出值进行检查，打印出接触线高度及拉出值曲线图，统计超标内容并限期克服。

第二次冷滑检测：第一次检测缺陷克服后，以 70N 弓网静态接触压力、

30～40km/h 速度，对接触线高度、拉出值、接触压力、接触线坡度进行检测，统计超标内容并限期克服。

第三次冷滑检测：第二次冷滑缺陷克服后，以 70N 弓网静态接触压力、80～100km/h 速度，对接触线高度、拉出值、接触压力、接触线坡度进行检测，统计超标内容并限期克服。

3. 接触网动态检测

冷滑检测完成后，采用综合检测车上的接触网动态检测系统进行动态检测。采集接触网高度、拉出值、硬点、动态接触压力、受电弓滑板振幅及接触线上抬量等动态参数，评价接触网是否符合设计和高速受流要求（标准详见表 42-1）。

接触网的评价标准　　表 42-1

行车速度（km/h）	弓网接触压力（N）	垂直硬点（G）	水平硬点（G）	悬挂点处接触线抬升量（mm）	接触线最大抬升量（mm）
$160 \leqslant v \leqslant 200$	$F_{max} \leqslant 200$ $F_{min} \geqslant 40$	<60	<30	≤150	开口：<150 闭口：<100
$200 < v \leqslant 300$	$F_{max} \leqslant 300$ $F_{min} \geqslant 30$	<70	<30		

四、接触网施工标准化与数字化管理探索

秦沈客运专线接触网施工第一次采用物流配送标准化管理模式，提高了管理与经济效益。首先，工程部计算全管段的腕臂、吊弦及零扣件数量，由物资部门组织内外资采购并经过质量检查的材料集中运输到中心料库。其次，专业工程计算人员按照月度施工计划和线路施工条件，向物资部提报物资需用计划，由预配工人进行腕臂预配和其他零配件的配套组装。项目部指派技术人员负责检查计算结果，检查腕臂与整体吊弦预配质量。第三，根据工程部安排，接触网零件以锚段为单位进行存放和发货。

中铁电气化局第一次研发了国内接触网工程电子文档系统，建立了完整的施工电子档案，以及运营维护需要的安装图与安装材料、腕臂与吊弦预配安装等数据库，为运营维护提供了方便。该经验在后续高速铁路工程建设中得到推广应用，并发展为接触网“一杆一档”及变电设备“履历表”，为工程竣工交付数字资产奠定了基础。

五、结语

秦沈客运专线开通运行情况证明，接触网综合性能完全满足 200～300km/h 速度受流需要。通过秦沈客运专线工程建设实践，初步形成了中国高速铁路 300km/h 接触网施工的技术体系，总体技术处于国际先进水平，为实现高速接触网“专业化、机械化、工厂化、信息化”施工、推动我国高速铁路技术发展奠定了工程实践基础。

43
CHAPTER

我国第一座高铁牵引变电所

程彩红
时任中铁电气化工程局第一工程处秦沈客运专线指挥部变电专业技术负责人
现任中铁电化局集团有限公司设计研究院院副总工程师

陈兴强
时任铁道第三勘察设计院电化处牵引变电专业负责人
现任中国铁路设计集团有限公司电化电信院副总工程师

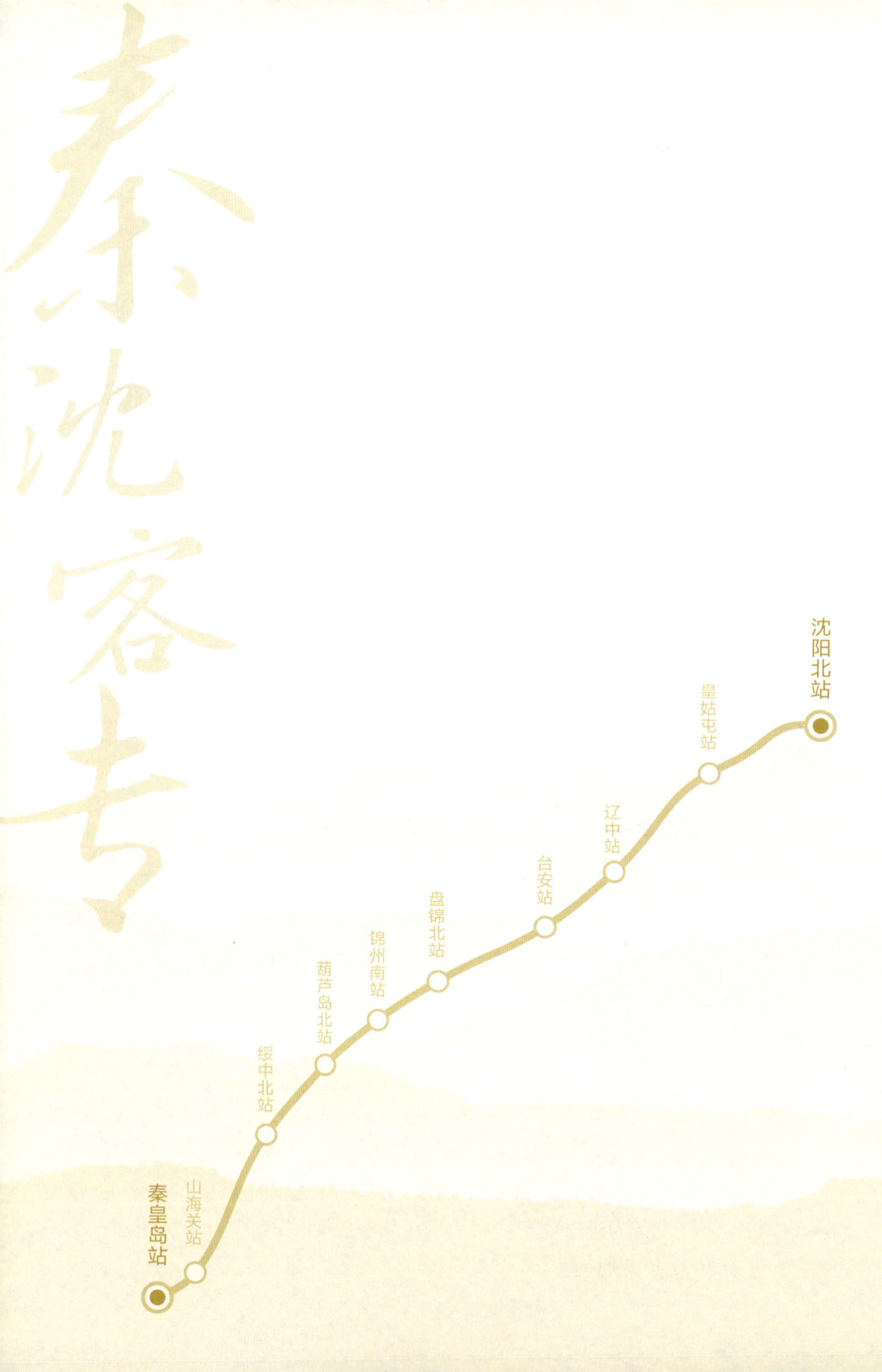
秦沈客专
沈阳北站
皇姑屯站
辽中站
台安站
盘锦北站
锦州南站
葫芦岛北站
绥中北站
山海关站
秦皇岛站

秦沈客运专线是中国第一条200km/h以上的电气化客运专线，是中国铁路步入高速铁路的起点。

秦沈客专全线新建220/27.5kV牵引变电所7座、开闭所1座、AT所1座、柱上分区所7座；改建开闭所1座、AT所1座；新建供电车间1处。其中山海关至绥中北段（简称“山绥段”）为300km/h高速试验段，绥中北牵引变电所为试验段供电。

秦沈客专电气化工程由铁三院负责设计，中铁电气化局（秦皇岛至葫芦岛段、盘锦北至沈阳北段）和中铁二局电务公司（葫芦岛至盘锦北段）施工，铁一院监理公司负责对电气化工程进行监理。

担任秦沈客专试验段供电的绥中北牵引变电所于2002年8月22日受电运行，8月25日向接触网送电。9月5日后山绥试验段开始第二次综合试验（山绥试验段第一次综合试验为内燃动车组试验），9月10日“先锋号”动车组最高试验时速达到了292km；11月22日至12月29日，秦沈客专进行了第三次综合试验，“中华之星”动车组在山海关至皇姑屯间进行多专业综合试验，并于11月27日在山绥段创造了321.5km/h的试验速度。从2003年秦沈客专全线开通运营至2023年，我国第一座高铁变电所——绥中北牵引变电所已经安全运行了20周年。

一、牵引变电所技术、施工标准制定和设备

从既有的普速铁路到高速铁路有一个渐进的发展过程。1998年广深准高速铁路建成通车，实现了我国自主设计时速160km的目标，为我国进一步研究高速铁路提供了初步基础。广深准高速铁路牵引供电系统采用了直供带回流线的供电方式，牵引变电所进线电源采用110kV，牵引变压器采用三相Ynd11接线形式，继电保护采用常规的微机保护。

1999年哈大（哈尔滨—大连）电气化改造工程吸收了大量的德国设计理念。哈大电气化改造工程采用了全并联直供带回流线的供电方式，牵引变电所进线电源引入220kV电源，牵引变压器采用单相牵引变压器，继电保护采用了综合自动化系统，设故障性质判别装置，分区所采用柱上式，车站采用上下行并联，全部设备为进口设备，牵引变电所按无人值班设计。哈大电气化改造工程于2001年开通运行。

秦沈客专是在广深准高速铁路建成以后、哈大电气化改造即将开始时开展设计的。由于秦沈客专建设时没有高速铁路牵引供电方面的技术标准，因此，铁道部组织铁三院、中铁电气化局等单位开展了技术标准和施工标准的研究工作。秦沈客专相关技术标准，在吸取广深准高速和哈大电气化改造工程的经验基础上，按照高速铁路的技术特点确定。《秦沈客运专线站后工程设计暂行规定》和《秦沈客运专线电力牵引供电施工暂行规定》为工程设计和工程建设提供了技术依据。

在牵引供电装备方面，鉴于我国在牵引变电所安全监控和综合自动化系统方面技术的空白，铁道部立项科研课题"牵引变电所安全监控及综合自动化系统研究"及相关工程试验课题，由西南交通大学和铁三院等单位联合攻关研究，历经3年的课题研究，顺利通过了"牵引变电所安全监控及综合自动化系统"产品的成果鉴定，确保了秦沈客专的主要装备基础，也为后续发展我国高速铁路，提供了产品支撑。

绥中北牵引变电所采用了大量新设备，部分为外国引进设备，但核心设备如牵引变电所综合自动化系统、供电调度SCADA系统均采用国产化产品。

二、绥中北牵引变电所采用的新技术

1. 进线采用220kV电源

高速铁路牵引负荷具有带电运行时间长、需求功率大、紧密运行程度高、运营时间内负荷集中等特点，针对这些特点，秦沈客专绥中北牵引变电所采用了220kV电源，这是继哈大线之后，国内第一次自主设计采用220kV电源的牵引变电所。

采用220kV电源具有满足列车高速运行、取流大的需要，保证供电电压的稳定，并减少负序、谐波对电力系统的影响。

2. 采用单相变压器

绥中北牵引变电所采用单相接线变压器，容量为31.5MVA。采用单相变压器的优点众多，突出的有以下几点：

（1）牵引变电所的主接线大为简化。采用单相接线后，主变原边的断路器、流互、压互等设备可节省1/3；变电所一次投资比平衡接线约降低25%，比三相接线降低 10%。

（2）单相接线的主变利用率可达到 100%，是其他接线形式的变压器所不及的。一般说来，在相同负荷的前提下，单相接线的主变安装容量要比其他接线降低一个等级，就绥中北牵引变电所而言，与采用三相接线相比，主变压器的安装容量减小了 8MVA，对于当时实行的两部制电价政策，每年运营费可节约 240 万元，经济效益相当可观。

（3）单相接线由于接线简单，相应设备的控制、保护系统简化，在很大程度上方便了运营，减少了维护工作量，特别在枢纽范围内几条线路交错并行的情况下，单相接线的同相供电提高了运营和检修的安全性。

（4）单相接线变电所的两个供电臂的电压为同相，可以取消变电所出口的电分相，极有利于列车的高速运行。

3. 馈线设置了接触网故障性质判断装置

电气化铁路的故障分瞬时故障和永久故障，而瞬时故障远多于永久故障，因此在设计时设置自动重合闸装置，当发生故障时，先跳开断路器，然后进行自动重合闸，如果是瞬时故障，则重合成功，如果为永久故障，则重合失败，这种方案是为确保瞬时故障时可快速恢复供电。然后，当重合闸遇永久故障时，则使故障情况下的大短路电流再次冲击变电所的一次设备，对设备运行是极为不利的。

绥中北牵引变电所采用了带故障性质判别的自动重合闸装置，该装置能对接触网发生的故障性质进行判别，如果是瞬时故障，则继续进行重合闸，如果是永久故障，则不再进行自动重合闸，以避免永久故障对变电所一次设备造成再次冲击，提高了设备的使用寿命。

4. 进线采用线路变压器组接线

绥中北牵引变电所取消了两路进线电源之间的跨条，外部电源要求采用热备用方式，这种接线方式，既提高了供电的可靠性，同时也减少了一次设备，简化了二次接线，降低了投资。

5. 继电保护采用综合自动化系统

绥中北牵引变电所首次采用了完全自主知识产权的综合自动化系统，实现对牵引变电所保护、测量、控制、信号及与远动系统进线信息交互。系统的主要特点有：

（1）网络形，网络通信媒质选用了光纤，避免了高压电场的强烈干扰。

（2）分层分布式，当任一模块出现故障时，不影响其他模块的正常运行，从而保证供电的可靠性。

（3）无人化设计，取消了控制屏面板上的模拟母线，控制采用远动模式，当地控制进行了简化，采用选线控制方案。

（4）设置了当地监控平台，能实时显示变电所的开关状态、预告及事故信号及各种测量、保护信息，可在平台完成对开关设备、重合闸及自投装置等的控制操作，进行负荷录波、故障录波及谐波分析显示等功能。

采用综合自动化系统后，极大地提高了牵引变电所的自动化水平，具备了对操作和事故的追溯性，为运营维护带来了方便。

6. 安全监控系统

国内首次在牵引变电所实施了安全监控系统，对牵引变电所进行了远程视频、火灾报警、自动灭火等辅助监控。绥中北牵引变电所的安全监控系统主要技术特点为：

（1）设置了视频监控单元，同时监视变电所不同位置的现场情况，通过监控机实时上传给供电调度现场图像，使远方调度员可以实时掌握牵引变电所设备运行状态，调度员也可以远动控制所内的摄像头进行远程监控，并实现了操作与摄像头的联动。

（2）高压室和控制室设了烟感、温感传感器，当发生事故和火灾时，可及时发出报警信息，使运维人员快速处理事故。

（3）控制室设置了自动灭火装置，在控制室发生火灾时，可实现自动灭火功能。

（4）围墙设置了门禁系统，当有人翻越围墙时，可及时吓阻和报警，提高了牵引变电所运行的安全性。

三、绥中北牵引变电所采用的安装调试方法

1. 采用了“大循环小流水”的作业方式

绥中北牵引变电所承担山海关至绥中北综合试验段供电功能，工期要求

紧张，必须确保安装质量。为此，按照变电所整体施工工序，抽调人员成立了专项施工作业组，按照设备基础、设备安装、软母线架设、电缆敷设等流程，开展了类似于工厂流水化的施工组织措施，创新地提出了“大循环小流水”的作业方式。这种组织模式专业化程度高，极大程度确保了软母线架设弛度、电缆敷设不交叉及设备安装的施工质量，提升了施工工艺。同时，该变电所施工时结合全线牵引变电所的施工工期，在牵引变电所间实行流水化作业，从而实现了所间“大循环”、所内“小流水”的施工模式。这种施工组织模式提高了施工效率，减少了主材浪费，保证了工程质量。

2. 开展首条示范定标样板引路的施工模式

秦沈客专参建的施工单位较多，为确保全线工程质量，统一施工工艺，提升全线安装水平，创新性建立了首件示范定标样板引路的施工模式。绥中北牵引变电所作为首件样板工程，编制了各专业作业指南，并在绥中北牵引变电所进行示范安装，首次建立了标准化作业的理念。

3. 采用了电子化档案管理

绥中北牵引变电所首次在路内尝试竣工文件电子化移交，极大提高了竣工文件编制的效率和质量，提升了铁路局档案馆档案管理的水平，是铁路电子化档案管理的先例之一。

4. 对工程进度进行网络图管理

绥中北牵引变电所既有外资设备，也有国产设备，设备供货时间无法统一，还需要配合外资设备供货商的技术服务，施工组织难度大。根据这些特点，创新编制了程序化施工网络图进度计划，根据工程进展情况，可灵活动态调整作业计划，合理组织施工，确保按期完成。

四、绥中北牵引变电所的启示

1. 核心技术掌握在自己手中的重要性

在秦沈客专之前建成开通的哈大电气化改造工程，引进了德国铁路建设的技术、设备，推动了我国铁路建设的发展。哈大电气化改造工程中，在牵引供变电方面，其供电系统方案、设计理念、设备供应等，全部都是由德国公司负责实施。哈大电气化铁路和秦沈客专两个工程，分别于 2001 年和 2003 年前后建成开通。比较这两个项目，哈大线电气化改造虽然取得了成功，但由于采用国外设计理念和进口设备，在对电气化供电系统的维护和改进方面，需要依靠外国公司，时间周期长，维护成本高。目前，国铁集团已决定对哈大线的牵引供电系统进行大修改造，这次的大修改造将全部按中国标准和国产装备实施。而秦沈客专是完全由我国自主实施的国产化项目，由于核心技术掌握在自己手里，运行至今都没有后顾之忧。

2. 守正创新看秦沈客专之后的新跨越

继秦沈客专开通后，我国开启了高速铁路的建设，而秦沈客专牵引供电系统的设计理念和技术标准也逐步推广到后续的工程建设中，如采用220kV 电源进线，继电保护采用综合自动化系统，牵引变压器采用 VV 接线形式（是单相变压器的一种变种）等技术方案已是高速铁路牵引变电所的标准技术方案。

随着通信、信息和人工智能技术的大力发展，2015 年，铁路电气化工作者又开启了创新之路，经过 3 年科技攻关，在京沈高铁试验段对“智能牵引供电系统”的试验取得了圆满成功，并在后续京张高铁、京雄高铁中得到了推广应用，目前时速 300km 及以上高速铁路均已按智能牵引供电系统设计，中国高铁将全面进入智能化时代。

在国家节能环保、绿色建造理念指导下，中国高铁正在由高速发展阶段向高质量发展阶段转换，建设中的成渝中线试验段，将有可能成为中国高铁电气化又一个具有时代意义的试验段，在这个试验段，将采用双边供电的贯通式同相方案，取消传统的供电臂之间的电分相，使列车运行更平稳更高速。另外，铁路电气化工作者仍在不断地研究、探索，在满足安全可靠运营的前提下，进一步节约能源，降低运维成本，实现绿色环保。目前，在带电自动过分相技术、再生制动能量利用技术、同相供电技术、绿色能源利用等方面均已取得了可喜的研究成果，中国高铁电气化必将再次迎来创新发展的明天。

五、结语

秦沈客专山绥试验段上的综合试验，列车最高速度达到了 321.5km/h。试验段供电系统的心脏——绥中北牵引变电所，也因为是我国高铁第一座牵引变电所而留名史册。

目前，中国高速铁路开通已超 4 万 km，牵引供电系统全面迈进了智能化发展时代。回过头来看，绥中北牵引变电所及秦沈客专牵引供电系统的多项技术创新，提供的技术和人才储备，积累的大量丰富而宝贵的经验，对我国高铁牵引供电系统的发展都具有重要的示范作用和借鉴意义。作为秦沈客运专线的建设者，我们感到无比的光荣与自豪！

秦沈客运专线列车运行控制系统设计回顾

聂 影
时任铁道第三勘察设计院电信处信号所总工程师
后任中国铁路设计集团有限公司电化电信院副总工程师

莫志松
时任铁道第三勘察设计院电信处秦沈客运专线信号专业负责人
现任中国国家铁路集团公司工电部主管

秦沈客专

秦皇岛站

山海关站

绥中北站

葫芦岛北站

锦州南站

盘锦北站

台安站

辽中站

皇姑屯站

沈阳北站

秦沈客运专线是我国第一条设计时速（含预留）达250km（试验段时速300km）的铁路，列车追踪间隔5min，站间距最长约60km。秦沈客专也是我国首条应用高速铁路列车运行控制系统（简称“列控系统”）的线路，工程设计采用的诸多新技术、新装备和形成的新设计理念，为后续高速铁路和中国铁路列车运行控制系统（China Train Control System，简称CTCS）技术体系的建设提供了宝贵的借鉴。

一、秦沈客运专线列控系统方案研究初期

秦沈客专前期技术设计阶段，鉴于国内首次开展客运专线列控系统设计，没有成熟工程经验可循，设计单位广泛调研了国内外铁路列控系统应用现状，综合分析了技术特点和成熟性。

（一）国外铁路列控系统

当时世界上发达国家铁路根据各自国情研制并已经使用了多种不同制式的列车运行控制系统。典型代表如法国的TVM300和TVM430，德国的LZB、日本的数字ATC等型号列控系统均有成熟的运用经验；欧洲铁路交通管理系统/欧洲铁路列控系统（ERTMS/ETCS）已在欧洲形成强制的技术标准和技术建议并有少量试用。通过对比分析，结合我国铁路通信信号技术应用及长交路运行的实际情况，拟将系统集成度高、技术先进成熟、与广泛在用的移频轨道电路制式接近或兼容的连续速度控制的系统制式作为借鉴首选。

（二）我国铁路列控系统

1. 普速铁路列车运行控制方式

我国列车运行160km/h及以下客货共线双线铁路采用三显示或四显示移频自动闭塞，列车司机以地面信号机显示为行车凭证，以车载机车信号为辅助信号，在列车运行监控记录装置（LKJ）监督下驾驶列车运行。

2. 高速铁路及客运专线列控系统研究

20世纪90年代我国列车运行控制技术和装备研究尚处于起步阶段，主

要有以下成果：

（1）“九五”期间，铁道部组织了京沪高速铁路通信信号系统技术方案及关键技术的研究。根据铁道部《基于轨道电路的车载信号主体化列控系统及配套技术的研究》计划项目要求，由北方交通大学研制的 LCF 型点连式列车超速防护系统先后在京九、京广线 120km/h 线路上扩大试验，1998 年通过铁道部组织的科技成果鉴定，后在少数地铁、城郊环线有所应用；由铁科院研制的 LSK 型速度分级控制系统，在广深准高速 160km/h 线路上的准高速列车及摆式列车上安装使用，1997 年通过铁道部组织的科技成果鉴定。按照铁道部《秦沈客运专线通信信号系统环行线综合试验计划》安排，上述两个系统均在铁科院环行试验线进行了客运专线综合通信信号系统功能试验，试验最高速度 160km/h。但由于系统采用的 18 信息移频轨道电路和点式设备信息量相对较少，不能满足 200km/h 及以上的列控系统运用需求，故不具备作为成熟系统选用的条件。

（2）1992 年京广铁路郑武段引进了法国 TVM300/UM71 列控系统，四显示双红灯防护。但鉴于站内运行时车载信号的稳定性、跨长交路区段运行设备制式限制等原因，其车载设备尚未能成功运用。

鉴于秦沈客专设计目标速度在 200km/h 以上（实际线下设计最高速度为 250km/h，试验段 300km/h），受司机视觉距离限制，以地面信号为行车凭证无法满足列车安全运行的要求，为此，研究确定秦沈客专信号系统方案，特别是其中的列控系统设备制式十分必要。

二、秦沈客专列控系统的技术研究与应用

（一）秦沈客专项目立项及设计方案的确定

1999 年 8 月 16 日秦沈客专开工建设，当时通信信号系统尚无具体的技术方案，铁道部组织了多次技术方案研讨会和设计方案审查会，在突破传统技术和运营管理的关键问题上，铁道部总工程师亲自主持研究决策，1999—2000 年陆续确定了适用于秦沈客专的通信信号系统技术方案、技术条件和站后工程设计暂行规定等。其中在《秦沈客专站后工程设计暂行规定》中明确了“客运专线干线，区间不设地面通过信号机，列控系统的车载速度信号作

为主体信号是列车运行的凭证”“区间采用多信息无绝缘轨道电路，站内宜采用多信息有绝缘轨道电路” 等原则，并对列控系统的可靠性指标和最大安全防护距离等做了明确规定，成为秦沈客专列控系统实施方案设计、设备选型等工作的依据。

（二）环行线试验验证

依托秦沈客专工程项目并结合我国铁路技术发展需要，从 1999 年 6 月起，铁道部科技计划中陆续安排了多个科技攻关项目，对有关客运专线信号系统方案、系统装备和实施方案等开展了深入研究。主要由铁道部第三勘测设计院、铁道科学研究院等单位承担，完成了对环行线既有通信信号系统升级改造工程设计和试验环境的搭建，可实现试验列车最高运行速度 160km/h。

1. 列控系统方案试验验证

为验证所搭建的通信信号综合系统技术方案的合理性和完整性，提供一套可供秦沈客专借鉴或比选的具有自主知识产权的国产系统及装备，1999 年 12 月至 2000 年 4 月间在铁科院 9km 环行线试验环境进行了客运专线通信信号系统综合试验测试，其中子系统为点-连式列车运行控制系统，地面采用中国铁路通信信号总公司、哈尔滨铁路局与铁道部第四勘察设计院联合研制的 18 信息无绝缘移频轨道电路，并配以点式应答器；车载采用铁科院和北方交通大学的 ATP 设备。地面及车载系统各配置上述两套方案进行安装试验，以验证不同车载设备与地面设备之间的匹配性与互联互通。

2. 环行线综合试验主要结论

（1）初步验证了各系统设备的构成及主要功能，检验了综合系统设计的合理性和完整性。

（2）列车超速防护系统实现了速度-距离模式曲线控制方式，以及速度信号显示与监控功能。

（3）车载设备具有超速防护和防冒进信号功能。

（4）车载信号设备能与列车牵引和制动系统结合，实现了对列车运行的自动制动控制和缓解提示功能。

（5）车、地两套方案的系统设备能实现交叉互联互通。

（6）受试验环境所限，环形铁道无法开展 160km/h 以上速度及复杂线路条件下的系统性能及功能试验测试。

三、秦沈客专列控系统的引进与应用

为了确定秦沈客专列控系统选型，铁道部运输局和鉴定中心牵头组织开展了国内外列控系统的广泛调研，工程建设、设计、运用单位以及铁路科研院所等单位积极参与，对列控系统方案在技术、安全、成本、维护、适应性等方面进行了多维度深入比选。根据秦沈客专暂规制定的标准，当时国内尚无成熟可靠的列控系统设备作为选型；通过对国外高速铁路较为成熟系统的对比分析，同时结合秦沈客专列控系统设计要求和特点，系统还考虑了与秦沈客专同一交路内京山线、沈山线在用 UM71 自动闭塞制式的衔接、统一，故列控系统推荐方案的初步意见为 U-T 系统。铁道部组团赴法国进行了高速铁路技术考察，时任副部长亲自组织了电务专业专家论证，最终决定引进法国 CSEE 公司的 TVM430/SEI 列控系统成套设备。经技术和商务谈判，2001 年 9 月与法国 CSEE 公司签订了列控及联锁系统设备采购合同。随后设计院与厂家进行了设计联络和技术培训，对系统工作原理、设计原则、应用场景等做了进一步深入的了解，编制了《秦沈线 SEI 联锁技术条件（暂行）》，细化了秦沈客专站后工程设计原则，完成了其与国产相关通信信号系统的接口设计，使引进系统成功地融入了秦沈客专信号综合系统工程实施方案之中。

（一）TVM430/SEI 系统简介

1. TVM430/SEI 系统主要特点

（1）SEI 为列控联锁一体化系统，站内、区间采用相同的 UM2000 型轨道电路实现了 27bit 数字编码，可以满足基于轨道电路进行地-车大量安全信息连续传输的要求。

（2）TVM430 型车载设备采用分级连续速度控制模式曲线，车-地信息传输采用数字通信技术，不设地面信号机，以车载速度信号显示作为行车凭证（图 44-1）。

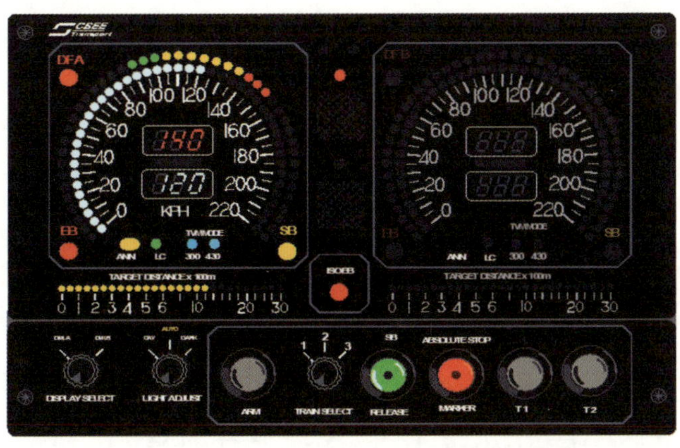

图 44-1　TVM430 系统车载 MMI 显示器上的速度信号显示

（3）采用综合接地系统，以贯通地线方式实现全线信号设备等电位连接，有效地保障了设备和人身安全等。

2. 主要系统结构

列控系统包括地面和车载两部分组成，车载设备 TVM430，地面系统 SEI 设备含有 UM2000 型数字轨道电路。

（1）SEI 系统构成及容量配置如图 44-2，主机采用 3 取 2 安全结构，均为单套配置，中继站配置的 SEI 设备仅具备列控中心功能。

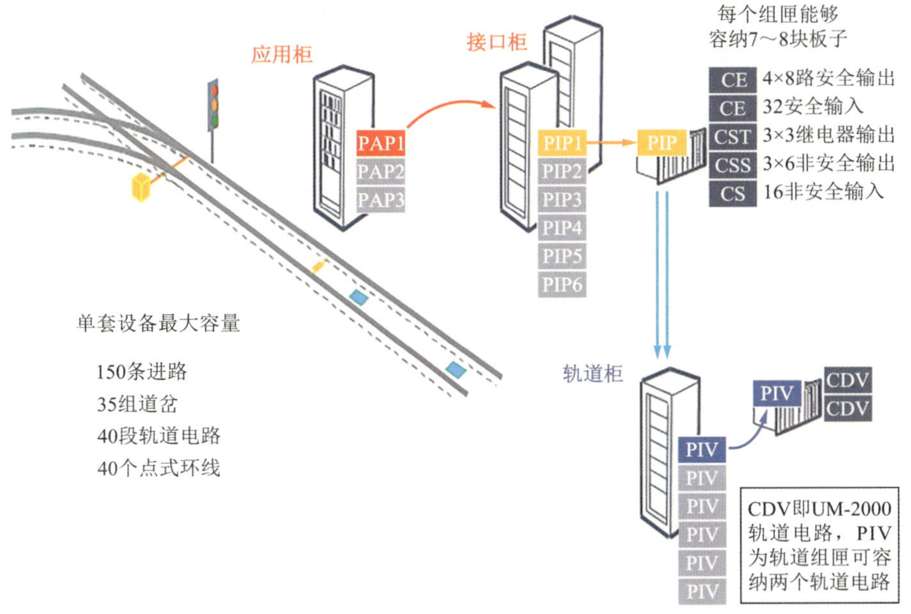

图 44-2　SEI 系统结构示意图

（2）TVM430 系统采用 2×2 取 2 的安全结构，信息接收、处理及人机界面等关键设备均采用双套冗余结构。车载设备结构示意图见图 44-3。

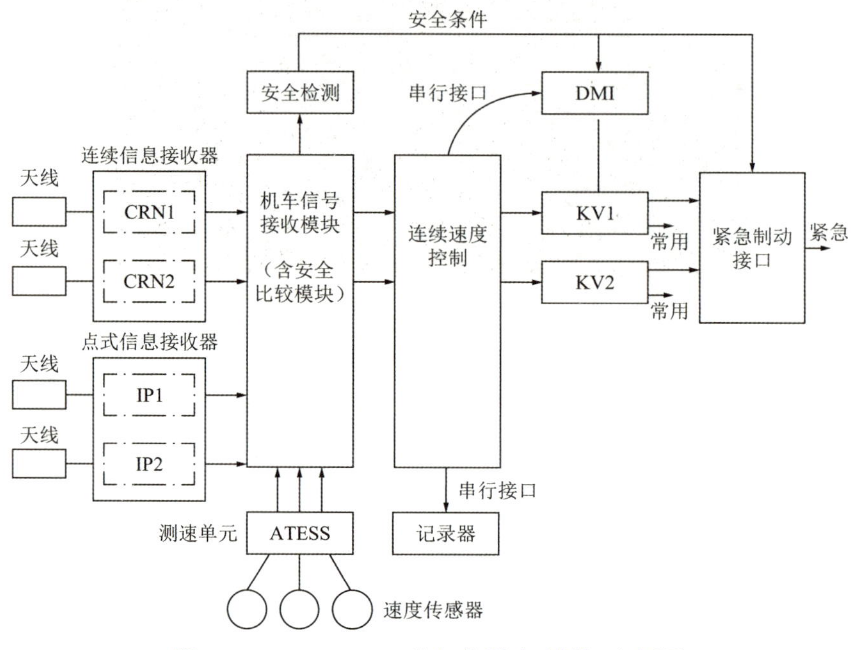

图 44-3　TVM430 型车载设备结构示意图

（3）跨长交路的车载设备配置见图 44-4：装有 TVM430 型车载设备的动车组或机车将跨行京-秦-沈长交路，因此车载设备应能兼容地面提供的不同车载信号制式，涵盖了 ZPW-2000、UM71 设备的 18 信息移频、UM2000 设备的 n/p 码数字信息。

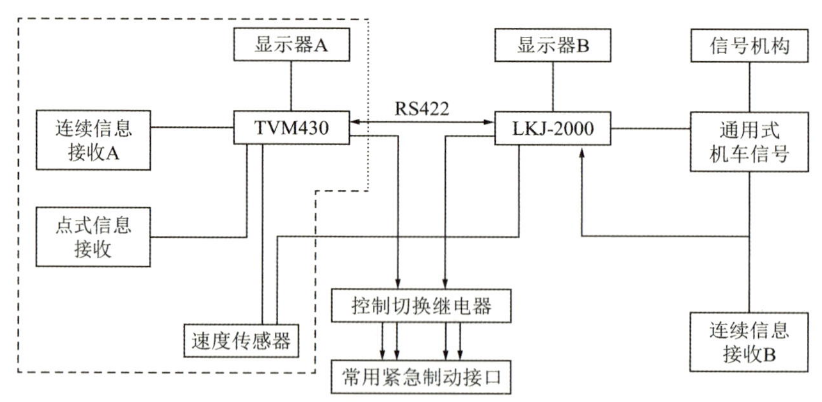

图 44-4　跨长交路的车载设备配置示意图

（4）TVM430 采用分级连续式速度控制模式曲线，如图 44-5 所示。

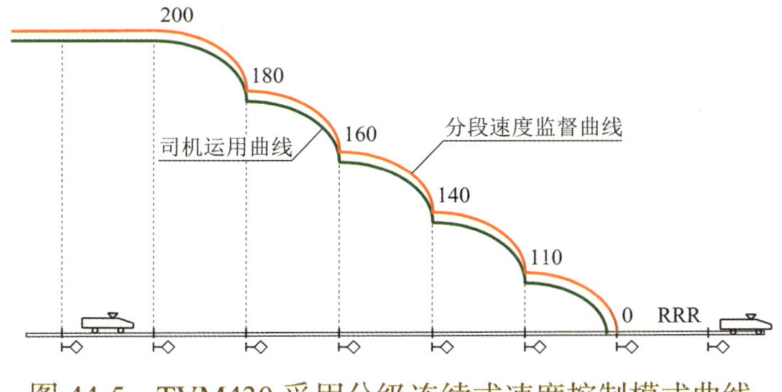

图 44-5 TVM430 采用分级连续式速度控制模式曲线

（二）综合试验及开通运营

2001—2002 年间，在 66.8km 山海关至绥中北高速试验段先后组织了 3 次不同列车开行条件下的路基、轨道、桥梁、牵引供电、通信、信号等技术装备及相互间接口配合的综合试验；2002 年 6 月至 2003 年 12 月间，铁三院配合建设单位先后组织了多次较大规模的四电系统静态、动态试验，完成了对 SEI 联锁及列控功能全面测试与验证，利用“先锋号”“中华之星”动车组和 SS_9 电力机车对 TVM430 车载设备进行了静态、动态试验及对不同控车方式切换进行了检查确认。针对车-地联调和车载设备动态试验中发现的问题，法国公司对软硬件进行了改进完善，使得 TVM430/SEI 系统基本满足了秦沈客专建设和运营的需要。综合试验所完成的多项试验以及取得的大量测试数据，为秦沈客专建设提供了技术支持，为后续我国高速铁路建设提供了经验参考和技术储备。

2003 年 10 月 12 日，秦沈客专正式开通运营。

2006 年底秦沈客专组织了 250km/h 的综合试验，对新型动车组、线路、桥梁和道岔等进行考核试验。2007 年 4 月 18 日，秦沈客运专线按 250km/h 的设计速度运营。

四、秦沈客专信号系统技术创新

秦沈客专信号系统的建设，实现了多项技术突破，颠覆了传统的设计理念和方法，制定了秦沈客专系列设计暂行规定或技术条件，加强了我们对 200km/h 及以上速度铁路关键技术的认识和实践，积累了高速铁路设计、施工、制造和系统联调联试的经验，奠定了我国高速铁路技术标准的基础。列控系统的成套设备引进及成功实施，推动了我国 CTCS 技术体系的建设，提升了我国铁路电务装备技术水平，培养了一大批列控系统专业技术人才。

秦沈客专信号系统主要技术创新点如下：

（1）系我国首条区间不设地面信号机的铁路，列控系统以车载速度显示作为行车凭证，实现了铁路信号技术发展的重大突破，确立了列控系统在高速铁路安全运行控制中的核心地位。后续的高铁技术标准规范中均以车载速度显示作为行车凭证。

（2）首次运用列控联锁一体化系统，采用自律分布式、模块化的系统结构形式和高集成度、全电子化模块设计，实现了观念和技术上的创新。2017年，中国铁路总公司安排了全电子列控联锁一体化设备的科技计划项目，2020年国铁集团颁布了相关技术条件，完成了方案评审、试用评审，5 个型号列控联锁一体化系统设备在和若铁路上道试用，2022 年 6 月 16 日进入了运用考核阶段。

（3）我国铁路首次设计了站内与区间同制式的一体化轨道电路，实现了列控信息时间上和空间上的连续传输。确立了以轨道电路为基础，进行地-车信息连续传输的列车运行控制技术方案，在后续的 CTCS-2、CTCS-3 级列控系统技术标准中均得到应用。

（4）建立了一系列的列控系统技术原则，如目标-距离连续速度控制模式，安全距离防护、过走防护、失电制动控制方式、等级切换方式，车尾保持原则、码序与接近锁闭区段长度关联性等。这一系列具有高铁特点的设计原则均在秦沈客专得到成功运用，进而对后续高铁技术标准的制定起到了很好的指导作用。

（5）我国铁路信号首次采用的无人值守中继站，基于专用光纤构建的安全数据网和车站信号设备局域网，将车站所有信号设备进行了网络化管理，实现综合配套与系统集成。在后续高铁建设中均得到了广泛应用。

（6）首次开展大号码道岔控制系统的研究和运用，采用的多机牵引道岔控制电路以及道岔密贴检查装置等技术，在后续高铁建设中得到广泛应用。

（7）国内铁路首次结合 CTC 系统设计了车次号确认子系统，实现车次号自动追踪、校核功能，通过点式应答器方式实现车次号的车对地传输。

（8）我国铁路首次完成了综合接地系统设计，新理念的引入突破了传统的分散接地设计惯例。该技术在后续高铁建设中广泛应用，并被相关技术标准采用。

（9）依托秦沈客专工程编制的《新建时速200公里客货共线铁路设计暂行规定》中的信号部分，引入了很多新理念和新的技术原则，对后续高铁信号设计规范、线路提速和高铁项目工程设计具有重要的指导作用。

五、秦沈客专列控系统运营期状况

（一）运用中存在的问题及思考

因供货商法国CSEE公司坚持不转让关键技术，TVM430/SEI系统软件、硬件均由供应商掌握，导致其后期维护费用较高。随着铁路生产力布局的调整，机车实施长交路以及客专高铁线路的大规模建设，开行跨线列车，秦沈客专采用的TVM430列控系统与周边线路信号制式不能兼容，第六次提速实施后，经过秦沈客专的动车组须额外安装兼容TVM430功能的双模CTCS2-200C型车载设备，严重制约了动车组的灵活调配和运营交路的调整，对东北、华北间客运专线和路网的互联互通形成瓶颈。秦沈客专TVM430/SEI列控系统属于个别国外供应商的专有技术和系统，若在中国推广应用，必将受制于供应商。如此种种，导致其不具备长久的生命力，秦沈客专列控系统的技术改造成为必然。

（二）新技术体系的建立与自主化技术改造

参照开放、统一的欧洲列控系统ETCS技术规范，结合我国运输生产作业的特点，遵循全路统一规划的原则，铁道部确定构建符合中国国情路情的中国列车运行控制系统（CTCS）技术体系。2002年UIC北京会议，铁道部宣布CTCS技术体系发展路线，2003年发布了CTCS系统总则，定义了CTCS-0～CTCS-4共5个等级划分。2004年，开始组织CTCS-2级系统技术攻关，确定了走“引进消化吸收再创新”的技术路线。2007年，CTCS-2系统正式应用。

2010 年，秦沈客专列控系统按照中国铁路 CTCS-2 级技术标准进行了自主化技术改造，当年 12 月投入运营，TVM430 系统下线，完成了其历史作用。

六、结语

时光飞逝，弹指一挥间。20 年来我国高铁建设取得了巨大成功，成为国家的靓丽名片。秦沈客专作为我国第一条设计时速达 250km 的客运专线，是一次高速铁路建设的成功实践，对我国高速铁路大规模发展有着重要的影响力和意义。秦沈客专列控系统的建设，使得我国铁路信号装备技术水平跃升了一个大台阶，对我国自主构建 CTCS 技术体系和我国高铁信号技术发展具有重要的启示和借鉴作用。秦沈客专列控系统建设实践表明：关键核心技术是要不来、买不来、讨不来的。正是 20 余年来我国铁路科技工作者戮力同心，努力攻关，将引进技术消化吸收再创新直至自主创新，成功构建了自主可控的 CTCS 技术体系，实现了自主化 CTCS-3 级列控系统的应用。同时面向未来、基于北斗卫星导航系统和新一代通信技术的新型列控系统也已经进入了上道试用考核阶段。我国已经进入智能铁路时代，列控系统的数字化和智能化是现代技术发展方向，川藏铁路列控系统的研发和技术创新对电务工作者又提出了新的挑战。希望我国的铁路信号工作者继续勇毅前行，为交通强国，铁路先行，支撑中国式现代化建设的“火车头”贡献自己的力量。

后 记
POSTSCRIPT

秦沈客运专线建成开通已经 20 年。秦沈客运专线建设中形成的艰苦奋斗、自主创新精神，一直鼓舞激励着铁路建设队伍，其科研创新成果和根据工程实践制定的标准规范、形成的工艺工法，在以后的高速铁路建设中得到应用和推广、丰富和发展。

10 年前中国铁道学会会同铁道第三勘察设计院和铁道科学研究院召开了“秦沈客运专线开通十周年座谈会”，可参加座谈会的人员范围有限，虽印制了一本纪念文集，但只是内部发行，对秦沈客运专线的宣传远远不够。

为了纪念秦沈客运专线建成通车 20 周年，本书策划者用较长时间、大范围约稿，组织当年的建设者（包括设计、建设管理、科研、施工、装备制造）和运营人员，书写自己的经历、心得、体会。他们有的记录当年的科技攻关经历，有的记述设计、施工不断优化的过程，有的谈创新感悟，有的抒发成功豪情，激情燃烧的岁月跃然纸上，读来令人感动！

遗憾的是受篇幅所限不得不删减部分来稿，这些未编入图书的作者同样为这本书的问世作出了贡献。另一个遗憾是，限于当时的照相机水平，图片质量受到影响。然而这些图片却真实记录了大量建设场景，难能可贵。在这里向所有作者和照片摄影者表示衷心的感谢！

同时要感谢的，还有原秦沈客运专线的建设单位和通车后的运营单位。他们在本书的编写过程中给予了有力支持和协助。

最后，特别要感谢中国铁道学会和人民交通出版社的大力支持。

由于编者水平有限，会有不当之处，恳请读者批评指正。

编委会

2023 年 6 月